KB236934

한수(韓脩)와 그의 한시(漢詩)

한수(韓脩)와 그의 한시(漢詩)

성범중·박경신

국학자료원

이 책은 2002년도 울산대학교 저서연구비를 지원 받아 출판되었음

머·리·말

이 책은 고려말의 시인, 정치가, 학자, 명필이었던 유항(柳巷) 한수(韓脩)의 한시(漢詩)에 대한 연구서이다. 이 책은 유항시에 관련된 세 편의 논문과『유항선생시집』의 번역본으로 구성되어 있다.

첫 번째 실린 논문「한수(韓脩)와 그의 시세계(詩世界)」는 같은 제목으로『한국한시작가연구2』(태학사, 1996)에 실었던 박경신의 논문을 수정 보완한 것이다. 두 번째 실린 논문「유항집(柳巷集) 이본고」는 같은 제목으로『울산어문논집 15집』(울산대학교 인문대학 국어국문학과, 2001)에 실었던 박경신의 논문을 전재한 것이다. 세 번째 실린 논문「동국사영(東國四詠)의 전통과 한수(韓脩)」는 성범중이 새로 쓴 것이다.

자료편에 실은 유항선생시집의 번역 부분은 현재까지 확인된 유항의 한시 147제 218수 전체를 대교, 주석하고 현대어로 번역한 것이다. 책의 체제상 자료편으로 처리하였으나 이 번역본은 충분히 독자적인 가치를 가질 수 있을 것이다. 이 부분의 원문 대교는 박경신이, 주석 및 번역은 성범중이 맡았다.

유항은 일찍부터 고려말의 대표적 시인으로 널리 알려져 있었다. 그러나 그에 대한 연구는 거의 이루어진 것이 없어서 아쉬움이 컸다. 필자들이 이 책을 간행하게 된 가장 큰 이유가 여기에 있다. 아무쪼록 이 책이 작은 불씨가 되어 유항과 고려 말기 시인들의 시에 대한 연구가 활발히 이루어지기를 기대한다.

2004. 3.
성범중·박경신 씀

차 · 례

Ⅰ. 연구편

한수(韓脩)와 그의 시세계(詩世界)

박경신(朴敬伸)

Ⅰ. 서론(序論)

유항(柳巷) 한수(韓脩)는 충숙왕 복위(復位) 2년(1333년)에 태어나 우왕(禑王) 10년(1384년)에 52세로 죽은 고려말의 정치가이자 학자이며, 명필(名筆)이자 시인이다. 그는 명문(名門)인 청주(淸州) 한씨(韓氏) 집안에서 태어나 충목왕 3년(1347년) 15세의 나이로 과거에 급제하고,[1] 17세에 벼슬길에 나서 충정왕(忠定王)·공민왕(恭愍王)·우왕(禑王)의 세 임금을 섬겨 여러 관직을 두루 역임하고, 청성군(淸城君)에 봉해졌던 당대의 명망있는 학자이자 정치가였다. 또한 초서(草書)와 예서(隷書) 등에 뛰어난 명필로 칭송을 받아 많은 비문(碑文)을 남겼고, 시재(詩才)에 뛰어나 일찍부터 익재(益齋) 이제현(李齊賢)·가정(稼亭) 이곡(李穀)으로부터 인정을 받았으며,[2] 특히 목은(牧隱) 이색(李穡 : 1328년-1396

---

1) 李穡, <韓文敬公墓地銘>.『柳巷先生詩集』에서는 제목을 <韓文敬公墓地銘>이라고 하고,『東文選』에서는 제목을 <韓文敬公墓地銘 竝序>라고 했다. 牧隱은 이 묘지명을, 柳巷이 죽은 9년 후에 그의 아들 尙質 등의 간절한 청으로 쓰게 되었다고 끝부분에서 언급하고 있다. 牧隱은 이 글에서 "정해년에 나의 先君이 知貢擧로서 과거를 관장하였는데, 문경공이 과연 높은 성적으로 급제하였으니, 그 때의 나이 겨우 15세였다."라고 했다.(徐居正 編,『東文選』제 126권 墓誌 <韓文敬公墓地銘 竝序> (민족문화추진회 편,『國譯 東文選』제 9권, 1985. 404면)).

2) 權近, <柳巷先生韓文敬公脩文集序>. 문집 중 萬曆 壬寅(1602년)에 목판으로 간행된

년)과는 어릴 때부터 매우 가깝게 지내면서 많은 시를 주고 받은 사이
였다. 또한 문집으로 『유항선생시집(柳巷先生詩集)』이 전하고, 『동문선
(東文選)』에도 그의 시가 12수(首) 선시(選詩)되었다.

  이러한 사실들로 보아 한수(韓脩)는 고려말의 주목되는 시인 가운데
한 사람임에 틀림없으며, 따라서 관심의 대상이 되기에 충분했으리라
고 짐작되는데도, 그나 그의 시에 대한 본격적인 연구는 아직 이루어진
바 없다. 김태준(金台俊)은 『조선한문학사(朝鮮漢文學史)』에서 "牧隱과
同時에 白文寶, 李達衷, 朴尙衷, 尹澤 等이 있고 卓光茂, 韓脩, 鄭樞, 李
集, 田祿生 等도 있으나 오날날 文集을 傳하는 자는 後者五人뿐이다.
(띄어쓰기:인용자)"3)라고 하면서, 양촌(陽村)이 쓴 <유항선생시집서(柳
巷先生詩集序)>를 근거로 "柳巷集은 淸州人 韓脩의 著니 十五에 登第
하야 功으로써 淸城君을 封하엿다. 그는 더욱 詩로써 著名하야 益齋 稼
亭의 稱許하는 바이엿고 盛名 높은 陶隱輩도 公의 取舍를 지난 후에야
發表하엿다고 한다. 公의 시는 簡潔 冲澹하야 玉聲이 淸長한것 같엇
다.(띄어쓰기:인용자)"4)라고 했다. 또한 정추(鄭樞)를 언급하는 가운데
"當時의 道學 文章이 서로 伯仲하고 唱酬하든 相對者로는 柳巷의 淸峻
에 對하야 圓齋 鄭樞가 있다.(띄어쓰기:인용자)"5)라고 함으로써, 한수를

  重刊本(이하 본고에서는 이 책을 편의상 '萬曆本'으로 칭하기로 한다.)에는 제목이
  따로 붙어 있지 않고, 同治 二年(1863년) 목판으로 간행된 重刊本(이하 본고에서는
  이 책을 편의상 '同治本'으로 칭하기로 한다.)에는 <柳巷韓先生文集序>라는 제목
  이 붙어 있으며, 『東文選』에는 <柳巷先生韓文敬公脩文集序>라는 제목이 붙어 있
  다. 陽村은 이 글에서 "公은 일찌기 시로 이름나서 益齋·稼亭의 칭찬을 받았으며,
  만년에는 더욱 정진하여 법도를 착실히 지켰고, 묻는 자가 있으면 반드시 본말을
  다 가르쳐 주었다."고 했다.(徐居正 編, 『東文選』 제 90권(민족문화추진회 편, 『國譯
  東文選』 제 7권, 1985. 291면)).

3) 金台俊, 『朝鮮漢文學史』, 조선어문학회, 1937. 106면.
4) 위의 책, 109면.
5) 위의 책, 같은 면.

고려말의 대표적 학자이자 시인으로 대단히 높게 평가했음을 알 수 있다. 그러나 이후에 나온 한문학사들에서는 오히려 한수에 대한 언급이 거의 없다.6) 따라서 한시 작가로서의 한수나, 그의 시에 대한 본격적인 연구는 아직 없었다고 할 수 있다.

본고는 처음으로 한수(韓脩)와 그의 시를 본격적으로 다룬다는 사정을 충분히 감안하여, 먼저 그의 생애를 간략히 살펴보고, 이에 따라 연보를 작성함으로써 작가론적 연구의 기틀을 마련하며, 동시에 그의 시의 대체적 윤곽을 살펴본 후 대표작들을 중심으로 몇몇 작품을 살펴봄으로써 작품론적 연구의 기틀을 마련하고자 한다. 주검토 대상자료는 1602년에 중간(重刊)된, 서울대 규장각본『유항선생시집(柳巷先生詩集)』7)이고, 1863년에 간행된『유항한선생시집(柳巷韓先生詩集)』8)도 함께

---

6) 文璇奎가 『柳巷集』에 대해서 "未詳이나, 李達衷과 同詩人[원문대로]으로 추측"이라고 언급한 것이 거의 전부라고 할 수 있다.(文璇奎,『韓國漢文學』, 이우출판사, 1985. 190면).

7) 이하 본고에서 '문집'이라고 지칭하는 것은 이 책이다. 제목은『柳巷先生詩集』이라고 되어 있고 板心에는 '柳巷先生集'이라고 되어 있다. 柳巷의 八代孫으로 전라도관찰사를 지낸 柳川 韓浚謙이 교정하고, 宋首昊이 標點하였으며, 李鎭泳이 監修하여 萬曆 壬寅(1602년)에 全州에서 木板으로 간행한 重刊本이다. 초간본은 柳巷의 仲子인 尙質이 수집·편차하여 1398년 陽村 權近의 批點을 받은 定稿本을 門生 成石璿 등이 1400년에 목판으로 간행하였다고 하나 현재는 전하지 않는다. 초간본이 임진왜란 때에 거의 멸실되었기 때문에 중간한 것이 이 '萬曆本'이라고 한다. 서울대 규장각에 보관되어 있는데(도서번호:奎 3483), 半葉은 十二行 二十字이고, 半郭의 크기는 21 X 16.5cm라고 한다.『韓國文集叢刊 5』에 影印되어 있는데, 본고에서는 이 책을 이용했다.

8) 제목은『柳巷韓先生詩集』이라고 되어 있고 板心에는 '柳巷韓先生詩集單'이라고 되어 있다. 1863년(철종 14년:同治 二年)에 柳巷의 후손인 韓在益이 重印한 목판본으로 萬曆本과는 약간의 차이가 있다. 卷頭에 柳巷의 十二代孫 韓元震이 영조 18년(1732년)에 쓴 <主敬說跋>이, 卷末에 李穡의 <柳巷韓先生四子名字說>과, <名字說絶句>를 비롯된 柳巷 관계 이색의 시 5題 7首가 부록으로 덧붙어 있는 것이 만력본과의 가장 큰 차이이다. 이 책은 성균관대학교 대동문화연구원에서 影印, 간행한『高麗名賢集 4』(1980)에 실려 있다.

검토하기로 한다. 아울러서 『고려사(高麗史)』, 『동문선(東文選)』, 『신증동국여지승람(新增東國輿地勝覽)』, 『대동야승(大東野乘)』, 『목은집(牧隱集)』 등을 보충자료로 활용하기로 한다.

II. 생애(生涯) 및 연보(年譜)

1. 가계(家系)와 생애(生涯)

한수(韓脩)는 충숙왕 복위(復位) 2년(1333년)에 태어났다. 자(字)는 맹운(孟雲)이고 호는 유항(柳巷)인데, 이 호(號)는 그가 살던 마을 이름에서 유래한 것이라고 한다.[9] 명문인 청주 한씨의 후예로, 충렬왕 때에 지밀직사사(知密直司事), 판삼사사(判三司事), 찬성사(贊成事) 등을 역임한 한강(韓康)이 그의 고조부(高祖父)이며, 첨의부우간의대부보문각제학지제교(僉議府右諫議大夫寶文閣提學知製敎)를 지낸 한사기(韓謝奇)가 그의 증조부(曾祖父)이고, 선력좌리공신벽상삼한삼중대광(宣力佐理功臣壁上三韓三重大匡)으로 상당부원군(上黨府院君)에 봉해졌던 한악(韓渥)이 그의 조부(祖父)이며, 밀직(密直)을 거쳐 중대광(重大匡) 청성군(淸城君)에 봉해졌던 평간공(平簡公) 한공의(韓公義)가 그의 아버지이다. 어머니는 밀직사좌대언 겸 감찰집의(密直司左代言 兼 監察執義)를 지낸 경사만(慶斯萬)의 딸이었다.[10]

12・3세에 이미 묘련사(妙蓮寺)에서 대구(對句)가 되는 연구시(聯句

---

9) "柳巷은 그 마을 이름인데 인해서 호로 하였다."고 했다.(權近, 앞의 글, 앞의 책 291면).
10) 李穡, 앞의 글, 앞의 책 406-407면.

詩)를 척척 지어 좌중의 여러 선비와 시승(詩僧)들을 경탄시켰으며,[11] 15세 되던 정해년에 가정(稼亭)이 지공거(知貢擧)를 맡았던 과거에서 우수한 성적으로 급제했다. 그러나 이미 음직(蔭職)으로 두 번이나 진적직(眞殿直)과 별장(別將)이 되었기 때문에 벼슬을 구하지 않고, 익재(益齋)에게 가서 『좌전(左傳)』·『사기(史記)』·『한서(漢書)』등을 읽었으며, 글씨를 익혀서 진서(眞書)와 초서(草書)가 다 정묘한 경지에 이르렀었다. 그가 글씨에 뛰어났다는 것은, 그가 죽었을 때 내려진 우왕의 교서 <교판후덕부사한수(敎判厚德府事韓脩)>[12]를 비롯하여, 양촌(陽村)이 쓴 <유항선생한문경공수문집서(柳巷先生韓文敬公脩文集序)>[13], 성현(成俔)의 『용재총화(慵齋叢話)』[14], 조신(曹伸)의 『수문쇄록(謏聞瑣錄)』[15] 등에 언급되어 있고, <노국대장공주묘비(魯國大長公主墓碑)>(開城), <회암사지공대사탑비(檜巖寺指空大師塔碑)>(楊州 天寶山), <신륵사나옹석종비(神勒寺懶翁石鐘碑)>(驪州 鳳尾山), <안심사사리탑비(安心寺

---

11) 위의 글, 위의 책 404면.

12) "필법은 鍾繇와 王羲之를 이었다."고 했다.(徐居正 編, 『東文選』제 24권(민족문화추진회 편, 『國譯 東文選』제 3권, 1985. 64면)).

13) "筆法이 절등하여 한 세상의 중히 여기는 바가 되었다."고 했다.(權近, 앞의 글, 앞의 책 290면).

14) "우리 나라에 [글] 잘 쓰는 사람이 많다고 하지만, 모범이 될만한 사람은 적다. 金生이 글을 잘 써서 細字에 있어서 아무리 작아도 모두 精하였다. 杏村은 子昻과 같은 시대의 사람으로 筆勢는 서로 적수였으나, 行書와 종횡하는 草書는 마땅히 [자앙에게] 양보하여야 한다. 柳巷도 또한 유명하다. 晉 나라 필법을 많이 체득하여 그의 글씨는 굳센데 그가 쓴 玄陵碑는 지금도 남아 있다."고 했고(成俔, 『慵齋叢話』제 1권(민족문화추진회 편, 『國譯 大東野乘』제 1권, 1983. 12면)), 또한 "正陵碑는 목은이 지은 글을 柳巷[韓脩]이 쓴 것인데, 또한 정묘함을 극하였다."고 했다.(같은 책 108면).

15) "고려의 이름 있는 글씨로 柳巷 韓脩, 獨谷 成石璘, 중 幼菴의 것이 최근 1백여 년 동안에 있기는 하지만, 퍼져 있는 것이 많지 않다."고 했다.(曹伸, 『謏聞瑣錄』(민족문화추진회 편, 『國譯 大東野乘』제 1권, 1983. 383면)).

舍利塔碑)>(寧邊 妙香山) 등의 비문을 썼다[16]는 사실로도 능히 알 수 있다.

충정왕(忠定王)이 즉위하자 덕녕부주부(德寧府注簿), 정방(政房)의 필도치(必闍赤)가 되었다. 신묘년(1351년)에 충정왕이 왕위를 내놓고 강화도(江華島)로 피신할 때에 수종(隨從)했기 때문에 이름이 났었다.[17]

공민왕 때에 이르러 전의주부(典儀注簿)로부터 시작해서, 전리좌랑지제교(典理佐郎知製敎), 통직랑성균직강봉선대부성균사예(通直郎成均直講奉善大夫成均司藝), 중산대부비서소감지제고(中散大夫秘書少監知制誥), 병부시랑한림대제(兵部侍郎翰林待製), 직학사(直學士) 등을 거쳐 중정대부국자제주지제고(中正大夫國子祭酒知制誥)에 올랐다. 신축년(1361년)에 공민왕이 홍건적의 난을 피하여 안동(安東)으로 갈 때 호종했고, 전의령(典儀令), 전교령(典校令), 봉순대부판사복시사우문관직제학(奉順大夫判司僕寺事右文館直提學), 밀직사좌부대언보문각직제학지공부사(密直司左副代言寶文閣直提學知貢部事) 등을 거쳐 좌대언(左代言)이 되었다.

을사년(1365년) 봄에 한창 공민왕의 총애를 받고 있던 신돈(辛旽)에 대하여, "신돈은 올바른 사람이 아닙니다. 아마도 어지러운 일이 있지 않을까 염려되오니 원하옵건대 성상께서는 깊이 생각하옵소서. 신(臣)이 아니면 누가 감히 말하오리까." 하고 밀계(密啓)했다가, 도리어 왕으로부터 소외되어 판서예의(判書禮儀)로 밀려나는 어려움을 겪기도 했다.[18] 을사년(1365년) 10월에 부친상을 당하고 삼년상을 마쳤으나, 왕은

---

16) 신구문화사, 『한국인명대사전』(1989) 992면.

17) 『高麗史列傳』 제 20권 韓康 條(동아대학교 고전연구실 편, 『譯註 高麗史』 제 9권, 태학사, 1987. 180면).
李穡, 앞의 글, 앞의 책 404-405면.
『新增東國輿地勝覽』 제 15권 淸州牧 人物(민족문화추진회 편, 『國譯 新增東國輿地勝覽』 제 2권, 1967. 505면).

신돈에 대한 전일(前日)의 직언(直言) 때문에 오히려 쓰려고 하지 않다가, 신돈의 죄상이 폭로되자 비로소, "한모(韓某)는 선견지명(先見之明)이 있으니 급히 불러오라."고 해서, 영록대부이부상서수문전학사(榮祿大夫理部尙書修文殿學士)를 제수했다. 이어서 우승선(右承宣), 좌승선(左承宣), 밀직제학동지서연(密直提學同知書筵) 등을 거쳤다. 또한 그의 사후(死後)에 내려진 우왕의 교서인 <교판후덕부사한수(敎判厚德府事韓脩)>에 의하면, 공민왕 때에 우왕의 사부(師傅)를 지냈다는 사실을 확인할 수 있다19).

우왕 2년(1376년) 5월에는 동지공거(同知貢擧)가 되어 정총(鄭摠) 등 33명을 뽑아 세인(世人)의 칭송을 받았다. 무오년(1378년)에 상당군(上黨君)에 봉해졌으며, 수충찬화공신(輸忠贊化功臣)의 호(號)를 하사 받았고, 경신년(1380년) 봄에 청성군(淸城君)에 봉해졌으며, 임술년(1382년)에는 왕을 호종(扈從)하여 남경(南京)20)에 다녀왔고,21) 그 공(功)으로 다

---

18) 이 사실은『高麗史列傳』제 20권 韓康 條(동아대학교 고전연구실 편,『譯註 高麗史』제 9권, 태학사, 1987. 180-181면)와,『新增東國輿地勝覽』제 15권 淸州牧 人物(민족문화추진회 편,『國譯 新增東國輿地勝覽』제 2권, 1967. 505면)에도 그대로 언급되고 있음으로 보아, 당대에 상당히 널리 알려졌던 일로 이해된다.

19) 이 사실은 다른 기록들에는 나타나지 않으며, <敎判厚德府事韓脩>에도 우왕의 사부가 되었던 정확한 연대는 나타나 있지 않다. 이 글에서는 "하물며 친히 섬긴 스승이요 鉅儒니, 특별히 恩禮를 가해야 할 것이다. …[중략]… 일찍기 선친[공민왕]의 知遇를 받아서 곧 代言의 직책을 맡았으니 들어가 임금께 고하면 반드시 세상을 다스리는 계책을 말하였으므로, 신중히 동료 중에서 선택하여 나의 스승을 삼을 명령을 받게 하였다. 그래서 어린 나이로, 가르치는 말을 듣게 되었다."고 했다.(徐居正 編,『東文選』제 24권(민족문화추진회 편,『國譯 東文選』제 3권, 1985. 64면)).

20) 지금의 서울을 말한다. 고려 때에 四京(中京·東京·西京·南京)이 있었는데, 南京은 곧 현재의 서울이다.

21) 이 사실에 관한 시가 <扈駕至南京 韓山君在神勒寺 寄示絶句 次韻奉答>(『柳巷先生詩集』30면(『韓國文集叢刊 5』274면))과 <自南京歸松都 馬上口号>(같은 책 같은 면)이다.

음해 가을에 광정대부판후덕부사우문관대제학지춘추관사상호군(匡靖大夫判厚德府事右文館大提學知春秋館事上護軍)에 임명되었다. 갑자년(1384년) 2월 28일, 나이 52세로 자택에서 병사(病死)하여 임진현(臨津縣) 서곡(瑞谷)에 있는 선산(先山)에 안장(安葬)되었으며, 문경(文敬)이라는 시호를 받았다. 또한 조선조에 들어 순조(純祖) 정묘년(1807년)에 세워진 개성(開城)의 한천사(寒泉祠)[22]에 배향되었다.

유항(柳巷)은 검교문하시중(檢校門下侍中) 길창부원군(吉昌府院君) 권적(權適)의 딸과 결혼하여 4남 6녀를 낳았는데, 장남(長男) 상환(尙桓)은 병으로 과거 공부를 폐지했으므로 급제하지는 못했으나 삼사우윤(三司右尹)을 지냈고, 차남(次男) 상질(尙質)은 경신년(1380년) 과거에 제3위로 급제하여 공양왕 때에 형조판서(刑曹判書), 서북면도관찰출척사 겸 병마절도사(西北面都觀察黜陟使 兼 兵馬節度使) 등을 지냈으며, 조선이 건국된 뒤에는 경상도관찰사, 예문춘추관 대학사 등을 역임했다. 삼남(三男) 상경(尙敬)은 임술년(1382년) 과거에 제 3위로 급제하여 예의좌랑(禮儀佐郎), 우정언(右正言), 응교(應敎), 종부령(宗簿令), 밀직사우부대언(密直司右副代言) 등을 지냈고, 이성계(李成桂)를 도와 조선 개국에 공헌하여 개국공신(開國功臣) 삼등(三等)에 도승지가 되었으며, 공조판서, 대사헌, 호조판서, 이조판서 등의 요직을 거쳐 우의정(右議政)에 오르고, 태종 16년(1416년)에는 영의정(領議政)에까지 올랐다. 사남(四男)인 상덕(尙德)은 을축년(1385년) 과거에 제 9위로 급제하여 종부시승(宗簿寺丞)을 지냈다. 고려의 제도에 세 아들이 과거에 오르면 그 어머

---

22) 寒泉祠:개성부 용수산 북쪽에 있다. 純祖 정묘년에 세웠는데, 협실에 朱子와 尤庵의 초상화를 봉안했다. 安裕·朱子·李穡·韓脩·權溥·宋時烈을 배향하고 있다.(『新增東國輿地勝覽』 제 5권 開城府 下 祠院 寒泉祠(민족문화추진회 편, 『國譯 新增東國輿地勝覽』 제 1권, 1967. 530면)).

니에게는 종신토록 나라 창고의 곡식을 주도록 되어 있었기 때문에 부
인 권씨(權氏)가 그 영광을 입었다.[23]

2. 연보(年譜)

위에서 언급한 가계와 생애를 중심으로 유항(柳巷)의 연보를 작성해
보면 대체로 다음과 같다.

나이	연대	생애
1	충숙왕 복위 2년(1333)	○출생(父:淸城君 韓公義. 母:密直司左代言 兼 監察執義 慶斯萬의 딸).
12·13	충혜왕 복위 5년(1344)·충목왕 1년(1345)	○妙蓮寺에서 聯句의 시를 지어 사람들을 놀라게 함.
미상	미상	○蔭職으로 眞殿直과 別將이 됨.
15	충목왕 3년(1347)	○높은 성적으로 과거 급제(知貢擧:稼亭 李穀).
미상	미상	○益齋에게서 『좌전』·『사기』·『한서』 등을 배움. ○眞書와 草書가 다 정묘한 경지에 이름.
17	충정왕 1년(1349)	○德寧府注簿, 政房 必闍赤 됨.
19	충정왕 3년(1351)	○禪位한 충정왕을 모시고 강화도로 감. ○공민왕이 불러서 돌아 왔으나 서용되지 못함.
21	공민왕 2년(1353)	○典儀注簿에 제수되고 또 必闍赤 됨.
22	공민왕 3년(1354)	○典理佐郎 知製教가 됨.

---

23) 李穡, 앞의 글, 앞의 책 407면.

23	공민왕 4년(1355)	○通直郎成均直講奉善大夫成均司藝 兼 藝文 應敎가 됨.
24	공민왕 5년(1356)	○中散大夫秘書少監知制誥가 됨.
25	공민왕 6년(1357)	○兵部侍郎翰林待製로 옮김. ○가을에 直學士에 승진함.
26	공민왕 7년(1358)	○中正大夫國子祭酒知制誥가 됨.
28	공민왕 9년(1360)	○三男 尙敬 낳음.[24]
29	공민왕 10년(1361)	○홍건적의 난으로 파천하는 공민왕을 安東 으로 호종함. ○典儀令과 典校令에 두 번 전직됨.
30	공민왕 11년(1362)	○가을에 서울로 돌아와서 奉順大夫判司僕寺 事右文館直提學에 승진. ○겨울에 密直司左副代言寶文閣直提學知貢 部事가 됨.
31	공민왕 12년(1363)	○右副代言, 左代言이 됨.
33	공민왕 14년(1365)	○辛旽의 일을 密啓했다가 왕으로부터 소외됨. ○여름에 判書禮儀로 밀려남. ○가을에 軍簿직에 제수됨. ○10월에 부친상을 당해 3년상을 마쳤으나 등용되지 못함.
39	공민왕 20년(1371)	○신돈의 죄상이 敗露된 후, 榮祿大夫理部尙 書修文殿學士에 제수됨. ○正議大夫로서 右承宣이 됨. ○겨울에 左承宣에 승진됨.
미상	미상	○우왕의 師傅가 됨[공민왕 때].

---

24) 신구문화사, 『한국인명대사전』(1989) 990면. 다른 아들들의 출생년도는 확인되지 않
는다.

43	우왕 1년(1375)	○여름에 密直提學同知書筵이 됨.
		○가을에 簽書로 승진함.
44	우왕 2년(1376)	○정월에 副使로 고쳐 제수됨.
		○同知에 승진함.
		○5월에 同知貢擧가 되어 鄭摠 등 33人을 뽑음.
		○가을에 知司에 오름.
		○겨울에 공민왕을 弑害한 韓安의 족당이라 하여 陜州[현재의 경남 합천군 지역]로 유배됨.[25]
미상	미상	○解配됨.[26]
46	우왕 4년(1378)	○上黨君에 봉해짐.
		○輸忠贊化功臣의 號를 받음.

---

25) 牧隱이 쓴 묘지명에는 이 사실이 언급되지 않았다.『高麗史列傳』제 20권 韓康 條에 의하면, "辛禑가 서매 密直提學을 拜하고 同知密直에 승진되었으나 이어 韓安의 族이므로 외방에 유배되었다가……[이하 생략]……"(동아대학교 고전연구실 편,『譯註 高麗史』제 9권, 태학사, 1987. 181면)라고 했는데,『高麗史列傳』제 44권 洪倫 條에 의하면, 韓安의 族이라고 해서, 韓脩, 韓理 등이 멀리 귀양 간 것이 우왕 2년의 일로 기록되어 있다.(동아대학교 고전연구실 편,『譯註 高麗史』제 10권, 태학사, 1987. 643면). 또한 문집의 <人日 次二子詩 尙質 尙敬>이라는 시의 끝에 실린 註에, "공이 스스로 註하기를, 정사년 1월 6일에 협주에 도착했다. 다음날 압송관은 가고 홀로 官舍에서 잤다.(公自註 丁巳正月六日到陜州 翌日 押送官去 獨宿官舍)"(『柳巷先生詩集』10면(『韓國文集叢刊 5』264면))라고 하고, 또한 <讁至陜州送押送官趙光甫還京>(『柳巷先生詩集』3면(『韓國文集叢刊 5』261면))이라는 시의 첫째 句에서 '同行踰一旬'이라고 해서 유배가는 길에 압송관 趙光甫와 동행한 것이 열흘이 넘었다고 한 것으로 보아, 우왕 2년(1376년) 12월 하순에 유배 길에 올라 다음해 1월 6일에 합천에 도착했음을 알 수 있다.

26) 언제 유배에서 풀려났는지는 정확하게 확인할 수 없다. 그러나 그다지 오랫 동안 유배생활을 한 것 같지는 않다.『高麗史列傳』제 46권 우왕 3년 6월 條에, ""내가 인심을 기쁘게 하기 위하여 여러번 恩宥를 내리었는데 卿等이 因循하여 즐겨 행하지 아니하니 어찌 不可함이 없겠는가?" 하고 이에 二罪 이하를 宥赦하였으나 오직 金續命은 용서하지 아니하였다."(동아대학교 고전연구실 편,『譯註 高麗史』제 4권, 태학사, 1987. 304면)라는 기록이 있음으로 보아, 혹 이때에 풀려나지 않았을까 추측되나 정확한 것은 알 수 없다.

47	우왕 5년(1379)	○ 겨울에 光巖碑를 쓴 공로로 다시 簽書가 됨.
48	우왕 6년(1380)	○ 淸城君에 봉해짐.
		○ 二男 尙質이 제 3위로 급제함.
50	우왕 8년(1382)	○ 왕을 扈從하여 南京에 다녀옴.
		○ 三男 尙敬이 제 3위로 급제함
51	우왕 9년(1383)	○ 가을에 匡靖大夫 判厚德府事 右文館大提學知 春秋館事 上護軍에 임명됨.
52	우왕 10년(1384)	○ 2월 28일에 病으로 자택에서 세상을 떠남.
		○ 임진현 瑞谷 남쪽 기슭 先山에 安葬됨.
歿後	우왕 11년(1385)	○ 四男 尙德이 제 9위로 급제함.

Ⅲ. 한수(韓脩)의 인품과 학문 세계

한수(韓脩)의 인품과 학문 세계에 대해서는 이에 관한 저술이 남아 있지 않아 구체적으로는 알 수 없다.[27] "평시의 저술은 스스로 불만하게 여겨 수집하지 아니하였는데, 돌아간 뒤에 여러 아들이 散逸된 文藁를 주워 모아서 겨우 몇 수를 얻었으니, 참으로 이른바 태산에 한 털끝이라는 것과 같다."[28]라고 한 양촌(陽村)의 언급으로 보아 그의 저술이 시 이외에도 있었을 가능성을 배제할 수는 없으나 전하지는 않는다. 다만 그의 인품과 학문 세계를 미루어 짐작할 수 있는 몇몇 단편적인 기록들이 남아 있을 뿐이다. 물론 이들 기록들이 대부분 그의 문집의 서(序)나 발(跋), 묘지명, 사후(死後)에 내려진 왕의 교서 등에 남아 있는

---

27) 현재 전하는 문집에는 詩만 실려 있다.
28) 權近, 앞의 글, 앞의 책 291면.

것들이기 때문에 사실이 상당히 미화되었을 가능성은 감안해야겠지만,
그래도 이를 토대로 그의 인품과 학문을 어느 정도는 짐작할 수 있을
것이다.

양촌(陽村)은 『유항선생시집(柳巷先生詩集)』 첫머리의 서(序)에서 다
음과 같이 평하고 있다.

> 근세의 名卿으로 柳巷 韓文敬公은 행실이 높고 견식이 밝아서 한때
> 사람의 모범이 되었고, 筆法이 절등하여 한 세상의 중히 여기는 바가
> 되었으며, 공민왕의 지우를 얻어 오래 喉舌의 직에 있어 아름다운 정
> 책을 주달하여 裨益됨이 퍽 많았고, 사람을 대우하고 사물을 접촉하는
> 데 있어서도 반드시 성심을 베풀며 함부로 헐뜯거나 예찬하지 아니하
> 며, 더불어 종유하는 牧隱 · 平齋 제공이 또 모두 搢紳의 우두머리로서
> 강론하고 연구하여, 서로 의좋게 지내니 역시 지극하다 이를 수 있
> 다.29)

양촌(陽村)의 이 언급에 따르면 한수(韓脩)는 당대의 명경(名卿)으로,
행실이 높고 견식이 밝아 사람들의 모범(模範)이 되었고, 신중하고 성
실했으며, 목은(牧隱) · 평재(平齋) 등과 가깝게 사귀었고, 나라에 크게
공헌했음을 알 수 있다.

또한 양촌(陽村)은 『유항선생시집(柳巷先生詩集)』에 시만 수록된다는
사실에 상당히 신경을 썼던 것을 알 수 있는데, 다음 인용문을 보면 이
러한 사정을 쉽게 짐작할 수 있다.

> 아, 공의 언행과 재식이 다 사군자의 사범이 될 만하며, 시는 특히
> 그 여사에 불과하다. ……[중략]…… 둘째 아들 尙質이 형제 간에 상의

---

29) 위의 글. 위의 책 290-291면.

하고 장차 목판에 새기려 하는데, 내가 오랫동안 공을 섬겼다 해서 서
문을 부탁하므로 사양하지 못하고, 공의 언행의 대강을 서술해서 편
미리에 붙임과 동시에, 후일 공의 시를 보는 자로 하여금 본받을 만한
것이 다만 시뿐이 아님을 알게 하는 것이다.30)

이 인용문을 보면, 양촌(陽村)은 문집에 실리는 유항(柳巷)의 시들은
그의 인품이나 학문에 비해서는 오히려 '서여(緖餘)'에 불과하다고 전
제하고, 후인(後人)들이 그의 시만으로 유항을 평가하지나 않을까 하는
염려가 정작 이 서문을 쓰게 된 중요한 이유 가운데 하나라고 하고 있
음을 알 수 있다. 결국 양촌은 시인으로서의 한수보다는 '언행과 재식
이 다 사군자(士君子)의 모범'이라는 점에서의 한수가 더 높이 평가되
어야 한다고 인식했던 셈인데, 이는 곧 양촌이 한수의 인품과 학문을
대단히 높이 산 것으로 이해할 수 있다.

수일이 지나서 왕이 이르기를, "銓選은 중요한 일이다. 총명 민첩하
고 정밀한 자가 아니면 그 권한을 줄 수 없는데, 나의 생각으로는 오직
韓某가 그에 적격한 사람이다." 하고 이에 공을 正議大夫로서 右承宣
에 임명하고, 겨울에는 左承宣에 승진시켜 銓選을 맡게 하였다.31)

이 인용문은 한수(韓脩)가 공민왕의 인정을 받아 전선(銓選)을 맡게
된 경위를 보여주고 있다. 공민왕은 한수가 다른 누구보다도 "총명 민
첩하고 정밀하다.[聰敏精密]"는 것을 인정하고 그에게 전선의 중책을
맡겼음을 알 수 있는데, 이로 미루어 보아 한수는 총명하고 민첩하면서

---

30) 嗚呼 公言行才識 皆可爲士君子之師範 詩特其緖餘爾……[중략]……仲子政堂尙質 與
    兄弟謀將壽諸梓 以子事公久 托以序 不獲辭 爲略敍公言行大槩 以冠編首 俾後人觀詩
    者 知其可法不但於詩而已.(위의 글, 위의 책 291-292면).
31) 李穡, 앞의 글, 앞의 책 405-406면.

도 빈틈없는 성품의 소유자였음을 알 수 있다.

또한 목은(牧隱)은 한수의 인품과 학문에 대해 다음과 같이 명(銘)하고 있다.

> 옥병 속에 얼음을 담아둠과 같은 것은 오직 공의 맑은 지조이요, 티끌갑 속에서 거울을 연 것과 같은 것이 오직 공의 밝은 마음이외다. 綺紈에 싸인 부귀 속에서 자라났건만 화려하고 사치스러운 일이 없었으며, 시문과 서예에 優游하면서 財利란 絲毫도 추구한 바 없었읍니다. 효도하고 우애하며 충성하고 신의 있었고, 또 청렴하고 寧靜하며, 너그럽고 화평하셨으니, 장수를 누리셔야 마땅하거늘 하늘이 빼앗아 가는데 어찌하오리까.32)

또한 우왕(禑王)도 자신의 사부(師傅)였던 한수(韓脩)의 인품과 학문에 대해, '거유(鉅儒)'라는 말까지 써가면서, 마음으로 승복하여 즐겨 가르침을 받았다는 내용을 담은 교지를 내리고 있다.

> 하물며 친히 섬긴 스승이요 鉅儒니, 특별히 恩禮를 가해야 할 것이다. 故 輸忠贊化功臣匡靖大夫判厚德府事右文館大提學知春秋館事上護軍 韓脩는 학문은 濂[周濂溪]과 洛[二程子]의 전통을 받았고, 필법은 鍾繇와 王羲之를 이었다. 일찌기 선친[공민왕]의 知遇를 받아서 곧 代言의 직책을 맡았으니 들어가 임금께 고하면 반드시 세상을 다스리는 계책을 말하였으므로, 신중히 동료 중에서 선택하여 나의 스승을 삼을 명령을 받게 하였다. 그래서 어린 나이로, 가르치는 말을 듣게 되었다.33)

---

32) 위의 글, 위의 책 408면.

33) <敎判厚德府事韓脩>(徐居正 編, 『東文選』 제 24권(민족문화추진회 편, 『國譯 東文選』 제 3권, 1985. 64면)).

　지금까지의 논의를 통해서 한수(韓脩)가 당대 사람들로부터 정치가이자 학자로 상당히 높게 평가 받았다는 것을 인정할 수 있으리라고 본다.

　그런데 이러한 평가는 '경(敬)'을 바탕으로 한 그의 학문과 상당한 관련이 있는 것으로 보인다. 조선 후기의 성리학자이자 유항(柳巷)의 십이대손(十二代孫)으로, 유명한 '호락논쟁(湖洛論爭)'[34]의 한쪽 당사자인 한원진(韓元震)은, <주경설발(主敬說跋)>에서 유항(柳巷)의 학문이 '경(敬)'을 위주로 하고 있다고 말하고, 그 구체적 사례로 일찍이 양촌(陽村)이 밥을 먹으면서 책을 보다가 유항(柳巷)에게 "그대가 경(敬)을 주로 하지 않음을 알겠다.[知君不主敬]'는 지적을 받았던 사실을 들고 있다.

　　옛 나의 조상인 柳巷先生은 고려말에 사셨는데 문장과 덕행이 세상의 모범이 되었다. <u>그 학문은 敬을 위주로 했다</u>. 일찍이 陽村 權公과 함께 대궐에서 숙직을 하다가 권공이 바야흐르 밥을 먹으면서 책을 보는 것을 보고는, 선생께서 말씀하시기를 "그대가 敬을 위주로 하지 않음을 알겠다. 입은 밥에 있고 눈은 책을 보는 데에 있으니 마음이 전일할 수 있겠는가?" 하니, 권공이 두려워 하면서도 승복하여 평생의 스승으로 생각했다.[35](밑줄:인용자)

---

34) 18세기 우리 성리학계의 가장 유명한 논쟁으로 '人·物性同異論 論爭'이라고도 한다. 人性과 物性이 같은가 다른가 하는 것을 쟁점으로 삼은 논쟁인데, 인성과 물성은 다르다고 보는 湖論의 대표적 인물이 바로 韓元震이었고, 물성과 인성이 근원에서 다를 바가 없다는 洛論의 대표적 인물은 李柬이었다.(趙明基 外, 『한국사상의 심층연구』, 도서출판 우석, 1990. 196-197면 참조).

35) 昔我先祖柳巷先生在麗季 以文章德行爲世模範 其學以敬爲主 嘗與陽村權公同直闕下 權公方食觀書 先生曰 知君不主敬 口有食目有觀 心主一乎 權公悚然而服以爲終身之師(韓元震, <主敬說跋>(성균관대학교 대동문화연구원, 앞의 책 68면)). 이 逸話는 <柳巷先生詩集序>에서 陽村 자신이 직접 언급했던 내용이기도 하다.

　이 인용문을 보면 유항(柳巷)은 확실히 '경(敬)'에 관심이 많았음을 짐작할 수 있다. 잘 알려진 바와 같이 유학(儒學)에서는 '경(敬)'을 '참되고자 노력하는 자아실현의 정신이자 성인의 학문을 쌓아감에 불가결한 마음가짐'으로 이해한다. 유가(儒家) 경전(經典)에 나타난 '경(敬)'을 중요한 수양정신으로 보고 본격적인 해명을 시도했던 유명한 학자인 정이(程頤)는, "경(敬)이란 하나를 주(主)로 함을 말한다."라고 설명했는데, 이 설명은 주자(朱子)에게도 전폭적으로 수용되었다.36) 따라서 밥을 먹으면서 책을 보는 후학(後學)을 보고 "마음이 전일할 수 없으니 경(敬)을 위주로 하지 않음을 알겠다."라고 한 유항(柳巷)의 지적은 적실했을 뿐만 아니라, 그가 얼마나 '경(敬)'을 중시하고 생활 주변의 모든 일들을 이 경(敬)의 입장에서 이해하고 실천하려 했던가를 짐작하게 하기에 충분하다.

　'경(敬)'에 대한 이러한 그의 관심은 삼남(三男)의 이름을 '상경(尙敬)'이라고 하여 '경(敬)'자(字)를 넣고도, 자(字)까지 '숙경(叔敬)'·'경중(敬仲)'37)이라고 했던 데에서도 드러난다. 이렇게 아들의 이름에다 '경(敬)'자(字)를 거듭 사용한 것이 결코 우연이 아니었다는 것은 다음 시의 내용을 검토해 보면 알 수 있다.

　　　<인일(人日)38)에 두 아들 상질(尙質)과 상경(尙敬)의 시에 차운하다(人日 次二子詩 尙質 尙敬)>
　　　날이 가면 권세는 늘 줄어드는데
　　　근년에는 자리가 더욱 깊어지네.

---

36) 한국정신문화연구원, 『한국민족문화대백과사전』 제 1권, 1991. 833면 참조.
37) 三男인 尙敬의 字는 '叔敬'·'敬仲'이다.(신구문화사, 앞의 책 990면).
38) 人날. 음력 정월 초이레날을 달리 일컫는 말이다.

오직 아버지의 업(業)을 이어받음[39]을 기꺼워하고
장차 유림(儒林)에 보탬이 됨을 보겠네.
자(字)를 지으니 능히 공경을 알고
시를 쓰니 또한 읊조릴 만하네.
문장이 어찌 귀하지 않으랴 마는
성현의 마음을 알아야 하리.

　日往權常減　　年來坐愈深
　惟欣肯堂構　　將見補儒林
　作字能知敬　　題詩又可吟
　文章豈不貴　　要識聖賢心[40]

　정월 초이레날[41]에, 두 아들의 시에 차운한 세 수의 시 가운데 둘째 수인 이 오언율시는, 내용으로 보아 삼남(三男)인 상경(尙敬)을 대상으로 한 것임을 알 수 있다. 경련(頸聯)의 전구(前句)를 보면 아들의 자(字)에다 ‘경(敬)’자(字)를 넣은 것이 의도적이었음이 확인된다. “능히 경(敬)을 알아라”라는 의도에서 일부러 자(字)에다 거듭 ‘경(敬)’자(字)를 넣었다는 것이다. 그리고 미련에서는 학문의 요체(要諦)는 성인의 마음을 아는 데에 있다는 친절한 가르침을 잊지 않고 있는데, 앞의 내용과 연결시켜 보았을 때, 어쩌면 그는 이 성인의 마음을 바로 ‘경(敬)’으로 이해했음직도 하다. 충정왕 3년(1351년)에 왕이 왕위를 내놓고 강화도로 갈 때 끝까지 그 왕을 따라가서 세인(世人)의 칭송을 받았던 일이나,[42]

---

39) ‘堂構’는 아버지의 사업을 아들이 이어받는 것을 이르는 말이며, 그 기쁨을 나타내는 말에는 ‘堂構之樂’이 있다. 여기서는 아들이 자신의 학문을 이어받는 것을 말한 것이다.

40) 『柳巷先生詩集』 9면(『韓國文集叢刊 5』 264면).

41) 어느 해였는지는 확인되지 않는다.

42) 주 17) 참조.

위험에 빠질 줄을 뻔히 알면서도 "신(臣)이 아니면 누가 감히 말하오리까." 하면서 신돈(辛旽)의 비행을 공민왕에게 과감하게 밀계(密啓)[43]할 수 있었던 것도 이 '하나를 주(主)로 하는 경(敬)의 정신'을 바탕으로 했기 때문에 가능했을 것이다.

Ⅳ. 한수(韓脩)의 시세계(詩世界)

1. 작품 개관

(1) 현전(現傳)하는 작품들

앞에서도 언급한 바와 같이 한수(韓脩)의 시에 대해서는 아직까지 본격적으로 논의된 바 없고, 그의 작품이 정리된 적도 없다. 따라서 앞으로 본격적인 연구가 이루어지면 작품수가 더 확충될 가능성이 충분히 있을 것으로 짐작된다. 현재까지 필자가 확인할 수 있었던 그의 작품은 문집인 『유항선생시집(柳巷先生詩集)』에 147제(題) 218수(首),[44] 『동문선(東文選)』에 11제(題) 12수(首), 『신증동국여지승람(新增東國輿地勝覽)』에 8제(題) 8수(首)[45]였다. 그러나 『동문선(東文選)』과 『신증동국여지

---

43) 주 18) 참조.

44) 『柳巷先生詩集』의 제일 첫머리에 실려 있는 네 수의 칠언절구는 <奉和益齋相國東國故事四詩>라는 큰 제목 아래에 <金侍中驪驟訪江西慧素上人>·<鄭中丞謫居東萊對月撫琴>·<郭翰林冒雨賞三池蓮花>·<金ㅇㅇ(萬曆本에는 공란으로 되어 있었으나 同治本에는 '侍中'으로 되어 있다.)雪中騎牛遊皺巖>이라는 소제목이 각각 주어져 있으나, 본고에서는 관례에 따라 이 네 수를 1題로 계산했다.

45) 이 2題 중 <雉嶽雲峯送雨行>은 제목이 아니라 頭聯의 前句이다. 제목이 따로 없이 바로 시가 제시되었기 때문이다. 따라서 이 시의 제목은 '失題'라고 하는 것이 오히려 더 정확한 표현이라고 하겠다.

승람(新增東國輿地勝覽)』에 실린 작품들은 모두『유항선생시집(柳巷先生詩集)』에 실려 있는 것들이기 때문에 현재 확인할 수 있는 유항의 시는 그의 문집에 실린 147제(題) 218수(首)가 전부라고 할 수 있다.

　①『유항선생시집(柳巷先生詩集)』소재(所載) 시

　『유항선생시집(柳巷先生詩集)』에 실린 작품은, 제목이나 작품 속의 글자 등에서 약간의 차이가 있기는 하지만, 만력본(萬曆本)과 동치본(同治本)이 작품수나 그 배열 순서에서는 일치한다. 만력본의 체제는 제일 첫머리에 양촌(陽村)의 서(序),[46] 목은(牧隱)의 <한문경공묘지명(韓文敬公墓地銘)>, 우왕의 교서(敎書)가 있고, 이어서 바로 <봉화익재상국동국고사사시(奉和益齋相國東國故事四詩)>부터 <안제학(중온)만사 육언(安提學(仲溫)挽詞 六言)>까지 147제(題) 218수(首)의 시가 배열되고, 제일 끝에 윤회종(尹會宗)의 발(跋)이 있다. 동치본의 체제는 제일 첫머리에 <유항한선생문집서(柳巷韓先生文集序)>라는 한재익(韓在益)의 서(序), 같은 제목의 양촌(陽村)의 서(序), 목은(牧隱)의 <한문경공묘지명(韓文敬公墓地銘)>, 우왕의 교서,『고려사열전(高麗史列傳)』의 한수(韓修) 관계 기록,[47] 한원진(韓元震)의 <주경설발(主敬說跋)>이 있고, 이어서 '유항한선생문집목록 단(柳巷韓先生文集目錄 單)'이라고 해서 작품의 제목을 본문의 배열 순서에 따라 먼저 제시한 후, 만력본의 순서대로 147제(題) 218수(首)의 시가 배열되고, 그 뒤에는 윤회종(尹會宗)의 발(跋)에 이어서 한준겸(韓浚謙)의 발(跋)이 덧붙어 있고, 제일 끝에 부

---

46) 이 序에는 제목이 따로 붙어 있지 않다.

47)『高麗史列傳』에서 韓修의 傳은 독립되어 있지 않다. 제 20권 韓康 條 아래에 渥(한수의 父), 脩, 方信의 순으로 立傳되어 있다.(동아대학교 고전연구실 편,『譯註 高麗史』제 9권, 태학사, 1987. 178-183면). 동치본에는 이 중 韓脩 부분만 떼어서 실었다.

록(附錄)으로 이색(李穡)의 <유항한선생사자명자설(柳巷韓先生四子名字說)>과, <명자설절구(名字說絶句)>를 비롯한 유항(柳巷) 관계 이색의 시 5제(題) 7수(首)가 실려 있다. 동치본의 목록에는 제일 첫번째 시 제목이 <봉화익재상국동국고사사시(奉和益齋相國東國故事四詩)>라고 되어 있고 그 아래에 네 수의 작품의 소제목들이 붙어 있어서 1제(題) 4수(首)라는 것이 드러나 있으나, 본문의 시작 부분에서는 <봉화익재상국동국고사사시(奉和益齋相國東國故事四詩)>라는 큰 제목이 없이 바로 <김시중여라방강서혜소상인(金侍中驪騾訪江西慧素上人)>으로부터 시작되었기 때문에 이 네 수의 시가 4제(題) 4수(首)인 것처럼 되고 말았다.

이 『유항선생시집(柳巷先生詩集)』에 실린 작품들을 『고려사(高麗史)』의 기록이나 『목은집(牧隱集)』과 비교 검토해 보건대, 확언해서 말할 수는 없지만, 이 시들은 대체로 창작년대순을 고려하여 편차한 것으로 추정되며, 대체로 그의 말년, 특히 45세였던 1377년 경부터 52세로 죽었던 해인 1384년까지[48]에 지어진 작품이 집중적으로 실린 듯하다.

『유항선생시집(柳巷先生詩集)』에 실린 시들 중, 3면의 <적지협주송압송관조광보환경(讁至陝州送押送官趙光甫還京)>은 9면의 <인일 차 이자시 상질 상경(人日 次二子詩 尙質 尙敬)>의 끝에 붙은, '공이 스스로 주(註)하기를 <u>정사년 1월 6일에 협주(陝州)에 도착했다. 다음날 압송관은 가고 홀로 관사(官舍)에서 잤다.</u>(밑줄:인용자)'[49]라는 주(註)로 보아, 그가 공민왕을 시해(弑害)한 한안(韓安)의 일족(一族)이라는 이유로 유배되어 유배지인 협주(陝州)에 도착했던 다음날인 1377년 1월 7일에

---

48) 유항은 52세였던 1384년 2월 28일에 卒했다.[앞의 연보 참조].

49) 公自註 丁巳正月六日到陝州 翌日 押送官去 獨宿官舍(『柳巷先生詩集』 10면(『韓國文集叢刊 5』 264면)).

지은 것임을 알 수 있고, 바로 이어진 작품인 <기사제판서(寄舍弟判書)
>는 그 제목 다음에 '是時判書亦敗在光州'라고 협주(夾註)한 것으로 보
아 거의 같은 시기에, 역시 같은 죄에 연루되어 광주로 유배되어 있던
동생에게 부쳐 지어진 것임을 알 수 있다. 6면의 <증일본승천우(贈日
本僧天祐)>는 『목은집(牧隱集)』의 <송일본석유천우(送日本釋有天祐
)>50)와 비교 검토하면 1379년 작(作)임을 알 수 있고, 7면의 <복인서비
삼왕광암 목은선생매욕왕관이질미과작절구시수서견시전후범구수의운
봉화(僕因書碑三往光岩 牧隱先生每欲往觀以疾未果作絶句詩手書見示前
後凡九首依韻奉和)>는 『목은집(牧隱集)』의 <한첨서재광암서 복불능왕
관 요술서회(韓簽書在光巖書 僕不能往觀 聊述所懷)>51)와 비교 검토하
면 1379년 작(作)임을 알 수 있으며, 17면의 <서해안부김진양하아배등
제 차운답지 이절(西海按部金震陽賀兒輩登第 次韻答之 二絶)>과, 이어
진 18면의 <하신등계(賀新登階)>, <하신방안이지직 차운 이절(賀新牓
眼李之直 次韻 二絶)>, <증이장원백중 목은선생작백중설 이문화자백
중(贈李壯元伯中 牧隱先生作伯中說 李文和字伯中)>의 4수는 한수(韓
脩)의 이남(二男)인 상질(尙質)이 과거에 급제한 것이 1380년이고, 이 때
의 장원(壯元)이 이문화(李文和)였으니,52) 1380년의 작(作)으로 볼 수 있
다. 또한 24면의 <각운내원당만사(覺雲內願堂挽詞)>는 각운(覺雲) 구
곡(龜谷)이 죽은 것이 1381년이니 1381년 작(作)으로 볼 수 있고, <구월
십오야 요목은선생등루완월 차선생운(九月十五夜 邀牧隱先生登樓翫月

---

50) 李穡,『牧隱藁 詩藁』제 8권(『韓國文集叢刊 4』59면).

51) 위의 책 56면.

52)『高麗史列傳』제 47권 우왕 6년(庚申年) 5월 條에 "及第 李文和 등을 試取하였는데
　禑가 乙科 三人에게 馬를 賜하고 또 文和가 李琳의 孫女壻이므로 紅鞓을 賜하였
　다."라는 기록이 있음으로 보아, 李文和가 1380년 5월에 壯元及第했음을 알 수 있
　다.(동아대학교 고전연구실 편,『譯註 高麗史』제 4권, 태학사, 1987. 340-341면).

次先生韻)>은 그 두 번째 수 두련(頭聯)의 전구(前句)에서 '사십구년금이추(四十九年今巳秋)'라고 했으니 한수(韓脩)의 나이 49세이던 1381년 가을, 즉 1381년 9월 15일 밤에 지어진 것임을 알 수 있다. 27면의 <곡정원재공권(哭鄭圓齋公權)>은 원재(圓齋) 정추(鄭樞)에 대한 만사(挽詞)이니 정추가 죽은 해인 1382년[53]에 지어졌다고 볼 수 있고, 29면의 <호가지남경 한산군재신륵사 기시절구 차운봉답(扈駕至南京 韓山君在神勒寺 寄示絶句 次韻奉答)>은 한수가 왕을 호종하여 남경(南京)에 간 것이 임술년(1382년)이었으니,[54] 1382년의 작(作)임을 알 수 있고, 이어진 작품인 <자남경귀송도 마상구호(自南京歸松都 馬上口号)>도 1382년 무렵에 지어졌을 것이다. 『유항선생시집(柳巷先生詩集)』의 제일 끝에 있는 작품은 31면의 육언고시(六言古詩) <안제학(중온)만사 육언(安提學(仲溫)挽詞 六言)>인데, 안중온(安仲溫)이 죽은 것은, 『고려사열전(高麗史列傳)』에 의하면 우왕 10년(1384년:甲子年) 3월로 되어 있고,[55] 이색의 묘지명에 의하면 한수가 죽은 것은 우왕 10년(1384년:甲子年) 2월 28일로 되어 있어서[56] 어느 쪽인가가 약간의 착오가 있는 듯하나, 『고려사열전(高麗史列傳)』의 기록에 약간의 착오가 있었다고 한다면 이 작품은 1382년의 작(作)이고 그것도 한수(韓脩)가 죽기 직전에 지은 작품일 가능성이 매우 크다고 할 수 있을 것이다.

따라서 『유항선생시집(柳巷先生詩集)』은 창작년대순을 고려하여 편차되었고 그의 말년의 작품들이 주로 실렸다고 할 수 있다.

---

53) 신구문화사, 앞의 책 815면.
54) 李穡, 앞의 글. 앞의 책 406면.
55) "三月에 密直 安仲溫이 卒하였다."라고 되어 있다.(『高麗史列傳』 제 48권(동아대학교 고전연구실 편, 『譯註 高麗史』 제 4권, 태학사, 1987. 396면).
56) 李穡, 앞의 글, 앞의 책 406면.

②『동문선(東文選)』소재(所載) 시

『동문선(東文選)』에는 오언고시(五言古詩)편에 <팔월초구일야좌(八
月初九日夜坐)>[57], 칠언고시(七言古詩)편에 <영모정행(永慕亭行)>[58],
오언율시(五言律詩)편에 <야좌차두공부시운(夜坐次杜工部詩韻)>[59]·
<봉화한산군소시(奉和韓山君所示)>[60]·<목락(木落)>[61]·<기밀성이
사군(寄密城李使君)>[62], 오언배율(五言排律)편에 <송경상도안렴강부령
(送慶尙道按廉康副令)>[63], 칠언율시(七言律詩)편에 <척약재승주래방음
주중(惕若齋乘舟來訪飮舟中)>[64]·<배목은선생왕천수사상련차선생운
(陪牧隱先生往天壽寺賞蓮次先生韻)>[65]·<구월십오일요목은선생등루
완월(九月十五日邀牧隱先生登樓翫月)>[66], 칠언절구(七言絶句)편에 <정
중승적거동래대월무금(鄭中丞謫居東萊對月撫琴)>[67]·<석방도중(石房
途中)>[68]·<무제 이수(無題 二首)>[69]의, 13제(題) 14수(首)의 작품이

---

57) 徐居正 編,『東文選』제 5권(민족문화추진회 편,『國譯 東文選』제 1권, 1985. 163면).

58) 徐居正 編,『東文選』제 7권(위의 책 299-300면).

59) 徐居正 編,『東文選』제 10권(위의 책 434면).

60) 위의 책 434-435면.

61) 위의 책 435면.

62) 위의 책 같은 면.

63) 徐居正 編,『東文選』제 11권(위의 책 505-507면).

64) 徐居正 編,『東文選』제 16권(민족문화추진회 편,『國譯 東文選』제 2권, 1985. 219
면).『國譯 東文選』에서는 이 작품의 제목을 '楊若齋乘舟來訪飮舟中'이라고 했는데,
이는 원본의 '惕'을 '楊'으로 잘못 읽은 결과였다. '惕若齋'는 金九容(1338년-1384년)
의 호이다.

65) 위의 책 219-220면.

66) 위의 책 220면.

67) 徐居正 編,『東文選』제 21권(위의 책 485-486면).

68) 위의 책 486면.

69) 위의 책 같은 면.

실려 있다. 그러나 이들 가운데 오언율시인 <목락(木落)>과 <기밀성이사군(寄密城李使君)>의 2제(題) 2수(首)는 한수의 문집에도 없고, 실제 한수의 작품도 아니기 때문에 주의를 요한다.『동문선(東文選)』권10에 한수의 작품이라고 되어 있는 <목락(木落)>과 <기밀성이사군(寄密城李使君)>은『원재고(圓齋稿)』를 검토해 보면 정추(鄭樞)의 작품임을 알 수 있다.[70]『동문선』권10에는 <야좌차두공부시운(夜坐次杜工部詩韻)>·<봉화한산군소시(奉和韓山君所示)>·<목락(木落)>·<기밀성이사군(寄密城李使君)>의 4수의 작품이 한수의 작품으로 되어 있고, 이어서 정추(鄭樞)의 <숙여흥청심루(宿驪興淸心樓)>가 실려 있는데, 이는『동문선』을 편차(編次)할 당시에 착오가 있었던 것이다. 한수의 작품은 <봉화한산군소시('奉和韓山君所示)>에서 끝나고, 그 뒤의 <목락(木落)>·<기밀성이사군(寄密城李使君)>·<숙여흥청심루(宿驪興淸心樓)>는 정추의 작품으로 되어 있어야 할 것이, 착오로 인해 <목락(木落)>·<기밀성이사군('寄密城李使君)>의 2수가 정추의 작품이 아니라 한수의 작품으로 되고 말았던 것이다. 따라서『동문선』에 실린 한수의 작품은 모두 11제(題) 12수(首)이고, 이들 가운데 문집에 실리지 않은 작품은 없다.

『동문선(東文選)』에 실린 <영모정행(永慕亭行)>은 문집에서는 제목을 <영모정(永慕亭)>이라고 했고, <봉화한산군소시(奉和韓山君所示)>는 문집에서는 제목을 <봉화한산군소시 사수(奉和韓山君所示 四首)>라고 했으며, <배목은선생왕천수사상련차선생운(陪牧隱先生往天壽寺賞蓮次先生韻)>은 문집에서는 제목을 <배목은선생왕천수사상련차선생시운(陪牧隱先生往天壽寺賞蓮次先生詩韻)>이라고 했고, <구월십오

---

70) 鄭樞,『圓齋稿』,『韓國文集叢刊』5, 185면 참조.

일요목은선생등루완월(九月十五日邀牧隱先生登樓翫月)>은 문집에서는
제목을 <구월십오야요목은선생등루완월차선생운(九月十五夜邀牧隱先
生登樓翫月次先生韻)>이라고 하여 두 책 사이에 '일(日)'과 '야(夜)'가
다르고 또한 '차선생운(次先生韻)'이 있고 없고의 차이가 있으며, <무
제 이수(無題 二首)>는 문집에서는 제목을 <제안선생시권(題安先生詩
卷)>[71]이라고 했다. 나머지 작품들은 『동문선(東文選)』과 문집 사이에
제목이 일치한다.

③『신증동국여지승람(新增東國輿地勝覽)』소재(所載) 시

『신증동국여지승람(新增東國輿地勝覽)』에는 <영모정(永慕亭)>[72]·
<정중승적거동래대월무금(鄭中丞謫居東萊對月撫琴)>[73]·<도미진(渡
迷津)>[74]·<청심루(淸心樓)>[75]·<고달사(高達寺)>[76]·<충주산(忠州
山)>[77]·<강서사(江西寺)>[78]·<치악운봉송우행(雉嶽雲峯送雨行)>[79]

---

71) 『柳巷先生詩集』 4면(『韓國文集叢刊 5』 261면).
72) 『新增東國輿地勝覽』 제 15권 淸州牧 古跡 永慕亭(민족문화추진회 편, 『國譯 新增東
    國輿地勝覽』 제 2권, 1967. 497-498면).
73) 『新增東國輿地勝覽』 제 23권 東萊 古跡 瓜亭(민족문화추진회 편, 『國譯 新增東國輿
    地勝覽』 제 3권, 1967. 362-363면)
74) 『新增東國輿地勝覽』 제 6권 廣州牧 山川 渡迷津(민족문화추진회 편, 『國譯 新增東
    國輿地勝覽』 제 2권, 1967. 13면).
75) 『新增東國輿地勝覽』 제 7권 驪州牧 樓館 淸心樓(위의 책 55면).
76) 『新增東國輿地勝覽』 제 7권 驪州牧 佛宇 高達寺(위의 책 64면). 이 시는 문집에서는
    제목을 '題高達寺'라고 했다. 또한 『新增東國輿地勝覽』에서 '二十年前似夢間'이라
    고 했던 頭聯의 前句가 문집에는 '三十年前似夢間'이라고 하여 '二'와 '三'의 차이
    가 있다.
77) 『新增東國輿地勝覽』 제 8권 楊根郡 山川 忠州山(위의 책 108-109면).
78) 江西寺에 대하여는 "황해도 배천군 동쪽 匡正渡 위에 있는데 見佛寺라고도 한다.
    중 惠素가 여기 거주하였는데 金富軾이 늘 나귀를 타고 방문하였다."고 했다.(『新增
    東國輿地勝覽』 제 43권 白川郡 佛宇(민족문화추진회 편, 『國譯 新增東國輿地勝覽』
    제 5권, 1967. 444면)).

의 8수의 시가 실려 있는데, 이들 가운데 문집에 실리지 않은 작품은
없다.

<영모정(永慕亭)>은 문집에는 <영모정(永慕亭)>,『동문선(東文選)』
에는 <영모정행(永慕亭行)>이라는 제목이 붙어 있고, <정중승적거동
래대월무금(鄭中丞謫居東萊對月撫琴)>은 문집이나『동문선(東文選)』에
도 같은 제목으로 되어 있으며, <청심루(淸心樓)>는 문집의 <자신륵
사지여흥루차판상운이수(自神勒寺至驪興樓次板上韻二首)> 중의 앞의
수(首)이고, <고달사(高達寺)>는 문집에는 제목이 <제고달사(題高達
寺)>로 되어 있다. <충주산(忠州山)>은 문집에는 <이십이일도중(二十
二日途中)>이라는 제목이 붙어 있고, <강서사(江西寺)>는 문집의 <봉
화익재상국동국고사사시(奉和益齋相國東國故事四詩)> 제하(題下)의 제
1수인 <김시중여라방강서혜소상인(金侍中驪騾訪江西慧素上人)>이며,
<도미진(渡迷津)>은 문집의 <두미원강안(杜美院江岸)>의 경련과 미
련이고, <치악운봉송우행(雉嶽雲峯送雨行)>은 문집의 <숙원주객사차
판상운(宿原州客舍次板上韻)>과 같은 작품이다.

(2) 시체별(詩體別) 분류

현재 전하는 한수(韓脩)의 시 218수를 시체별(詩體別)로 분류해 보면,
오언절구(五言絶句)가 15수, 오언율시(五言律詩)가 22수, 오언배율(五言
排律)이 9수, 오언고시(五言古詩)가 7수, 칠언절구(七言絶句)가 116수,
칠언율시(七言律詩)가 42수, 칠언배율(七言排律)이 2수, 칠언고시(七言
古詩)가 3수, 사언고시(四言古詩)가 1수, 육언고시(六言古詩)가 1수이다.

---

79)『新增東國輿地勝覽』제 46권 原州牧 題詠(민족문화추진회 편,『國譯 新增東國輿地
　　勝覽』제 6권, 1967. 23면).

따라서 고시와 근체시로 나누었을 때에는 고시가 12수, 근체시가 206
수로 94%라는 압도적 다수를 차지하여 한수가 고시보다는 근체시에
능(能)한 시인이었다는 이해가 가능하다. 또한 사언시(四言詩)가 1수, 오
언시(五言詩)가 53수, 육언시(六言詩)가 1수, 칠언시(七言詩)가 163수로,
칠언시(七言詩)가 전체의 75%를 차지하는 것으로 보아 그는 오언시(五
言詩)보다는 칠언시(七言詩)에 훨씬 능했다고 할 수 있다. 칠언시(七言
詩) 가운데에서도 칠언절구(七言絶句)가 차지하는 비율이 전체 작품의
53%, 칠언시의 71%를 차지함으로써 그가 특히 칠언절구(七言絶句)에
능(能)한 시인이었음을 잘 보여주고 있다.

2. 한수(韓脩)의 시세계(詩世界)

한수(韓脩)의 작품들은 대체로 평이한 시어로 되어 있고 순수한 정감
을 담고 있는 작품이 주류를 이룬다고 할 수 있다. 몇 편의 작품들을
대상으로 그의 시에 나타난 작품 세계를 살펴보기로 한다.

<석방(石房)으로 가는 길에(石房途中)>
높은 바위의 돌길을 기어오르다 지치는데
어느 절의 성근 종소리가 멀리 산에서 들리는가?
뜨거운 해는 벌써 푸른 봉우리 위로 솟았는데
밤을 지샌 구름은 아직 푸른 솔 사이에 있네.

巉巖石路倦躋攀　　何寺疎鍾遠出山
畏日已升靑嶂表　　宿雲猶在翠松間

『동문선(東文選)』에도 선시(選詩)된 이 칠언절구는 평이하면서도 산뜻한 느낌을 준다. 여름날 새벽에 돌길을 따라 느릿느릿 산으로 올라가다가, 문득 먼 산사(山寺)의 나직한 종소리에 눈을 들어 보라다보니, 그 사이에 여름 해는 이미 돋았고 푸른 산은 드러났는데, 아직도 소나무 사이에는 간밤의 구름이 옅게 남아 있는 광경을 선명하게 그려내고 있다. 이 시 속의 일은 산 속의 여름날 아침이면 어디서나 흔히 있을 법한 일이다. 시인은 이 평범한 산 속의 아침 풍경을, 아무런 꾸밈 없이, 그냥 보고 들은대로 담담하게 그려내고 있을 뿐이다. 그러나 이렇게 전혀 기교를 부리지 않음으로써 참으로 소나무 사이에 걸린 구름과 산사(山寺)의 나직한 종소리가 묘하게 어우러져 그윽한 여운을 자아내기에 족하다. 소나무에 걸린 옅은 구름 아래로 먼 산사(山寺)의 종소리가 은은하게 스며들어 귀에 들려오는 듯하다. 양촌(陽村)은 유항(柳巷)의 시에 대해 "간결(簡潔)하고 충담(冲澹)하며 여운(餘韻)이 깃들어 있다.[然觀其簡潔冲澹 高出意表 如聞玉聲淸越以長]"80)고 평가한 바 있는데, 이 시야말로 양촌(陽村)의 이 평가에 적실(的實)한 시라고 할 수 있다.

> <두미원의 강 언덕(杜美院江岸)>
> 널따란 한강(漢江)이 산 사이에서 나오는데
> 어찌 처음부터 포효하며 두 산을 갈랐으랴?
> 바다로 돌아가면 마땅히 더욱 넓어지련만
> 발원지에서는 아마 절로 잔잔한 물을 보내리.
> 햇빛이 잠깐 움직이자 바람은 부드럽게 불어오고
> 하늘 그림자가 멀리 잠기자 돛단배는 한가롭게 가네.
> 머리 돌려 은근히 삼각산을 이별하지만
> 달이 반쯤 둥글어지기 전에 나는 마땅히 돌아오리.

---

80) 權近, 앞의 글, 앞의 책 291면.

汪洋漢水出山間　　　　　初縶咆哮擘兩山
歸海盍當成浩浩　　　　　發源應自送潺潺
日華乍動風來軟　　　　　天影遠涵帆去閑
回首慇勒別三角　　　　　月輪未半我當還

　　이 작품은 온화하면서도 느긋하고 여유 있는 정감을 느끼게 한다.
강가의 나루는 흔히 다정한 사람들의 애틋한 이별의 장소적 배경이 되
고, 그래서 아쉽고 안타까운 감정과 짝이 되게 마련이지만, 이 시에서
는 전혀 그렇지 않다. 시인은 나루를 그저 건너갔다가 건너올, 여정(旅
程) 가운데 스쳐가는 한 장소로 느긋하게 이해하고 있을 뿐이다. 그래
서 햇빛도 바람도 부드럽게만 느껴지고, 강 저 멀리 떠있는 돛단배도
한가롭게만 보이는 것이다. 문득 고개 돌려 바라보니 삼각산이 점점 멀
어만 간다. 그러나 멀어져가는 삼각산이 아쉬움이나 애절한 감정을 불
러일으키는 것은 전혀 아니다. 삼각산은 결코 이별의 대상이 아닌 것이
다. 그 산은 돌아오는 길에 이내 다시 만나게 될 대상으로 인식되고 있
을 뿐이다. 한수(韓脩)의 시에는 이렇게 온화하고 여유 있는 마음의 자
세를 느낄 수 있는 것들이 많은데, 그것은 그가 여유 있는 집안에서 곱
게 자랐으며, 일찍이 벼슬에 올라 별 기복 없이 안온하게 관직생활을
영위했다는 사실과 무관하지 않을 것이다.

　　　<구월 보름날 밤에 목은선생을 맞이하여 누각에 올라 달을 구경
하며 선생의 시에 차운하다(九月十五夜邀牧隱先生登樓翫月次先生
韻)>
　　높은 하늘에 구름 걷히고 이슬 내리는 가을인데
　　소리 없는 은하수가 사람 가까이 흐르네.
　　탁한 술로도 족히 맑은 경치 구경할 만한데

어찌 노란 국화를 흰머리에 꽂으랴?
땅은 금빛 물결을 솟구쳐 손님의 자리를 맑게 하고
하늘은 옥 같은 거울을 닦아 내 누각에 걸었네.
공에게 싫증내지 말고 밤새껏 머물기를 바라나니
옛 어진 이도 촛불 잡고 놀았음을 보지 않았는가?

雲卷長空露洗秋　　無聲河漢近人流
濁醪亦足償淸景　　黃菊寧須上白頭
地湧金波澄客位　　天修玉鏡掛吾樓
請公莫厭留連夜　　不見前賢秉燭遊

『동문선(東文選)』에 선시(選詩)된 칠언율시로 1381년에 지어진 작품
이다. 9월 보름날 밤에 목은(牧隱)을 모시고 자기 집의 누(樓)에 올라 달
구경을 하면서 느낀 감회를 평이한 시어로 표현하고 있다. 두련에서는
맑고 고요한 가을 달밤에 은하수가 한껏 다가와 보이는 아름다운 광경
을 노래하고 있다. 함련에서는 이런 아름다운 달밤에 머리에는 국화꽃
을 꽂고 탁주잔을 기울이면서 느끼는 흥취를 표현했다. 그러나 그 흥취
는 마음을 어지럽히거나 격동시키는 흥취가 아니라 그윽하고 잔잔하게
가슴에 스며드는 흥취이다. 경련에서는 달빛이 환하게 누각에 비치는
광경을 역시 잔잔한 감흥으로 표현하고 있다. 이렇게 아름다운 달빛이
있고, 술이 있고, 게다가 평소 존경하는 목은(牧隱)까지 모시고 있으니
흐뭇하지 않을 수 없었을 것이다. 그래서 미련에서는 이백(李白)의 글
귀까지 인용해 가면서, "싫증 내지 말고 밤새껏 놀자"고 청하고 있다.
"싫증 내지 말고 밤새껏 머물기를 바라나니."라는 구절은 시구라기보
다는 대화를 그대로 옮긴 듯한 인상을 주는데, 이 부분을 통해서 평이
한 시어를 주로 사용했던 한수(韓脩)의 시풍의 일단을 엿볼 수 있다. 이

백의 글귀를 한 구 암인(暗引)하기는 했지만 이것은 전고(典故)라기보다
는 당대로서는 상식의 수준이었다고 해도 지나친 말이 아닐 것이다.[81]

<목은선생께 차운하여 받들어 답하다(次韻奉答牧隱先生)>
남쪽 변방은 일찍이 도깨비의 이웃이 되어
아득한 송경(松京)과는 소식마저 끊어졌네.
유항(柳巷)에 살아 돌아와 족함을 내 알거니
어찌 뜬 이름이 이 몸을 얽어매기를 바라랴?

南裔曾爲魑魅隣　　松京杳杳絶音塵
生還柳巷吾知足　　豈願浮名絆此身

목은(牧隱)이 직접 방문하여 지어준 3수의 칠언절구[82]에 차운해서
지은 2수의 시 가운데 첫번째 수(首)[83]인 이 작품은, 아마도 싸움터에
종군했다가 돌아와 쓴 것으로 이해되는데, '남예(南裔)'라고 한 것을 보
면 왜구를 소탕하러 남쪽 지방 어딘가로 갔던 것이 아닌가 짐작된다.

---

81) 李白의 <春夜宴桃李園序>에 "뜬구름 같은 인생은 꿈과 같으니, 기쁨이란 그 얼마
　나 되랴. 옛사람이 촛불을 잡고 밤에 놀이한 것은 참으로 까닭이 있다.[而浮生若夢
　爲歡幾何 古人秉燭夜遊 良有以也]"라는 구절이 있는데, 이 글은 『古文眞寶』에 실린
　것으로 널리 알려져 있는 것이다.(崔仁旭 譯, 『古文眞寶』, 을유문화사, 1977. 243면).
82) 李穡, <訪韓柳巷>(「牧隱藁 詩藁」 제 12권 17면(『韓國文集叢刊 4』 119면)). 구체적인
　시들은 다음과 같다.

　携兒扶策過西隣　　坐愛明窓絶點塵　　新酒可人陶一醉　　夜闌微覺尙熏身.
　最喜先生許卜隣　　柳林深處靜無塵　　幅巾來往風流甚　　禽鳥相隨病裡身.
　不把雲烟作四隣　　老年無地避風塵　　東籬種菊淵明爾　　誰道韓山是後身.
83) 두번째 首는 다음과 같다.

　喜公買宅作比隣　　杖屨追隨隔世塵　　俗客自無來入洞　　雲山不必强抽身.
　(『柳巷先生詩集』 8면(『韓國文集叢刊 5』 263면)).

서울에서 멀리 떨어진 남쪽 변방 싸움터에서 서울의 소식조차 듣지 못하고 생사를 가늠할 수 없는 처지에 있다가, 살아서 돌아와 가족과 친지를 만난 안도감이 드러나 있다. 그래서 전구와 결구에서처럼, 뜬 이름을 추구하기보다는 그저 안온한 삶에 만족하면서 자기 마을에서 한가롭게 살고 싶은 심정인 것이다.

<인일에 두 아들 상질·상경의 시에 차운하다(人日 次二子詩 尚質尚敬)>
　　낮이 기니 봄이 이르렀음을 알고
　　등불이 사위니 밤이 깊음을 깨닫네.
　　빗소리가 사방 벽을 울리고
　　구름 기운이 앞 숲에서 스러지네.
　　좋은 시절에 도리어 세 번 탄식하고
　　그윽한 회포에 다시 한 번 읊네.
　　합주(陝州)에 있던 날을 돌이켜 생각하며
　　잠시 스스로 내 마음을 위로하네.

　　晝永知春至　　　燈殘覺夜深
　　雨聲鳴四壁　　　雲氣失前林
　　令節還三嘆　　　幽懷復一吟
　　回思陝州日　　　聊自慰私心

　이 시는 비 내리는 1월 7일의 늦은 밤에 두 아들의 시에 차운해서 지은 세 수의 오언율시 가운데 세번째 작품이다. 두련(頭聯)과 함련(頷聯)에서는 비 내리는 늦은 밤 풍경을 담담하게 그려내고 있다. 시간은 늦은 밤인데 비소리는 사방에서 들려온다. 그 비소리를 들으며 고요히 앉아 있으려니 문득 자신의 신세가 서글프게 느껴지는 것이다. 좋았던 시

절도 있었건만 그 시절은 다 흘러가 버렸다. 그래서 깊은 회포에 신음
이 나올 지경이다. 그러나 더 이상의 깊은 감상으로 빠져들지는 않는
다. 지금이 비록 좋은 시절은 못되지만 그래도 협주(陝州)에서 유배 생
활을 하던 때에 비하면 얼마나 나으냐고 스스로를 위로하는 모습을 미
련(尾聯)을 통해서 확인할 수 있다.

　그의 작품으로 비교적 짙은 감상이 나타난 것은 역시 유배시에 지어
진 작품들이다. 명문(名門) 대가(大家)에서 태어나 15세에 과거에 급제
했고 비교적 순탄한 관료 생활을 했던 한수(韓脩)이고 보면, 비록 짧은
기간이기는 했지만, 노년의 이 유배는 그에게 상당한 충격과 실의를 가
져다 주었으리라는 것을 짐작하기에 어렵지 않다.

　　　<합주에 유배되어 서울로 돌아가는 압송관 조광보를 보내다(謫
　　至陝州送押送官趙光甫還京)>
　　동행한 지 열흘이 넘어
　　정의(情意)가 절로 서로 친해졌네.
　　이별에 임하여 눈물이 없으랴?
　　산골 성(城)에는 친구가 없네.
　　늙은 어머니는 병(病)으로 일어나지 못하시는데
　　세 아들은 각각 천리(千里) 밖에 있네.
　　평소에 꿈꾸지도 못한 일인데
　　무엇이 잘못되어 이 지경에 이르렀는가?
　　하늘이 마음을 아는지
　　밝은 달은 두 곳을 비추어 주네.
　　그대를 보내며 말을 하지 못하는데
　　눈물은 쏟아지는 물과 같네.

　　　同行踰一旬　　情意自相親
　　　臨別得無淚　　山城無故人

老母病未起   三男各千里
平生所不夢   何失以致此
皇天知寸心   明月照兩地
送子不能言   有淚如瀉水

　이 작품은, 앞에서도 이미 언급한 바와 같이 1377년 1월 7일에,[84] 자신을 압송하여 왔던 조광보(趙光甫)를 서울로 돌려보내면서 유배지인 협주(陝州)에서 지은 것이다. 모진 풍파 없이 안온하게 벼슬길을 영위해 오다가 만년에 아무런 죄도 없이 다만 한안(韓安)의 일족(一族)이라는 이유로 유배당했으니 그 답답한 심경은 짐작하고도 남음이 있다. 그러니 자연 다른 시들에 비해서 깊은 시름과 서글픈 감정이 짙게 나타날 수밖에는 없었을 것이다. 죄인과 압송관이라는 서로 다른 처지에서의 동행이었지만, 그래도 열흘 이상을 함께 오는 동안 정이 서로 깊었는데 이제 그마저 떠나보내고 아는 사람 하나 없는 먼 협주에서 유배 생활을 할 일을 생각하니 눈물이 없을 수 없었을 것이다. 게다가 늙으신 어머니는 병중(病中)에 계셔 일어나시지도 못하시니 안타깝기 이를 데 없는데, 그런 어머니가 세 아들을 모두 천리 밖으로 유배 보내고 애태워 하실 것을 생각하니 더욱 가슴이 아프지 않을 수 없는 것이다. 그러니 "평생 꿈꾸지도 못했던 일인데 어찌 해서 이에 이르렀는가?"라는 탄식이 절로 나오고, 말문도 막힌채 눈물만 쏟아질 뿐이라고 하는 것이 무리가 아닐 것이다.

　　<판서 아우에게 부치다(寄舍弟判書)>
　　올 때는 참으로 눈과 서리의 위세가 두려웠는데

---

84) 주 49) 참조.

지금은 벌써 바람에 꽃이 반이나 날리는 것을 보네.
하늘 끝에서 타향살이하는 것도 응당 한 맛이련만
어느 때나 함께 노래자(老萊子)[85]의 옷을 입을까?

來時正怕雪霜威　　今見風花半已飛
流落天涯應□[86]味　　何時共着老萊衣

바로 위의 작품에 이어져 있는 이 작품도 거의 같은 시기에 지어진
것이다. '時判書亦敗在光州'라는 주(註)를 통해서 동생도 역시 같은 죄
에 연루되어 전라도 광주에 유배되어 있었음을 알 수 있다. 눈서리 매
서운 한겨울에 유배를 왔는데 계절이 이미 바뀌어 꽃이 반이나 진 늦
은 봄이 되었다. 시간의 흐름에 따라 답답하기만 하던 심정도 많이 누
그러진 듯, 위의 시에 나타난 바와 같은 짙은 슬픔이나 답답함은 많이
줄어 들었다. 오히려 "하늘 끝에 유락(流落)하는 것도 응당 한 맛"이라
고 스스로를 위로하는 여유까지 보이면서, 노래자(老萊子)처럼 함께 어
버이 앞에서 효도할 수 있는 날을 고대하고 있음을 볼 수 있다.

<스무이튿날에 길을 가며(二十二日途中)>
해가 관음봉(觀音峰)을 비추는데
나그네는 양근(楊根)의 객관을 떠나네.
동쪽으로 삼십 리를 가지 않아

---

85) 중국 楚나라의 어진 사람으로 二十四孝子의 하나. 어버이를 즐겁게 해 드리기 위
해서 나이 七十에도 오히려 그 앞에서 색동옷을 입고 어린애 같이 춤을 추고 장난
을 했다고 한다.
86) 萬曆本과 강경훈 所藏本에는 한 글자가 탈락되어 있고, 대신 글자 한 자 들어갈 만
한 공간이 비어 있다. 그러나 同治本에는 여기에 들어갈 글자가 '一'로 되어 있기
때문에, 여기서는 同治本에 따라 '一'로 보충하고 번역하였다.

천경(千頃)의 강이 책상처럼 평평하네.
맑은 강이 늘 오른쪽에 있어
멀고 가까운 것을 모두 구경할 수 있네.
다시 십 리쯤 가서
말을 쉬게 하고 높은 언덕에 오르네.
강 가운데 외롭게 서 있는 산이
내가 멀리 바라보는 것을 가로막네.
토박이가 앞에 이르러 말하기를,
"저것은 본래 충주(忠州)에 있었는데
떠내려오다가 여기에 멈추었고
그래서 충주산(忠州山)[87]이라 부른답니다."라고 하네.
함께 가던 사람은 진실하지 못하다고 하면서
모두 한바탕 크게 웃었네.
영은산(靈隱山)[88]은 날아 온 것이오
창오산(蒼梧山)[89]은 이것과 짝이 되었네.
고요한 것이 산의 떳떳한 이치인데
네가 어찌 하늘의 떳떳한 이치를 어지럽혔는가?
무엇을 연모하여 여기로 왔으며
무엇이 괴로워 저기에서 달아났는가?
물어도 끝내 말하지 않으니
바람에 임하여 홀로 길게 탄식하네.

    日照觀音峰   客離楊根館
    東行未一舍   千頃平若桉

---

87) 경기도 양근군 동쪽 10여 리 되는 강 가운데 있는 산이라고 되어 있다.(『新增東國
輿地勝覽』제 8권 楊根郡 山川 忠州山(민족문화추진회 편,『國譯 新增東國輿地勝覽
』제 2권, 1967. 108면).
88) 靈隱山은 중국 浙江省 杭州의 西湖 곁에 있는 산으로 武林山·靈苑山·仙居山이라
고도 한다. 許由와 葛洪이 이곳에 은거하였다고 한다.
89) 蒼梧山은 중국 江蘇省 灌雲縣의 동북에 있는 산이다. 원래는 雲臺山 또는 鬱林山이
라 하였는데, 이 산의 아홉 봉우리는 蒼梧로부터 날아왔다고 전해진다.

清江常在右　　遠近皆可玩
復行十里許　　歇馬登高岸
孑立江中山　　遮我望浩汗
土人前致辭　　彼本忠州貫
浮來止於此　　故以忠州喚
同行謂不誠　　皆發一笑粲
靈隱有飛來　　蒼吾有此伴
靜者山之常　　天常爾何亂
何慕此而來　　何苦彼而竄
問之終不言　　臨風獨長嘆

　　오언배율인 이 작품은 시라기보다는 한 편의 기행문 같은 느낌을 준다. '충주산'이라는 '떠내려 온 산(혹은 섬)' 유형(類型)의 설화(說話)를 소개하고 그에 대한 자신의 논평을 덧붙인 것을 주된 내용으로 하고 있다.

　　양근관(楊根館)을 떠나 30리쯤 가니 강이 나타나고, 거기서 다시 10리쯤 가서 산에 오르니, 강 가운데에 섬이 하나 우뚝 솟아 있었는데, 그것이 바로 충주산이었다. 그 고장 사람이 말하기를 "본래 이 산은 충주에 있던 산인데, 떠내려 오다가 여기서 멈추었기 때문에 충주산이라고 부른다."고 하기에, 일행이 말도 되지 않는 소리라고 해서 한바탕 웃었다는 것이다.

　　따라서 이 내용은 시라기보다는 한 토막의 일화로 볼 수도 있는 내용이고, 그만큼 서사적 성격이 매우 강하다고 할 수 있는데, 마치 이야기를 진행해 가듯이 시간의 순서에 따라 일어난 일들을 빠짐없이 설명하고 대화까지 그대로 인용한 것을 통해서, 기교를 부리기보다는 평이하고 담담하게 써내려가는 한수(韓脩) 시의 특징을 엿보게 한다. 또한 이어진 내용은 '상리(常理)'에 어긋난 짓을 한 이 산에 대해 한수 자신이 꾸짖고 스스로 탄식한 내용인데, 이를 통해서 상리(常理)는 곧 천상(天常)이며, 그것은 사람에게나 사물에게나 마땅히 지켜져야만 한다는 그의 인식을 짐작할 수 있다. 그리고 이것은 '경(敬)'을 중요시한 그의 학문 세계와도 연결된다고 하겠다.

<영모정(永慕亭)90)>
지원(至元)91) 천자가 황극(皇極)92)을 세워
산의 사다리와 바다의 배로 남북이 따로 없었네.
다만 이 때에 일본이 홀로 조회하지 않아
우리는 통신사(通信使)를 보내어 위엄과 덕망을 보였네.
조정의 신하들은 머리를 움츠리고 모두 사사로운 정을 내세우고
몸을 헤아릴 수 없는 곳으로 달리기를 원치 않았네.
우리 고을의 호걸인 곽장원(郭壯元)93)은
가슴과 회포가 곧 천지처럼 넓었네.
몸을 없애 나라를 위해 죽는 것이 본래의 뜻이니
명을 받고 즐겨 서장관(書狀官)이 되었네.
문을 지나면서 처자식과 작별도 하지 않고
만리에 돛을 달고 물결을 가벼이 여겼네.
아득한 바다에는 나는 기러기도 끊어졌는데
자경(子卿)94)이 한(漢)의 부절(符節)95)을 가졌음을 누가 알리요?

---

90) 청주 고을 북쪽 30리쯤에 있었던 정자로 그 터만 남아 있다고 되어 있다.(『新增東國輿地勝覽』 제 15권 淸州牧 古跡 永慕亭(민족문화추진회 편, 『國譯 新增東國輿地勝覽』 제 2권, 1967. 494-495면).
91) 至元은 元나라 世祖가 재위 5년(1264)부터 사용한 年號이다.
92) 皇極은 제왕이 나라를 다스리는 표준이 될 만한 지극히 올바른 법이다.
93) 郭狀元이 누구인지는 확인하기 어렵다. 牧隱이 쓴 記에도 '郭氏之大夫壯元公'으로 나온다(李穡, <永慕亭記>, 『牧隱藁』 권4).
94) 子卿은 漢나라 때의 蘇武의 字이다. 蘇武는 漢나라 武帝 때 中郞將으로 凶奴에 사

파리한 아들이 홀로 집에 남아

밤낮으로 동쪽을 바라보며 애를 태웠네.

산에 오르니 두 눈에선 눈꽃이 떨어지고

하늘 향해 울부짖으니 가슴에는 붉은 피가 엉겼네.

하늘이 죽을 때까지 부모를 그리워함을 불쌍히 여겨

옆에서 모시라고 특별히 기린아(麒麟兒)[96]를 보내었네.

아이의 마음은 다만 어버이의 몸을 편하게 해 드리고 싶어

따뜻하고 서늘하게 하는 일과 맛난 음식에 이지러짐이 없었네.

어버이를 기쁘게 해 드리지 못함을 스스로 알아

알면서 하지 않음이 없이 늘 부지런하였네.

새 정자를 엮어 거처할 곳을 얻으니

겨울에 크게 춥지 않고 여름에는 더위가 없네.

이미 반듯한 못을 파 샘물을 끌어들이고

다시 아름다운 초목을 심어 새소리를 맞네.

봄바람에 꽃이 피고 가을에 달이 밝으니

모든 것이 나의 슬픔을 달래줄 만하네.

평생 어버이의 뜻을 받들어 다 기쁜데

충성을 나라에 옮겨 이 도읍을 편하게 하리.

도(道)를 지키면서 어찌 일찍이 심척(尋尺)을 굽혔으랴?[97]

지금까지 오히려 스스로 법도대로 말을 몰았네.[98]

신으로 갔다가 억류되어 19년만에 돌아오니 昭帝가 그의 절개를 기려 典屬國 벼슬을 내렸다. 그는 凶奴 땅에 억류되어 있을 때 비단에 쓴 편지를 기러기의 발에 묶어 武帝에게 보낸 故事가 있다.

95) 漢節은 漢나라의 사신임을 입증하는 符節이다.

96) 麒麟兒는 재능과 기예가 비상하게 뛰어난 소년이다. 麒麟兒에 대해서는 梁나라 文人 徐陵이 처음 났을 때 중 寶誌가 와서 보고 머리를 어루만지면서, "이 아이는 天上의 石麒麟이다."라고 한 故事가 있다.

97) 尋尺은 『孟子』「滕文公章句 下」에 나오는 말이다. "또한 한 자[尺]를 굽혀서 여덟 자[尋]를 편다는 것은 이득을 가지고 한 말인데, 만약 이로움으로 한다면 여덟 자를 굽혀 한 자를 펴더라도 이롭기만 하면 또한 하겠는가?(且夫枉尺而直尋者 以利言也 如以利 則枉尋直尺而利 亦可爲與)"라는 구절이 있다.

98) 範馳驅는 "법도대로 말을 몰다. 법도대로 수레를 달리다."의 뜻이다. 『孟子』「滕文

그래서 벼슬이 그 덕에 차지 못했는데
공은 원망하고 허물하지 않아도 옆 사람이 탄식하였네.
아, 우리 고을에서 모범으로 삼으니
큰 선비99)가 기(記)를 지어 죽백(竹帛)에 빛났네.
넓고 넓은 사해(四海)의 백만 억 명 가운데
몇 사람이나 능히 신하의 직분을 다했던가?
그래서 알겠네, 영모정의 삼세(三世)는
천하 후세의 사람들이 모범으로 본받을 줄을.

至元天子建皇極　　　梯山航海無南北
唯時日本獨不庭　　　我遣信使示威德
廷臣縮頭皆自私　　　不願將身馳不測
吾州之豪郭壯元　　　胸懷直與天地寬
亡軀殉國是素志　　　受命甘爲書狀官
過門不與妻努別　　　掛帆萬里輕波瀾
海天茫茫鴈飛絶　　　誰識子卿持漢節
戀戀有子獨在家　　　東望日夜腸內熱
陟岵兩眼墜玄花　　　號天寸心凝赤血
天憐終身慕不衰　　　侍側特送麒麟兒
兒心直欲寧親軀　　　溫凊甘旨無所虧
自知不足以悅親　　　知無不爲常孜孜
新亭結構得處所　　　冬不多寒夏無暑
旣開方沼引泉流　　　更植嘉卉迎鳥語
春風花開秋月明　　　皆可慰吾之惻愯
百年養志儘怡愉　　　忠移於國懷此都

公章句 下』에 "내가 그를 위하여 법도대로 말을 달리게 하였더니 종일토록 한 마리
의 새도 잡지 못했습니다. 그를 위해 법도에 어긋나게 하여 새를 만나게 하였더니
하루아침에 열 마리를 잡았습니다(吾爲之範我馳驅 終日不獲一 爲之詭遇 一朝而獲
十)."라는 구절이 있다. 『孟子』에서 위의 주) 바로 다음에 이어져 있는 내용이다.
99) 巨手는 牧隱 李穡을 가리킨다. 牧隱이 <永慕亭記>를 썼기 때문에 이렇게 말한 것
이다.

守道何曾枉尋尺　　至今猶自範馳驅
所以位不滿其德　　公不怨尤傍人吁
嗚呼吾鄕所矜式　　臣子作記光竹帛
滔滔四海百萬億　　幾人能盡臣子職
乃知永慕亭三世　　天下後世來取則

　　문집에는 물론이고,『동문선(東文選)』에 선시(選詩)되고,『신증동국여지승람(新增東國輿地勝覽)』에도 실려 있는 이 시는, 앞에서 본 시들과는 달리, 상당히 유장(悠長)하고 웅장한 느낌을 준다. 서장관(書狀官)으로 일본에 갔다가 돌아오지 못한 아버지 곽장원(郭壯元)을 그리워 한 그 아들과, 그런 아버지를 위하여 영모정(永慕亭)을 지어 아버지가 할아버지를 사모하는 그 정을 이어받고자 했던 손자까지의 이야기를 서사적으로 전개한 후, 후세 사람들은 이 일을 본받으라고 당부한 이 작품은 한수(韓脩)의 또다른 면모를 느끼게 하기에 충분하다.

　　'영모정(永慕亭)'이라는 이 정자의 이름에 대해 목은(牧隱)은 "대개 아침에 사모하다가 저녁에 잊어버리면 그것은 영모(永慕)가 아니며, 아들은 사모하나 손자가 잊어버리면 역시 영원한 사모가 못된다."[100]고 하면서 이 정자에 얽힌 이야기를 기록하고 있는데 그 내용을 요약하면 대체로 다음과 같다.

　　곽장원은 지원(至元) 무렵의 청주(淸州) 사람으로 충직하고 문장에 능했다. 원나라 세조가 고려에서 사신을 뽑아 보내어 일본을 회유하도록 명을 내렸으나 아무도 서장관을 맡아서 가려고 하지 않았는데 오직 곽장원이 가기를 원해 그 직을 맡게 되었다. 장원공의 장인이 이 사실

---

100) 李穡, <永慕亭記>(『新增東國輿地勝覽』 제 15권 淸州牧 古跡 永慕亭(민족문화추진회 편,『國譯 新增東國輿地勝覽』 제 2권, 1967. 496면).

을 알고는 재상(宰相)을 만나 사위가 서장관으로 가지 못하게 하려고
까지 했으나 장원공은 "죽음은 하나이니 나라를 위해 죽는 것이 처자
들의 손에서 죽는 것보다 낫지 않습니까." 하고는 분연히 떠나 마침내
돌아오지 못했다. 청주 추동(楸洞)에 곽씨의 밭이 있는데 이것은 곽장
원이 일본에 서장관으로 갔다가 돌아오지 못하자 조정에서 이를 애석
히 여겨 하사한 것이다. 곽장원의 아들 정랑공(正郎公)은 아버지가 돌
아오시지 않는 것을 슬퍼하여 벼슬길에도 나가지 않은채 70살이 되어
도 사모하기를 더욱 간절히 했다. 정랑공의 아들인 통헌공(通憲公)은
나[牧隱 李穡을 말한다:인용자 주]와 동년(同年)인데 강개한 뜻이 있으
며, 충성스럽고 효성이 지극했다. 그래서 추동(楸洞)에다 정자를 짓고
그 아버지를 극진히 봉양했다. 일찍이 "어려서 아버지를 잃었으니 나
의 슬픔을 무엇으로 말할 수 있겠는가. ……[중략]……네가 문장으로
당대에 붓을 잡을 만한 이를 찾아 뵙고 내가 동쪽을 바라보는 생각을
써서 자손들에게 보이게 하라."라는 아버지 정랑공의 명을 받았기 때
문에, 정자 이름을 '영모정(永慕亭)'이라고 하고는 나에게 그 기(記)를
써 줄 것을 부탁했기 때문에 마침내 이 기를 쓰게 되었다.101)

이색의 기(記)에 나타난 이러한 사실들과 연결시켜 보면 이 시가 서
사적으로 전개될 수밖에 없었던 사정을 충분히 이해할 수 있다. 생명의
위험을 무릅쓰고 즐겨 서장관이 되어 일본으로 간 곽장원의 충성심과,
70이 넘도록 돌아오지 않는 아버지를 사모한 그 아들 정랑공(正郎公)의
효성과, 그러한 할아버지와 아버지를 본받아 충성과 효성을 동시에 행
한 통헌공(通憲公)의 이야기는 능히 세상의 모범이 될 만 하면서 비장
하기까지 한 이야기가 아닐 수 없다. 더구나 한수는 본관이 청주였기
때문에 이 이야기에 더욱 애정을 느꼈을 것이다. 그래서 삼대(三代)에
걸친 충성과 효성을 사실대로 유장하고 웅장하게 서술한 후, 목은이 기

---

101) 위의 글, 위의 책 495-497면. 본고에 실은 것은 그 내용을 요약 정리한 것이다.

(記)를 지었다는 점을 덧붙이고, 후세 사람들에게 그 충성과 효성을 본받으라고 간곡히 당부하고 있는 것이다.

그의 시에서 정치가로서의 인식이 강하게 부각된 작품은 거의 찾아보기 어렵다. 당대의 다른 시인들의 시에서 흔히 볼 수 있는 강한 애민 정신이나 어지러운 정치적 상황에 대한 투철한 현실 인식 등은 그의 시에는 거의 나타나지 않는다. 다만 다음과 같은 시구들에서 정치가로서의 그의 의식의 일단을 어느 정도 짐작할 수 있을 뿐이다.

<경상도 안렴사 강부령(康副令)을 전송하며(送慶尙道按廉康副令)>
내가 경상도에서 이르자
그대는 이제 벼슬길을 떠나려 하네.
······[12行 생략]······
아직도 두 뺨에 흐른 눈물이 남아 있는데
한 몸의 근심 때문이 아니네.
왜구(倭寇)가 자주 침노해 오니
군관(軍官)의 내왕이 잦네.
고달픈 백성들은 수자리가 길고
항산(恒産)102)은 가렴주구(苛斂誅求)에 비네.
가뭄이 심하여 흉년이 들면
두루 진휼(賑恤)하느라 창고가 비네.

---

102) 恒産은 사람이 살아갈 수 있는 일정한 재산, 또는 生業이다. 『孟子』「梁惠王章句上」에 다음과 같은 대목이 있다.

恒産이 없어도 恒心을 가지는 것은 오직 선비만이 할 수 있습니다. 백성들은 恒産이 없으면 따라서 恒心이 없어집니다. 진실로 恒心이 없으면 방탕, 편벽, 邪惡, 사치 등을 아니 하는 것이 없습니다. 죄에 빠진 뒤에 이를 형벌에 처한다면 이는 백성을 그물질하는 것입니다. 어찌 어진 사람이 임금의 지위에 있으면서 백성을 그물질할 수 있겠습니까?(無恒産而有恒心者 惟士爲能 若民 則無恒産 因無恒心 苟無恒心 放辟邪侈 無不爲已 及陷於罪 然後從而刑之 是罔民也 焉有仁人在位 罔民而可爲也)

집에 돌아와도 오히려 눈에 남아 있으니
고삐를 잡고 머리 긁적이던 일을 생각하네.
……[이하 16行 생략]……

我自慶尙至　　君今將宦遊
……[12行 생략]……
尙殘雙臉泫　　非爲一身憂
水賊浸陵數　　軍官來往稠
瘦氓長戍役　　恒産罄誅求
旱甚歲仍惡　　倉虛賑得周
還家猶在目　　攬轡想搔頭
……[이하 16行 생략]……

　경상도 안렴사로 가는 강부령(康副令)을 전송하며 지어준 오언배율
인 이 시는 『동문선(東文選)』에 선시(選詩)되었는데, 내용상으로 보아
그가 유배되었다가 풀려나 돌아온 직후에 지은 것으로 보인다. 제 1행
의 "내가 경상도에서 이르자"라고 한 것은 그가 경상도 협주(陜州)에
유배되었다가 풀려나 막 돌아왔음을 말한 것으로 이해된다. 이어진 부
분은 그가 유배 기간 동안 경상도에서 목격한 백성들의 어려운 사정과
그에 대한 자신의 근심을 표현한 것이다. 왜구의 침략으로 세상이 어수
선하기만 하니 백성들은 병역(兵役)에 시달리느라 고생이 심하다. 게다
가 관리들의 토색질에 살림살이는 바닥 났는데, 가뭄에 흉년까지 겹쳤
으니 백성들의 참상은 말이 아니었다. 그래서 자신은 집에 돌아온 후에
도 백성들의 그 참상이 자꾸만 눈 앞에 아른거려 도저히 근심을 떨쳐
버릴 수가 없다는 것이다.

<일본(日本) 중 천우(天祐)에게 주다(贈日本僧天祐)>
천우(天祐)는 부처의 제자로서
해 돋는 곳에서 생장하였네.
아름답게도 우리 유도(儒道)를 사모하고
상쾌하게도 시필(詩筆)을 사랑하네.
곤륜산(崑崙山)의 어지러운 돌 가운데
이 따뜻하고 윤나는 자질이 있네.
……[18行 생략]……
이웃나라를 사귀는 데는 진실로 도가 있으니
난폭함을 금하고 또 법률도 있네.
바라건대 돌아가면 주인에게 고하여
나를 위해 모질(蟊疾)103)을 없애 주시라.
우리의 변방 사람들로 하여금
옛날처럼 편안하고 즐겁게 하여 주시라.
스님은 결국 이룬 바가 있으니
속히 성불(成佛)할 것을 아네.

天祐釋之徒	生長日所出
佳哉慕吾儒	洒落愛詩筆
崐岡亂石中	有此溫潤質
……[18行 생략]……	
交隣固有道	禁暴亦有律
請歸告主人	爲我去蟲疾
使我彼邊人	安樂如昔日
師乎果有成	知爾速成佛

일본(日本) 중 천우(天祐)에게 지어준 이 시는, 앞에서 이미 살펴본대

---

103) 蟊疾은 뿌리 잘라 먹는 해충에 의해 생기는 병이라는 뜻으로, 곧 왜구의 노략질을
     말한 것이다.

로 1379년에 지어진 것이다. 한수(韓脩)나 목은(牧隱) 등과 상당히 친밀하게 지냈음으로 미루어, 천우(天祐)는 상당한 수준의 시승(詩僧)이었던 것으로 추측된다.[104] 한수(韓脩)는, 고려에 나와 머물다가 본국으로 돌아가는 천우에게, 돌아가 주인에게 말해서 왜구의 노략질을 막아 달라고 부탁하고 있는데, 이는 한수(韓脩)가 한 사람으로서 벼슬아치로서, 백성들을 괴롭히는 왜구 때문에 근심하고 있었음을 보여준다고 할 수 있다.

<신륵사로부터 여흥루에 이르러 판상(板上)의 시에 차운한 두 수(自神勒寺至驪興樓 次板上韻 二首)>
정려(精廬)의 조각 돌 끝에 이름이 걸려 있는데
배를 타고 십리(十里) 길에 높은 산을 살펴보네.
강가에서 웃으며 나잔자(懶殘子)[105]와 이별하고
고을 안에 들어와 원차산(元次山)[106]을 만나네.
어찌 감히 손님의 오른편에 오래 머물러 있으리요?
오히려 작은 폐단이 민간에 미칠 것을 염려하네.
재주 없어 하늘이 아끼는 곳을 형용하기 어려우니
또 누각 앞의 풍경을 한가로이 놓아두네.

---

104) 『牧隱集』에도 <送日本釋有天祐>라는 시가 남아 있다.(李穡, 『牧隱藁 詩藁』 제 8 권(『韓國文集叢刊 4』 59면).
105) 懶殘子는 고려 후기에 상당히 유명했던 승려이자 詩僧으로 여겨진다. 牧隱 李穡은 懶殘子와 관련된 시 20여 편을 남기고 있다. 또한 李穡은 <贈休上人序>(『牧隱文藁』 권8)에서, 懶殘子가 (자신이 16, 17세 무렵) 天台宗의 判事라고 했다.
106) 次山은 唐의 문인 元結의 字이다. 元結은 號가 猗玗子·浪士·漫郞·聱叟인데, 容管經略使를 지냈고 禮部侍郞에 추증되었다. 性行이 高潔하고, 憂國의 정이 깊었다. 文章은 奇古하였으며, 韓愈(768~824) 이전에 古文復興의 先驅가 되었다. 代宗 때 致仕하고 「元子十篇」을 지었으며, 문집으로 『次山集』이 있다. 그러나 여기서의 元次山이 누구를 가리킨 것인지는 확인하기 어렵다. 시의 내용으로 보면 당시 驪州의 牧使이거나 그에 상당하는 직위에 있었던 관리로 추측되나 더 이상은 알 수 없다.

名掛精廬片石端　　乘舟十里撿屛顏
江邊笑別懶殘子　　郡裏來看元次山
豈敢久留居客右　　尙憂小弊及民間
非才難狀天慳處　　且放樓前風景閑

　　이 시는 <자신륵사지여흥루 차판상운 이수(自神勒寺至驪興樓 次板上韻 二首)>라는 제하(題下)의 두 수의 칠언율시 중 앞의 것으로, 『신증동국여지승람(新增東國輿地勝覽)』에는 <청심루(淸心樓)>[107]라는 제목으로 실려 있다. 청심루(淸心樓)를 노래한 많은 시들 가운데 대표적인 것의 하나이고, 한수(韓脩)의 작품 가운데에서도 가장 널리 알려진 것의 하나이다. 특히 함련(頷聯)은 『동인시화(東人詩話)』에 실려 ‘전실(典實)하다’는 평을 받은 바 있다.[108] 이 시의 경련(頸聯)에는, 비록 그것이 그다지 적극성을 띠고 있는 것은 못된다 할지라도, 벼슬아치로서 지방 고을에 와서 머무는 것이 백성들에게 작으나마 폐(弊)가 되지 않을까 하는 걱정이 드러나 있음을 알 수 있다.

　　<옥란상인(玉蘭上人)의 시권(詩卷)에 제(題)하다(題玉蘭上人詩卷)>
　　옥(玉)이 토석(土石)에 숨어 있어도 나무는 윤이 나고
　　난(蘭)이 쑥 속에 묻혀 있어도 바람이 향기를 전하네.
　　다만 숨길 수 없는 보배가 있으니
　　그 마음은 남의 견문이 필요하지 않네.

玉藏土石木爲潤　　蘭沒蕭艾風傳薰
只緣有實不可俺　　渠心非要人見聞

---

107) 경기도 驪州牧 客館 북쪽에 있는 누각의 이름이다.
108) 徐居正, 『東人詩話』(張鴻在 역편, 『東人詩話』, 학우사, 1980. 232면에서 재인용).

이 작품은 한수(韓脩)의 시 가운데에서 기교를 부린 흔적이 드러나는 거의 유일한 작품이 아닐까 한다. '옥란상인(玉蘭上人)'이라는 이름에 들어 있는 '옥(玉)'과 '난(蘭)'이라는 두 글자를 이용해서 각각 하나의 구를 만들고, '실제가 있으면 반드시 그것이 드러나게 되어 있다'는 것을 말하고 있는 이 시는, 그 기구(起句)와 승구(承句)에 분명히 기교적인 것이 나타나 있다. 그러나 그것이 거의 표나지 않을 정도로 자연스럽게 승구(承句)와 결구(結句)로 연결되어 있다는 점도 간과해서는 안될 것이다.

3. 한수(韓脩) 시의 특징

이상에서 살펴본 바와 같이 한수(韓脩)의 시는 억지로 짜맞추거나 기교를 부리려 하지 않고, 평이하고 간결하게 즉물적으로 써내려 간 것이 특징이라고 할 수 있다. 당대의 다른 시인들의 시에 흔히 보이는 전고(典故)나 고사(故事) 등을 거의 사용하지 않았으며, 그저 생활 주변에서 일어나는 감흥을 담담하고 쉽게 표현하고 있다.

양촌(陽村)은 유항(柳巷)의 문집 서(序)에서 "간결(簡潔)하고 충담(沖澹)하며 여운(餘韻)이 깃든 것[然觀其簡潔沖澹 高出意表 如聞玉聲淸越以長]'을 그의 시의 특징으로 지적하고 있는데, 이것이 지금까지 내려진, 그의 시풍(詩風)에 대한 평가의 거의 전부라고 할 수 있다.

> 평시의 저술은 스스로 불만하게 여겨 수집하지 아니하였는데, 돌아간 뒤에 여러 아들이 散逸된 文藁를 주어 모아서 겨우 몇 수를 얻었으니, 참으로 이른바 태산에 한 털끝이라는 것과 같다. 그러나 그 간결하

고 충담한 것을 보면 의사 밖에 높이 벗어나서 옥소리를 듣는 것처럼
청아하고 여운이 깃드니, 흔하다 하랴. 절대로 흔하지 않다.[109]

정치가로서 오랜 기간 동안 관직 생활을 했기 때문에 정치적 상황이
나 백성들의 삶에 대한 애정 등을 적극적으로 표현한 작품들이 있을
만한데도 한수의 시에서 그런 작품은 거의 찾아보기 어렵다. 또한 짧은
기간이나마 유배를 간 적도 있었기 때문에 개인적인 슬픔이나 감회가
강하게 드러난 작품도 상당수 있을 법한데도 불과 두어 수를 제외하고
는 그런 감정을 읊은 작품도 거의 찾아보기 어렵다. 그저 온화한 마음
으로 평이하게 읊은 것이 그의 시의 주류를 이룬다고 할 수 있는데, 이
것은 오늘날 전하는 문집에 실린 작품들이 대부분 그의 말년, 비교적
한가한 시기에 지어진 작품들이라는 사실과도 관련이 있겠지만, 다른
측면에서는 그의 온화한 성품과도 관련이 있을 것으로 짐작된다.

시의 특징이라고 하기에는 약간의 어폐가 있을지는 몰라도, 또 하나
지적하지 않을 수 없는 것은 현재 남아 있는 그의 작품에는 차운시가
매우 많고 그것도 목은(牧隱)의 시에 차운한 것들이 대부분을 차지한다
는 점이다. 물론 차운시는 다른 시인들의 경우에도 두루 나타나는 현상
이지만, 유항(柳巷)의 경우에는 그 빈도가 훨씬 높고 그것도 대부분 목
은(牧隱)의 시에 차운한 것이라는 점을 지적하지 않을 수 없다. 현재 전
하는 그의 시 218수 가운데 차운시는 109수로 전체의 50%, 꼭 절반이
다. 또한 이들 차운시 109수 가운데에서 목은(牧隱)의 시에 차운한 것이
78수로 전체 차운시의 약 72%에 이른다.[110]

---

109) 權近, 앞의 글. 앞의 책 291면.
110) 牧隱의 시에 직접 차운한 것은 아니라 하더라도 목은과 관계된 시가 5수 정도 더
    있다.

이렇게 목은(牧隱)의 시에 차운한 시들이 많은 것은 『유항선생시집 (柳巷先生詩集)』에 남아 있는 작품들이 주로 그의 말년의 작품들이고, 특히 이 시기에는 유항(柳巷)이 목은(牧隱)과 이웃해 살면서 수시로 왕래하고 교유하는 절친한 사이였기 때문으로 이해할 수 있다. 목은(牧隱)이 유항(柳巷)보다 나이로는 다섯 살이 위였지만,[111] 두 사람은 이미 10代 때부터 시로써 함께 어울린 사이였고,[112] 말년에는 '유항(柳巷)'이라는 동리에 같이 살면서 수시로 왕래하고 어울리면서 시를 주고 받은 절친한 사이였다. <중추야한산군견과공좌루하상월선생구호차운봉답 이절(中秋夜韓山君見過共坐樓下賞月先生口號次韻奉答 二絶)>[113]·<배목은선생왕천수사상련차선생시운(陪牧隱先生往天壽寺賞蓮次先生詩韻)>[114]·<칠월초유일 왕적전전사 하화시개 사인봉요목은선생 선생이질부지 사기자부사수시가작 의운봉답 이수(七月初有日 往籍田田舍 荷花始開 使人奉邀牧隱先生 先生以疾不至 使其子副使垂示佳作 依韻奉答 二首)>[115] 등의 시 제목에서 보는 바와 같이 유항(柳巷)은 목은(牧隱)을 '한산군(韓山君)' 혹은 '목은선생(牧隱先生)'이라고 지칭하고, '배(陪)' 등의 용어를 사용하여 깍듯이 존대하면서, 목은(牧隱)이 시를 보여

---

111) 牧隱은 충숙왕 15년(1328년)에 태어났고, 柳巷은 충숙왕 복위 2년(1333년)에 태어났다.

112) 내 나이 16·7세에 詩僧(시 잘하는 중)을 따라 놀기를 좋아하여 한 번은 妙蓮寺에 이르러서 선비와 중들이 섞여 앉아서 차를 마시면서 聯句의 시를 지었는데, 그 때에 문경공이 아직 12·3세의 동자로서 매양 척척 對句가 되는 연구시를 불러서 좌중의 여러 사람들이 모두 경탄하였으며, 비록 文墨에 늙은 자라도 그에게 자리를 양보하고 감히 같은 서열에 낄 생각을 못하므로 나는 벌써 마음속으로 보통 사람과는 달리 알고 있었다.(李穡, <韓文敬公墓地銘 竝序>(徐居正 編, 『東文選』 제 126권 墓誌(민족문화추진회 편, 『國譯 東文選』 제 9권, 1985. 404면)).

113) 『柳巷先生詩集』10면(『韓國文集叢刊 5』264면).

114) 『柳巷先生詩集』15면(위의 책 267면).

115) 『柳巷先生詩集』28면(위의 책 273면).

주면 거기에 화답했고, 목은(牧隱) 역시 유항(柳巷)과의 이 교유를 소중
하게 여겨 유항(柳巷)에 대한 많은 시들을 『목은집(牧隱集)』에 남기고
있다.116)

양촌(陽村)은 유항(柳巷)과 목은(牧隱)의 교유에 대해서 다음과 말하
고 있다.

> 만년에 한가한 생활을 할 적에는 또 牧隱과 더불어 마음을 같이하
> 여 막대를 끌고 서로 만나서 시를 지어 주고 받곤 하였으니, 두 늙은이
> 의 풍류와 기개는 그 시를 읽으면 능히 상상할 수 있다.117)

Ⅴ. 결론(結論)

본고에서는 고려말의 정치가이자 학자이며, 명필이고 시인인 한수
(韓脩)와 그의 시세계를 살펴 보았다. 아직까지 한수(韓脩)에 대한 본격
적인 연구가 없었기 때문에 작가론과 작품론적 연구의 기틀을 마련한
다는 데에 중점을 두고 문집은 물론 『고려사(高麗史)』, 『동문선(東文選)
』, 『신증동국여지승람(新增東國輿地勝覽)』, 『대동야승(大東野乘)』, 『목
은집(牧隱集)』등의 관계자료들을 폭넓게 검토하고자 했다.

---

116) 예컨대 다음 시를 보면 목은은 유항과 이웃해 살 수 있는 것이 자신을 가장 기쁘
게 하는 일이라고 하고 있음을 알 수 있다.

<訪韓柳巷>
最喜先生許卜隣　　柳林深處靜無塵
幅巾來往風流甚　　禽鳥相隨病裡身(李穡, 『牧隱藁 詩藁』 제 12권(『韓國文集叢刊
4』 111면).
117) 權近, 앞의 글, 앞의 책 291면.

먼저 그의 가계와 생애를 살펴보고 이를 토대로 연보를 작성했다.

한수(韓脩)는 자(字)가 맹운(孟雲)이고 호는 유항(柳巷)이며, 충숙왕 복위(復位) 2년(1333년)에 태어나 우왕 10년(1384년)에 52세의 나이로 죽었다. 명문(名門) 청주 한씨의 후예로 아버지는 청성군(淸城君) 한공의(韓公義)이고 어머니는 경사만(慶斯萬)의 딸이었으며, 할아버지는 상당부원군(上黨府院君) 한악(韓渥)이었다.

이렇게 명문에서 곱게 자라난 그는 이미 12·3세에 연구시(聯句詩)를 지을 수 있었고, 15세에 과거에 급제했다. 17세에 본격적으로 벼슬길에 나서 덕녕부주부(德寧府注簿)와 정방(政房) 필도치(必闍赤)를 시작으로 여러 벼슬을 두루 거쳤으며, 우왕의 사부(師傅)를 지냈고, 우왕 2년 5월에는 동지공거(同知貢擧)가 되어 과거를 관장하기도 했다. 공민왕을 시해한 한안(韓安)의 족(族)이라고 해서 우왕 때에 잠깐 유배되었던 일과, 공민왕에게 신돈(辛旽)의 일을 밀계(密啓)했다가 도리어 소외되었던 얼마간의 기간을 제외하면 벼슬길은 비교적 순탄했다고 할 수 있다. 그는 10대에는 익재(益齋)에게서 글을 배우기도 했고, 목은(牧隱)과는 어릴 때부터 평생 동안 매우 가깝게 지내며 많은 시를 주고 받았다. 청성군(淸城君)에 봉해졌으며, 시호는 문경(文敬)이다. 또한 세 아들이 고려조에 과거에 급제했고, 삼남(三男)인 상경(尙敬)은 조선 개국공신으로 도승지, 공조판서, 대사헌, 호조판서, 이조판서, 우의정(右議政) 등을 거쳐 태종 16년(1416년)에는 영의정(領議政)에까지 올랐다.

그는 성실하고 신중하며 행실이 높고 견식이 밝아서 사람들로부터 추앙을 받았는데 그의 학문은 '경(敬)'을 중요시했다는 사실이 여러 기록들을 통해서 확인된다.

그의 시는 문집인 『유항선생집(柳巷先生詩集)』에 147제(題) 218수(首)

가 실려 있는데, 이 시들은 대체로 창작년대순을 고려하여 편차한 듯하며, 주로 그의 말년의 작품들이다.

현재 전하는 218수를 시체별(詩體別)로 분류해 보면, 한수(韓脩)는 고시보다는 근체시, 오언시보다는 칠언시에 능했음을 알 수 있고, 특히 칠언절구에 능했음을 확인할 수 있다.

한수(韓脩)의 시는 기교를 부리지 않고, 자신의 정감을 평이하고 간결하게 즉물적으로 써내려 간 것이 특징이다. 전고(典故)나 고사(故事) 등도 거의 사용되지 않았고, 감정의 기복도 별로 없으며, 정치적 상황이나 백성들의 삶에 대한 애정 등을 적극적으로 표현한 작품들도 거의 찾아보기 어렵다. 이것은 현재 전하는 작품들이 비교적 한가하게 살았던 그의 말년의 작품들이라는 사실과도 관련이 있겠고, 다른 측면에서는 온화한 그의 성품과도 관련이 있을 것이다. 권근(權近)은 '간결(簡潔)하고 충담(沖澹)하며 여운(餘韻)이 깃든 것'을 한수(韓脩) 시의 특징으로 지적하고 있다.

또한 현재 남아 있는 그의 작품에는 차운시, 특히 목은(牧隱)의 시에 대한 차운시가 많다. 218수의 작품들 중 차운시는 109수나 되고, 그 가운데 목은(牧隱)의 시에 차운한 것이 78수에 이른다.

한수(韓脩)와 목은(牧隱)의 특별한 교유 관계 때문에, 그나 그의 시에 대한 좀더 깊은 연구는 『목은집(牧隱集)』과의 정밀한 대조 분석이 필수적인 것으로 판단되나 이를 충분히 감당하지 못한 듯해서 이 점이 아쉬움으로 남는다.

[참고문헌]

1. 韓脩,『柳巷先生詩集』
2. 徐居正 편,『東文選』
3.『高麗史』
4.『高麗名賢集』
5.『新增東國輿地勝覽』
6. 李穡,『牧隱集』
7. 成俔,『慵齋叢話』
8. 曹伸,『謏聞瑣錄』
9. 金台俊,『朝鮮漢文學史』, 조선어문학회, 1937.
10. 文璇奎,『韓國漢文學』, 이우출판사, 1985.
11. 趙明基 外,『한국사상의 심층연구』, 도서출판 우석, 1990.

『유항집(柳巷集)』이본고

박경신(朴敬伸)

Ⅰ. 서론

『유항집(柳巷集)』은 유항(柳巷) 한수(韓脩)의 시집이다. 한수는 충숙왕 복위(復位) 2년(1333년)에 태어나 우왕(禑王) 10년(1384년)에 52세로 죽은 고려말의 정치가이자 학자이며, 명필(名筆)이자 시인이다. 그는 명문(名門)인 청주(淸州) 한씨(韓氏) 집안에서 태어나 충목왕 3년(1347년) 15세의 나이로 과거에 급제하고,[1] 17세에 벼슬길에 나서 충정왕(忠定王)·공민왕(恭愍王)·우왕(禑王)의 세 임금을 섬겨 여러 관직을 두루 역임하고, 청성군(淸城君)에 봉해졌던 당대의 명망있는 학자이자 정치가였다. 또한 초서(草書)와 예서(隸書) 등에 뛰어난 명필로 칭송을 받아 많은 비문(碑文)을 남겼고, 시재(詩才)에 뛰어나 일찍부터 익재(益齋) 이제현(李齊賢)·가정(稼亭) 이곡(李穀)으로부터 인정을 받았으며,[2] 특히

---

1) 李穡, '韓文敬公墓誌銘'. 『柳巷先生詩集』에서는 제목을 '韓文敬公墓誌銘'이라고 하고, 『東文選』에서는 제목을 '韓文敬公墓誌銘 並序'라고 했다. 목은은 이 묘지명을, 유항이 죽은 9년 후에 그의 아들 尙質 등의 간절한 청으로 쓰게 되었다고 끝부분에서 언급하고 있다. 목은은 이 글에서 "정해년에 나의 선군(先君)이 지공거(知貢擧)로서 과거를 관장하였는데, 문경공이 과연 높은 성적으로 급제하였으니, 그 때의 나이 겨우 15세였다."라고 했다.(徐居正 編, 『東文選』 제 126권 墓誌 '韓文敬公墓誌銘 並序'(민족문화추진회 편, 『국역 동문선(國譯 東文選)』 제 9권, 1985. 404면)).

2) 權近, '柳巷先生韓文敬公脩文集序'. 문집 중 萬曆 壬寅(1602년)에 목판으로 간행된

목은(牧隱) 이색(李穡 : 1328년~ 1396년)과는 어릴 때부터 매우 가깝게
지내면서 많은 시를 주고 받은 사이였다. 조선조에 들어서 그의 문집은
몇 차례에 걸쳐 간행되었고, 『동문선(東文選)』에도 그의 시가 11수(首)
선시(選詩)되었다.3)

중간본(흔히 '萬曆本'이라고 한다.)에는 제목이 따로 붙어 있지 않고, 同治 2년(1863
년) 목판으로 간행된 중간본(흔히 '同治本'이라고 한다.)에는 '柳巷韓先生文集序'라
는 제목이 붙어 있으며, 『東文選』에는 '柳巷先生韓文敬公脩文集序'라는 제목이 붙
어 있다. 陽村은 이 글에서 "공(公)은 일찌기 시로 이름나서 익재(益齋)·가정(稼亭)
의 칭찬을 받았으며, 만년에는 더욱 정진하여 법도를 착실히 지켰고, 묻는 자가 있
으면 반드시 본말을 다 가르쳐 주었다."고 했다.(徐居正 編, 『東文選』제 90권(민족
문화추진회 편, 『국역 동문선(國譯 東文選)』제 7권, 1985. 291면)).

3) 박경신, 「韓脩와 그의 詩世界」, 『한국한시작가연구2』, 태학사, 1996. 139면 참조. 이
논문에서는 한수의 작품이 『東文選』에 '八月初九日夜坐'·'永慕亭行'·'夜坐次杜工
部詩韻'·'奉和韓山君所示'·'木落'·'寄密城李使君'·'送慶尙道按廉康副令'·'惕若
齋乘舟來訪飮舟中'·'九月十五日邀牧隱先生登樓翫月'·'鄭中丞謫居東萊對月撫琴
'·'石房途中'·'無題 二首'의, 12題 13首의 작품이 실려 있는데, 이 가운데에서 오
언율시인 '木落'과 '寄密城李使君'의 2題 2首는 문집에는 없다고 했다.(같은 책 157
면). 그러나 『東文選』권10에 한수의 작품으로 되어 있는 '木落'과 '寄密城李使君'의
2수는 鄭樞의 『圓齋稿』를 검토해 본 결과 정추의 작품이 분명하기 때문에(『圓齋稿
』, 『韓國文集叢刊』5, 185면 참조) 여기서 바로잡는다. 『東文選』권10에는 '夜坐次杜
工部詩韻'·'奉和韓山君所示'·'木落'·'寄密城李使君'의 4수의 작품이 한수의 작품
으로 되어 있고, 이어서 鄭樞의 '宿驪興淸心樓'가 실려 있는데, 이는 『東文選』을 編
次할 당시에 착오가 있었던 것이다. 韓脩의 작품은 '奉和韓山君所示'에서 끝나고,
그 뒤의 '木落'·'寄密城李使君'·'宿驪興淸心樓'는 鄭樞의 작품으로 되어 있어야
할 것이, 착오로 인해 '木落'·'寄密城李使君'의 2수가 정추의 작품이 아니라 한수
의 작품으로 되고 말았던 것이다. 따라서 『東文選』에 실린 한수의 작품은 모두 10
題 11首이고, 이들 가운데 『柳巷集』에 실리지 않은 작품은 없다. 또한 『柳巷集』에는
없고 『新增東國輿地勝覽』에만 있는 것으로 파악했던 '渡迷津'과 '雉嶽雲峯送雨行'
의 2수는(같은 책 158면) 필자의 착오였다. '渡迷津'은 『柳巷集』소재 '杜美院江岸'
의 경련과 미련이고, '雉嶽雲峯送雨行'은 『柳巷集』소재 '宿原州客舍 次板上韻'과
같은 작품이다. 따라서 『柳巷集』에는 없고 『新增東國輿地勝覽』에만 있는 작품도 없
다. 따라서 한수의 시 작품은 현재까지는 『柳巷集』에 실린 작품 이외에는 발견할
수가 없다. 그래서 '그의 작품은 문집인 『柳巷先生詩集』에 147題 218首, 『東文選』에
2題 2首, 『新增東國輿地勝覽』에 2題 2首, 합계 151題 222首이다.'라고 했던 이 논문
의 내용(같은 책 154면)도 '그의 작품은 문집인 『柳巷先生詩集』에 전하는 147題 218
首이다.'로 바로잡는다.

    필자는 이미 한수의 시와 작품 세계에 대해 일차 논의한 바 있다.[4] 그러나 거기에서는 한수에 대해 시도되는 본격적 첫 논문이라는 점 때문에 생애와 연보, 인품과 학문 세계 등을 먼저 살펴보고, 그의 현전하는 작품 및 시세계 등에 대해서만 간략히 논했다. 그래서 한수의 시에 대한 본격적인 연구를 위해서는 꼭 필요한 작업이라는 것을 충분히 인식하고 있었음에도 불구하고 미처 이본간의 정밀한 대조까지 하지는 못했다. 더구나 그 논문을 쓴 후 의미 있는 또다른 이본 하나를 구할 수 있었기 때문에 이본에 대한 정밀한 대조가 꼭 필요하게 되었다. 그래서 앞으로의 연구자들을 위해 더 이상 이 작업을 미루어 둘 수는 없다고 판단하여 이 작업을 하게 된 것이다. 또한 개인적으로는 위에서 언급한 논문을 쓴 후 『유항집(柳巷集)』과 다른 자료들을 검토하는 과정에서 앞서 쓴 논문에 착오가 있는 것을 발견한 것이 있었기 때문에 그것을 바로잡아야 할 의무감도 느끼지 않을 수 없었다. 그래서 이 논문에서 그 착오를 바로잡기로 한다.[5]

    따라서 이 논문은 새로운 논리를 세우는 것을 목적으로 하지 않는다. 이본들을 한 글자 한 글자 충실히 대조하여 그 결과를 제시함으로써 앞으로 한수의 시를 연구하고자 하는 분들의 노력을 조금이라도 절감시켜 줄 수 있을 것을 목적으로 한다. 그래서 논문의 대부분이 이본 대조의 결과이다. 그리고 그 결과가 좀더 일목요연하게 드러날 수 있도록 하기 위해 표로 제시하는 방법을 택하기로 한다. 이 표를 통해서 각 이본 사이의 자구의 넓나듦은 물론 판각과정에서의 착오도 충분히 드러날 것으로 판단한다.

---

4) 위의 논문, 위의 책 139~183면.
5) 착오를 바로잡은 구체적인 내용은 앞의 각주 3)에 상세히 언급되어 있다.

Ⅱ. 『유항집(柳巷集)』의 이본들

『유항집(柳巷集)』의 초간본은 유항의 중자(仲子)인 상질(尚質)이 수집·편차(編次)하여 1398년 양촌(陽村) 권근(權近)의 비점(批點)을 받은 정교본(定稿本)을 문생(門生) 성석용(成石瑢) 등이 1400년에 목판으로 간행하였다고 하나 현재는 전하지 않는다. 그러니까 이 시집의 초간본은 현재 전하지 않는 셈이다. 지금까지 알려진 『유항집(柳巷集)』의 이본으로는 만력본(萬曆本)과 동치본(同治本)이 있었는데, 이들은 모두 목판본이고 중간본이다. 그런데 최근에 필자는 제3의 목판본을 입수하게 되었다. 이 책은 아직 학계에 공개되지 않았는데, 편이상 그 소장자의 이름을 살려 강경훈(姜景勳) 소장본(所藏本)이라고 부르기로 하겠다. 이 강경훈 소장본은 만력본, 동치본과는 다른 판본이다. 따라서 현재까지 알려진 이본은 목판본으로 간행된 중간본 3종인 셈이다. 이제 정밀한 자구 대조에 앞서 이 3종의 이본들에 대해 그 차이점을 중심으로 간략히 살펴보기로 한다.

1. 만력본(萬曆本)

만력(萬曆) 임인년(壬寅年 : 1602년(선조 36년))에 유항의 8대손으로 전라도관찰사였던 유천(柳川) 한준겸(韓浚謙)이 전주(全州)에서 간행한 1책 38판 76엽으로 된 목판 중간본이다. 서울대학교 규장각(도서번호 : 奎3483)에 소장되어 있는데, 한 면은 12행 20자이고, 반곽(半郭)의 크기는 21 × 16.5cm이다. 사주단변에 계선이 있고, 판심의 제목은 '柳巷先生集'이다. 표점(標點)이 있는데 표점자는 송수경(宋首炅)이다. 감수자는 이진영(李鎭泳)이다. 이 책은 『한국문집총간(韓國文集叢刊) 5』에 영인(影印)되어 있는데, 본고에서는 이 책을 이용했다.

　편차(編次)를 살펴보면 다음과 같다.

(1) 양촌(陽村) 권근(權近)의 서문이 제목 없이 본문부터 1:1[6]~3:1에 실려 있다.

(2) 목은(牧隱) 이색(李穡)의 ‘韓文敬公墓誌銘’이 제목과 함께 3:2~8:5에 실려 있다. 3:2에는 ‘韓文敬公墓誌銘 韓山君 李穡 撰’이라고 되어 있다.

(3) 교서(敎書)가 ‘敎’라는 제목과 함께 9:1~10:2에 실려 있다. 이 교서는 유항이 죽었을 때에 우왕이 내린 것이다.

(4) 시집(詩集)은 11:1에서 시작되었는데, 11:1에 있는 첫머리 제목은 ‘柳巷先生詩集’이다. 11:2에는 ‘陽村先生 權近 批點’이라고 한 행(行)에 써 있고, 11:3부터 71:2까지 ‘奉和益齋相國東國故事四詩’부터 ‘安提學(仲溫)挽詞 六言’까지 147제(題) 218수(首)의 시가 실려 있다.

(5) 72:1~72:9까지 윤회종(尹會宗)의 발문이 제목 없이 실려 있다.

(6) 73:1~76:1까지 한준겸(韓浚謙)의 발문이 역시 제목 없이 실려 있다. 이 마지막 2판은 1면이 8행 14자 정도로 되어 있어서 앞부분과는 다르고, 또한 글자의 크기와 필체도 다르며, 판심의 제목도 ‘柳巷集’이라고 되어 있어서 앞부분과는 다르다. 따라서 이 2판은 앞부분과 함께 판각한 것은 아닌 듯하다.

---

6) 1:1은 1면의 1행을 의미한다. 이하 같다.

2. 동치본(同治本)

동치(同治) 2년(1863년(철종 14년)) 계해년(癸亥年)에 유항의 후손인 한재익(韓在益)이 간행한 1책 58판 116면으로 된 목판 중간본이다. 1면은 10행 20자이고, 사주단변에 계선이 있다. 판심의 제목은 책의 부분마다 달라서, 1~6면은 '柳巷先生文集序'이고, 7~12면은 '柳巷先生墓誌銘'이고, 13~14면은 '柳巷先生文集敎'이고, 15~16면은 '柳巷先生文集列傳'이고, 17~18면은 '柳巷先生主敬說'이고, 19~36면은 '柳巷先生文集目錄'이고, 37~116면은 '柳巷先生文集單'이다. 표점은 없다. 이 책은 성균관대학교 대동문화연구원에서 영인(影印) 간행한『고려명현집(高麗名賢集) 4』(1980)에 실려 있는데, 본고에서는 이 책을 이용했다.

편차(編次)를 살펴보면 다음과 같다.

(1) 한재익(韓在益)이 쓴 서문인 '柳巷韓先生文集序'가 제목과 함께 1:1~4:2에 실려 있다.

(2) 양촌(陽村) 권근(權近)이 쓴 서문인 '柳巷韓先生文集序'가 제목과 함께 5:1~7:6에 실려 있다.

(3) 목은(牧隱) 이색(李穡)의 '韓文敬公墓誌銘'이 제목과 함께 7:7~13:9에 실려 있다. 7:7에는 '韓文敬公墓誌銘 韓山君 李穡 撰'이라고 되어 있다.

(4) 교서(敎書)가 '敎'라는 제목과 함께 13:10~15:3에 실려 있다. 이 교서는 유항이 죽었을 때에 우왕이 내린 것이다.

(5)『고려사(高麗史)』열전(列傳)의 한수 관계 기록[7]이 '麗史列傳'이

---

7)『高麗史』열전에서 韓脩의 傳은 독립되어 있지 않다. 제 20권 韓康 조(條) 아래에 渥 (한수의 아버지), 脩, 方信의 순으로 立傳되어 있다.(동아대학교 고전연구실 편,『역

라는 제목과 함께 15:4~16:5에 실려 있다.

(6) 유항(柳巷)의 십이대손(十二代孫)인 한원진(韓元震)이 영조 18년(1732년)에 쓴 '主敬說跋'이 제목과 함께 16:6~18:10에 실려 있다.

(7) 이 책 전체의 목차가 '柳巷韓先生文集目錄單'이라는 제목과 함께 19:1~36:1에 실려 있다. 이 목록은 19:2에 '序文', 19:3에 '墓誌銘', 19:4에 '敎書'라고 각각 한 행씩에 판각한 후, 19:5부터는 147제(題) 218수(首)의 시의 제목을 순서대로 나열했다.

(8) 시집(詩集)은 37:1에서 시작되었는데, 37:1에 있는 첫머리 제목은 '柳巷韓先生詩集'이다. 만력본(萬曆本)에 있는 '陽村先生 權近 批點'이라는 행(行)이 없이, 37:2부터 108:2까지 147제(題) 217수(首)의 시가 실려 있다.[8]

(9) 윤회종(尹會宗)의 발문이 제목 없이 108:3~108:9에 실려 있다.

(10) 한준겸(韓浚謙)의 발문이 역시 제목 없이 108:10~110:6에 실려 있다.

(11) 목은(牧隱) 이색(李穡)이 쓴 '柳巷韓先生四子名字說附錄'이 111:1~115:10에 실려 있다. 이 부록은 '柳巷韓先生四子名字說'과 유항과 관계된 이색의 시이다. 111:1에는 '柳巷韓先生四子名字說附錄 韓山君 李穡 撰'이라고 한 행(行)에 쓰고, 111:2~113:6에 '柳巷韓先生四子名字說'을 실었다. 113:7~113:9에는 '名字說絶句'라는 제목의 시 1수가, 113:10~114:4에는 '韓先生在光巖書碑僕不能往觀 聊述所懷'라는 제목의 시 2수가, 114:5~114:8에는

주 고려사(譯註 高麗史)』제 9권, 태학사, 1987. 178~183면). 동치본에는 이 중 韓脩 부분만 떼어서 실었다.

8) '147題 218首'가 아니라 '147題 217首'가 된 것은 동치본에는 작품 번호 064 '自神勒寺至驪興樓 次板上韻 二首'의 두 번째 수가 통째로 빠져 있기 때문이다. 이렇게 된 것은 아마도 판각 과정에서 착오가 있었기 때문인 듯하다.

'柳巷先生携酒食來餉老夫云 今日出遊籍田別墅'라는 제목의 시 1
수가, 114:9∼115:2에는 '有懷先生'이라는 제목의 시 1수가,
115:3∼115:10에는 '柳巷門生開酒席賀公重拜簽書也 僕與廉東亭
承招赴席 天台判事懶殘子亦被請而至 坐談妙蓮三藏時事 疊疊不
已 醉中聞之樂其有舊俗遺風 旣醉錄之'라는 제목의 시 2수가 각
각 제목과 함께 실려 있다. 따라서 이 부분에 실린 이색의 수는
모두 7수이다.

3. 강경훈(姜景勳) 소장본(所藏本)

강경훈씨가 소장하고 있는 본이다. 1책 41판 82면의 목판본으로 판
각 상태가 가장 정교하다. 1면은 12행 20자이고, 사주단변에 계선이 있
다. 판심의 제목은 '柳巷集'이다. 제일 끝에 붙어 있는 '己丑二月初二
日判官韓世箕等上疏 忝疏宗人一百十二人 二月初二日呈疏入'이라는 제
목의 소장(疏章)은 만력본이나 동치본에는 없는 것이다. 이 소장을 올
린 것이 기축년(己丑年)으로 되어 있고, 당시에 도승지(都承旨)가 김연
(金演)9), 승지(承旨)가 유명웅(兪命雄)10)이었던 것으로 되어 있어서, 이
기축년은 숙종 35년(1709년)임을 알 수 있다. 따라서 이 본은 1709년 무

---

9) 金演(효종 6년(1655) ∼ ?). 문신. 자는 士益. 호는 退修堂. 1684년 정시 문과에 병과
   로 급제. 여러 관직을 거쳐 숙종 29년(1703) 충청도 관찰사가 되고, 그 뒤 경상도 관
   찰사・도승지・경기도 관찰사를 지내고, 경종 1년(1721) 호조판서가 되었다. 1723년
   형조판서가 되었으나, 이듬해 영조가 즉위하자 노론의 탄핵을 받아 유배되었다.
10) 兪命雄(효종 4년(1653) ∼ 경종 1년(1721)). 자는 仲英. 호는 晩休亭. 숙종 3년(1677)
   사마시를 거쳐, 1682년 춘당대 문과에 병과로 급제. 정언・지평 등을 지내고, 1689
   년 己巳換局으로 남인들에게 파직당했다. 그후 서인이 재집권하자 등용되었다.
   1705년 우부승지, 1713년 도승지 등을 지내고 경종 1년 공조판서가 되었다. 시문에
   능하고 楷書를 잘 썼다.

렵에 간행되었을 것으로 추측된다. 이 책은 단순히 유항(柳巷)의 시를 후대에 전하기 위해서라는 목적이 아니라, 특별한 의도가 있어서 만든 것으로 판단되는데, 그것은 이 책의 끝에 붙어 있는 소장의 내용과 밀접한 관계를 가지고 있는 것으로 보인다. 그러나 그 내용을 면밀히 분석하는 작업은 이 논문의 기본 목적과 어긋나기 때문에 이 문제는 기회가 되면 다시 다루기로 한다.

편차(編次)를 살펴보면 다음과 같다.

(1) 시집(詩集)부터 시작되어 있다. 1:1에 있는 첫머리 제목은 '柳巷先生詩集'이다. 11:2에는 '陽村先生 權近 批點'이라고 한 행(行)에 써 있고, 1:3부터 61:2까지 147제(題) 218수(首)의 시가 실려 있다.
(2) 윤회종(尹會宗)의 발문이 제목 없이 62:1~62:9에 실려 있다.
(3) 양촌(陽村) 권근(權近)의 서문이 제목 없이 63:1~65:1에 실려 있다.
(4) 목은(牧隱) 이색(李穡)의 '韓文敬墓誌銘'이 제목과 함께 65:2~70:5에 실려 있다. 65:2에는 '韓文敬墓誌銘 韓山君 李穡 撰'이라고 되어 있다.
(5) 교서(敎書)가 '敎'라는 제목과 함께 71:1~72:2에 실려 있다. 이 교서는 유항이 죽었을 때에 우왕이 내린 것이다.
(6) 한준겸(韓浚謙)의 발문이 제목 없이 73:1~74:7에 실려 있다.
(7) '己丑二月初二日判官韓世箕等上疏 忝疏宗人一百十二人 二月初二日呈疏入'이라는 제목의 소장(疏章)이 75:1~82:12에 실려 있다.

이 책에는 작품 번호 043 '人日 次二子詩 尙質 尙敬'의 세 번째 수를 행을 바꾸지 않고 달아서 판각함으로써 두 번째 수와 세 번째 수가 한

작품처럼 처리되어 있다. 아마도 이는 판각 과정에서 착오가 있었던 듯
하다.

4. 만력본·동치본·강경훈(姜景勳) 소장본(所藏本)의 편차(編次) 비교표

지금까지 논의했던 세 이본들의 편차(編次) 비교 결과를 표로 제시하
면 다음과 같다.

편　명	만　력　본	동　치　본	강경훈 소장본	비　고
①韓在益의 서문		(1)柳巷韓先生文集序		동치본에만 있음
②權近의 서문	(1)(제목 없음)	(2)柳巷韓先生文集序	(3)(제목 없음)	
③李穡의 墓誌銘	(2)韓文敬公墓誌銘	(3)韓文敬公墓誌銘	(4)韓文敬墓誌銘	
④禑王의 教書	(3)教	(4)教	(5)教	
⑤『고려사』 열전 한수 관계 기록		(5)麗史列傳		동치본에만 있음
⑥韓元震의 '主敬說跋'		(6)主敬說跋		동치본에만 있음
⑦詩集 目次		(7)柳巷韓先生文集目錄單		동치본에만 있음
⑧詩集	(4)柳巷先生詩集	(8)柳巷韓先生詩集	(1)柳巷先生詩集	
⑨尹會宗의 발문	(5)(제목 없음)	(9)(제목 없음)	(2)(제목 없음)	
⑩韓浚謙의 발문	(6)(제목 없음)	(10)(제목 없음)	(6)(제목 없음)	
⑪李穡의 柳巷韓先生四子名字說附錄		(11)柳巷韓先生四子名字說附錄		동치본에만 있음
⑫己丑二月初二日判官韓世箕等上疏 忝疏宗人一百十二人 二月初二日呈疏入			(7)己丑二月初二日判官韓世箕等上疏　忝疏宗人一百十二人　二月初二日呈疏入	강경훈 소장본에만 있음

〈만력본·동치본·강경훈 소장본의 편차(編次) 비교표〉

Ⅲ. 만력본·동치본·강경훈 소장본 대비표

『柳巷集』만력본·동치본·강경훈 소장본에서 차이가 나는 부분을 표로 제시하면 다음과 같다. 다만 편차(編次)에서 차이가 나는 것에 대해서는 앞에서 이미 논의했기 때문에 여기서는 편차는 문제 삼지 않기로 한다. 번호는『柳巷集』에 실린 작품의 제(題)에 따른 번호이다. 같은 제 아래에 여러 수(首)의 작품이 있는 경우에는 —로 구별해 놓았다. 예컨대 001-3은 첫번째 제(題)의 세번째 작품을 의미한다.

비교의 기준이 되는 본은 만력본으로 한다. 그것은 이 본이 현재 남아 있는 이본들 가운데 가장 연대가 앞선다는 것을 우선적으로 고려한 것이다. 제목은 만력본의 제목을 기준으로 한다. 각 句도 만력본을 그 기준으로 한다. 같은 제목의 작품에서 차이가 나는 부분이 복수로 있을 때에는 제목은 제일 위에만 쓴다. 제목란이 비어 있는 곳은 위에 있는 제목과 같다는 뜻이다. 식별의 편이를 위해 비교의 대상 전체가 같은 본들끼리는 '만력본과 같음)', '동치본과 같음)' 하는 식으로 표시한다. 개별적인 자구의 차이에 대해서는 차이가 나는 곳만 보인다. 만력본과 같은 글자에 대해서는 중점(·)으로만 표시한다. 따라서 ·로 되어 있는 곳은 만력본의 그 위치에 있는 글자와 같은 글자라는 뜻이다. 이 경우 문맥상 앞 뒤 글자와 연결해야 차이가 더 잘 드러난다고 판단되는 경우에는 그 연결된 형태 전체를 남겨둔다. □로 표시된 것은 글자가 한 자 빠진 것을 의미한다. 그리고 강경훈 소장본에서는 글자의 순서를 잘못 판각한 경우에는 그 해당 글자에 작은 ○나 ∨ 등으로 표시를 하여 글자의 순서를 바로잡아 놓았는데, 이런 부분에 대해서는 바로잡은 순서를 인정해서 차이가 없는 것으로 보기로 한다.

번호	제 목	만 력 본	동 치 본	강경훈 소장본	비고
001	奉和益齋相國東國故事四詩	奉和益齋相國東國故事四詩	(제목 없음)	(만력본과 같음)	
001-3	郭翰林冒雨　賞三池蓮花	郭翰林冒雨　賞三池蓮花	・・・・・・　・・・蓮□	(만력본과 같음)	
		賞遍二池煩往復	・・三池・・覆	遍賞一池・・・	
001-4	金□□雪中騎牛遊皺巖	金□□雪中騎牛遊皺巖	金侍中・・・・・・・	金小尹・・・・・・・	
		豈唯穩跨無傾覆	・惟・・・・・	(만력본과 같음)	
002	鄭旅溪家次簡齋韻	題詩慚雲烟	・・・・煙	・・・・煙	
003	送李郎中入燕京	遮莫風霜道路寒	・・二・・・・	(만력본과 같음)	
004	鄭旅溪家　見去夏對雨唱和之什　依韻作二首	鄭旅溪家　見去夏對雨唱和之什　依韻作二首	・・・・・・　・・・・・・二首	(만력본과 같음)	글자크기
004-1		喬木中菴古畫披	(만력본과 같음)	・・・・・・枝	
004-2	鄭旅溪家　見去夏對雨唱和之什　依韻作二首	園花更惜雪紛披	(만력본과 같음)	・・・・・枝	
		回頭已是年前事	回首・・・・・	(만력본과 같음)	
006	天壽寺庭松	天壽寺庭松	(만력본과 같음)	大壽寺・・	
008	石房途中	石房途中	・・道・	(만력본과 같음)	
		嶕巖石路倦躋攀	絶・松・・・・	(만력본과 같음)	
009-1	奉和	露笋龍鱗折	(만력본과 같음)	・筍・・・	
		風松石籟喧	(만력본과 같음)	飄・・・・	
		關淸無雜賓	(만력본과 같음)	開・・・・	
		瀟洒囁嚅翁	・灑・・・	・灑・・・	
		野裝非薦紳	・・・・神	・・匪・・	
		眞趣固有在	・・・在有	(만력본과 같음)	

번호	제　　　목	만 력 본	동 치 본	강경훈 소장본	비고
009-1	奉和	雄辯猶雷奔	··有··	(만력본과 같음)	
		小子掛世網	···西崗	(만력본과 같음)	
009-2		耳目所得夥　益然兼酒醨	耳目何所得　夥益兼酒醨	耳目所得夥　盉然兼酒醨	
010	題羅迂叟興需詩卷	題羅迂叟興需詩卷	(만력본과 같음)	····興嚅··	
		拂雲靈寢前無偶	·····雨	··虛····	
		人將未省日五色　天欲使窮書五車	將未省日五色天　欲使窮家書五車	(만력본과 같음)	
		莫怪門除侯問踈	····候··	·憪··候··	
011	送尙州牧使鄭良生二首	送尙州牧使鄭良生二首	·········二首	(만력본과 같음)	글자크기
011-2		今日鼎湖弓金刃遠	·····劍·	·····釗·	
012	讁至陝州　送押送官趙光甫還京	讁至陝州　送押送官趙光甫還京	適·······　·······	(만력본과 같음)	
013	寄舍弟判書　時判書亦貶在光州	流落天涯應□味	·····一·	(만력본과 같음)	
014	次韻荅李子庸	次韻荅李子庸	··答···	··答···	
015-2	題安先生詩卷	浩蕩白鷗千萬里	···鷗···	···鷗···	
		何妨卽墨不求譽	··不求卽墨譽	(만력본과 같음)	
016	奉寄呈靑城君鄭	奉寄呈靑城君鄭	··□····	(만력본과 같음)	
016-1		屈指天星已再終	·措·····	(만력본과 같음)	
016-2		江山淸肅草溪多	····暮··	(만력본과 같음)	
017	送慶尙道按廉康副令	送慶尙道按廉康副令	······□··	(만력본과 같음)	
		放勳明峻德	(만력본과 같음)	·勛···	
		擣扤畜陰謀	檮杌···	檮杌···	

번호	제 목	만 력 본	동 치 본	강경훈 소장본	비고
017	送慶尙道按廉康副令	幸蒙天卽定	···郞·	(만력본과 같음)	
		封己猶知懼	·已···	(만력본과 같음)	
		萬洛易田疇	·落···	(만력본과 같음)	
		伽落遺風遠	駕洛···	(만력본과 같음)	
		雞林往事悠	(만력본과 같음)	鷄····	
		廉按憶前修	按廉···	(만력본과 같음)	
		江山幾處樓	··到··	(만력본과 같음)	
018	四月八日　陪牧隱先生觀燈金沙嶺　明日先生示詩　謹次韻呈	四月八日 陪牧隱先生觀燈金沙嶺 明日先生示詩 謹次韻呈□□	······· ······· 二首	(만력본과 같음)	
018-1		萬朵紅蓮拱一峰	······峯	······峯	
018-2		滿眼繁華漸欲稀	其二 滿眼繁華漸欲稀	(만력본과 같음)	
		始知坐久露沾衣	·····霑·	(만력본과 같음)	
		兒童喚佛多新語	·····作··	(만력본과 같음)	
019	牧隱先生雨中示詩次韻奉呈	牧隱先生雨中示詩 次韻奉呈	(만력본과 같음)	······· ·· 謹·	
		風吹飛雨入樓斜	···下··	(만력본과 같음)	
020	代書寄江西縣令	愛君厚意今如昔	(만력본과 같음)	···德···	
021	代書寄江陵法曹	代書寄江陵法曹	·····曺	·····曺	
		人自江陵到玉京	(만력본과 같음)	·····王京	
022	代書寄襄陽趙使君宣	而今自嘆二毛初	···歎···	(만력본과 같음)	
025	松風軒	一軒淸淨意無厭	·陣···	(만력본과 같음)	
027	幻菴	松風江月常圍繞	(만력본과 같음)	·····園·	

번호	제 목	만 력 본	동 치 본	강경훈 소장본	비고
027	幻菴	絶學無爲閑道人	・・・・間・・	・・・・間・・	
028	代書寄全陝州五倫	喜君無恙臥星山	・・・虫恙・・・	・・・虫恙・・	
		唯見氷翁奉使還	惟・・・・・・	惟・・・・・	
029	代書寄麟角住持	兩封珍眖勸加湌	・・・・・・餐	(만력본과 같음)	
030	贈日本僧天祐	洒落愛詩筆	灑・・・・	灑・・・・	
		崐岡亂石中	崑崗・・・	崐山岡・・・	
		飄然返本元	・・反・・	・・・・光	
		一杯視溟渤	・盃・・・	(만력본과 같음)	
		老我歆高風	・・欽・・	(만력본과 같음)	
		乘間恣殺畧	・・・・客	(만력본과 같음)	
		濱海無居室	・・・巨・	(만력본과 같음)	
		大擧欲脩怨	・・・修・	・・・修・	
		交隣固有道	・鄰・・・	・鄰・・・	
031	寄慶尙道按廉康副令得和	寄慶尙道按廉康副令得和	・慶尙□按・・・・・・・	(만력본과 같음)	
		仁人所至灾何有	(만력본과 같음)	・・・・災・・	
032	僕因書碑　三往光岩牧隱先生每欲往觀以疾未果　作絶句詩手書見示　前後凡九首　依韻奉和	僕因書碑　　三往光岩牧隱先生每欲往觀 以疾未果 作絶句詩手書見示　前後凡九首　依韻奉和	僕因□碑　・・光巖・・	・・・・・・・・光巖・・・・・・・・・・・・・・・・・・・・・・・・・・・・・・・・・・・・	
032-3		葵藿自然傾大陽	・・・・・太陽	(만력본과 같음)	
032-4	僕因書碑　三往光岩牧隱先生每欲往觀以疾未果　作絶句詩手書見示　前後凡九首　依韻奉和	再到正欣風日凉	(만력본과 같음)	・致・・・・・	

<table>
<tr><th>번호</th><th>제　　목</th><th>만　력　본</th><th>동　치　본</th><th>강경훈 소장본</th><th>비고</th></tr>
<tr><td>032-5</td><td></td><td>當年此地聖情深</td><td>・・・心・・・</td><td>(만력본과 같음)</td><td></td></tr>
<tr><td></td><td></td><td>幾度烟蘿照羽林</td><td>・到煙・・・・</td><td>・度煙・・・・</td><td></td></tr>
<tr><td>032-7</td><td></td><td>山擁精廬碧洞深</td><td>・・・・・澗・</td><td>(만력본과 같음)</td><td></td></tr>
<tr><td></td><td></td><td>餘年只合隨僧粥</td><td>・・・・・・術</td><td>(만력본과 같음)</td><td></td></tr>
<tr><td>032-9</td><td></td><td>不因微恙廢高吟</td><td>・・・虫恙・・・</td><td>(만력본과 같음)</td><td></td></tr>
<tr><td>033-1</td><td>次韻奉答牧隱先生</td><td>南裔曾爲魑魅隣</td><td>・・・・・・鄰</td><td>・・・・・・鄰</td><td></td></tr>
<tr><td></td><td></td><td>豈願浮名絆此身</td><td>(만력본과 같음)</td><td>・・・・伴・・</td><td></td></tr>
<tr><td>033-2</td><td></td><td>喜公買宅作比隣</td><td>・・・・・・鄰</td><td>・・・・・・鄰</td><td></td></tr>
<tr><td>035</td><td>中秋夜　韓山君見過
共坐樓下賞月　先生
口號 次韻奉答二絶</td><td>中秋夜　韓山君見過
共坐樓下賞月 先生口
號 次韻奉答二絶</td><td>仲秋・・・・・
・・・・・・・
・・・・・・
・・・</td><td>・・・・・
・・・・・・
・・・・・・
・・・・
苔・・</td><td></td></tr>
<tr><td>035-1</td><td></td><td>皓月無爲祟</td><td>(만력본과 같음)</td><td>・・・・崇</td><td></td></tr>
<tr><td></td><td></td><td>明年身若健</td><td>(만력본과 같음)</td><td>・・・苦・</td><td></td></tr>
<tr><td>035-2</td><td></td><td>異趣豈相招</td><td>・・・有・</td><td>(만력본과 같음)</td><td></td></tr>
<tr><td></td><td></td><td>寂莫書樓下</td><td>・寞・・・</td><td>・寞・・・</td><td></td></tr>
<tr><td>036</td><td>書懷　寄呈天台都大
禪師　了圓</td><td>去歲江陽絶問存</td><td>(만력본과 같음)</td><td>・・・・・間・</td><td></td></tr>
<tr><td></td><td></td><td>白雲香飯屨過門</td><td>・・・屢・・</td><td>・・飮・・・</td><td></td></tr>
<tr><td>037</td><td>雪 次鄭都官韻　二首</td><td>雪 次鄭都官韻　二首</td><td>・・・・・・二首</td><td>雷　・・・・・
・・</td><td></td></tr>
<tr><td>038</td><td>夜坐 次杜工部詩韻</td><td>窓明月上時</td><td>・・・・詩</td><td>片忽・・・</td><td></td></tr>
<tr><td>039</td><td>題金少年詩卷 自知</td><td>題金少年詩卷 自知</td><td>(만력본과 같음)</td><td>・・・卷 □□</td><td></td></tr>
<tr><td></td><td></td><td>陽山淸淨鎔煙霞</td><td>・・・・鎖烟・</td><td>・・・・鎖・・</td><td></td></tr>
</table>

번호	제 목	만 력 본	동 치 본	강경훈 소장본	비고
039	題金少年詩卷 自知	應使功夫日日加	··工夫···	(만력본과 같음)	
040	題玉蘭上人詩卷	蘭沒蕭艾風傳薫	(만력본과 같음)	······薫	
041	次韻苔檜岩長老倫絶磵	··苔······ ··	··答檜巖··倫 ··	··苔 檜 巖 ·····	
	次韻苔檜岩長老倫絶磵	城裏塵吹袂	(만력본과 같음)	·裡···	
		山中雪壓松	(만력본과 같음)	···厭·	
042	正月三日　陪韓山君投刺諸家　北崖禹相公碑迎入勸酒　醉之旣出　路逢故人立語先生之行已遠　不能追及　明日 雪中獨坐先生作三絶句　記前日事見示 次韻苔之	正月三日　陪韓山君投刺諸家 北崖禹相公碑迎入勸酒　醉之旣出 路逢故人立語 先生之行已遠 不能追及 明日 雪中獨坐 先生作三絶句 記前日事見示 次韻苔之	······ ······ ······ ······ ······ ······ ·答·	······ ······ ··碑··· ······ ······ ······ □□□□□□ □ □□□	10자 빠짐
042-1		新年探侯効時人	···候···	···候···	
		瘦馬羸童只自塵	(만력본과 같음)	疲馬·····	
042-3		庭院唯看糝玉塵	··惟···	··惟···	
043	人日　次二子詩　尙質尙敬	人日　次二子詩　尙質尙敬	(만력본과 같음)	今日　··· ·····	
043-1		素乏匡時畧	···略	(만력본과 같음)	
043-1		多言怪方朔	··愧··	(만력본과 같음)	
		何得見天心	(만력본과 같음)	···大·	
043-2		日往權常減	····感	(만력본과 같음)	
		唯欣肯堂構	惟····	惟····	
		將見補儒林	(만력본과 같음)	···濡·	

번호	제　　목	만 력 본	동 치 본	강경훈 소장본	비고
043-3		令節還三嘆	・・・・歎	(만력본과 같음)	
		回思陝州日	因・・・・	(만력본과 같음)	
		丁巳正月六日 翌日押送官去	・・・・初・・ ・・・・・・	・・・・・・ 昱・抽・・天	
044	初九日 又次二子韻	銀勝又殘花	・・已・・	(만력본과 같음)	
045	次韻奉荅牧隱先生	次韻奉荅牧隱先生	・・・荅・・・	(만력본과 같음)	
045-1		寒雲漠漠厭山園	・・・・壓・・	(만력본과 같음)	
045-2		丁亥忘年最少人	・・・・・・年	(만력본과 같음)	
045-3		肯敎神物久淵潛	・・物・・・・	(만력본과 같음)	
046	全陝州見和吾詩　復 用元韻荅之	全陝州見和吾詩 復用 元韻荅之	・・・・・・ ・・前韻答・	(만력본과 같음)	
047	次韻奉呈牧隱先生	或爲平淡或雄深	・・・談・・・	(만력본과 같음)	
048	奉次牧隱先生風雨篇	大和充塞天地中	太・・・・・	(만력본과 같음)	
		鞭朴狼籍箄家口	・扑・藉・・・	・扑・藉・・・	
		閶闔九門旣契闊	・・・・・・潤	・・・・・・潤	
		漫憑盃酒鑄唐虞	漫憑盃酒鑄唐虞	・・杯・綺・・	
		詩成自笑技止此	(만력본과 같음)	・・・・披・・	
049	爲門生設酌　邀牧隱 先生	婆娑帽上欠絲花	・・・・・綠・	(만력본과 같음)	
		談笑從他北斗斜	(만력본과 같음)	・・・此・・・	
050	永慕亭	唯時日本獨不庭	惟是・・・・	(만력본과 같음)	
		我遣信使示威德	(만력본과 같음)	・遣・・・・・	
		不願將身馳不測	(만력본과 같음)	・・・・・・淵	
		過門不與妻努別	・・・・努	(만력본과 같음)	
		陟岵兩眼墜玄花	・岵・・・・	(만력본과 같음)	

번호	제 목	만 력 본	동 치 본	강경훈 소장본	비고
050	永慕亭	侍側特送麒麟兒	(만력본과 같음)	···· 犭其 獜·	
		溫淸甘旨無所虧	(만력본과 같음)	·淨·····	
		新亭結構得處所	(만력본과 같음)	···搆···	
		巨手作記光竹帛	····□竹	(만력본과 같음)	
051	題嶺梅上人詩卷	嶺頭標格孰與此	·····比	(만력본과 같음)	
052	題李少年詩卷	少小事筆硯	(만력본과 같음)	少少···	
053	四月二十日　因書神勒碑 出城途中有作	四月二十日 因書神勒碑 出城途中有作	··十二日·· ······ ··	(만력본과 같음)	
		依稀田畔樹	·俙···	·俙···	
		峰巒亦呈露	峯···霧	峯····	
		倏忽多態度	(만력본과 같음)	倏····	
		空闊眼界通	·潤···	·潤···	
054	呈檜巖主法	呈檜巖主法	(만력본과 같음)	··岩··	
		松風洒落時	···灑··	··灑··	
		傳家閑意味	···閒··	(만력본과 같음)	
055	杜美院江岸	汪洋漢水出山間	汪汪····	(만력본과 같음)	
		初孰咆哮擘兩山	·熟·····	(만력본과 같음)	
		發源應自送潺潺	(만력본과 같음)	····逸··	
		天影遠涵帆去閑	······間	(만력본과 같음)	
		回首殷勒別三角	·慇懃···	··殷勤···	
056	渡龍津	宛在中流淸徹底	·····澈底	·····澈底	
		却疑身已上層霄	···世已·宵	(만력본과 같음)	
058	宿楊根客舍 次板上韻	此地奇觀入眼無	··可·人··	(만력본과 같음)	

번호	제 목	만 력 본	동 치 본	강경훈 소장본	비고
059	二十二日途中	日照觀音峰	‥‥峯	‥‥峯	
		客離楊根館	‥‥舘	(만력본과 같음)	
059		千頃平若桉	‥‥按	‥‥按	
		淸江常在右	‥‥左‥	(만력본과 같음)	
		遠近皆可玩	‥‥翫	(만력본과 같음)	
		歇馬登高岸	飮‥‥	(만력본과 같음)	
		子立江中山	子‥‥	子‥‥	
		土人前致辭	士‥‥	(만력본과 같음)	
		臨風獨長嘆	‥‥歎	(만력본과 같음)	
060	到神勒寺 見前光岩長老呆菴	到神勒寺 見前光岩長老呆菴	‥‥‥‥光巖‥‥景菴	‥‥光巖‥‥果菴	
		十載光岩主席人	‥‥巖‥‥	‥‥巖‥‥	
061	題神勒寺	前壓滄浪背淺山	‥塵‥‥	‥‥‥殘‥	
		舟人指點舊搏塔	(만력본과 같음)	‥‥‥‥傳塔	
062	題寬窄山詩卷	題寬窄山詩卷	‥‥‥□□	(만력본과 같음)	
		上人閑境界	‥‥閒‥‥	(만력본과 같음)	
063	惕若齋乘舟來訪 請予飮舟中	隨意隨流或泝流	‥‥‥亦‥‥	(만력본과 같음)	
		千點峯巒同暗淡	(만력본과 같음)	‥‥峰‥‥‥	
		兩邊草木各靑幽	‥‥‥‥淸流	‥‥艸木‥淸幽	
		鳥識忘機近尙浮	‥‥‥‥相‥	(만력본과 같음)	
		豈能爲此畵中遊	‥肯‥‥‥	(만력본과 같음)	
064	自神勒寺至驪興樓 次板上韻 二首	自神勒寺至驪興樓 次板上韻 二首	‥‥‥‥‥‥‥‥‥二首	(만력본과 같음)	글자 크기
064-1		郡裏來看元次山	(만력본과 같음)	‥裡‥‥‥‥	

번호	제　　목	만 력 본	동 치 본	강경훈 소장본	비고
064-2		無限奇觀解客顏	(없　　음)	·恨····	동치본 없음
		飛揚黃鶴靑冥裏	(없　　음)	······裡	동치본 없음
		滅沒白鷗波浪間	(없　　음)	···鷗···	동치본 없음
065	宿夫金家 書其壁	隣曲多新面	鄰····	鄰····	
		茅茨敝古居	··蔽··	(만력본과 같음)	
066	宿於郎家	老夫適至卸征鞍	····御··	(만력본과 같음)	
		須知卜地非凡眼	······顏	(만력본과 같음)	
067	韓惟善尙書見予於高神 明日又送于江岸	韓惟善尙書見予於高神 明日又送于江岸	········ 子··	·······子 子··	
		慶我起君病	(만력본과 같음)	···居·	
068	宿原州客舍 次板上韻	雉岳雲峯送雨行	(만력본과 같음)	···峰···	
		英雄寂莫有高名	···寞···	···寞···	
069	題高達寺	還似當時在妙蓮	···年···	(만력본과 같음)	
070	曲城漆原兩侍中及諸公會于繼亭　是時久旱 晚來雨作 韓山君作詩記之 次韻奉呈	曲城漆原兩侍中及諸公會于繼亭 是時久旱晚來雨作 韓山君作詩記之 次韻奉呈	(만력본과 같음)	········ ········ ·····詩詩 ········	
		冲融和氣凝天地	(만력본과 같음)	冲瀜·····	
071	陪牧隱先生往天壽寺賞蓮 次先生詩韻	陪牧隱先生往天壽寺賞蓮 次先生詩韻	········ ··蓮花 ··· ··	(만력본과 같음)	
071-1		地爽那憂趙盾日	心······	(만력본과 같음)	
		風香不雜庾公塵	···動···	(만력본과 같음)	

번호	제 목	만 력 본	동 치 본	강경훈 소장본	비고
071-1		喜見詩篇妙人神	·····入·	(만력본과 같음)	
071-2	陪牧隱先生往天壽寺 賞蓮 次先生詩韻	千古臨川筆化塵	·····花·	(만력본과 같음)	
071-3	陪牧隱先生往天壽寺 賞蓮 次先生詩韻	前度劉郎今老人	·到····	·到·····	
		幸侍高軒尋舊迹	·····跡	······跡	
		當時共飮荷心酒	···飯···	(만력본과 같음)	
072	是日登吹笛峯	是日登吹笛峯	(만력본과 같음)	·····峰	
		並是騏驎秋水神　先生 二子一孫從遊	··麒麟··· ········	幷······ □□□□□□□□	
073	賀許簽書新拜政堂 次牧隱詩韻 二首	賀許簽書新拜政堂 次 牧隱詩韻 二首	······· ·····二首	(만력본과 같음)	글자 크기
073-1		軒軒獨鶴離鷄群	······羣	······羣	
		早識騫騰萬里雲	···騫··	(만력본과 같음)	
		鳳沼今朝主藝文	·治····	····士··	
073-2		由來同氣自成群	(만력본과 같음)	······羣	
074	送紺岳長老芬上人	功夫各要此心安	工·····	(만력본과 같음)	
		臨分求語予何語	(만력본과 같음)	····余··	
		願副他時聒目看	···刮··	(만력본과 같음)	
075	陪牧隱先生至安心寺 見九齋　諸生刻燭賦 詩 明日　先生示長篇 次韻奉荅	陪牧隱先生至安心寺 見九齋 諸生刻燭賦詩 明日　先生示長篇 次 韻奉荅	······· ····· ······荅	(만력본과 같음)	
		寢廟學宮雙山卒岻	·····峷·	(만력본과 같음)	
		豈弟作人調玉燭	(만력본과 같음)	······燭 玉	
		任敎胄子思日孜	··靑····	··靑····	

번호	제 목	만 력 본	동 치 본	강경훈 소장본	비고
075	陪牧隱先生至安心寺 見九齋 諸生刻燭賦詩 明日 先生示長篇 次韻奉荅	引咎歸己眞吾師	···己···	(만력본과 같음)	
		還如貢院當時情 牓頭一彼或一此 終然可見諸生志	(없 음)	(만력본과 같음)	동치본 없음
		深杯屢倒添醉狂	·盃·····	(만력본과 같음)	
		亂石欲起隨初平	(없 음)	(만력본과 같음)	동치본 없음
		道邊松禾多老大	··松木···	··松木···	
		多少珠瓔蒙翠盖	多小·····	(만력본과 같음)	
		斯遊豈有堙沒時	····湮沒·	(만력본과 같음)	
076	在赤城別墅 次韓山君詩韻	坐客閑軒有蒲薦	·····浦·	(만력본과 같음)	
		重茅縱被風飅卷	······捲	(만력본과 같음)	
077	四月望夜 邀牧隱先生登樓翫月 明日 蒙示長篇 依韻奉和	四月望夜 邀牧隱先生登樓翫月 明日 蒙示長篇 依韻奉和	········ ····玩月 ······· ·····	········ ······· ······· ··奉□	
		無有纖雲滓大淸	·····太·	(만력본과 같음)	
		每欣詩酒任乾坤	·恨·····	(만력본과 같음)	
		停杯問月效古人	·盃··故·	····効··	
		厥初斲輪誰鑿氷	····又··	(만력본과 같음)	
		近日漸虧無奈因 鬱 蒸東西南北自在行	近日漸虧無奈因 鬱 蒸東西自在行	(만력본과 같음)	
		奈何屢被妖蟆陵	·····幕·	·····墓·	
		天上人間理則同	·····卽·	(만력본과 같음)	

번호	제 목	만 력 본	동 치 본	강경훈 소장본	비고
077	四月望夜　邀牧隱先生登樓翫月　明日　蒙示長篇　依韻奉和	有時而徽吾不恤	‥面‥‥	(만력본과 같음)	
078	自柳浦還　牧隱先生示五言八句詩　次韻二首	自柳浦還　牧隱先生示五言八句詩　次韻二首	‥‥‥‥ ‥‥‥‥ ‥二首	(만력본과 같음)	글자크기
078-1		官罷孰相追	·閑‥‥	(만력본과 같음)	
		旣以閑如野	‥間‥‥	(만력본과 같음)	
		採藥擬扶衰	‥‥扶·	(만력본과 같음)	
078-2		只隨人用捨	‥‥‥舍	(만력본과 같음)	
079	題義砧上人詩卷	江陽師謂是家山	‥‥渭‥‥	(만력본과 같음)	
080	西海按部金震陽賀兒輩登第　次韻答之二絶	西海按部金震陽賀兒輩登第　次韻答之二絶	(만력본과 같음)	‥‥‥‥‥‥ ‥‥‥‥‥‥ 苔‥‥	
080-2		能令一道少差科	(만력본과 같음)	·今‥‥‥	
		晋盜奔秦是誰德	晉‥‥‥‥	晉‥‥‥‥‥	
082	賀新榜眼李之直　次韻　二絶	賀新牓眼李之直　次韻　二絶	‥‥‥‥‥‥ ‥‥二首	(만력본과 같음)	
082-1		狄門桃李幾番新	(만력본과 같음)	秋‥‥‥‥	
		自古文章憎命達	‥‥‥名·	(만력본과 같음)	
082-2		二郎眈目參應天意	‥‥睡‥‥	(만력본과 같음)	
		來牓榮親要有人	‥‥‥‥一·	(만력본과 같음)	
083	送麴生　次牧隱先生詩韻	避暑又可依	依‥‥‥	(만력본과 같음)	
		生惟糜稟祿	‥麿‥‥	‥‥‥徽	
084	贈李壯元伯中　牧隱先生作伯中說　李文和字伯中	贈李壯元伯中　牧隱先生作伯中說　李文和字伯中	‥‥‥‥‥‥ ‥‥‥‥‥‥ □文和字伯中	(만력본과 같음)	

번호	제　　목	만 력 본	동 치 본	강경훈 소장본	비고
084-1		好辦文筵具慶前	好辦文筵具慶前	·辯·····	
084-2	贈李壯元伯中　牧隱 先生作伯中說　李文 和字伯中	更把功夫質牧翁	··工夫···	(만력본과 같음)	
086	題慶尙道按廉河右尹 忠國詩卷	廉按屬宏材	按廉···	按廉···	
		寇攘今屢矣	冠··已·	(만력본과 같음)	
087	題休上人詩卷　得擧 字	未有不我與	(만력본과 같음)	···與我	
		又印師之語	(만력본과 같음)	·仰···	
		歸錫鶴與擧	···共·	(만력본과 같음)	
088	題平源上人詩卷	題平源上人詩卷	(만력본과 같음)	·平原····	
		萬像於中才忽可觀	····摠··	(만력본과 같음)	
089	書全掌令伯至　字說 後　五倫字	自昔愛君高立志	··君愛···	(만력본과 같음)	
		對越無聲無臭時	對月·····	(만력본과 같음)	
		孔顏雖遠是吾師	····凡··	(만력본과 같음)	
090	陪牧隱先生訪尹文仲 先生有詩 次韻二首	陪牧隱先生訪尹文仲 先生有詩 次韻二首	········ ······二首	(만력본과 같음)	글자 크기
090-1		歸途泮望舒	··伴··	··伴··	
		先王手澤在	·生···	(만력본과 같음)	
090-2		晩雲時卷舒	···捲·	(만력본과 같음)	
091-1	九日陪牧隱先生登後 岡 次先生詩韻	暎巷烟柳碧	暎卷煙··	暎巷煙··	
		所賴有文藉	···文籍	···文籍	
091-2		役物各有適	···自·	(만력본과 같음)	

번호	제　　　목	만　력　본	동　치　본	강경훈 소장본	비고
091-2	九日陪牧隱先生登後岡　次先生詩韻	悠然送落暉	・・・客・	(만력본과 같음)	
		朗詠陶謝詩	朝・・・・	(만력본과 같음)	
		宜爾聲藉藉	・・・籍籍	(만력본과 같음)	
091-3		後園連山岡	・・・・崗	(만력본과 같음)	
		又足慰岑寂	・・・涔・	(만력본과 같음)	
		無乃殞自天	・・隕・・	(만력본과 같음)	
		肴蔌頻芳藉	・賴・・籍	(만력본과 같음)	
092	宋判事妻李氏挽詞	宋判事妻李氏挽詞	・・・・・・輓詞	(만력본과 같음)	
		夫人德合見玄孫	・・合德・・・	(만력본과 같음)	
093	次牧隱詩韻　奉呈熙菴大司徒　三首	次牧隱詩韻　奉呈熙菴大司徒　三首	・・・・・　・・ ・・・・・　三首	(만력본과 같음)	글자크기
093-1		上床曾荷一人眷	上・・何人一・	(만력본과 같음)	
		麾塵却從群石談	・・・羣・・	・・・・羣・・	
		茶介今日喜相槮	(만력본과 같음)	・瓜・・・・・	
093-2		水色山光才忽蔚藍	・・・・撼・・	(만력본과 같음)	
093-3		使公狼狽置山菴	(만력본과 같음)	・・・貝・・・	
		去來今事豈容談	・・・書・・・	(만력본과 같음)	
094	對雨	朝來細雨洒茅菴	・・・・灑・庵	・・・・灑・・	
		似惜千林色換藍	(만력본과 같음)	・昔・・・・・	
		體輕紅葉飄相觸	體・・・・・・	(만력본과 같음)	
		頭重黃花亞欲槮	・・紅花・・・	(만력본과 같음)	
095	奉送仲文相國赴雞林尹　三首	奉送仲文相國赴雞林尹　三首	・・・・・・・鷄 林・二□	・・・・・・ 鷄林・・・	
095-2		豈但平反供一笑	・・・・拱・・	(만력본과 같음)	
096	成易菴挽詞	成易菴挽詞	・・・輓詞	(만력본과 같음)	

번호	제 목	만 력 본	동 치 본	강경훈 소장본	비고
096	成易菴挽詞	首登連牓擢高科	・・・・擇・歌	(만력본과 같음)	
		空留快劒斫蛟鼉	・・・劒・蚊・	(만력본과 같음)	
097	奉題雙淸亭　次牧隱韻	奉題雙淸亭　次牧隱韻	・・・・堂・・	(만력본과 같음)	
		公心如貌映當時	・・・・暎・・	・・・・暎・・	
		善惡由來以類隨	・・・・似・・	(만력본과 같음)	
098	曉起	曉起開窓冷不侵	(만력본과 같음)	・・・・片 忽 ・・・	
		樹上鳥聲初眂眂	・・鳳・・・・	(만력본과 같음)	
		墻頭山色尙沈沈	・・・・・沉沉	(만력본과 같음)	
100	奉賀李贊成擊破倭賊 次韓山君韻	弟子輿尸靡所同	・彎・・・	(만력본과 같음)	
101	次韻尙敬藉田途中	次韻尙敬藉田途中	・・・・籍・・・	・・・・・・籍 ・・・	
		只緣病骨不堪疲	・・・・・・瘦	(만력본과 같음)	
		去年種柳應無恙	・・・・・・虫恙	(만력본과 같음)	
102	鷄林府尹寄惠生鮮 作五言三絶	鷄林府尹寄惠生鮮 作五言三絶	・・・・・・・鮑 ・・・・・	・・・・・・・ 鰒・・・・・	
102-1		令我奉慈闈	(만력본과 같음)	・・・玆・	
102-2		公私少貯儲	(만력본과 같음)	・・・儲貯	
103	慶尙按廉寄新茶　復 用前韻荅之	慶尙按廉寄新茶　復 用前韻荅之	・・・・・・・ ・・・・□□	(만력본과 같음)	
		歸去蓬萊非所望	・來・・・・・	(만력본과 같음)	
104	次韻荅鄭堂後渾	次韻荅鄭堂後渾	・・答・・・	・・・・・・渾	
105	奉和牧隱先生喜雨 二首	奉和牧隱先生喜雨 二首	・・・・・・ 二首	(만력본과 같음)	글자 크기
105-1		頓令炎氣散	(만력본과 같음)	須・・・・	

번호	제　　목	만 력 본	동 치 본	강경훈 소장본	비고
105-2	奉和牧隱先生喜雨二首	民事固無輕	‥同‥	(만력본과 같음)	
		滂沱又徹明	‥‥澈‥	‥‥澈‥	
106	哭柳右使	未知壽夭誰司柄	‥‥夫‥‥	(만력본과 같음)	
107	題權小尹守墓詩卷	題權小尹守墓詩卷	‥少‥‥軸	(만력본과 같음)	
108	嚴光大禪師寄惠芽茶	採茶雖復海邊皆	‥誰‥‥‥	(만력본과 같음)	
		唯有嚴光品最佳	惟‥‥‥‥	惟‥‥‥‥	
		煩師遠寄慰予懷	(만력본과 같음)	‥‥‥子‥	
109	奉次崔侍中在盈德時荅朴書生詩韻 二首	奉次崔侍中在盈德時荅朴書生詩韻 二首	‥‥‥‥‥‥ 答‥‥‥ 二首	(만력본과 같음)	
109-1		行跡久應生綠錢	生‥‥‥‥	(만력본과 같음)	
		談詩想見當時事	談得‥‥‥	(만력본과 같음)	
109-2		早識氷淸同表裏	(만력본과 같음)	‥‥‥‥裡	
		未應藥苦異中邊	‥直‥‥‥	(만력본과 같음)	
		寧効何曾食萬錢	‥效‥‥‥	(만력본과 같음)	
		孤舟猶記舊風烟	‥‥‥‥煙	(만력본과 같음)	
110	次韻奉答牧隱先生	次韻奉答牧隱先生	(만력본과 같음)	‥‥‥荅 ‥‥‥	
110-1		東隣便是子雲亭	‥鄰‥尋‥‥	‥鄰‥‥‥	
111	用前韻寄呈廉東亭二首	用前韻寄呈廉東亭二首	‥‥‥‥‥‥ □□	(만력본과 같음)	
111-1		十年宰相鬢猶靑	‥‥‥鬢‥‥	(만력본과 같음)	
		再振儒風奐廟庭	‥‥‥煥‥‥	(만력본과 같음)	
111-2		嘉種何防寄野亭	‥‥妨‥‥	(만력본과 같음)	
112	送□□師歸忠州龍頭寺 次韻	送□□師歸忠州龍頭寺 次韻	‥□禪‥‥‥ ‥‥‥‥‥	‥平原‥‥ ‥‥‥‥‥	

번호	제목	만력본	동치본	강경훈 소장본	비고
112	送□□師歸忠州龍頭寺 次韻	寺前何日繫行舟	・・・・係・・	(만력본과 같음)	
		久要平生崔與郭	・與・・・・・	(만력본과 같음)	
113	八月初九日夜坐	祝融何不廉	(만력본과 같음)	祝瀜・・・	
		今宵金氣應	・・・・望	(만력본과 같음)	
		仰視乾文烈	・・緣・・	(만력본과 같음)	
		不見西柄楬	(만력본과 같음)	・・・・・揭	
114-1	覺雲內願堂挽詞	未登壽城示無常	(만력본과 같음)	・・・域・・・	
115	九日陪牧隱先生及諸公登崇文館後甘露寺南峯 次牧隱詩韻	九日陪牧隱先生及諸公登崇文館後甘露寺南峯 次牧隱詩韻	(만력본과 같음)	・・・・・・ ・・・・・・ ・・・・・・・峰 ・・・・・	
		遠濃近淡群山晚	・・・・羣・・	・・・・羣・・	
		心廣神怡極目秋	・曠・・・・・	(만력본과 같음)	
		斯辰天不阻斯遊	・・・・・我・	(만력본과 같음)	
116	九月十五夜　邀牧隱先生登樓翫月　次先生韻	九月十五夜　邀牧隱先生登樓翫月　次先生韻	・・・・・・・・ ・・・・・玩月 ・・・・・	・・・・・・・・ ・・・・・玩月 ・・・・・	
116-1		雲卷長空露洗秋	・捲・・・・・	(만력본과 같음)	
116-1		濁醪亦足償淸景	(만력본과 같음)	・・・・・賞・・	
		地湧金波澄客位	池・・・・・・・	(만력본과 같음)	
116-2		摧頹不擬附鳳翼	(만력본과 같음)	・・・觀・・・	
		吟詠聊爲側鶴頭	・・・・・鷄・	(만력본과 같음)	
		悠然物我相忘處	・・・・・望・	(만력본과 같음)	
117	尹絡宗待制母崔氏挽詞 二首	尹絡宗待制母崔氏挽詞 二首	・・・・・・・・ ・・・ 二首	(만력본과 같음)	글자 크기

번호	제 목	만 력 본	동 치 본	강경훈 소장본	비고
117-2	尹絡宗待制母崔氏挽 詞 二首	淡交終不渝	談····	(만력본과 같음)	
118	奉和韓山君所示 四首	奉和韓山君所示 四首	·······韻	(만력본과 같음)	
118-1		依歸自昔晚爲隣	······鄰	(만력본과 같음)	
		相逢或當三夜月 陪遊時路九街塵	·····五· ········	······陪 月······	
		却慚猶未免鄕人	(만력본과 같음)	···末···	
118-2		愁雲低野逈	□····	(만력본과 같음)	
		凍雀傍簷虛	(만력본과 같음)	東····	
		拙可存吾道	···□·	(만력본과 같음)	
		閑唯愛我廬	閒惟···	閑惟···	
		南窓書課進	(만력본과 같음)	·片忽···	
118-3		開窓已是三竿日	(만력본과 같음)	·····等·	
118-4		木葉皆彫粟粒稀	(만력본과 같음)	····栗···	
		遠山松栢非無蔭	······陰	···相···	
		亦恐鷹鸇趂後飛	··鸎····	····超··	
119	題雪谷卷子	比丘棲息得其所	北邙·····	(만력본과 같음)	
120	門生姜淮伯拜代言 寄題 二首	門生姜淮伯拜代言 寄題 二首	······· ·· 二首	(만력본과 같음)	글자 크기
121	送霜泉長老	眸子暸然氷雪顔	··暸····	(만력본과 같음)	
122	曲城府院君廉忠敬公 挽詞	曲城府院君廉忠敬公 挽詞	········ 悌臣··	(만력본과 같음)	
		兩朝禮樂皆硏極	(만력본과 같음)	·····石刀·	
		慶流諸子才忽英雄	··子弟摠··	(만력본과 같음)	
123	初夏	行穿綠暗中	···晴·	(만력본과 같음)	

번호	제 목	만 력 본	동 치 본	강경훈 소장본	비고
124	韓山君出遊神勒寺作二絶句寄呈	韓山君出遊神勒寺作二絶句寄呈	· · · · □ · · · · · · · · · ·	· · · · · · · · · · □ · ·	
124-1		公遊雲水憑西敎	· · · · · 馮 · ·	(만력본과 같음)	
		我在風塵爲北堂	· · · · · 此 ·	(만력본과 같음)	
		但使此心無住著	· · · · · 任 ·	(만력본과 같음)	
125	送大護軍直門下李茂廉按西海	送大護軍直門下李茂廉按西海	· · · · · · · · · · 按廉四海	(만력본과 같음)	
		吏材君又良	(만력본과 같음)	· 村 · · ·	
126	送新進士韓有文歸覲西原	戰藝文如瓶水矗	· · · · · · 翻	(만력본과 같음)	
		落第天遣後其源	· · · 敎 · · ·	· · · · 浚 · ·	
		懷才抱道臥烟村	· · · · 煙 ·	(만력본과 같음)	
		欲薦一鶚雖所存	· · · 鶚 · · ·	(만력본과 같음)	
		自來高閣難爲言	· 束 · · · · ·	(만력본과 같음)	
		于公他年必高門	· · · 日 · · ·	· · 佗 · · · ·	
127	權希顔外姑洪氏挽詞	中年喪嘉王禺	· · · · 耦	· · · 佳耦	
		幾歲患沉痾	· · · · 疴	· · · 沈 ·	
		此日應歡喜	比 · · · 善	· · · 還 ·	
		雙墳對嶪峩	· · · 嶪峩	· · · 山嶪峨	
128	韓山君示賞蓮三首次韻奉答	韓山君示賞蓮三首次韻奉答	· · · · · · · · · · · 答	(만력본과 같음)	
128-2		聯騎遊觀吾所願 天機何處錦成紋	· · · 賞 · · □ □□□□□□□	(만력본과 같음)	동치본 8字缺
128-4		物化今知亦有涯	· 華 · · · ·	(만력본과 같음)	
		依然一逕傍也斜	· · · · · 池 ·	· · · · · 池 ·	

번호	제　　목	만 력 본	동 치 본	강경훈 소장본	비고
128-6	韓山君示賞蓮三首 次韻奉苔	每笑淵明未若賢	(만력본과 같음)	・・・・苦・	
129	哭鄭圓齋公權	哭鄭圓齋公權	・・・・公權	(만력본과 같음)	글자 크기
129-1		自少高孤聳士林	・・・・・山・	(만력본과 같음)	
		豈憂時事力難任	・・・・亦・・	(만력본과 같음)	
129-2		帳殿憶同趣	(만력본과 같음)	・前・・・	
130	聞鷄有感	幾驚初日入窓明	・・・月・・・	・・・月・・・	
		每聽隣鷄弟一聲	・・鄰・・・・	・敢・・・・・	
131	姜淮伯賚 宣醞 往草 溪迎兩親以來　諸公 作詩美之 追次其韻	鄕山映錦衣	・・暎・・・	・・暎・・・	
132	奉題致堂	鈍齋賢嗣致堂公	・齊・・・・・	鈍齋賢嗣致堂公	
		方寸虛靈卽物窮	(만력본과 같음)	・村・・・・・	
133	黃檜山君裳挽詞	御筵通禮法	・庭・・・	(만력본과 같음)	
		射遠久無敵	・・・・遹	(만력본과 같음)	
134	七月初有日　往藉田 田舍 荷花始開 使人 奉邀牧隱先生　先生 以疾不至　使其子副 使垂示佳作 依韻奉 苔 二首	七月初有日　往藉田 田舍 荷花始開 使人 奉邀牧隱先生　先生 以疾不至　使其子副 使垂示佳作 依韻奉 苔 二首	・・・・・・籍 ・・・・・・・ ・・・・・・・ ・・・・・・・ ・・・・・・・ ・・・・・・二首	七日・・・・・ ・・・・・・・ ・・・・・・・ ・・・・・・・ ・・・・・・・ ・・・・・・苦 ・・	
134-1		隣翁成獨往	鄰・・・・	(만력본과 같음)	
		詞伯望來游	・・・遊	(만력본과 같음)	
		意豁寬閑野	・濶・閒・	(만력본과 같음)	
		身輕洒落秋	・・灑・・	・・灑・・	
		脉脉才忽含愁	・・摠・・	(만력본과 같음)	

번호	제　　목	만　력　본	동　치　본	강경훈 소장본	비고
134-2	七月初有日　往藉田田舍　荷花始開　使人奉邀牧隱先生　先生以疾不至　使其子副使垂示佳作　依韻奉答　二首	年年碧筒飮	‥‥筩‥	(만력본과 같음)	
		往事儘悠悠	‥盡‥‥	(만력본과 같음)	
		阿戎今共游	‥‥‥遊	(만력본과 같음)	
136	題玉峰上人卷子	題玉峰上人卷子	‥峯‥‥‥	(만력본과 같음)	
		不因追琢與磨礱	‥‥‥‥‥石龍	(만력본과 같음)	
		雪色氷容映碧空	‥‥‥暎‥‥	雪色氷容暎碧空	
137	卒柳代言妻元氏挽詞二首	卒柳代言妻元氏挽詞二首	□‥‥‥‥‥輓詞二首	(만력본과 같음)	
137-2		書碑半月荷恩憐	(만력본과 같음)	‥‥‥‥愍‥	
		空想容儀淚洒天	‥‥‥灑淚‥	‥‥‥淚灑‥	
138	送仲英上人	欲與上人評此理	‥‥‥‥比‥	(만력본과 같음)	
139	題楚谷上人卷子	未能剖開	(만력본과 같음)	‥‥部‥	
		彫之琢之	雕‥‥‥	雕‥‥‥	
		將見光明	‥‥其光	(만력본과 같음)	
140	扈駕至南京　韓山君在神勒寺　寄示絶句次韻奉荅	扈駕至南京　韓山君在神勒寺　寄示絶句次韻奉荅	‥‥‥‥‥‥ ‥‥‥‥‥‥ ‥‥‥‥答	(만력본과 같음)	
140-1		地德豈非神聖德	(만력본과 같음)	‥‥‥‥神‥‥	
		公自註　官妓隨駕者十人　皆放遠之	(없　　다)	‥‥許‥‥‥‥ ‥‥‥‥‥‥‥	동치본없음
140-2		有故匆匆留不得	‥‥匆匆‥‥‥	(만력본과 같음)	
		爲緣家內富兒童	‥憐‥‥‥	(만력본과 같음)	

번호	제 목	만 력 본	동 치 본	강경훈 소장본	비고
141	自南京歸松都　馬上口号	自南京歸松都　馬上口号	・・・・・・ ・・口號	・・・・・・ ・・口號	
		首路三峰東面行	・・・峯・・・	(만력본과 같음)	
		美材應入侯家用	(만력본과 같음)	・・・人候・・	
		沃壤寧容野老耕	(만력본과 같음)	・・・・・□・	
142	題長湍院樓	雪□經過人馬勞	雪□□過・・・	雪中經過・・・	
		巖谷氣沈山日高	・・・沉・・・	(만력본과 같음)	
143	陜山君朴元鏡挽詞一絶	陜山君朴元鏡挽詞一絶	・・・・・・ 二・	(만력본과 같음)	
143-1		諳練朝儀靡不窮	・鍊・・・・・	(만력본과 같음)	
		自古知臣莫君若	・・・・君莫・	・・・・君莫・	
		玄陵眷顧異群公	・・・・・羣・	・・・・・羣・	
143-2		情鍾我輩枉潸然	・・・・任・・	(만력본과 같음)	
144-1	次韓山君初夏詩韻	雨點年來又稀少	・・・・・・小	(만력본과 같음)	
145	奉香赴弘慶寺　祝釐之餘　到碧瀾渡　登樓仰觀思菴相國丁酉年所題　不勝感嘆　依韻奉和　五首	奉香赴弘慶寺　祝釐之餘　到碧瀾渡　登樓仰觀思菴相國丁酉年所題　不勝感嘆　依韻奉和　五首	・・・・・・　・ ・・・　碧瀾□ ・・・・・・朴相 公・・・・・・ ・・歉・・・・・	(만력본과 같음)	
145-1		爲到寶華前	(만력본과 같음)	仍・・・・	
145-2		暫時須到此	・・・此休	(만력본과 같음)	
145-3		靈胥所不及	・犀・・・	(만력본과 같음)	
145-4		追懷帷幄日	將・・・・	(만력본과 같음)	
146	目菴上人携卷子　求詩	分別皆由阿堵中	・・・・阿睹・	(만력본과 같음)	
		莫謂四塵成幻質	・・・庄・・・	(만력본과 같음)	

「동국사영(東國四詠)」의 전통과 한수(韓脩)

성범중(成範重)

1. 「동국사영」 제작의 전통과 흐름

　한수(韓脩, 1333~1384)의 『유항시집(柳巷詩集)』을 일별할 때, 가장 먼저 눈에 띄는 작품은 이 책의 첫머리에 실린 「익재 상국의 '동국고사' 4수의 시에 받들어 화답하다(奉和益齋相國東國故事四詩)」라는 큰 제목 아래 실린 <김시중이 노새를 타고 강서사의 혜소상인을 찾아가다(金侍中騎驢 訪江西慧素上人)>, <정중승이 동래에 귀양가 살면서 달을 대하고 거문고를 타다(鄭中丞謫居東萊 對月撫琴)>, <곽한림이 비를 맞으며 삼지의 연꽃을 감상하다(郭翰林冒雨 賞三池蓮花)>, <김시중이 눈 속에 소를 타고 추암에서 놀다(金侍中[1]雪中騎牛 遊皺巖)>이라는 제목의 칠언절구 시이다. 어떻게 보면 평범하기 그지없는 절구 4수를 필자가 주목하는 것은 그 시의 제목에서 나타나는 심상치 않은 내용 때문이다. 큰 제목으로 보아, 우리는 익재 이제현(1287~1367)이 「동국고사」 또는 「동국사영」이라는 제목으로 4수의 시를 지은 사실을 알 수 있다.

　「동국사영(東國四詠)」[2]은 고려 후기에 익재 이제현이 김부식(金富軾,

---

1) 『韓國文集叢刊』 5의 『柳巷詩集』(만력본)에는 빈칸으로 되어 있으나 『高麗名賢集』 (成均館大學校 大東文化研究院 影印, 1980) 4에 수록된 『유항시집』(동치본)에는 '金侍中'으로 기록되어 있다.

1075~1151)·정서(鄭敍, 1115 경~1171)·최당(崔讜, 1135~1211)·곽예(郭預, 1232~1286)의 고사를 대상으로 작시한 데에서 비롯되어 급암(及菴) 민사평(閔思平, 1295~1359)·원재(圓齋) 정추(鄭樞, 1333~1382)·유항 한수·양촌(陽村) 권근(權近, 1352~1409) 등을 거쳐 조선 전기의 매월당(梅月堂) 김시습(金時習, 1435~1493)에게까지 전승되었던 일련의 작품군을 가리키는데, 이 용어는 "우리나라[東國]를 대표할 만한 네 인물의 풍류스러운 고사를 읊은 시[四詠]"라는 뜻이다.

그 대상 인물은 모두 고려시대의 권문세가 출신들이라는 공통점을 지니고 있다. 이것은 이제현이 활동하던 시기만 하더라도 역사에서 주동적인 역할 담당자는 소수의 지배계급이라는 인식이 일반적이었던 점과, 국가의 건국과 통치에 일반 백성의 역할이 크게 두드러지지 못하여 역사는 물론 문학에서도 이규보의 <동명왕편>, 이승휴의 『제왕운기』 등 최고 지배층의 행적을 기린 작품이 주종을 이루었던 점을 감안하면 당연한 현상이라고 하겠다.

먼저 「동국사영」의 대상이 되는 일화 또는 고사를 간단히 요약하면 다음과 같다.

① 김부식이 치사(致仕)한 후 노새(또는 나귀)를 타고 강서사(江西寺, 見佛寺)의 승려 혜소(惠素)를 찾아가서 망형지교(忘形之交)를 맺었다는 사실.
② 최당이 눈 속에 소를 타고 해동기영회(海東耆英會) 회원들과 함께 송도 근교의 추암(皺岩)을 찾아가 놀았다는 사실.
③ 정서가 동래(東萊)에 유배되어 있으면서 거문고를 타며 연군지사

<hr>

2) 이 작품군을 가리키는 말로는 '東國四咏'(閔思平·鄭樞), '東國故事四詩'(韓脩) 또는 '東國故事'(金時習) 등으로 나타나지만 여기에서는 가장 일반적이라고 생각되는 '東國四詠'이라는 용어로 통일해서 사용하기로 하겠다.

(戀君之詞)인 <정과정>을 지어 달밤에 불렀다는 사실.
④ 곽예가 한림(翰林)으로 있을 때 비가 오면 맨발로 우산을 쓰고 용
  화원(龍化院) 숭교사(崇敎寺)의 연지(蓮池)에 가서 연꽃을 감상했
  다는 사실.

「동국사영」의 대상 인물은 위의 네 사람으로 고정되지만, 그 배열 순서는 작품에 따라 조금 차이가 나기도 한다. 이제현의 「동국사영」은 현재 전하고 있지 않기 때문에 확인할 수 없고, 민사평과 정추의 「동국사영」에서는 위와 같은 순서로 배열되고 있지만, 한수와 김시습의 「동국사영」에서는 ②가 마지막에 나오면서 그 이름도 '최당[崔太尉]'이 아니라 한수의 작품에서는 '김시중(金侍中)', 김시습의 작품에서는 '김거사(金居士)'로 나온다. 권근의 작품은 작품 전체가 전하지 않고 2수만 전하는데 그것도 ②와 ①의 순서로 배열되고 ②의 최당은 '김거사'라는 이름으로 문집에 남아 있으나 이 시들이 「동국사영」으로 묶여 있지 않고 개별 작품으로 취급되고 있기 때문에 애초에 어떤 순서로 배열되었는지 확인하기는 어렵다. 그러나 권근의 「동국사영」이 온전하게 남아 있다고 한다면, 그의 작품은 한수의 영향을 받은 것으로 보이기 때문에 한수의 작품과 같은 순서였을 것으로 짐작된다.3) ②가 한수의 「동국사영」 이후에 제작되는 작품들에서 마지막에 배열되는 것은 후대로 내려올수록 최당 고사의 의미가 퇴색되거나 그를 다른 인물로 오인함으로써 그 의미가 약화되었기 때문인 것으로 보인다. 그러나 민사평과 정추의 「동국사영」에서 정서가 최당보다 훨씬 이른 시기의 인물인데도 불구하고, 그를 다룬 작품이 최당을 다룬 작품의 뒤에 배열된 이유는 분

---

3) 권근은 한수와 개인적인 친분이 매우 두터웠으며 또 『유항시집』에 批點을 달기도
  했다.

명하지 않다.4)

「동국사영」에 대한 기왕의 논의로는 연구자들이 다른 주제를 다루는 과정에서 간단히 언급한 것이 몇 편 있다. 정경주(鄭景柱) 교수는 정서의 <정과정>을 논의하는 과정에서 「동국사영」에 대해 "이 넷은 모두 동국인으로서의 풍류운사(風流韻事)로 기억될 만한 소재들"이라고 하면서, <정과정>이 "「동국사영」의 하나로 채택될 만큼 유배지의 월야탄금(月夜彈琴)이라는 것이 사대부의 고결한 운사(韻事)의 하나로 계승되고 있었다."고 했다.5) 또 김성언(金性彦) 교수는 김부식의 삶과 문학을 논의하는 과정에서 "이제현 같은 사람은 문생(門生)들에게 「동국사영」이라는 글제를 내었는데 그 중 첫째의 승사가 바로 <金侍中富軾騎驟訪江西惠素上人>이었던 것이다. 이 제목으로 시를 남긴 사람은 정추·민사평·한수·권근 등이 있는데 그들의 시는 모두 나라를 위해 진력하던 노재상의 산문에서의 풍류를 칭상한 공통점을 가지고 있다."고 했다.6) 그러나 이 분들은 「동국사영」 자체에 대해 더 이상의 관심을 보이지 않았으며, 이 작품의 의미에 대하여 단순히 풍류운사(風流韻事), 또는 승사(勝事)라고 지적하는 데 머물렀다. 필자는 이런 선학들의 연구성과를 바탕으로 「동국사영」에 대한 일련의 논문을 발표한 바 있다.7)

---

4) 민사평의 「동국사영」이 이제현의 작품과 같은 운을 사용하고 있기 때문에, 그 작품의 배열 순서도 동일한 것으로 본다면, 이제현의 「동국사영」도 배열 순서는 민사평의 그것과 마찬가지일 것으로 생각할 수 있다. 그렇다면 이제현은 대상 인물의 활동 시기를 그렇게 중요하게 생각하지 않고, 그냥 네 인물을 무작위로 배열했을 가능성이 있다. 이제현이 「소악부」를 지으면서, 정서의 <정과정>의 일부를 한역한 것도 남아 있기 때문에 결코 정서에 대한 그의 관심이 최당보다 적었다고 보기는 어렵기 때문이다.

5) 鄭景柱, 「鄭敍의 生涯와 忠臣戀主之詞로서의 鄭瓜亭」, 『釜山漢文學研究』 8, 釜山漢文學會, 1994.1, 262~263면.

6) 金性彦, 「金富軾의 삶과 文學」, 『韓國漢詩作家研究』 1, 太學社, 1995.7, 91~92면.

7) 成範重, 「東國四詠의 淵源과 傳統」, 『韓國漢詩研究』 4집, 한국한시학회, 1996.12.

2. 「동국사영」의 전통와 한수 작품의 의미

한수는 15세 되던 정해년(1347년, 충목왕 3)에 가정(稼亭) 이곡(李穀)
이 지공거(知貢擧)를 맡았던 과거에서 급제했다. 그러나 이미 음직(蔭
職)으로 두 번이나 진전직(眞殿直)과 별장(別將)이 되었기 때문에 벼슬
을 구하지 않고, 익재에게 가서 『좌전(左傳)』·『사기(史記)』·『한서(漢
書)』 등을 읽었으며, 글씨를 익혀서 진서(眞書)와 초서(草書)가 다 정묘
한 경지에 이르렀다고 한다.8) 이렇게 되면 한수는 이제현의 문생[李穀]
의 문생인 셈이고, 또 직접 이제현에게 배웠기 때문에 그의 문인이기도
하다. 권근은 <柳巷先生韓文敬公脩文集序>에서 다음과 같이 증언하
고 있다.

> 공은 일찍이 시로 이름이 나서 익재와 가정의 칭찬을 받았으며, 늘
> 그막에는 더욱 정진하여 법도를 착실히 지켰고, 묻는 자가 있으면 반
> 드시 본말을 다 가르쳐 주었다.9)

이 인용문은 한수가 일찍부터 시로 명성을 떨쳐 익재와 가정의 아낌
을 받았으며, 늘그막에 더욱 정진하였다는 점을 지적하고 있다. 따라서
한수가 익재에게서 「동국사영」에 대한 이야기를 듣고 또 그 시를 보았

, 「金富軾 故事의 詩的 變容과 傳承」, 『울산어문논집』 11, 울산대학교 국어국
문학과, 1996.12.
    , 「崔讜 故事의 詩的 變容과 傳承」, 『울산어문논집』 12, 울산대학교 국어국문
학과, 1997.12.
    , 「郭預 故事의 詩的 變容과 傳承」, 『울산어문논집』 13·14합집, 울산대학교
국어국문학과, 1999.11.
8) 朴敬伸, 「韓脩와 그의 詩世界」, 『韓國漢詩作家研究』 2, 太學社, 1996.12, 142면 참조.
9) "公於詩早有聲 爲益齋稼亭所稱賞 晩乃益進 謹守三尺 有問之者 必竭兩端"(權近,
<柳巷先生韓文敬公脩文集序>, 『東文選』 권90).

을 가능성은 충분히 있다. 한수의 「동국사영」이 「익재 상국의 '동국고사' 4수의 시에 받들어 화답하다(奉和益齋相國東國故事四詩)」라는 제목으로 된 것으로 보아 익재가 생존해 있을 때 쓴 것이 분명하기 때문에 익재의 졸년(卒年)인 1367년 이전에 지은 작품임을 알 수 있다. 한수의 「동국사영」은 『유항시집』의 제일 첫머리에 실려 있기 때문에 그의 문집에 실린 작품들이 창작 연대순으로 수록되어 1377년(45세) 경부터 졸년인 1384년(52세)까지의 작품이 집중적으로 실린 듯하다[10]는 지적과도 어긋나지 않는다. 따라서 이 작품은 『유항시집』의 편차에 의하면 1377년 이전의 작품이고, 제목상으로 보면 1367년 이전의 작품으로 볼 수 있으니, 결국 1367년 이전에 제작되었음을 알 수 있다. 그는 나이가 정추와 동갑으로서, 두 사람이 매우 친밀했다는 권근의 증언과, 그가 정추의 만사(挽詞)를 썼던 점[11] 등을 종합해 볼 때, 그의 작품은 정추의 「동국사영」과 비슷한 시기에 제작되었을 것으로 추정된다.

또 이 작품은 제목에 나타나듯이 한수가 익재의 「동국사영」에 화운(和韻)한 것이다. 대체로 화운은 "남이 지은 시의 운자(韻字)를 인용하여 그와 같은 운으로 화응(和應)하는 것, 또는 그렇게 지은 시"로 규정되는데,[12] 여기에는 의운(依韻)·차운(次韻)·용운(用韻)이 있다. 의운은 같은 운에 속하는 글자는 쓸 수 있으므로 반드시 그 글자를 쓸 필요가 없는 것이고, 차운은 그 원운에 화응하여 선후 차례를 그대로 따르는 것이며, 용운은 그 운을 쓰되 선후를 반드시 따를 필요가 없는 것이다.[13] 따라서 화운이란 증시자(贈詩者)의 의도에 화답하는 것이며 운의

---

10) 朴敬伸, 앞의 논문, 155면.

11) 韓脩, <哭鄭圓齋公權>, 『柳巷詩集』, 『韓國文集叢刊』 5, 273면 참조.

12) 서울대학교 東亞文化硏究所 편, 『國語國文學事典』, 新丘文化社, 1974, 697면.

13) "按和韻詩有三體 一曰依韻 謂同在一韻中 而不必用其字也 二曰次韻 謂和其原韻 而

구속은 없었던 것이라 할 수 있다.[14] 이렇게 보면, 이 시는 익재의 작품에 화답하되 의운·차운·용운의 어디에도 속하지 않는 작품임을 알 수 있다. 부분적으로는 특정 작품에 한정되지 않으면서 의운한 경우가 있기도 하지만[15] 운자는 비교적 자유롭게 사용하고 있음을 알 수 있다. 즉 김부식의 고사를 다룬 작품은 평성 증운(蒸韻) 층(層)·징(澄)·승(僧), 정서의 고사를 다룬 작품은 평성 침운(侵韻) 금(琴)·심(深)·심(心), 곽예의 고사를 다룬 작품은 평성 우운(尤韻) 수(殊)·구(拘)·주(珠), 내용으로 보면 최당의 고사를 대상으로 한 것이 분명하지만 '최태위'가 아니라 '김시중'이라고 표기되어 있는 작품[16]은 평성 산운(刪韻)

先後次第皆因之也 三曰用韻 謂有其韻 而先後不必次也"(徐師曾, 「和韻詩」, 『詩體明辯』, 臺北: 廣文書局有限公司, 1972, 520면).

14) 李圭虎, 「次韻法과 鄭知常의 送人」, 『韓國古典詩學論』, 새문사, 1985, 24면.

15) 예컨대 익재의 운을 그대로 사용하고 있는 것으로 보이는 급암의 작품 중 김부식의 작품에서 사용하고 있는 운자를 依韻하고 있는 것이 한수의 「동국사영」에서 金侍中의 고사[실제로는 최당의 고사이다]를 다룬 작품이다.

16) 이 시는 『韓國文集叢刊』 5의 『柳巷詩集』[만력본: 이것은 韓脩의 仲子 尙質이 수집·편차하여 權近의 批點을 받은 定稿本을 門生 成石璘 등이 1400년에 간행한 뒤, 8대손 全羅觀察使 韓浚謙이 校正하여 1602년 전주에서 목판으로 간행한 重刊本을 영인한 것이다.]에는 '金□□'으로 되어 있고, 『高麗名賢集』 4의 『柳巷集』[동치본: 이것은 1864년에 한수의 후손 韓在益에 의해 木活字로 重印된 것을 영인한 것이다.]의 목차에는 '金□'으로 되어 있으나 본문에는 '金侍中'이라고 되어 있어 당초 이 문집을 편찬하던 당시부터 이 부분이 멸실되어 확실한 결론을 얻지 못하고 추정하여 '金□□'로 적어 놓았던 것이 후대에 다시 '侍中'이라는 말을 첨가하여 金侍中으로 굳어졌을 가능성과, 다른 하나는 애초부터 한수가 이 고사를 최당이 아닌 金侍中[김부식일 것으로 추정된다.]의 일화로 착각하여 그렇게 썼을 가능성이 있다. 필자는 이 가운데 후자가 타당할 것으로 보는데, 그것은 이 문집에 批點을 단 권근의 작품에서도 이 고사를 다룬 시에서는 최당이 아닌 金侍中으로 나타나기 때문에 권근도 이 고사의 주인공이 金侍中이라고 알고 있었던 것으로 보이기 때문이다. 내용으로 보아 이 시는 최당의 고사를 대상으로 한 것이 확실하다. 또 한편으로는, 권근이 1404년(太宗 4)에 쓴 <後耆英會序>(『陽村集』 권19)에는 그가 최당의 海東耆英會 활동에 대해 자세히 언급하고 있는 것으로 보아, 최당의 고사에 대해 잘 알고 있었다는 사실이 드러나는데, 권근이 이 글을 쓴 시기와 「동국사영」을 쓴 시기는 대개

간(間)·반(攀)·산(山)을 운자로 사용하고 있다.

이제 한수의 「동국사영」 4수를 문집에 실린 순서대로 살펴보기로 하자.

2.1. 〈김시중17)이 노새를 타고 강서사18)의 혜소19)상인20)을 찾아가다 (金侍中騎驟 訪江西慧素上人)21)〉

비슷한 것으로 보인다.

17) 金侍中은 金富軾(1075~1151)을 가리킨다. 김부식은 고려 전기의 문신으로 자는 立之, 호는 雷川, 본관은 慶州이다. 肅宗 때 등제하여 翰林院에 들어갔고 左司諫·中書舍人을 역임하였다. 『睿宗實錄』을 수찬하고 戶部尙書·翰林學士를 거쳐 平章事에 이르렀다. 仁宗 12년(1134)에 妙淸이 西京에서 모반하자 都元帥로 진압하여 공신이 되고 門下侍中에 올랐다. 1145년에 『三國史記』를 편찬하였으며, 문집 20권이 있었다고 하나 현전하지 않는다. 시호는 文烈이며, 仁宗의 묘정에 배향되었다.

18) 江西寺는 白川 고을 동쪽 匡正渡 위에 있는데, 見佛寺라고도 한다. 고려의 중 惠素가 여기 거주하였는데, 金富軾이 늘 나귀를 타고 방문하였다는 기록이 있다(『新增東國輿地勝覽』 권43,「白川郡」참조).

19) 慧素는 惠遠·慧遠·惠素 등의 이름으로 쓰이기도 하는데, 고려의 승려로 義天의 高弟이다. 內外의 모든 經典에 통달하고 詩文에 능하여 仁宗에게 內道場에 불려 들어가 義天의 行錄 10권을 지었고, 筆法에도 뛰어났다. 華嚴經을 강의했고, 金富軾과 함께 唱和한 시가 천여 편이 넘었다고 한다. 李仁老의 『破閑集』 卷中에 실린 惠素에 대한 기록은 다음과 같다.

"西湖의 중 惠素는 內典과 外典에 該博하고 더욱 시에 교묘하여 필적도 또한 묘하였다. 일찍이 大覺國師를 스승으로 섬겨 高弟가 됐다. 國師가 僧科에 應試하기를 권하매 대답하기를 '내가 어찌 內廐란 말입니까? 걸음걸이를 시험하십시오.'라고 하였다. 항상 國師를 따라다니며 문장을 토론하였다. 國師가 죽은 뒤에 行錄 10권을 撰하였는데, 金侍中이 이를 提要하여 碑文을 만들었다. 惠素가 西湖 見佛寺에 가서 거처하였는데, 방안에 다만 방석 크기 만한 靑石 한 장을 두고 때때로 글씨를 써서 消遣하였다. 侍中이 벼슬을 내놓은 뒤에 나귀를 타고 자주 찾아가서 밤을 새우며 道를 談論하였다. 임금이 본시부터 그 이름을 듣고 內道場에 맞아들여 華嚴經을 講說하게 하고 백금을 많이 하사하였다. 惠素가 이것으로 모두 砂糖 百餠을 사서 거처하는 안팎에 벌여 놓았다. 사람들이 그 緣故를 물은즉 답하기를 '이것은 내가 평생에 즐겨 먹는 것인데, 만약 내년 봄에 商舶이 오지 않으면 어떻게 구하겠는가?'라고 하니 듣는 사람이 모두 그 眞率함을 웃었다."

20) 上人은 知德을 갖춘 佛弟子, 곧 스님을 일컫는다.

21) 이 시는 『新增東國輿地勝覽』 권43,「白川郡」'佛宇'의 <江西寺> 항목에도 실려 있다.

강가의 푸른 산은 백 층으로 쌓였는데
한 마리 노새의 맑은 그림자가 깨끗한 물결에 뒤집히네.
모름지기 즐길 바를 알아 무엇하리요?
스님을 찾는다고 억지로 말하지만 스님에 있음이 아니네.

江上靑山疊百層　　一騾淸影倒波澄
須知所樂將何事　　强道尋僧不在僧

　한수의 이 시는 「동국사영」을 지은 앞 사람들의 작품들에 나타난 김부식의 모습과는 또 다른 면모를 보여주고 있다. 앞의 두 구는 아름다운 자연 경관 속에 위치한 강서사로 혜소상인을 찾아가는 김부식의 모습을 보여주고 있고, 뒤의 두 구는 강서사로 가는 김부식이 반드시 혜소를 만나야 된다기보다는 다른 데 뜻이 있을 수도 있다고 해석하고 있다.

　「동국사영」을 지은 사람들이 모두 김부식과 혜소의 교유에 대해 나름대로의 독특한 시각을 보여주고 있으나, 두 사람 관계의 밀접도에 대한 인식이라는 점에서는 상당한 차이를 드러내고 있다. 민사평의 시[22]에 나타난 것은 김부식과 혜소의 관계가 겉으로 드러나지 않은 면까지 서로 통하는 심적 교유의 단계라고 할 수 있음에 반해, 정추의 시[23]에

---

22) 閔思平, 「東國四咏 益齋韻」, 『及菴詩集』 권2, 『韓國文集叢刊』 3, 61면. 이 시도 『新增東國輿地勝覽』 권43, 「白川郡」 '佛宇'의 <江西寺> 항목에 실려 있는데, 번역문과 원문을 보이면 다음과 같다.

혼자 푸른 노새 타고 푸른 산을 찾았는데
산승(山僧)은 아마 풍간(豐干)의 후신(後身)이었으리.
이 늙은이의 실없이 많은 말이 아니었다면
누가 그를 황비(黃扉)의 수상(首相)으로 보았으리요?
(獨跨靑騾訪碧山　山僧應是後豐干
不因此老閑饒舌　誰作黃扉上相看)

나타난 것은 풍류에 기초를 둔 망형(忘形)의 진정한 교유의 단계, 한수의 시에 나타난 것은 두 사람의 교유보다는 단지 자연 완상이 중시되는 단계라고 할 수 있다. 한수의 시에서는 자연을 즐기기 위해 간 그곳에 승려인 혜소가 있을 뿐이라는 정도로 그 친밀도가 약화되는 것으로 인식되고 있다.

한수의 이 작품은 선인들에 의해 전승되어 온 「동국사영」이면서 뒤이어 나타나는 조선시대에 창작된 「동국사영」으로 이어질 수 있는 매개체, 또는 징검다리의 역할을 하는 것으로 해석할 수 있다. 한수 작품의 영향을 받은 것으로 보이는 것으로는 권근의 시와 김시습의 시를 들 수 있는데, 이 두 작품은 앞의 작품들과는 다른 각도에서 김부식과 혜소의 관계를 이해하여 형상화하고 있다.

권근의 시24)에서는 묘당의 큰 인물인 김부식이 사직을 근심하는 마

___

23) 鄭樞, 「東國四咏」, 『圓齋槀』 권상, 『韓國文集叢刊』 5, 196면. 이 시도 『新增東國輿地勝覽』 권43, 「白川郡」 '佛宇'의 <江西寺> 항목에 실려 있는데, 번역문과 원문을 보이면 다음과 같다.

외로운 구름 바위 틈에서 피어나고 큰 강이 흐르는데
상국(相國)이 노새 타니 지경이 더욱 그윽하네.
무슨 일로 왕래하며 여러 번 만나는가?
산승(山僧)이 술을 사서 함께 누각에 오르네.
(孤雲出岫大江流　相國騎騾境轉幽
何事往來多邂逅　山僧沽酒共登樓)

24) 權近, 『陽村集』 권9, 『韓國文集叢刊』 7, 108면. 이 시의 번역문과 원문은 다음과 같다.

묘당(廟堂)의 큰 인물이라 사직이 근심스러워
노새 타고 맑게 휘파람 불며 산언덕에 이르네.
경세제민(經世濟民)을 돕고자 기꺼이 선승(禪僧)과 대화하지만
다만 가히 들판의 계책이 쓸쓸할 뿐이네.
(廊廟宏材社稷憂　騎騾淸嘯到山丘
肯將禪話裨經濟　只可蕭然野外謀)

음에 사직을 편안케 하기 위한 방도를 구하려는 목적으로 노새를 타고 산 속의 절간을 찾아가서, 경세제민에 도움을 주려고 스님과 대화를 나누지만 "들판의 계책이 쓸쓸할 뿐"이라고 하여 승려로부터 뚜렷한 도움을 받을 수 없다고 했다. 김부식과 혜소의 만남을 경세제민의 치도(治道)에 도움을 받으려는 관료의 현실적인 차원의 문제로 전환하여 이해하는 이러한 시각은 앞서 살펴보았던 고려시대의 세 사람이 쓴 시의 그것과는 엄청난 거리를 보여준다. 김부식의 생존 당시 또는 그 이후에 망형지교의 한 표본으로 인식되었던 이 두 사람의 교유에 대한 권근의 이러한 현실적인 차원에서의 인식으로 보아 이 시는 조선이 건국된 후, 불교를 배척하고 유교를 국가의 기본 통치 이념으로 설정한 이후에 쓴 것으로 생각할 수 있다. 이 시도 흔히 그의 작품을 평가할 때 동원되는 조선시대 최초의 대제학 출신으로 응제시 등 관곽문학을 대표하는 시인이라는 등의 개인사적 편력과 관련되어 해석될 수 있다.

김시습의 시[25]에서는 국가의 정국이 한 치 앞을 짐작할 수 없기 때문에 관료들의 처신이 매우 어려운 상황이기 때문에 늘 위기가 닥칠 것을 근심하고 두려워하였는데, 김부식이 날을 다투어 강서사로 간 까닭은 절에는 속세의 시비와는 상관없는 한결같은 청정한 맛이 있기 때문이라고 했다. 이 시는 김시습이 1453년(단종 1)의 계유정난(癸酉靖難)

---

25) 金時習, 「詠東國故事」, 『梅月堂集』, 「詩集」 권2, 『韓國文集叢刊』 13, 113면. 이 시의 번역문과 원문은 다음과 같다.

머리 위로 붉은 티끌이 석 자나 날리니
벼슬아치는 늘 위기를 겪을까 두려워하네.
다투어 서리맞은 대나무 속 강서사(江西寺)로 가는 것은
한결같은 선창(禪窓)의 맛에 시비(是非)가 없기 때문이네.
(頭上紅塵三尺飛 簪纓常恐履危機
爭如霜竹江西寺 一味禪窓無是非)

과 1455년의 단종(端宗) 폐위, 그리고 이듬해 단종 복위운동의 실패로 인한 사육신(死六臣)의 참변 등 정치적 위기상황을 목격한 뒤 그것을 김부식 당시의 정치적 상황과는 상관없이 나름의 시각에서 상황을 설정했기 때문이라 볼 수 있다. 이렇게 보면, 김시습의 이 시는 결국 외형적으로 시적 제재는 김부식과 혜소의 친교를 끌어온 것으로 볼 수 있으나 내면적으로는 시인 자신이 살던 시기의 정치적 상황을 직접적으로 투영시킨 작품이라 할 것이다. 그렇게 됨으로써 이 시는 김부식과 혜소의 친교라는 측면보다는 어지러운 정치 현실로부터의 도피라는 새로운 의경을 담은 것으로 해석할 수 있다. 작품의 뒤쪽에 나타난 불교에 대한 긍정적 입장은 1455년 단종 폐위 이후 승려가 되었던 김시습의 개인적 편력과도 관련지어 생각할 수 있다.

이렇게 보면, 조선시대에 제작된 권근과 김시습의 작품은 고려시대에 제작되었던 작품들과는 또 다른 시각을 담은 것임을 알 수 있다. 이 두 작품은 시인 자신들이 처한 정치적 현실이 매우 긴절하게 반영됨으로써 애초에 김부식과 혜소를 통해 구현되었던 망형지교의 한 표본이라는 의미는 퇴색되어 버리고, 다만 이 두 사람이 절간 속에서 만났다는 외형만 남은 상태에서 시인들이 처한 상황의 당위적 문제로 전환되고 있음을 알 수 있다. 이러한 전승은 동일한 고사라도 그것을 바라보는 입장에 따라 얼마나 다른 각도에서 해석될 수 있는지를 극명하게 보여주는 예가 되는 셈이다.

2.2. 〈정중승[26]이 동래에 귀양가 살면서 달을 대하고 거문고를 타다(鄭

---

26) 鄭中丞은 鄭敍를 가리킨다. 鄭敍는 고려의 문인으로 號가 瓜亭, 본관이 東萊이다. 知樞密院事 沆의 아들로 蔭補로 內侍郎中에 이르렀다. 仁宗의 妃인 恭睿太后의 여동생의 남편으로 왕의 총애를 받았고, 文章이 빼어났다. 毅宗 5년(1151) 嬖臣 鄭誠·

中丞謫居東萊 對月撫琴)27)〉

반쯤 둥근 강 달이 아름다운 거문고에 떠오르면
한 곡조 새 소리에 옛 뜻이 깊네.
어찌 지금에도 종자기(鍾子期)가 있다고 하랴마는
다만 백아(伯牙)의 마음을 탄주(彈奏)할 뿐이네.28)

半輪江月上瑤琴　　一曲新聲古意深
豈謂如今有鍾子　　只應彈盡伯牙心

이 시는 정서가 밝은 달빛 아래 거문고를 잡아 임금을 그리워하는
마음을 그려내고 있는데, 앞부분에서 새로이 연주하는 곡조의 뜻이 깊
음을 이야기하고 뒷부분에서는 백아와 종자기의 지음(知音) 고사를 이
끌어 와 비록 자신을 동래(東萊)로 유배시키고 자기의 마음을 알아주지

金存中의 讒訴로 고향인 東萊로 杖流될 때, 毅宗으로부터 곧 召命을 내리겠다는 약
속을 받았으나, 그 후 오래도록 召命이 없자 戀君歌謠인 <鄭瓜亭曲>을 지어 불렀
다. 明宗 즉위년(1170) 용서를 받고 다시 기용되었다. 墨竹畵에 능하였다.

27) 이 시는『東文選』권21과『新增東國輿地勝覽』권23「東萊縣」'古跡'의 <瓜亭> 항
목에도 실려 있다.

28) 伯牙와 鍾子期의 故事는 知音으로 널리 알려져 있다.『列子』「湯問篇」에 실린 知音
故事는 다음과 같다.

"伯牙는 거문고를 잘 타고, 鍾子期는 듣기를 잘 했다. 백아가 거문고를 탈 때에 뜻
이 高山을 오르는 데에 있으면 종자기는 '잘 하는구나, 높고 높아 태산과 같도다!'
라고 했고, 뜻이 流水에 있으면 종자기는 '잘 하는구나, 넓고 넓어 江河와 같도다!'
라고 했다. 백아가 생각하는 것을 종자기는 반드시 體得하였다. 백아가 泰山의 북쪽
에서 놀 때에 갑자기 폭우를 만나 바위 아래에 머물러 있었다. 마음이 슬퍼서 바로
거문고를 당기어 이것을 노래로 불렀다. 처음에는 霖雨의 典操로 했고, 다시 산이
무너지는 소리를 만들었다. 곡조를 연주할 때마다 종자기는 문득 그 취지를 다 알
았다. 백아가 거문고를 놓고 탄식하여 말하기를, '잘 하는구나, 잘해. 자네의 거문고
를 들을 줄 앎이여! 뜻과 생각과 표현하는 것이 나의 마음과 같구려! 내가 어찌 소
리를 도피하겠는가?'라고 하였다."

않는 의종(毅宗)이지만 임금을 향한 변함 없는 마음을 드러낼 뿐이라는
일편단심을 드러낸다고 했다.

　고려시대에 제작된 세 사람의 작품은 모두 정서의 고사가 지니는 의
미를 나름대로 긍정적인 관점에서 평가하고 있다. 민사평의 시29)는 자
신의 진심을 알아주지 않는 임금을 향해 부질없이 노래 부르는 정서의
모습을 부각시키고 있고, 정추의 시30)는 부질없이 노래 부르는 정서와
임금을 관계를 다시 맺어줄 사람이 없음을 안타까워하는 마음을 담고
있으며, 한수의 시는 임금을 향한 정서의 변하지 않는 충성심을 부각시
키고 있다.

　한수 작품의 영향을 받은 것으로 보이는 것으로는 김시습의 시31)를

---

29) 閔思平, 「東國四咏 益齋韻」, 『及菴詩集』 권2, 앞의 책, 61면. 이 시는 劉在建(1793~
　　1880)편, 『古今詠物近體』 권18, 「琴類」(亞細亞文化社 影印, 1981, v.3, 314면)에도 실
　　려 있는데, 번역문과 원문은 다음과 같다.

　　달빛은 이슬 젖은 계수나무 가지에 흐르는데
　　밤이 깊어지자 갑자기 서늘함을 깨닫네.
　　세상 사람 중에 그 누가 지음(知音)인가?
　　한 곡조 <광릉산(廣陵散)>을 부질없이 혼자 아네.
　　(蟾影圓流露桂枝　夜深斗覺爽襟期
　　世人誰是知音耳　一曲廣陵空自知)

30) 鄭樞, 「東國四咏」, 『圓齋藁』 卷上, 앞의 책, 196면. 이 시는 『新增東國輿地勝覽』 권
　　23, 「東萊縣」 ‘古跡’의 <瓜亭> 항목에 실려 있는데, 번역문과 원문은 다음과 같다.

　　구름이 흩어진 높은 하늘에 달이 뚜렷한데
　　거문고 들고 앉았으니 밤은 일년 같이 기네.
　　<정과정곡(鄭瓜亭曲)> 다하여도 시름은 다하지 않으니
　　그 누가 난(鸞)새 아교를 가져다가 끊어진 줄을 이어주랴?
　　(雲盡長空月在天　橫琴相對夜如年
　　啼鵑曲盡思無盡　誰把鸞膠續斷絃)

31) 金時習, 「詠東國故事」, 『梅月堂集』, 「詩集」 권2, 앞의 책, 113면. 『국역매월당집』 1
　　(세종대왕기념사업회, 1977, 148면)에서는 ‘鄭中丞’을 ‘鄭知常’으로 보고 있으나 이
　　것은 잘못이다. 이 시의 번역문과 원문은 다음과 같다.

들 수 있다. 권근의 작품도 있었을 것으로 보이지만, 문집에 빠져 있기 때문에 현존하는 자료로서 확인할 수 있는 것으로는 김시습의 작품이 유일하다. 이 시는 개경으로 돌아가지 못하고 바닷가를 떠도는 정서의 모습을 제시한 다음, 위로해 주는 사람 하나 없는 유배지에서 오직 밝은 달만이 거문고를 연주하는 그의 모습을 비추어 준다고 함으로써 결국 고려시대 시인들의 작품과 별 차이 없는 시상을 담고 있다. 이것은 왕에 대한 충성심은 시대상황과는 별로 관계없는 신하의 마땅한 인륜의 하나이자 인간의 도리라고 인식했기 때문일 것이다.

2.3. 〈곽한림[32]이 비를 맞으며 삼지[33]의 연꽃을 감상하다(郭翰林冒雨賞三池蓮花)[34]〉

시인의 기호는 여느 사람과 다른데

떠도는 혼과 생각이 참으로 가련한데
몸은 남쪽의 거친 땅, 창기(瘴氣) 있는 바닷가에 떨어졌네.
영락(零落)한 이 삶을 누가 기꺼이 위로해 주랴?
다정한 명월이 급한 장단의 거문고를 비추네.
(旅魂羈思正堪憐 身落南荒瘴海邊
落魄此生誰肯唁 多情明月照繁絃)

32) 郭翰林은 郭預(1232~1286)를 가리킨다. 郭預는 고려의 문신으로 初名이 王府, 字는 先甲, 본관이 淸州이다. 高宗 42년(1255) 文科에 급제, 全州司錄이 되었다. 元宗 4년 (1263) 詹事府錄事로 洪泞와 함께 日本으로 가서 倭寇 침범의 중지와 잡혀간 고려인의 송환을 요구하였고, 귀국하여 注簿兼直翰林院을 지냈다. 忠烈王이 즉위한 뒤 版圖正郎·寶文署待制·知製誥를 거쳐 國子司業·典法摠郎·衛尉尹·春宮侍講學士를 역임하고, 충렬왕 8년(1282) 右副承旨로 同知貢擧를 겸한 뒤 左承旨·國子監大司成·文翰學士를 거쳐 1286년 知密直司事·監察大夫로 聖節使가 되어 元나라에 갔다가 돌아오는 길에 病死하였다. 문장과 글씨에도 뛰어났다.
33) 三池는 松都의 남부 歡喜坊에 있던 龍化院 崇敎寺에 있던 연못이다(『新增東國輿地勝覽』 권5, 「開城府 下」 참조).
34) 동치본에는 제목이 '郭翰林冒雨賞三池蓮'이라고 되어 있어서 '花'자가 없다.

흥이 일어나면 흐리고 맑음에 어찌 구애되리요?
삼지(三池)35)를 두루 감상하러 번거롭게 왕복한 것은
푸른 잎새에 밝은 구슬 쏟아지는 것을 보고자 함이었네.

　　　詩人嗜好與人殊　　　興發陰晴豈有拘
　　　賞遍二池36)煩往復37)　　　要看綠葉瀉明珠

　이 시는 곽예가 비를 맞으며 연꽃을 감상하러 간 것을 여느 사람과
다른 시흥 때문으로 파악한 다음, 그가 삼지를 두루 찾아다닌 것은 바
로 푸른 잎새에 밝은 구슬이 쏟아지는 모습 곧 활짝 핀 연꽃을 구경하
려는 의도 때문이라고 했다. 빗속에 연꽃을 구경하러 가는 것을 시인의
기호가 다른 사람과 다르기 때문이라는 인식은 나름대로 독특한 것이
지만, 활짝 핀 연꽃을 표현한 전구의 표현도 이미 최해(崔瀣, 1287∼
1340)의 <빗속의 연(雨荷)> 시에서 비슷하게 형상화된 바 있다.

　　　후추 8백 섬을 쌓아 놓았다고38)
　　　천년토록 그 어리석음을 비웃었네.
　　　어찌하여 푸른 옥의 말[斗]로
　　　종일토록 밝은 구슬[明珠]를 되는가?39)

---

35) 만력본 원문에는 이 단어가 ‘二池’로, 동치본에는 ‘三池’로, 강경훈 所藏本에는 ‘一池’
　　로 되어 있다. 그러나 작품의 제목으로 보아 이는 ‘三池’가 맞는 것으로 판단되기 때
　　문에 여기서는 ‘三池’로 번역한 것이다. 만력본 원문의 글자 모양으로 보아, 이 本에
　　서도 원래는 ‘三’이었는데, 아래쪽 한 劃이 떨어져 나가서 ‘二’처럼 된 듯하다.
36) 동치본에는 이 ‘賞遍二池’가 ‘賞遍三池’로 되어 있고, 표암문고본에는 ‘遍賞一池’로
　　되어 있다. 그러나 작품의 제목으로 보아 이는 ‘三池’가 맞는 것으로 판단된다.
37) 동치본에는 이 ‘往復’이 ‘往覆’으로 되어 있다.
38) 당나라 재상 元載가 죽음을 당한 뒤에 家産을 몰수하니 후추가 800섬이요, 다른 재
　　산도 그렇게 많았다고 한다.
39) 原註에, 牧隱이 말하기를 “이것은 富饒한 사람을 풍자함이다.(牧隱云 此詽不廉富饒

貯椒八百斛 千載笑其愚
何如綠玉斗 竟日量明珠

　이 시의 전·결구에서 최해는 연잎을 '녹옥두(綠玉斗)'로, 연꽃을 '명주(明珠)'로 파악하고 있는데, 이제현과 동갑이었던 최해의 이 시를 한수가 읽었을 개연성이 충분하기 때문에, 한수는 이 구절을 이용하여 위의 시상을 엮었을 것이라 생각할 수 있다.

　그러나 이런 표현의 상사성에도 불구하고 한수가 곽예의 고사를 읊은 이 시는 시인의 기호가 보통 사람과는 다르다는 점에 기초함으로써, 곽예의 시인다운 면모를 드러내었다는 점에서 곽예 고사를 보는 또 하나의 시각을 확보할 수 있다.

　고려시대에 제작된 세 사람의 작품은 모두 곽예의 고사가 지니는 의미를 나름대로 긍정적인 관점에서 평가하고 있다. 민사평의 시[40]는 곽예가 연꽃을 찾아간 행동을 도회 속에서 자연을 찾는 탈속적인 모습에 초점을 맞추었고, 정추의 시[41]는 육체적 고통을 감수하면서까지 우중

者)"라고 했다는 언급이 있다.

40) 閔思平, 「東國四咏 益齋韻」, 『及菴詩集』 권2, 앞의 책, 61면. 이 시의 번역문과 원문은 다음과 같다.

　만 송이 연꽃이 싱그러운 위아래의 못에
　유인(幽人)이 흥이 나서 혼자 찾아오는 때이네.
　한 번 내린 부슬비에 연꽃 기운이 가득한데
　몇 리의 향기로운 바람이 버들가지에 떠 있네.
　(萬柄亭亭上下池 幽人乘興獨尋詩
　一番細雨蒸荷氣 數里香風泛柳絲)

41) 鄭樞, 「東國四咏」, 『圓齋藁』 卷上, 앞의 책, 196면. 이 시의 번역문과 원문은 다음과 같다.

　연꽃은 아득하고 비는 실실이 내리는데
　십 경의 모난 못은 경관이 특히 기이하네.

에 연꽃을 구경하러 간 것은 바로 정신적 안정을 찾으려는 자세에 있는 것으로 파악하고 있으며, 한수의 시는 비를 맞으며 연꽃을 보러 간 것은 바로 곽예가 여느 사람과는 다른 시인이었기 때문이라고 하여 그가 관료라기보다는 자연의 아름다움을 찾는 시인이라고 그 성격을 규정하고 있는 것을 알 수 있다. 이들은 모두 곽예의 고사가 지닌 긍정적인 측면에서 그 의미와 풍류를 이해하고 있다.

한수 작품의 영향을 받은 것으로 보이는 것으로는 김시습의 시[42]를 들 수 있다. 원래는 권근의 작품도 있었을 것으로 보이지만, 문집에 빠져 있기 때문에 현존하는 자료로서 확인할 수 있는 것으로는 김시습의 작품이 유일하다. 이 시는 이슬비 속에 삼지(三池)에서 흥이 나서 임금으로부터 하사 받은 술에 얼큰히 취한 곽예의 모습을 그린 다음, 연꽃의 맑은 향기 때문에 앉아 있을 수만은 없는 감정의 고조상태를 표현하고 있다. 이 시는 앞의 시들과는 달리, 곽예가 삼지를 찾아가는 여정이 설정되지 않고 다만 삼지라는 연못에서 연꽃을 즐기는 곽예의 모습만을 드러내고 있다. 그리고 전구에서 '연꽃이 나를 편애한다'는 표현

응당 '편안 안(安)' 한 글자를 위하여 읊고는
먼지 낀 두건을 접고 한참 동안 서 있었으리.
(荷花漠漠雨絲絲 十頃方塘景特奇
應爲吟安一箇字 塵巾折角立多時)

42) 金時習,「詠東國故事」,『梅月堂集』,「詩集」 권2, 앞의 책, 113면.『국역매월당집』1 (세종대왕기념사업회, 1977, 149면)에서는 '郭翰林'을 '郭興'로 보고 있으나 이것은 잘못이다. 이 시의 번역문과 원문은 다음과 같다.

가느다란 이슬비가 푸른 적삼을 적시는데
삼지(三池)에서 흥이 나서 대궐 술에 얼큰히 취하네.
전부터 연꽃[1]이 나를 편애함이 기꺼웠더니
맑은 향기 풍겨 와서 옥당의 잠영(簪纓)을 일어나게 하네.
(廉纖細雨濕靑衫 乘興三池禁醞酣
前喜六郞偏愛我 淸香來惹玉堂簪)

은 시인[我]이 사물[六郎]을 사랑하는 것이 아니라 사물이 시인을 사랑한다는 인식으로서, 일상인의 사물인식 체계를 뒤집는 사고방식이다. 곽예가 연꽃을 구경하는 것은 시인 개인의 취향에 따른 것이 아니라 연꽃으로 대표되는 자연이 시인을 부르기 때문에 거부할 수 없다는 김시습의 자연에 대한 새로운 인식의 일단을 드러내는 것이다. 또 이 시에서는 곽예의 행동을 제삼자의 관점에서 바라보는 것이 아니라 나[我]의 관점으로 전환하여 파악함으로써 사물과 대상[곽예]과의 거리감을 좁히는 효과도 아울러 꾀하고 있다.

이처럼 조선시대에 들어와서 제작된 김시습의 작품은 고려시대의 작품과는 달리 자연과 시인 사이의 인식체계를 바탕으로 하여, 빗속에 연꽃을 찾아가는 여정과 노고는 배제시키고 오로지 자연 속에 존재하는 대상[연꽃]과 시인 사이의 교감만을 드러내어 그것을 즐기는 시인의 풍류에 초점을 맞추고 있다.

2.4. 〈김시중[43]이 눈 속에 소를 타고 추암[44]에서 놀다(金侍中雪中騎牛

---

43) 만력본에는 이 시의 제목이 '金□□雪中騎牛遊皺巖'이라고 되어 있고, '金'과 '雪' 사이에 글자 두 자 들어갈 자리가 비어 있다. 그러나 동치본에는 이 시의 제목이 '金侍中雪中騎牛遊皺巖'이라고 되어 있기 때문에, 이에 따라 '侍中' 두 글자를 보충하고 번역한 것이다. 동치본에서는 '金侍中'이라고 했으나, 閔思平·鄭樞 등이 지은 「東國四詠」시의 전통에서 보면 이 시에서 다루고 있는 인물은 고려 전기의 인물 崔讜(1135~1211)임이 분명하다. 崔讜은 고려의 문신으로 본관이 昌原이다. 平章事 惟淸(1095~1174)의 아들로 어려서 총명하고 글을 잘 지었다. 明宗 初에 正言이 되어 일을 논하다가 貴倖의 뜻을 거슬려 낙직되었고, 이어 起用되어 吏部員外郎이 되어 나가 東南道를 안찰하여 聲績이 있었고, 累遷하여 參知政事가 되었다. 神宗 때에 中書侍郎·平章事가 되고, 守太尉門下侍郎·同中書門下平章事에 나아가 글을 올려 물러나기를 청하여 드디어 致仕하고 한가히 있으면서 그 齋를 雙明이라 扁額하고, 아우 守太傅 詵 및 太僕卿으로 致仕한 張自牧과 東宮侍讀學士 高瑩中, 判秘書省으로 致仕한 白光臣, 守司空으로 致仕한 李俊昌, 戶部尙書로 致仕한 玄德秀, 守司空으로 致仕한 李世長, 國子監大司成으로 致仕한 趙通 등과 함께 耆老會를 만들어 逍遙

遊皺巖)〉

오솔길은 뒤엉켜서 돌 사이로 들고
여윈 소는 눈을 밟고 오르기에 지쳤네.
어찌 오직 안온하게 걸터앉아 기울고 뒤집힘이 없으리요?
시를 짓는 눈이 장차 수많은 구슬 산을 다 살피려 하네.

線路縈紆入石間　　　羸牛踏雪倦躋攀
豈唯45)穩跨無傾覆　　　詩眼將窮萬玉山

　한수의 작품에는 그 대상인물이 앞 시대 사람들의 작품에 나오는 '최태위(崔太尉)'에서 '김시중(金侍中)'으로 바뀌어 있으나, 이것은 착오에 의한 것일 뿐 그 대상이 최당(崔讜)인 것은 분명하다.

　이 시의 기·승구는 돌 사이로 들어가는 오솔길의 모습과 쌓인 눈을 밟고 가는 여윈 소의 고통을 그려내고 있다. 전구에서는 소를 타고 가는 길이 결코 순탄하지만은 않다는 사실을 지적하고 있다. 화산(華山)의 승경을 구경하느라 나귀를 거꾸로 탔던 반랑(潘閬)처럼 소를 타고 가는 길에도 기울고 뒤집히는 어려움이 있음을 적시하고 있다. 결구에서는 이러한 어려움에도 불구하고 이곳을 찾은 까닭은 눈에 쌓인 수많은 산들, 곧 옥산(玉山)을 모두 살피려 한다고 하여 온갖 어려움을 무릅

하며 自適하니 時人이 이들을 地上仙이라고 하고, 圖形을 돌에 새겨 후세에 전하였다. 諡號는 靖安이다.

44) 皺岩은 松京 都城 동북쪽 2, 3리 되는 곳에 있는 바위이다. 바위 언덕이 병풍을 펼친 것처럼 있고, 모두 가로지른 금이 있기 때문에 추암이라 하는데 그 아래 큰 돌이 많아 앉아서 술을 마실 만하며, 고려시대에 崔讜이 항상 소를 타고 와서 여러 노인들과 여기서 놀았다고 한다(『新增東國輿地勝覽』 권12, 「長湍都護府」 '山川'의 <皺岩> 항목 참조).

45) 동치본에는 이 '唯'가 '惟'로 되어 있다.

쓰고 겨울 설경을 즐기려는 '김시중'[사실은 최당(崔讜)]의 집요한 노력을 높이 평가하고 있다.

고려시대에 제작된 세 사람의 작품은 정도의 차이가 있기는 하지만, 모두 추암(皺岩)에서의 노니는 최당의 풍류에 초점이 맞혀져 있다. 민사평의 시46)는 추암에 전해지는 최당의 풍류를 후세의 사람들이 추억한다는 점이 중심이고, 정추의 시47)와 한수의 시는 눈 속에서 고통스러이 추암을 찾아가는 최당의 모습을 그린 다음 그것이 풍류를 추구하는 그의 적극적이고 능동적인 자세에서 연유된 것이라고 한 점에서 일치한다. 한수는 여기에서 한 걸음 더 나아가 눈에 덮인 수많은 산들의 모습을 모두 보려는 뜻이 숨겨 있다는 적극적인 해석을 첨가하고 있다. 그러나 정추와 한수의 작품은 굳이 그 대상이 추암이 아니더라도 충분

---

46) 閔思平, 「東國四咏 益齋韻」, 『及菴詩集』 권2, 앞의 책, 61면. 이 시는 『新增東國輿地勝覽』, 권12, 「長湍都護府」에 실려 있고, 劉在建 편, 앞의 책 권6, 「岩類」(亞細亞文化社 影印, 1981, v.2, 22면)에는 <長湍皺岩>이라는 제목으로 실려 있는데, 번역문과 원문은 다음과 같다.

　　천 척 높은 바위가 북산에 솟았나니
　　옛 현인(賢人)이 남긴 자취는 그리기도 어렵네.
　　상국(相國)이 시를 지은 후로
　　얼마나 많은 행인들이 가리키며 보았는가?
　　(千尺雲根聳北山 古賢遺跡畵應難
　　自從相國題詩後 多少行人指點看)

47) 鄭樞, 「東國四咏」, 『圓齋稿』 卷上, 앞의 책, 196면. 이 시의 번역문과 원문은 다음과 같다.

　　두 산의 소나무와 상수리나무에 눈이 배나 쌓였는데
　　물을 넘고 구름을 뚫어 길은 얼마나 돌았는가?
　　원안(袁安)의 높은 베개의 흥취를 말하지 말라.
　　소를 타고 시를 찾으려 오는데 무엇이 거리끼리요?
　　(兩山松櫟雪培堆 驀水穿雲路幾回
　　莫說袁安高枕興 何妨牛背覓詩來)

히 쓸 수 있는 작품이라는 점에서 제재와 시상의 관련성이 그렇게 밀접하다고 하기는 어렵다.

한수의 영향을 받은 것으로 보이는 권근의 시와 김시습의 시는 이상의 작품들과는 좀 다른 면모를 보여준다.

권근의 시48)는 제목에 '김거사(金居士)'가 나오는데, 이것은 최당(崔讜)을 나타내던 '최태위'(민사평·정추의 작품)가 '김시중'(한수의 작품)을 거쳐 '김거사'로 바뀐 것이다. 이 변화는 단순한 인물의 교체라는 사실 이상의 의미를 지닌다. '최태위'나 '김시중'은 다같이 최고관료의 인물, 또는 치사(致仕)한 재상이라는 의미를 지니지만 '김거사'는 결코 그러한 인물의 범주로는 볼 수 없다. '거사'는 기본적으로 "도덕과 학예가 도저하면서도 숨어살며 벼슬을 하지 않는 선비"49) 이상의 내포적 의미를 찾아보기 어렵기 때문이다. 이 시가 최당의 고사를 바탕으로 하였다고 하더라도 작품에서 드러나는 풍류는 치사한 노재상(老宰相)의 것이라기보다는 자연 속에 은거하면서 자연의 취락을 벗삼는 처사(處士)의 풍류 이상으로 해석하기 어려운 점이 있다.

권근의 시는 앞부분에서 눈 내린 계산(溪山)의 경치가 너무 기이하여 그 속에서 느릿느릿 소를 타고 유람하는 인물의 모습을 그려 낸 다음,

---

48) 權近, 『陽村集』 권9, 앞의 책, 108면. 이 시는 『東文選』 권21과 『新增東國輿地勝覽』 권12, 「長湍都護府」에도 수록되어 있는데, 번역문과 원문은 다음과 같다.

   눈 속의 시내와 산이 하도 기이하여
   놀러 나가 소 등에서 느리게 가는 대로 맡겨 두네.
   추암(皺岩)은 아마도 인간 세상이 아니어서
   길이 유선(儒仙)으로 하여금 시를 짓게 하네.
   (雪裏溪山特地奇 遊觀牛背任行遲
   皺岩可是非人境 長使儒仙爲賦詩)

49) 신기철·신용철편, 『새 우리말 큰사전』 상, 증보판, 三省出版社, 1979, 133면.

뒷부분에서는 추암의 경치가 인간 세상이 아닌 별세계인지라 시인으로 하여금 시를 짓지 않을 수 없도록 만든다고 했다. 이 시의 내용만으로 보면, 결코 치사한 노재상의 모습을 찾아보기 어렵다. 그저 겨울철 쌓인 눈 속에 소를 타고 유람하는 한가로운 은사의 모습을 보여줄 뿐이다. 게다가 여기에는 이백이 <산 속의 문답(山中問答)>에서 말한 "천지에는 인간세상이 아닌 세계가 있네(別有天地非人間)"라고 하는 시상을 끌어와 도교적(道敎的) 풍미(風味)를 더하고 있다. 그래서 결구에서는 유선(儒仙)이라는 용어를 동원하여 자연 속에서 한유(閑遊)하는 처사적(處士的) 인물의 모습을 신선의 풍도(風度)와 연결시키고 있다.[50]

김시습의 시[51]도 권근의 작품과 마찬가지로 주인공이 '김거사'로 나타나고 있다. 앞부분에서 휘날리는 눈 속을 소를 타고 가는 인물의 모습을 그린 다음, 뒷부분에서 원안(袁安)과 정공(鄭公)을 대비시키고 있다. 원안은 앞서 어린 나이에도 눈 속에 굶주리는 사람들을 구제할 힘이 없게 되자 집에서 나오지도 않고 드러누워 있었던 후한(後漢)의 인

---

50) 한편, 권근이 知貢擧를 맡은 한수를 보좌하였고, 한수의 문집인 『柳巷詩集』에 批點을 닮으로써 그의 시문을 자세히 검토할 기회가 있기도 했다는 점을 고려하면, 권근의 이 작품에 나오는 '김거사'는 한수의 작품에 나오는 '김시중'의 착각이라고 볼 수 있는 개연성도 있다. 이렇게 보면, 이 시는 한수의 작품과 같이 致仕한 老宰相의 여유로운 風度를 그린 것으로 볼 수 있게 된다. 그러나 이 작품에 나타나는 '김거사'와 '김시중'의 차이는 쉽게 설명하기 어려운 것이 사실이다.

51) 金時習, 「詠東國故事」, 『梅月堂集』, 「詩集」 권2, 앞의 책, 113면. 『국역매월당집』 1 (세종대왕기념사업회, 1977, 149면)에서는 '金居士'를 '金克己'로 보고 있으나 이것은 잘못된 것이다. 이 시의 번역문과 원문은 다음과 같다.

눈 속에 소를 타고 가는 대로 따라가니
천 리 강산에 구슬 가루가 흩날리네.
원안(袁安)이 드러누워 사람을 구하지 않은 뜻이
어찌 정공(鄭公)의 다리 위에서의 정취(情趣)만 할 것인가?
(雪裏騎牛信步行 江山千里散飛瓊
袁安僵臥不干意 那及鄭公橋上情)

물로서, 그의 행동은 큰 뜻을 품고도 세상을 구제하지 못하는 데 대한 자괴감, 곧 공리적(公利的)인 가치를 추구하는 인물의 대명사로 사용된다. 그런데 이 시의 후반부에서는 원안의 이러한 뜻이 '정공의 다리 위에서의 정취(情趣)'에 미치지 못한다고 함으로써, 공리적인 가치보다는 정공의 풍류를 높이 평가하고 있다.

여기서 문제가 되는 것은 정공의 정체이다. 여기에서 정공은 정도전(鄭道傳, ?~1398)을 가리키는 것으로 추정되는데, '정공의 다리 위에서의 정취'는 바로 정도전의 시 <김거사의 시골 집을 찾아가다(訪金居士野居)>[52]에 나오는 시적 정취를 가리키는 것으로 보인다.

가을 그늘은 막막하고 사방 산은 비었는데
낙엽은 소리 없이 땅에 가득히 붉었네.
시내 다리에 말 세우고 돌아갈 길 묻나니
내 몸이 그림 속에 있는 줄을 모르네.

秋陰漠漠四山空　落葉無聲滿地紅
立馬溪橋問歸路　不知身在畫圖中

이 시는 『삼봉집(三峯集)』의 <중구(重九)> 시 세주(細註)에 「금남잡영(錦南雜詠)」이라고 특기되어 있는 작품 중의 하나로서,[53] 『동문선』·『국조시산(國朝詩刪)』·『기아(箕雅)』·『대동시선(大東詩選)』 등에도 실려 있는 정도전의 대표작으로 인정되는 작품이다.[54] 「금남잡영」은 정

---

52) 鄭道傳, 『三峯集』 권2, 『韓國文集叢刊』 5, 305면.

53) "以下八首錦南雜詠"(위와 같음).

54) 洪萬宗은 이 시에 대해 '詩中有畵'라는 평을 닮으로써 그림처럼 아름다운 정경을 묘사한 작품으로 인정하고 있다(洪萬宗, 『小華詩評』 卷上, 趙鍾業편, 『韓國詩話叢編』 3, 東西文化院, 1989, 317면).

도전이 호남 지방에 유배되어 있을 때 지은 작품임이 『삼봉집』 권1의
<노판관을 보내며(送盧判官)> 시의 주석에서 확인된다.55) 그는 1375년
(우왕 1) 친원배명(親元排明)을 고집하는 이인임(李仁任)·경복흥(慶復
興) 등에 반대하다가 회진현(會津縣)56)에 2년 동안 유배된 일이 있었다.
따라서 이 시의 김거사가 호남의 회진현 사람인 것은 분명하지만 누구
인지는 확인하기 어렵다. 다만 이 시와 함께 실린 작품 <김익지를 찾
아가다(訪金益之)> 시의 김익지가 김거사와 동일인이라면 그의 자(字)
는 '익지(益之)'임을 알 수 있다. 이 두 사람이 동일인이라는 증거는 없
으나 <訪金益之> 시의 분위기가 이 시의 그것과 흡사하다.

<김익지를 찾아가다>(訪金益之)57)

빈터의 연기는 어둑하고 나무는 들쭉날쭉하고
풀이 사람의 자취를 덮어 길이 없어지려 하네.
그대 집에 가까이 가도 도리어 알 수가 없는데
농부는 돌아서서 작은 다리 서쪽을 가리키네.

墟煙暗淡樹高低 草沒人蹤路欲迷
行近君家猶未識 田翁背指小橋西

이 두 시를 비교해 보면, 다같이 자연 속의 아름다운 경치 속에 길을
잃고 있는 시인의 모습을 그려내고 있다. 특히 <訪金居士野居>의 전
구와 <訪金益之>의 전·결구는 다리 곁에서 서성이는 시인의 모습이

---

55) "以下八首錦南雜詠 皆在貶所作"(鄭道傳, 앞의 책, 291면).
56) 會津縣은 현재의 전라남도 羅州이다.
57) 鄭道傳, 『三峯集』 권2, 앞의 책, 306면.

공통적으로 부각되고 있음이 주목된다. 이렇게 보면 정도전의 <訪金居
士野居>는 그가 호남의 회진현에 유배되어 있을 때, 그 지방의 인물이
었던 '김거사'의 시골 집을 찾아가서 지은 것으로 단풍 진 가을의 아름
다운 정취를 그린 작품이라 할 수 있다.

　김시습은 이처럼 최당과 같은 풍요와 여유 속의 호사한 중앙 노정객
의 풍류를 간난 속에서 지방에 은거하는 인물을 찾아보는 유배객의 풍
류로 환치함으로써 그 분위기를 일신시키고 있다. 따라서 김시습에 이
르면, 중앙 정부의 고관대작을 지낸 후 노년에 자연 속에서 즐기는 여
유보다는 중앙 정부의 고관대작과는 거리가 멀었던 자신의 입장을 투
영한 새로운 인물 유형을 모색하고 거기에 걸맞다고 생각되는 정도전
의 유배지에서의 모습을 끌어들여 자신의 시대에 요구되는 가치 지향
을 드러낸 것으로 이해된다. 이런 내용의 시인 만큼 이 시는 제목에 추
암(皺岩)이라는 특정 지명이 들어가 있으나, 내용에서는 전혀 그러한
언급 없이 시인의 의도만을 강하게 드러낸 것으로 볼 수 있다.

　이런 맥락에서 볼 때, 조선시대에 제작된 권근과 김시습의 작품은
고려시대에 제작되었던 작품들과는 다른 시각을 담고 있음을 알 수 있
다. 권근의 작품은 한편으로 한수의 영향을 받은 흔적을 찾아볼 수 있
기도 하지만, 시에 표현된 내용만으로 보면 자연 속에서 한유(閑遊)하
는 처사적 인물의 모습을 신선적 풍도와 연결시키고 있고, 김시습의 작
품은 여기에서 한 걸음 더 나아가 정치적 권력과는 거리가 먼 유배객
의 풍류를 공리적 가치보다 우위에 둠으로써 시인이 살아가는 당대에
요구되는 가치 지향을 명확히 드러내고 있다고 하겠다.

Ⅱ. 자료편 : 『유항선생시집』 번역본

유항 한선생 문집 서(柳巷韓先生文集序)[1]

　근세(近世)의 명경(名卿) 중 유항(柳巷) 한문경공(韓文敬公)은 뜻과 행동이 높고 견식이 밝아서 한 시대 사림(士林)의 모범이 되었고, 서법(書法)이 절륜하여 한 세상이 중히 여기는 바 되었다. 현릉(玄陵)[2]의 지우(知遇)를 입어 오랫동안 후설(喉舌)[3]의 자리에 있어 아름다운 계책을 주달(奏達)하여 비익(裨益)됨이 퍽 많았다. 사람을 대우하고 사물을 접촉하는 데 있어서는 반드시 성심(誠心)으로 베풀고 함부로 헐뜯거나 예찬하지 아니하였다. 더불어 종유(從遊)하던 목은(牧隱)[4]·평재(平齋)[5]

---

1) 이 序文의 原文은 萬曆本에 따른 것이다. 그러나 萬曆本에는 이 제목이 없다. 제목 없이 바로 本文부터 시작했기 때문이다. 따라서 이 제목은 同治本의 제목을 따라 보충한 것이다. 강경훈 所藏本에서는 이 글을 책의 첫머리에 싣지 않고, 詩를 다 수록한 후 뒤에다 두었는데, 거기에도 제목은 붙어 있지 않다. 또한 이 글은 『東文選』 권90에도 실려 있다.

2) 玄陵은 고려 恭愍王의 陵號이다.

3) 喉舌은 喉舌之臣의 준말이다. '목구멍과 혀'라는 뜻으로 承旨를 달리 부르는 말이다. 承旨가 王命의 出納과 정부의 중대한 언론을 담당하는 직책이기 때문에 이렇게 부르는 것이다.

4) 牧隱은 李穡(1328~1396)의 號이다. 李穡은 고려 말의 문신·학자로 字가 穎叔, 號가 牧隱, 본관이 韓山, 贊成事 穀의 아들, 李齊賢의 門人이다. 忠惠王 복위 2년(1341) 進士가 되고 忠穆王 4년(1348) 元나라에 가서 國子監의 生員이 되어 性理學을 연구했다. 忠定王 3년(1351) 귀국하여 恭愍王에게 국책의 시정과 개혁을 건의하였고, 同王 2년(1353) 鄕試와 征東行省의 鄕試에 합격, 書狀官이 되어 元나라에 들어가 會試·殿試에 합격하여 원나라에서 應奉翰林文字承事郞·同知製誥兼國史院編修官을 지내고, 同王 5년에 귀국하여 吏部侍郞·翰林直學士兼史館編修官·知製敎兼兵部郞中이 되어 인사행정을 주관하고 개혁을 건의하여 政房을 폐지하게 하였으며, 右諫議

제공(諸公)이 또 모두 진신(縉紳)6)으로 뽑혀, 강론하고 연구하여 서로 의좋게 지내니 역시 지극하다 할 수 있다.

공(公)이 전선(銓選)7)을 맡았을 때에 나는 후진(後進)으로 요좌(寮佐)가 되었다. 일찍이 하루는 함께 대궐에서 숙직하는데, 내가 바야흐로 밥을 먹으면서 책을 보니, 공이 웃으며 말하기를, "나는 그대가 경(敬)을 주(主)로 하지 않음을 알겠네. 입에는 밥이 들어 있고 눈으로는 보는 것이 있으니, 마음이 전일(專一)할 수 있겠는가?" 하므로, 나는 그 말을 듣고 송구하였다. 이 때부터 비록 힘써 행하지는 못했지만 또한 감히 잊어버리지는 않았다. 공의 한마디 말이 나에게 평생의 이익이 되었으니, 대개 공이 사람을 규계(規戒)하여 바르게 하는 것이 모두 이와 같은 종류였다.

공(公)은 일찍이 시(詩)로 이름이 나서 익재(益齋)8)·가정(稼亭)9)의

大夫·樞密院右副承宣·知工部事·知禮部事 등을 지내고 同王 10년 紅巾賊의 침입으로 왕이 南幸할 때 扈從하여 1등공신이 되었다. 그 후 左承宣·知兵部事·右代言·同知春秋館事·寶文閣 및 藝文館大提學·判開城府使 등을 역임하고 韓山君에 봉해지고, 禑王 때 功臣의 호를 받고 師傅가 되었다. 恭讓王 때 判門下府事로 있다가 유배되었고, 朝鮮 太祖 4년(1395)에 韓山伯이 되었다. 門下에 權近·河崙·卞季良·吉再 등 많은 제자를 배출하여 조선 性理學의 주류를 이루게 하였다. 韓山의 文獻書院에 奉享되었다. 저서로는 『牧隱詩藁』와 『牧隱文藁』가 있다.

5) 平齋는 李岡(1333~1368)의 號이다. 李岡은 고려의 문신으로 字가 思卑, 號가 平齋, 본관이 固城이다. 守門下侍中 嵒의 아들로 忠穆王 3년(1347) 15세의 나이로 文科에 급제, 忠定王 때 侍讀에 뽑히고, 恭愍王 때 典儀注簿·吏部郎中·慶尙道按廉使에 이어 知申事가 되고, 1368년 密直副使를 거쳐 進賢館大提學에 이르렀다. 書藝에도 뛰어났다. 諡號는 文敬이다.

6) 縉紳은 搢紳, 薦紳과 같은 말로, 笏을 朝服의 大帶에 꽂는다는 뜻인데, 貴顯한 사람을 일컫는다.

7) 銓選은 인재를 전형하여 선발하는 것, 곧 科擧를 말한다.

8) 益齋는 李齊賢(1287~1367)의 號이다. 李齊賢은 고려의 문신으로 初名은 之公, 字가 仲思, 號가 益齋·實齋·櫟翁, 본관이 慶州, 檢校政丞 瑱의 아들, 白頤正의 門人이다. 忠烈王 27년(1301) 成均試에 장원한 후 문과에 급제했다. 忠肅王 1년(1314) 白頤

칭찬을 받았으며, 만년에는 더욱 정진하여 법도10)를 착실히 지켰고, 묻
는 사람이 있으면 반드시 양단(兩端)11)을 다 가르쳐 주었다. 도은(陶隱)
12)의 무리들이 비로소 성명(盛名)을 얻게 되자 저술한 것이 있으면 반드

正의 문하에서 程朱學을 공부하고, 元에 있던 忠宣王이 萬卷堂을 세우고 그를 부르
자 燕京에 가서 姚燧·閻復·趙孟頫 등과 고전을 연구했다. 金海君·鷄林府院君에
봉해지고, 은퇴 후에는 實錄을 편찬했다. 恭愍王의 廟庭에 配享되었고, 諡號는 文忠
이다. 저서로 『益齋亂藁』와 『櫟翁稗說』이 있다.

9) 稼亭은 李穀(1298~1351)이 號이다. 李穀은 고려의 학자로 初名이 芸白, 字가 仲父,
號가 稼亭, 본관이 韓山이다. 自成의 아들, 穡의 아버지, 李齊賢의 門人이다. 都評議
使司의 胥吏로 忠肅王 7년(1320) 文科에 급제, 忠肅王 복위 2년(1333) 元나라의 制科
에 第二甲으로 급제, 원나라의 翰林國史院檢閱을 거쳐 徽政院管勾를 역임하고, 征
東行省中書省左右司員外郎이 되어 元帝에게 건의하여 高麗에서의 처녀징발을 중지
하게 했다. 고려의 判典校寺事를 지내고, 다시 원나라에 가서 中瑞司典簿가 되었다.
1344년 忠穆王이 즉위하자 귀국하여 이듬해 演福寺鐘의 銘文을 짓고, 政堂文學을
거쳐 都僉議贊成事에 이르러 韓山君에 봉해졌다. 李齊賢과 함께 『編年綱目』을 增修
하고, 忠烈王·忠宣王·忠肅王 3조의 實錄의 편찬에 참여하였다. 假傳體 작품인
<竹夫人傳>이 『東文選』에 전하며, 白頤正·禹倬·鄭夢周 등과 함께 經學의 大家
로 꼽힌다. 韓山의 文獻書院, 寧海의 丹山書院에 祭享되었다. 諡號는 文孝이다.

10) 三尺은 三尺法으로, 法이라는 뜻이다. 옛날에는 길이가 석 자 되는 竹札에 法文을
적었기 때문에 이 말이 생긴 것이다.

11) 兩端은 처음과 끝, 首尾, 本末이다.

12) 陶隱은 李崇仁(1349~1392)의 號이다. 陶隱은 고려 말의 문신으로 字가 子安, 號가
陶隱, 본관이 星州, 星山君 元具의 아들이다. 恭愍王 때 문과에 급제하여 肅雍府丞
이 되고, 이어 長興庫使로 進德博士를 겸하였고, 明나라의 과거에 응시할 고려의 文
士를 뽑을 때 首席으로 뽑혔으나 나이가 25세에 미치지 못하여 나아가지 못하였다.
禮儀散郎·藝文應敎·門下舍人을 역임하였다. 恭愍王이 成均館을 開創한 뒤 鄭夢
周·金九容·朴宜中 등과 함께 學官을 겸하였다. 禑王 때 典理摠郎이 되어 金九
容·鄭道傳 등과 함께 北元의 사신을 돌려 보낼 것을 청하다가 한때 유배되었고,
그 후 成均司成을 거쳐 密直提學으로 政堂文學 정몽주와 함께 實錄을 편수하고, 禑
王 12년(1386) 門下評理 金湊와 함께 正朝使로 明나라에 다녀와서 간신 李仁任의 姻
族이라 하여 通州로 유배되었다가 풀려서 簽書密直司事가 되었다. 昌王 1년(1389)
李穡·金士安과 재차 명나라에 正朝使로 다녀와 藝文館提學에 오르고 朴天祥·河
崙 등과 함께 永興君 環의 眞僞를 가리다가 무고로 극형을 받게 되었으나 侍中 李
成桂·李琳 등에 의해 풀려났다. 이어서 書筵官이 되었으나 수차 司憲府의 탄핵으
로 京山府에 유배되었다. 恭讓王 2년(1390) 彝初의 獄事에 연루되어 李穡·權近과
함께 淸州의 獄에 갇혔다가 풀려나오고 知密直司事·同知春秋館事가 되었다. 1392

시 공에게 가서 물어서 버리고 취할 것을 결정짓되 흔연히 복종하고 만족하여 돌아가지 않은 적이 없었다. 나의 불민(不敏)함으로도 종종 또한 다행히 비천(鄙淺)하게 여기지 않고 수긍하는 은덕을 입기도 했다.

공(公)의 네 아들은 모두 매우 흡사하게 서로 이어 고과(高科)13)로 급제한 자가 세 사람이요, 가업(家業)14)을 이어 복록이 다하지 않으니, 공이 가르치고 깨우쳐 준 데에 말미암은 것이다. 일찍이 공거(貢擧)15)의 직(職)을 맡아 취택(取擇)한 사람 중에 달관(達官)으로 알려진 자가 많으니, 세상 사람이 모두 그 감식안(鑑識眼)이 정밀한 데에 탄복하였다. 아, 공의 언행과 재식(才識)이 다 사군자(士君子)의 사범(師範)이 될 만하고, 시(詩)는 특히 그 나머지에 지나지 않았다.

만년(晚年)에 한가하게 살면서 또 목은(牧隱)과 더불어 같은 마을16)에서 지팡이와 신발17)로 서로 만나 시를 지어 주고받으며 왕복하였으니, 두 늙은이의 풍류와 높은 운치는 그 시를 읽으면 가히 생각해 볼 수 있다. 유항(柳巷)은 그 마을 이름인데, 그것으로 스스로 호(號)를 삼았다. 평소의 저술은 스스로 만족스럽지 않게 여겨 수집하지 아니하였는데, 사망18)한 뒤에 여러 아들이 산일(散逸)된 문고(文藁)를 주어 모아

년 정몽주가 살해된 후 그의 일당으로 몰려 유배되고, 조선이 개국되자 鄭道傳이 보낸 黃居正에게 配所에서 살해당하였다. 性理學에 조예가 깊었고, 특히 詩文에 이름이 높았다. 元나라와 明나라와의 복잡한 외교관계 문서를 도맡아 썼으며, 그의 문장은 明 太祖를 탄복시켰다고 한다.

13) 高科는 科擧의 성적이 우등임을 말한다.

14) 箕裘는 父祖의 家業을 뜻한다.

15) 貢擧는 貢士를 선발하여 登用한다는 뜻으로, 科擧 또는 그 試官을 가리킨다. 때로는 과거의 試官인 知貢擧와 同知貢擧를 두루 일컫기도 한다. 여기에서는 후자로 쓰였다.

16) 里閈은 里門이라고 하는데, 마을의 어귀에 세운 문이다. 轉하여 鄕里, 마을의 뜻으로 쓰인다.

17) 杖屨는 지팡이와 신발이다. 때로는 이름난 사람이 머무른 자취를 뜻하기도 한다.

18) 捐館은 살던 집을 버린다는 뜻으로 死亡의 敬稱이다. 捐館舍라고도 한다.

서 약간수(若干首)를 얻었으니, 참으로 이른 바 태산(泰山)의 한 털끝인 것이다. 그러나 그 간결하고 충담(沖澹)한 것을 보면 생각 밖으로 높이 벗어나서 옥(玉) 소리를 듣는 것처럼 청아하게 뛰어나고 기니, 어찌 흔하다고 하겠는가? 흔하지 않은 것이다.

둘째 아들 상질(尙質)[19]이 형제간에 상의하여 장차 목판에 새기려 하는데, 내가 오랫동안 공을 섬겼다 하여 서문(序文)을 부탁하므로 사양하지 못하고 공의 언행의 대강을 서술해서 책의 머리에 붙임으로써, 뒷날 시를 보는 사람으로 하여금 그 본받을 만한 것이 다만 시뿐이 아님을 알게 하려고 한다.

홍무(洪武) 31년[20] 무인(戊寅) 여름에 후학(後學) 양촌(陽村) 권근(權近)[21]은 서한다.

近世名卿有[22]若柳巷韓文敬公 志行之高 識見[23]之明 爲一時士林之模

---

19) 韓尙質(?~1400)은 고려 말, 조선 초기의 문신으로 初名이 善復, 字가 中質, 號가 竹所, 본관이 淸州이다. 判厚德府事 脩의 둘째 아들로 禑王 6년(1380) 文科에 급제, 政堂文學을 거쳐 恭愍王 23년(1374) 大君侍學이 되고, 恭讓王 때 刑曹判書·右常侍·藝文館提學 등을 역임, 1390년 千秋使로 明나라에 다녀와서 西北面都觀察黜陟使兼兵馬節度使를 지냈다. 1392년 조선이 건국되자 藝文館學士로 奏聞使가 되어 明나라에 가서 國號를 朝鮮으로 결정받고 이듬해 歸國, 楊廣道觀察黜陟使가 되고, 1397년 慶尙道觀察使를 거쳐 藝文春秋館大學士에 이르렀다. 시호는 文烈이다.

20) 洪武 31년은 太祖 7년(1398)이다.

21) 權近(1352~1409)은 고려 말, 조선 초기의 學者, 文臣으로 字가 可遠·思淑, 號가 陽村, 본관이 安東, 檢校政丞 僖의 아들이다. 恭愍王 17년(1368) 문과에 급제하여 成均大司成·禮儀判書를 지내고 親明政策을 주장하였다. 조선이 건국되자 開國原從功臣으로 花山君에 봉해지고, 定宗 때에 政堂文學·大司憲 등을 지냈다. 私兵의 폐지를 주장하였고, 왕권의 확립에 공을 세워 太宗 元年(1401)에 佐命功臣 4등에 吉昌府院君에 봉해지고, 藝文館大提學을 역임하였다. 학문을 중시하여 詞章과 經學에 두루 뛰어났다. 저서에 『陽村集』, 『入學圖說』, 『五經淺見錄』, 『四書五經口訣』, 『東賢史略』 등이 있고, 樂章으로 「霜臺別曲」이 전한다. 諡號는 文忠이다.

22) 『東文選』에는 이 '有'가 없다.

楷 而書法絶倫 爲一世之所重也 遇知玄陵 久居喉[24]舌 嘉謨[25]啓沃 裨益弘多 及其待人接物 必施以誠 不妄[26]毀譽 所與從遊牧隱平齋諸公 又皆縉[27]紳之選 漸濡磨礱 相觀而善 亦可謂極矣 公之典[28]銓選也 予以後進忝爲寮[29]佐 嘗一日同直闕下 予方食觀書 公笑曰 我知君不主敬 口有食 目有觀 心主一乎 予聞之悚然 自後雖不能勉 亦不敢忘 公之一言 爲吾終身之益 凡公所以規正於人者 皆此類也 公於詩 早有聲 爲益齋稼亭所稱賞 晚乃益進 謹守三尺 有問之者 必竭兩端 陶隱輩始得盛[30]名 凡有著述 必詣公就正 有所去取 莫不忻然而服 充然而歸 以予不敏 往往亦幸得蒙 不鄙而頷之者矣 公有四子皆克肖 相繼捷高科者三人[31] 箕裘相業 福祿未艾 由公敎誨之力也 嘗[32]典貢擧 所取多達官聞人 世皆服其鑑[33]裁之精 嗚呼 公言行才識 皆可爲士君子之師範 詩特[34]其緒餘爾[35] 晚年閒[36]居 又與牧隱同里閈[37] 杖屨相邀 吟哦往復 二老風流高致 讀其詩可以想見也

---

23)『東文選』에는 이 '識見'이 '見識'으로 되어 있다.

24)『東文選』에는 이 '喉'가 '侯'로 되어 있다.

25)『東文選』에는 이 '謨'가 '謀'로 되어 있다.

26) 同治本과 강경훈 所藏本에는 이 '妄'이 '忘'으로 되어 있다.

27) 同治本과『東文選』에는 이 '縉'이 '搢'으로, 강경훈 所藏本에는 '扌晋'으로 되어 있다.

28) 同治本에는 이 '典'이 없다.

29) 同治本에는 이 '寮'가 '僚'로 되어 있다.

30) 강경훈 所藏本에서는 이 '者 必竭兩端 陶隱輩始得盛'을 '必竭兩端 陶隱輩始得盛者'로 판각하고 '必'의 위에 작은 동그라미를 하고 '者'의 오른쪽에 ∨ 표시를 해서, 이 '者'가 '必'의 앞에 놓일 글자임을 표시해 두었다.

31) 同治本에는 이 '三人'이 없다.

32) 同治本에는 이 '嘗'이 '賞'으로 되어 있다.

33) 同治本에는 이 '鑑'이 '鑒'으로 되어 있다.

34) 同治本에는 이 '特'이 없다.

35) 강경훈 所藏本에는 이 '爾'가 '耳'로 되어 있다.

36) 同治本과 강경훈 所藏本에는 이 '閒'이 '閑'으로 되어 있다.

37) 同治本에는 이 '閈'이 '門'으로 되어 있다.

柳巷其里名　因以自號　平生著述　自以不滿而不收　捐[38]館[39]之後　諸子裒
集逸藁[40]　得若干首　眞所謂泰山之毫芒也　然觀其簡潔冲澹　高出意表　如
聞玉聲　淸越以長　多乎哉　不多也　仲子政堂尙質[41]　與兄弟謀將壽諸梓　以
予事公久　托以序　不獲辭　爲略[42]叙公言行大槩　以冠編首　俾後之觀[43]詩
者　知其可法　不但於詩而已　洪武三十一年　戊寅夏　後學　陽村　權近序[44]

---

38) 강경훈 所藏本에는 이 ‘捐’이 ‘損’으로 되어 있다.

39) 同治本에는 이 ‘館’이 ‘舘’으로 되어 있다.

40) 『東文選』에는 이 ‘藁’가 ‘藁’로, 同治本에는 ‘稿’로 되어 있다.

41) 同治本에는 이 ‘尙質’이 본문보다 작은 글자로 되어 있다.

42) 강경훈 所藏本에는 이 ‘略’이 ‘畧’으로 되어 있다.

43) 『東文選』에는 이 ‘觀’의 뒤에 ‘公’이 1자 더 있다.

44) 同治本에는 이 ‘序’가 ‘謹序’로 되어 있다.

유항 한선생 문집 서(柳巷韓先生文集序)[1]

　천지(天地) 사이의 일원(一元)의 청명한 기운이 어떤 것은 사물에 모이고 어떤 것은 사람에게 모이는데, 사물에 모이게 되면 일월(日月)과 성신(星辰)의 빛이 되고 사람에게 모이게 되면 도학(道學)과 문장의 못과 숲이 된다. 세상의 운수가 흥하고 바뀌는 것과 시절의 모습이 성하고 쇠하는 것은 세상일의 득실과 관련이 있지만 모든 것을 길흉화복의 운수로만 돌릴 수 없음은 분명하다. 아, 옛날 우리의 선조(先祖) 유항선생은 고려(高麗)가 말기로 옮겨가는 때에 태어나매 모인 원기(元氣)를 타고났다. 학식과 문장은 바탕이 갖추어지고 쓰임이 넓었으며 재주가 갖추어지고 이치가 빼어나서 그 당시에는 영수(領袖)였고 후학들에게는 표준이었다. 글은 도(道)의 그릇을 꿰뚫고 시(詩)는 천성에서 나와 온축(蘊蓄)하면 덕행이 되고 발(發)하면 시문이 되었으니 성인(聖人)께서 말씀하신 덕이 있고 말이 있음을 여기에서 볼 수 있다. 익재(益齋), 목은(牧隱) 등 여러 어진 이들과 세상을 함께 하여 일어나서 사문(斯文)을 자기의 임무로 삼았고, 번갈아 서로 창수(唱酬)하면서 깊이 지기(志氣)가 서로 부합됨을 깨달음으로써 쇠퇴한 세상의 기강을 부지하려고 했으니 이 어찌 문필에 종사하며 붓을 놀리는 자들과 함께 이야기할

---

1) 이 서문은 萬曆本과 강경훈 所藏本에는 없고, 同治本에만 있다. 同治本에는 책의 제일 첫머리에 이 글이 실려 있다. 구체적으로는 첫 번째 장의 前葉 첫 번째 行부터 두 번째 장의 後葉 두 번째 行까지이다.

수 있겠는가? 또 하물며 필법(筆法)이 굳세어서 전서(篆書)·예서(隷書)·진서(眞書)·초서(草書)가 모두 정묘(精妙)한 경지에 들었으니 이것 또한 덕업(德業)이 서로 응하여 그러한 것인가? 현릉(玄陵)[2]을 만나게 되어 오랜 동안 후설(喉舌)의 임무를 맡아 충언(忠言)을 드리고 계책을 내어 비익(裨益)이 넓고도 많았다. 권양촌(權陽村)이 유고(遺稿)에 서문을 쓰고 이목은(李牧隱)이 묘지(墓誌)를 썼는데, "옥병 속에 얼음을 담아 둠은 오직 공의 맑음이요, 먼지 낀 갑 속에서 거울을 엷은 오직 공의 밝은 마음이네."라는 말이 있으니 진정으로 도가 있는 기상을 잘 형용한 것이라 하겠다. 그리고 선생은 본원(本源)이 깊고 굳어서 사물에 대해 베푼 것이 문사의 온전함에서 드러나니 바탕이 크고 쓰임이 아름다움을 볼 수 있다. 조정에 있은 삼십 년 사이의 큰 업적과 거룩한 정열은 『고려사(高麗史)』에 명확하게 실려 있어 단청처럼 빛나고 참으로 금석(金石)과 같으니 후생(後生)의 첩상가옥(疊牀架屋)과 같은 말을 기다리지 않아도 백세(百世)에 증명할 수 있다. 돌이켜 생각하건대 시문(詩文) 약간 편이 세상에 간행되었으나 상전벽해(桑田碧海)의 세월이 쌓이게 되니 편죽(編竹)에 탈루(脫漏)가 많아 뒤에 모으고 기워 겨우 한 권의 책자를 이루었으니, 비록 자손으로서의 느낌과 탄식이 없지 않으나 옛 사람이 한 말에 "깃 하나에서 봉황(鳳凰)을 볼 수 있다."라고 하였으니 이로써 미루어 본다면 수후(隨侯)의 구슬이나 곤륜산(崑崙山)의 옥(玉)이 어찌 반드시 많아서 보배가 된 것이겠는가? 다만 세대가 지난 것이 오래여서 글자가 잘못되고 획이 깎여서 흐리고 틀린 곳이 많다. 이렇게 되니 자손으로서 개탄하게 되니 다시 간인(刊印)하는 것 이외에는 다른 방법이 없음으로써 스스로 마음을 위로한다. 그 시문의 성병

---

2) 玄陵은 고려 恭愍王의 陵號이다.

(聲病)과 화실(華實)과 같은 것은 이미 앞사람의 가르침이 있으니 조금도 감히 다시 논의하지 못하였다. 그리고 다만 다시 간인하는 일에 관련된 것이 급한 일인데 호남과 영남 사이에 흩어져 있는 후손들이 빛내고 굳게 할 것을 함께 논의하여 인행(印行)하는 일을 마칠 수 있게 되었으니 얼마나 다행인가? 아, 이제 선생과의 거리가 육백여 년인데, 주옥 같은 말씀이 오늘의 간역(刊役)으로 다시 새롭게 되어 진귀한 것들을 받들어 읽게 되었으니, 황홀하기가 마치 책상 앞에서 친히 만나 뵙는 듯하다. 그러니 자손의 경사스럽고 다행스러움이 이보다 큰 것이 있겠는가? 간인하는 일이 이미 시작되어 옛날의 서문을 모으고 그 나머지를 본받아 나의 성실함을 다하나니 정성스럽고 공경스러운 마음으로 뒷날에 입언(立言)할 군자를 기다리노라.

숭정(崇禎) 기원(紀元) 후 계미년(癸未年) 국추(菊秋)[3] 상한(上澣)에 후손 통훈대부 전행통천군수 겸 강릉진관 동첨절제사 재익은 삼가 서하다.

天地間一元淸明之氣 或鍾於物 或鍾於人 而鍾於物 則爲日月星辰之光輝 鍾於人 則爲道學文章之淵藪 若夫世運之興替 時象之盛衰 則有關乎人事之得失 而不可全歸於氣數者 明矣 嗚呼 昔我[4]先祖柳巷先生 生丁麗遷之末 禀得元氣之會 學識文章 體具而用廣 才備而理勝 領袖乎當世 標準乎後學 文貫道器 詩出天性 而蘊之爲德行 發之爲詩文 聖人所謂有德

---

3) 菊秋는 음력 9월의 異稱이다.

4) 同治本에는 이 '我'의 뒤에 글자 두 자 들어간 만한 공간을 비워두었다. 이는 바로 뒤에 나온 '先祖柳巷先生'을 존대하기 위한 것인데, 이렇게 하는 것을 '闕字'라고 한다. 闕字는 闕畫과도 같은 뜻이다. 문장이나 단어를 써가다가 임금이나 귀한 사람의 이름 위에 경의를 표하기 위해서 한두 칸을 비워두는 것을 궐자라고 하고, 같은 의미로 그 글자의 획 가운데 어느 부분(대개는 마지막 획이다)을 일부러 빠뜨려 적는 것을 궐획이라고 한다.

有言者 此可見矣 與益齋牧隱諸大賢並世而起 以斯文爲已任 而迭相唱酬 深得志氣之相符 以扶衰世之綱紀 是豈操觚弄墨者所可同日而語哉 又況 筆法遒勁 篆隷眞草俱入精妙 此亦德業相應者然耶 旣遇5)玄陵 久任喉舌 啓沃謀猷 裨益弘多 權陽村序之於遺稿 李牧隱誌之於墓道 有曰 玉壺置 水 維公之淸 塵匣開鏡 維公之明 眞可謂善形容有道氣像 而6)先生本源深 固 措諸事物 發於文辭之全 體大用槩 可見矣 至若立朝三十年間 茂績偉 烈 昭載麗史 炳若丹靑 信如金石 則不待後生疊牀之說 而百世可證矣 顧 惟詩文若干篇 刊行于世 而滄桑累劫 編竹多漏脫 後裒葺 僅成一卷册子 則雖不無子孫之感歎 而古人有言曰 一羽可以觀鳳 以此推之 則隋珠崑玉 何必待多而爲珍耶 但閱世旣久 字訛畫刓 多有迷誤處 此則爲子孫慨歎 而重印外無他計 自寬矣 乃若詩文之聲病實 已有前賢之校 厘不敢更議到 而惟重印之役 係是急務 何幸湖嶺間散處雲孫 齊議爛確 克擧印役 嗚呼 今距7)先生六百餘年 而咳唾珠玉 重新於今日之刊役 奉讀珍玩 怳若親承 警咳於几案之前 則爲子孫之慶幸 孰有大於此乎 印役旣始 掇拾舊序緖餘 以效愚 忱而恭竢後日立言君子焉

　崇禎紀元後8) 癸亥菊秋上澣 後孫通訓大夫前行通川郡守兼江陵鎭管同 僉節制使在益謹序

한문경공 묘지명(韓文敬公[1]墓誌銘)[2]

한산군 이색 찬(韓山君李穡撰)

내 나이 16·7세 때에 시승(詩僧)을 따라 놀기를 좋아하였다. 한번은 묘련사(妙蓮寺)[3]에 이르러 선비와 중들이 섞여 앉아서 차를 마시면서 연구(聯句)[4]를 지었는데, 그 때에 문경공(文敬公)은 아직 12·3세의 동자로 매양 척척 대구(對句)하여 여러 사람들이 모두 경탄하였으며, 비록 문묵(文墨)에 늙은 자라도 그에게 자리를 양보하고 감히 같은 서열에 낄 생각을 못하므로 나는 참으로 그를 이상하게 여겼다. 정해년(丁亥年)[5]에 나의 선군(先君)[6]이 지공거(知貢擧)[7]로 과거를 관장하였는데,

---

1) 강경훈 所藏本에는 이 '公'이 없다.

2) 이 글은 『牧隱文藁』 권15와 『東文選』 권126에도 <韓文敬公墓誌銘幷序>라는 제목으로 실려 있다.

3) 妙蓮寺는 경기도 開城의 三峴里에 있던 절로, 忠烈王 9년(1282)에 洪恕가 開山했다.

4) 聯句는 여러 사람이 한 句씩 지어 한 편의 시를 이루거나 그렇게 해서 지어진 시, 혹은 漢詩에서 對句가 되는 구를 말한다. 그러나 한 편의 시를 형식에 맞추어 통째로 짓는 것이 아니라 句法에 맞추어 몇 개만의 구를 짓는 일을 가리키기도 한다.

5) 丁亥年은 忠穆王 3년(1347)이다.

6) 先君은 先考, 先親과 같은 말인데, 여기에서는 李穡의 부친 李穀을 가리킨다.

7) 知貢擧는 고려 시대의 科擧試驗官을 말한다. 知는 주관한다는 말로 각 지방에서 온 선비를 뽑는 主任官이라는 뜻이다. 지공거란 명칭은 唐·宋에서 있었던 말인데, 고려에서 그대로 받아들여 사용하였다. 光宗 때 처음으로 雙冀를 임명한 이래 몇 차례의 개칭을 겪으면서 조선 太宗 때까지 이어져 왔다. 처음에는 文臣 1명을 지공거로 삼다가 일이 번잡해짐에 따라 보좌관으로 同知貢擧를 더 두게 되었다. 지공거에 대하여 급제자는 恩門 또는 座主라 하여 평생 부모처럼 모시며 門生의 예를 지켰

문경공이 과연 높은 성적으로 급제하였으니[8], 그 때의 나이 겨우 15세
였다. 낙제한 자들은 그의 재주에 굴복하여 이르기를, "한생(韓生)은 요
행으로 된 것이 아니다."라고 하였다. 이보다 앞서 문음(門蔭)[9]으로 두
번이나 진전(眞殿)[10] 직별장(直別將)[11]이 되었기 때문에 벼슬을 구하지
않고, 분전(墳典)[12]을 토론하였고, 또 익재(益齋)[13]선생에게 가서『좌전
(左傳)』[14]과『사기(史記)』[15]·『한서(漢書)』[16] 등을 읽었으며, 글씨를 써

    다. 知貢擧制度는 太宗 13년(1413) 座主와 門生 間의 사적인 유대 관계의 강화와 그
    폐단이 지적되어 폐지되었다.

8) 高第는 高科라고도 하는데, 科擧의 성적이 優等이라는 뜻이다.

9) 門蔭은 蔭敍·蔭職·蔭官이라고도 하는데, 功臣이나 현직 堂上官의 자손을 科擧에
    의하지 않고 관리로 등용하는 것이다. 高麗에서는 5품 이상 관리의 아들·사위·조
    카에게는 과거를 거치지 않고 관직에 임명하는 제도가 있어서 중견 관리만 되면 그
    자손은 관리가 될 수 있었다. 그러나 5품 이상 관리의 자제이면 누구나 음서의 혜
    택을 받는 것이 아니고 대체로 그들 가운데 한 사람에 한정된 것이었다.

10) 眞殿은 왕이나 왕비의 肖像을 모셔두는 殿閣이다.

11) 別將은 고려시대의 벼슬로 二軍·六衛와 都府外·儀仗府·堅銳府·忠勇四衛 및 지
    방의 州縣軍에 두었던 정7품의 武官이다.

12) 墳典은 三墳·五典을 가리키는데, 三皇五帝의 書로 聖賢이 저술한 책을 뜻한다. 이
    것들은 三墳·五典·八索·九丘의 하나이다. 이들은 모두 옛 책의 이름인데, 뜻이
    바뀌어 古書, 또는 古典의 뜻으로 쓰인다. 그리고 그것들이 각기 무엇을 말하는 것
    인지에 대해서는 구구한 설들이 있다. 그 중 '三墳'은 伏犧·神農·黃帝 때의 책[孔
    安國, <尙書序>], 三王 때의 책[『周禮』, 「春官外史」, <鄭注>·賈逵], 三禮[張平子],
    三氣[馬融], 三皇[左氏曾箋] 등의 여러 설명이 있다고 한다. 여하튼 이 책이 중국 고
    대의 일을 기록한 책임에는 틀림없다고 하겠다. 三墳五典이라는 말은『春秋左傳』
    昭公 12년 條의 기록에, 영왕이 子革을 평한 말 가운데, "저 사람은 훌륭한 史官. 자
    네는 잘 봐주게. 그는 三墳·五典·八索·九丘를 모두 읽을 수 있네."라고 한 대목
    이 있다. 墳典은 墳籍이라고도 한다.

13) 益齋는 李齊賢(1287~1367)의 號이다. 李齊賢은 고려의 문신으로 初名은 之公, 字가
    仲思, 號가 益齋·實齋·櫟翁, 본관이 慶州, 檢校政丞 瑱의 아들, 白頤正의 門人이
    다. 忠烈王 27년(1301) 成均試에 장원한 후 문과에 급제했다. 忠肅王 1년(1314) 白頤
    正의 문하에서 程朱學을 공부하고, 元에 있던 忠宣王이 萬卷堂을 세우고 그를 부르
    자 燕京에 가서 姚燧·閻復·趙孟頫 등과 고전을 연구했다. 金海君·鷄林府院君에
    봉해지고, 은퇴 후에는 實錄을 편찬했다. 恭愍王의 廟庭에 配享되었고, 諡號는 文忠
    이다. 저서로『益齋亂藁』와『櫟翁稗說』이 있다.

서 진서(眞書)[17]와 초서(草書)가 다 정묘한 경지에 이르렀다. 총릉(聰陵)[18]이 즉위하여 공(公)을 덕녕부주부(德寧府注簿)에 보임(補任)하고, 정방(政房)[19]에 불러다 두고 필도치(必闍赤)[20]로 삼았다. 신묘년[21]에 손위(遜位)하고 강도(江都)[22]로 가자 공이 따라가 있더니, 현릉(玄陵)[23]이 소

14) 『左傳』은 『春秋左氏傳』 또는 『春秋左傳』의 略稱이다. 30권으로 된 『春秋』의 해석서로 魯나라의 史官 左丘明이 지었다고 한다. 『春秋』는 周代 魯나라의 年代記를 바탕으로 孔子가 저술한 역사서이다. 隱公으로부터 哀公에 이르기까지 242년간(722~481 B.C.)의 역사로서, 左氏傳・公羊傳・穀梁傳이 있다.

15) 『史記』는 司馬遷이 엮은 중국의 紀傳體 역사서로 원명은 『太史公書』이다. 本紀 12편, 表 10편, 書 8편, 世家 30편, 열전 70편 등 총 130편으로 이루어졌으며, 黃帝로부터 西漢 武帝 때까지 약 삼천년 동안의 역사를 기술하였다. 중국 고대문화를 이해하는 데 중요한 자료로 후대 사서의 모범이 되었다.

16) 『漢書』는 東漢의 班固가 엮고 班昭 등이 보완한 기전체 역사서로 紀, 表, 志, 列傳 100편으로 이루어졌다. 서한 高祖부터 淮陽王 劉玄까지 서한 230년의 역사를 기술하였다. 『史記』의 기술체계를 따랐으나, 志 4편을 새로 둔 점이 다르며, 志 가운데 地理志는 후세의 지리학의 발달에 큰 영향을 끼쳤다.

17) 眞書는 楷書를 가리킨다.

18) 聰陵은 忠定王(1337~1352)의 陵號이다.

19) 政房은 원래 고려시대 崔氏執權 당시에 政務를 행하던 곳이다. 崔忠獻의 아들 崔怡가 자기 집에 설치하여 文武百官의 人事行政을 취급하던 기관으로 高宗 12년(1225)에 설치하였다. 百官의 昇降・任免・移動에 관한 이른바 銓政의 大權을 장악하였다. 이 때부터 국왕은 政房의 注擬를 승인하는 형식을 취할 뿐 모든 인사 행정은 정방에서 행하여졌다. 정방에는 왕에게 入奏하는 직책을 맡은 政色承宣을 두었는데, 崔怡의 막료로 3품관이면 政色尙書, 4품 이하이면 政色少卿, 書記는 政色書題라 하였다. 정방에서 일을 보는 文士를 처음에는 政色이라 하다가 나중에는 蒙古의 영향으로 必闍赤라고 한 적도 있었다. 정방은 최씨 집권 때에는 물론, 그 후에도 오랫동안 존속되어 고려 말에는 知印房・箚子房의 명칭까지 붙었으며, 昌王 때에는 尙書司로 개칭되었다.

20) 必闍赤는 고려시대 최씨 무신정권의 政房에 속하였던 文士를 두루 일컫는 말로, 文士라는 뜻의 몽고어 biteshi의 한자 音借語이다. 必者赤・祕闍赤・閟者赤 등으로 불린다.

21) 辛卯年은 忠定王 3년(1351)이다.

22) 江都는 고려시대 임시 수도이던 江華島의 別稱이다. 고종 19년(1232) 蒙古의 침입부터 환도할 때까지 39년 동안(1232~1270) 임시 수도였다.

23) 玄陵은 고려 恭愍王의 陵號이다.

환(召還)하였으나 즉시 쓰지는 않았다. 계사년[24]에 전의주부(典儀注簿)를 제수받고 또 필도치가 되었으며, 이듬해에 전리좌랑 지제교(典理佐郞知製敎)가 되고, 또 다음해에 거듭 통직랑 성균직강 봉선대부 성균사예(通直郞成均直講奉善大夫成均司藝)에 올랐는데, 모두 예문응교 지제교(藝文應敎知製敎)를 겸하였다. 병신년[25]에 중산대부 비서소감 지제고(中散大夫秘書少監知制誥)가 되고, 다음해에 병부시랑 한림대제 겸 사관편수관 지제고(兵部侍郞翰林待制兼史館編修官知製誥)로 옮겼으며, 또 다음해에 중대부 국자좨주 지제고(中大夫國子祭酒知制誥)에 올랐다. 신축년[26]에 거듭 전의령(典儀令)과 전교령(典校令)에 전직되었는데 품계는 중정(中正)이었다. 다음해 가을에 봉순대부 판사복시사 우문관제학(奉順大夫判司僕寺事右文館提學)에 가봉(加奉)되고, 겨울에 정순대부 밀직사좌부대언 보문각제학 지제교 지전공사사(正順大夫密直司左副代言寶文閣提學知製敎知典工司事)에 임명되고, 다음해에 우부대언(右副代言)에 오르고, 또 좌대언(左代言)에 올랐다. 을사년[27] 봄 신돈(辛旽)[28]이 왕의 총애를 받았는데 그의 행동이 매우 은밀하였다. 공이 알고 비

---

24) 癸巳年은 恭愍王 2년(1353)이다.

25) 丙申年은 恭愍王 5년(1356)이다.

26) 辛丑年은 恭愍王 10년(1361)이다.

27) 乙巳年은 恭愍王 14년(1365)이다.

28) 辛旽(?~1371)은 고려 恭愍王 때의 승려로 桂城縣 玉泉寺 奴婢의 아들이다. 속성이 辛, 본관이 靈山, 法名이 遍照, 字가 耀空, 號가 淸閑居士이며, 旽은 改名이다. 金元命의 추천으로 공민왕의 신임을 얻고 師傅가 되었으며, 領都僉議라는 관직과 眞平侯라는 봉작을 받아 국정을 맡아 개혁정치를 실시하였다. 그의 개혁정치는 혼탁한 사회적 적폐를 타개하여 질서를 잡으려던 것이었으므로 민심을 얻었으나, 지나친 급진성으로 말미암아 상층계급의 반감을 샀고 왕의 신임을 기화로 점차 오만해지고 방탕음란한 행동을 하므로 상층계급의 배척을 받았다. 恭愍王 18년(1369) 風水說로 왕을 유혹하여 忠州로 遷都하려고 五道事審官이 되려다 왕과 대신들의 반대로 실패하여 왕의 신임을 잃게 되자 반역을 획책하다가 水原에 유배되었다가 斬刑되었다.

밀리에 고하기를, "신돈은 올바른 사람이 아닙니다. 아마도 어지러운 일이 있지 않을까 두려우니 바라건대 성상께서는 생각하옵소서. 신(臣)이 아니면 누가 감히 말하오리까?"라고 하였으나, 왕이 바야흐로 신돈을 사랑하고 있었으므로 그 해 여름에 판서예의(判書禮儀)에 임명하고 가을에 군부(軍簿)로 승진시키니, 이것은 대개 공을 멀리한 것이다. 겨울 10월에 부친상(父親喪)을 당하여 3년의 상제(喪制)를 마쳤으나, 왕은 전에 (공이 신돈을 멀리하라고) 한 말 때문에 오히려 쓰려고 하지 않았다. 신해년[29] 가을에 신돈이 패퇴하니 왕이 이르기를, "한수(韓脩)는 선견지명(先見之明)이 있으니 급히 불러오라." 하여 이에 영록대부 이부상서 수문전학사(榮祿大夫理部尙書修文殿學士)를 제수하였다. 며칠이 지나서 왕은 생각하기를, "전선(銓選)[30]은 중요한 일이다. 총민(聰敏)하고 정밀한 자가 아니면 그 권한을 줄 수 없는데, 나의 생각으로는 오직 한수가 바로 그 사람이다."라고 하고 이에 공을 정의대부 밀직사우승선 보문각학사 지제교 지민부사 지전선(正議大夫密直司右承宣寶文閣學士知製敎知民部事知銓選)에 임명하였다. 겨울에는 좌승선 겸 판위위시사 충춘추관수찬관 지총부사(左承宣兼判衛尉寺事充春秋館修撰官知摠部事)로 승진하였다. 을묘년[31] 여름에 봉익대부 밀직제학 예문관제학 동지서연사(奉翊大夫密直提學藝文館提學同知書筵事)에 임명되고, 가을에는 첨서 동지춘추관사(簽書同知春秋館事)로 승진하였다. 다음해 동지밀직(同知密直)으로 고쳐 제수되고, 여름 5월에는 동지공거(同知貢擧)가 되어 지금 판서(判書)로 있는 정총(鄭摠) 등 33명을 뽑으니 당시의 사람들이 좋은 선비를 얻었다고 일컬었다. 가을에 지사(知司)에 오르고, 무

---

29) 辛亥年은 恭愍王 20년(1371)이다.

30) 銓選은 인재를 전형하여 선발하는 것, 곧 科擧를 말한다.

31) 乙卯年은 禑王 1년(1375)이다.

오년(戊午年)[32]에 상당군 진현관대제학(上黨君進賢館大提學)에 봉해지고 대광계(大匡階)에 올랐으며, 수충찬화공신(輸忠贊化功臣)의 호(號)를 하사받았다. 기미년[33] 겨울에 다시 첨서(簽書)가 되고, 다음해 봄에는 청성군(淸城君)에 봉해져 중대광(重大匡)의 품계에 올랐다. 계해년[34] 가을에 광정대부 판후덕부사 우문관대제학 지춘추관사 상호군(匡靖大夫判厚德府事右文館大提學知春秋館事上護軍)이 되었는데, 공신의 호는 전과 같았다. 갑자년[35] 3월 28일에 병(病)으로 자택에서 죽으니, 왕이 깊이 애도하여 붕주(朋酒)[36]와 뇌서(誄書)[37]를 보내어 치제(致祭)[38]하게 하고, 문경(文敬)이라는 시호(諡號)를 내렸다. 나라 사람들이 모두 탄식하고 애도하여 말하기를, "이 사람이 나이 겨우 52세에 사망하니 천도(天道)가 어찌 이 지경에 이르렀는가?"라고 하였다. 날을 택하여 임진현(臨津縣) 서곡(瑞谷) 남쪽 기슭에 있는 선영(先塋)에 장사지내니 예로써 한 것이다.

한씨는 상당(上黨)[39]의 대가(大家)이니 난(蘭)은 삼한공신(三韓功臣)이고, 사기(謝奇)는 첨의 좌사의대부 보문각제학 지제교(僉議左司議大夫寶文閣提學知製敎)이니 공에게는 증조(曾祖)가 되며, 악(渥)[40]은 선력좌

---

32) 戊午年은 禑王 4년(1378)이다.

33) 己未年은 禑王 5년(1379)이다.

34) 癸亥年은 禑王 9년(1383)이다.

35) 甲子年은 禑王 10년(1384)이다.

36) 朋酒는 한 쌍의 항아리에 담은 술이다.

37) 誄書는 죽은 사람의 生前의 功德을 기리는 글이다.

38) 致祭는 致奠이라고도 한다. 사람이 죽었을 때에 그 일가나 친했던 벗이 슬픈 뜻을 표하는 제사를 지내는 일이다.

39) 上黨은 충청북도 淸州의 옛 이름이다.

40) 韓渥은 고려의 문신으로 본관이 淸州이고, 諫議大夫 謝奇의 아들이다. 忠宣王 2년 (1310) 右代言, 忠肅王 7년(1320) 選部典書를 지내고, 이듬 해 知密直司事가 되어 元

리공신 벽상삼한삼중대광 상당부원군(宣力佐理功臣壁上三韓三重大匡
上黨府院君)이니 시호가 사숙(思肅)으로 충혜왕(忠惠王)을 도와 관위가
총재(冢宰)에 이르고 사직(社稷)에 공이 있어 종묘(宗廟)에 배식(配食)[41]
하니 공에게는 조부(祖父)가 된다. 사숙(思肅)은 아들 다섯을 낳아 모두
명철한 재상이 되었는데, 그 이름을 공의(公義)[42]라 하는 분이 밀직(密
直)의 관직을 거쳐 중대광 청성군(重大匡淸城君)에 봉해지고, 시호를 평
간(平簡)이라 하며, 밀직사우대언 겸 감찰집의(密直司右代言兼監察執
義) 경사만(慶斯萬)[43]의 딸과 혼인하니, 공에게는 고비(考妣)가 된다. 원
통(元統)[44] 계유년[45] 8월 22일에 공을 낳았다. 공은 휘(諱)가 수(脩), 자
가 맹운(孟雲)으로 길창부원군(吉昌府院君) 권적(權適)[46]의 딸에게 장가

으로 가는 왕을 扈從하여 왕위를 노리는 瀋陽王 暠의 여러 모략을 智謀로써 물리쳐
왕의 화를 모면하게 함으로써 1327년 1등 공신이 되어 上黨府院君에 봉해졌다. 忠
惠王 즉위년(1330)에 三司使, 이듬 해 中贊을 역임하고 忠惠王 복위 1년(1340) 右政
丞이 되었다. 忠惠王의 廟庭에 配享되었고, 諡號는 思肅이다.

41) 配食은 配享이라고도 하는데, 宗廟에 文臣을 祔祭하거나 文廟에 學德 있는 사람을
祔祭하는 것이다.

42) 韓公義는 고려의 무신으로 字가 宜之, 본관이 淸州, 中贊 渥의 아들이다. 蔭補로 벼
슬에 나가 忠惠王의 신임을 얻어 護軍에 특진되었고, 뒤에 大護軍·三司右尹에 올
랐다가 집권층의 비위에 거슬려 全州牧使로 좌천되어 善政을 베풀었다. 忠定王 때
代言이 되고, 恭愍王 13년(1364) 密直副使로 正朝使가 되어 元나라에 다녀와서 淸城
君에 봉해지고 59세로 죽었다. 諡號는 平簡이다.

43) 慶斯萬은 고려의 문신으로 본관이 淸州이고 左侍中 慶復興의 부친이다. 忠肅王의
妃인 明德太后의 姪女와 결혼하여 궁중에 마음대로 드나들며 왕을 가깝게 모셔 群
臣들의 비방을 받았다. 忠肅王 8년(1321년) 左副代言이 되고, 1324년 右副代言에 올
랐다. 왕이 元나라에 억류되어 있을 때, 護軍 金仁沈 등과 함께 왕의 환국을 요청하
여 瀋陽王 일파의 미움으로 巡軍에 갇힌 일도 있다.

44) 元統은 元나라 順帝의 年號(1333~1367)이다.

45) 癸酉年은 忠肅王 복위 2년(1333)이다.

46) 權適은 고려의 문신으로 본관이 安東이고, 吉昌府院君 準의 아들이다. 忠惠王의 총
애를 받아 判典客寺事에 이르렀으나, 1332년 元나라가 忠惠王을 폐하고 忠肅王을
복위시키자 섬으로 유배되었다가 1340년 충혜왕이 복위하자 密直代言에 推誠勁節

드니 익산군(益山君) 홍운수(洪云遂)의 외손(外孫)이었다. 4남 6녀를 낳
으니 장남 우복(祐復)은 상환(尙桓)으로 개명(改名)하였는데 총민(聰敏)
하고 독서를 좋아하여 지금 삼사우윤(三司右尹)으로 있고, 다음 선복(善
復)은 상질(尙質)[47]로 개명하였는데 경신년(庚申年)[48] 과거에서 3등으로
합격하여 지금 서북면도관찰출척사 겸 평양윤(西北面都觀察黜陟使兼平
壤尹)이 되었고, 다음 상경(尙敬)[49]은 임술년(壬戌年)[50] 과거에서 3등으
로 합격하여 지금 공조총랑 지제교 겸 상서소윤 지제교(工曹摠郎知製
敎兼尙瑞少尹知製敎)가 되었으며, 다음 상덕(尙德)은 을축년(乙丑年)[51]

功臣이 되었다. 判密直司事를 거쳐 僉議參理 花山君에 봉해졌다. 恭愍王 때 吉昌君
에 改封되었고, 贊成事에 이르러 恭愍王 10년(1361) 紅巾賊이 西京을 함락하자 僧兵
을 거느리고 나가 싸워 공을 세우고 端誠保節翊戴功臣이 되었다. 공민왕이 살해당
하자 파면되었다. 諡號는 原靖이다.

47) 韓尙質(?~1400)은 고려 말, 조선 초기의 문신으로 初名이 善復, 字가 中質, 號가 竹
所, 본관이 淸州이다. 判厚德府事 脩의 둘째 아들로 禑王 6년(1380) 文科에 급제, 政
堂文學을 거쳐 恭愍王 23년(1374) 大君侍學이 되고, 恭讓王 때 刑曹判書・右常侍・
藝文館提學 등을 역임, 1390년 千秋使로 明나라에 다녀와서 西北面都觀察黜陟使兼
兵馬節度使를 지냈다. 1392년 조선이 건국되자 藝文館學士로 奏聞使가 되어 明나라
에 가서 國號를 朝鮮으로 결정받고 이듬해 歸國, 楊廣道觀察黜陟使가 되고, 1397년
慶尙道觀察使를 거쳐 藝文春秋館大學士에 이르렀다. 시호는 文烈이다.

48) 庚申年은 禑王 6년(1380)이다.

49) 韓尙敬(1360~1423)은 고려말, 조선 초의 文臣으로 字가 叔敬・敬仲, 號가 信齋, 본
관이 淸州이다. 判厚德府事 脩의 셋째 아들로 司膳署令을 지내고 禑王 8년(1382) 文
科에 급제한 뒤 禮儀佐郎이 되었으며, 이어 右正言・應敎・宗簿令 등을 역임하고
恭讓王 4년(1392) 密直司右副代言이 되었다. 이 해 李成桂를 도와 조선 건국에 공헌
하여 開國功臣 3등에 책록되고 都承旨에 올랐다. 太祖 5년(1396) 簽書中樞院事・都
評議使司使・忠淸道觀察使를 역임하고 西原君에 봉해졌다. 定宗 1년(1399) 京畿左
道都觀察使에 이어 이듬해 太宗이 즉위하자 參知議政府事가 되고 뒤에 豊海道와
江原道의 都觀察使・工曹判書・知議政府事・大司憲을 역임하고, 太宗 12년(1412)
戶曹判書가 되었다. 그 후 參贊議政府事・吏曹判書를 지냈으며, 1415년 西原府院君
에 봉해져 右議政이 되고, 이듬해 領議政에 이르렀다. 諡號는 文簡이다.

50) 壬戌年은 禑王 8년(1382)이다.

51) 乙丑年은 禑王 11년(1385)이다.

과거에서 9등으로 합격하여 지금 종부시승(宗簿寺丞)이 되어 있다. 맏딸은 사헌집의(司憲執義) 안경검(安景儉), 다음은 성균직강(成均直講) 이작(李作), 다음은 대호군(大護軍) 권방위(權邦緯), 다음은 호군(護軍) 임중선(任中善), 다음은 성균학생(成均學生) 박등(朴登), 다음은 사헌규정(司憲糾正) 전보손(田甫孫)에게 시집갔다. 외손자는 남녀 약간 명이 있으나 모두 어리다. 우리나라의 제도에 세 아들이 과거에 급제하면 그 어머니에게는 종신토록 나라 창고의 곡식을 주도록 되어 있어 지금 권씨부인(權氏夫人)이 그 영광스러운 효양(孝養)을 받고 있으니, 공도 지하에서 웃음을 머금고 있을 것을 가히 알 수 있다. 공(公)이 선거(仙去)한 지도 벌써 8년이 되었다. 그러나 그 성음(聲音)과 용모가 언제나 나의 마음 속과 눈앞을 떠나지 않고 있으니 어느 날인들 잊겠는가? 관찰공(觀察公)이 그 여러 형제와 더불어 묘소[52]에 명(銘)을 청하였으나 내가 병(病) 때문에 쓰지 못한 지가 오래고 보니 날이 갈수록 그 청이 더욱 간절하였다. 아, 슬프다. 내가 문경공(文敬公)의 청으로 일찍이 그의 선친(先親) 평간공(平簡公)의 묘지명(墓誌銘)을 지었는데,[53] 지금 또 문경공의 묘지명을 짓게 되니 그 역시 슬퍼할 일이다.

명(銘)한다.

옥병(玉瓶) 속에 얼음을 담아 둠은 오직 공(公)의 맑음이요
먼지 낀 갑(匣) 속에서 거울을 엷은 오직 공의 밝은 마음이네.
기환(綺紈)에서 자랐건만 화려하고 사치스러운 일이 없었고
시문(詩文)과 서예(書藝)에 노닐면서 호리(毫利)도 끊어 버렸네.

---

52) 幽堂은 무덤, 墓所이다.

53) 牧隱 李穡이 柳巷의 父인 公義의 묘지명을 썼는데, 그것이 「高麗國重大匡淸城君贈諡平簡韓公墓誌銘」이다. 이 묘지명은 『淸州韓氏大同族譜(上世篇)』(六校本) 190~194면에 실려 있다.

효도하고 우애하며 충성하고 신의 있고, 청렴하고 영정(寧靜)하며
너그럽고 화평하였으니

장수54)를 누려야 마땅하거늘 하늘이 빼앗으니 어찌 하리요?

그 아들이 많아 재주 있고 이름 있으니

공의 명성이 전해짐은 세상에 생존해 있을 때와 같네.

내가 공의 부자의 명(銘)을 지으니 마음이 어찌 슬프지 않으리요?

바라건대 복(福)을 내려 자손들을 창성하게 하소서.

予55)年十六七 喜從詩僧遊 至56)蓮寺 儒釋雜坐 啜茶聯句 文敬公年
纔57)十二三 每有的對 衆皆驚嘆58) 雖老於文墨者 推讓不敢齒 予固心異
之 歲丁亥 吾先君知貢擧 文敬果中高第 時年十五歲也 落第者服其才 皆
曰 韓生非邀幸59)也 先是 以門60)蔭再爲眞61)殿直別將 不求62)仕 討論墳
典 從益齋先生 讀左傳史漢 作字眞草皆入妙 歲己丑63) 聰64)陵襲位 補德
寧府注65)簿 召置政房 爲必66)闍赤 歲辛卯 遜于江都 公從之67) 玄陵召還
不卽用 歲癸巳 授典儀注68)簿 又爲必69)闍赤 明年 遷典理佐郎知製敎 又

---

54) 眉壽는 눈썹이 세고 길어지도록 오래 사는 것이다.
55) 강경훈 所藏本에는 이 '予'가 '余'로 되어 있다.
56) 同治本에는 이 '至'가 없다.
57) 『牧隱文藁』와 『東文選』에는 이 '纔'가 '才'로 되어 있다.
58) 同治本에는 이 '嘆'이 '歎'으로 되어 있다.
59) 『牧隱文藁』에는 이 '邀幸'이 '僥倖'으로, 『東文選』에는 '邀倖'으로 되어 있다.
60) 강경훈 所藏本에는 이 '門'이 '文'으로 되어 있다.
61) 同治本에는 이 '眞'이 '直'으로 되어 있다.
62) 『牧隱文藁』와 『東文選』에는 이 '不求' 앞에 '以故' 2자가 더 있다.
63) 『牧隱文藁』와 『東文選』에는 이 '歲己丑'이 없다.
64) 강경훈 所藏本에는 이 '聰'이 '耳忽'으로 되어 있다.
65) 同治本에는 이 '注'가 '主'로 되어 있다.
66) 『牧隱文藁』와 『東文選』에는 이 '必'이 '秘'로 되어 있다.
67) 『牧隱文藁』와 『東文選』에는 이 '從之' 다음에 '居' 1자가 더 있다.

明年 再加通直郎成均直講奉善大夫成均司藝 皆帶藝文應敎知製敎[70] 歲
丙申[71] 爲中[72]散大夫秘書少監知制[73]誥 明年 遷兵部侍郎翰林待制[74]兼
史館[75]編修官知制[76]誥[77] 又明年 進中大夫國子祭酒知制[78]誥 歲壬寅[79]
再轉典[80]儀典校二令 階[81]中正 明年秋[82] 加奉順大夫判司僕寺事右文
館[83]提學[84] 冬拜正順大夫[85]密直司左副代言寶文閣提學[86]知製[87]敎[88]知
典工司事[89] 明年 進右副代言 又進左代言 歲乙巳春 辛旽得幸於上 其[90]

---

68) 同治本에는 이 ‘注’가 ‘主’로 되어 있다.

69) 『牧隱文藁』와 『東文選』에는 이 ‘必’이 ‘秘’로 되어 있다.

70) 『牧隱文藁』와 『東文選』에는 이 ‘知製敎’가 없다.

71) 『牧隱文藁』와 『東文選』에는 이 ‘歲丙申’ 다음에 ‘改官制’라는 3자가 더 있다.

72) 강경훈 所藏本에는 이 ‘中’의 뒤에 글자 한 자 들어갈 만한 공간이 비어 있다. 문맥
    상으로 보아 闕字할 자리는 아닌데, 아마도 무슨 착오가 있었던 듯하다.

73) 同治本에는 이 ‘制’가 ‘製’로 되어 있다.

74) 『牧隱文藁』와 『東文選』에는 이 ‘制’가 ‘製’로 되어 있다.

75) 강경훈 所藏本에는 이 ‘館’이 ‘官’으로 되어 있다.

76) 同治本에는 이 ‘制’가 ‘製’로 되어 있다.

77) 『牧隱文藁』와 『東文選』에는 이 ‘兼史館編修官知制誥’가 ‘秋陞直學士’로 되어 있다.

78) 同治本에는 이 ‘制’가 ‘製’로 되어 있다.

79) 『牧隱文藁』에는 이 ‘壬寅’이 ‘辛丑國家避沙賊于安東’으로, 『東文選』에는 ‘壬寅國家
    避沙賊于安東’으로 되어 있다.

80) 강경훈 所藏本에는 이 ‘轉典’이 ‘典轉’으로 되어 있다. 그러나 문맥상으로 보아 여기
    서는 ‘轉典’이 맞는 것으로 판단된다.

81) 『牧隱文藁』와 『東文選』에는 이 ‘階’가 ‘皆’로 되어 있다.

82) 『牧隱文藁』와 『東文選』에는 이 ‘明年秋’ 다음에 ‘還京’ 2자가 더 있다.

83) 同治本에는 이 ‘館’이 ‘舘’으로 되어 있다.

84) 『牧隱文藁』와 『東文選』에는 이 ‘提學’이 ‘直提學’으로 되어 있다.

85) 『牧隱文藁』와 『東文選』에는 이 ‘正順大夫’가 없다.

86) 『東文選』에는 이 ‘提學’이 ‘直提學’으로 되어 있다.

87) 강경훈 所藏本에는 이 ‘製’가 ‘制’로 되어 있다.

88) 『東文選』에는 이 ‘知製敎’가 없다.

89) 『牧隱文藁』와 『東文選』에는 이 ‘知典工司事’가 ‘知工部事’로 되어 있고, 그 뒤에 ‘蓋

跡甚秘 公知之 密告曰 旽非正人91) 恐致亂 願上思之 非臣誰敢言 上方愛
倖92)旽 夏判書禮儀 秋進軍簿 蓋93)疎之也 冬十月 丁父憂 終三年制 上以
前言猶不用 歲辛亥秋94) 旽敗 上曰 韓脩95)有先見之明 可急召來 乃授
榮96)祿大夫理部尙書修文殿學士 居數日 上念銓選重事也 非97)聰98)敏99)
精密 不足以授其柄 吾思惟韓脩100)其人也 於是 拜101)正議大夫密直司右
承宣寶文閣學士知製102)敎知民部事知銓選103)　冬進左承宣兼判衛尉寺事
充春秋館104)修撰官知摠105)部事106)　歲乙107)卯夏　拜108)奉翊大夫109)密直

用公知銓選也'라는 7자가 더 있다.

90) 同治本에는 이 '其'가 없다.

91) 『牧隱文藁』와 『東文選』에는 이 '人'의 뒤에 '也'라는 1자가 더 있다.

92) 同治本에는 이 '倖'이 '幸'으로 되어 있다.

93) 同治本에는 이 '蓋'가 '盖'로 되어 있다.

94) 同治本에는 이 '秋'가 없다.

95) 『牧隱文藁』와 『東文選』에는 이 '脩'가 '某'로 되어 있다.

96) 同治本에는 이 '榮'이 '崇'으로 되어 있다.

97) 강경훈 所藏本에는 이 '非'가 '匪'로 되어 있다.

98) 강경훈 所藏本에는 이 '聰'이 '耳忽'으로 되어 있다.

99) 同治本에는 이 '敏'이 '明'으로 되어 있다.

100) 『牧隱文藁』와 『東文選』에는 이 '脩'가 '某'로 되어 있다.

101) 『牧隱文藁』와 『東文選』에는 이 '拜'가 '以'로 되어 있다.

102) 강경훈 所藏本에는 이 '製'가 '制'로 되어 있다.

103) 『牧隱文藁』와 『東文選』에는 이 '密直司右承宣寶文閣學士知製敎知民部事知銓選'이 '拜右承宣'으로 되어 있다.

104) 同治本에는 이 '館'이 '舘'으로 되어 있다.

105) 강경훈 所藏本에는 이 '摠'이 '扌忽'으로 되어 있다.

106) 『牧隱文藁』와 『東文選』에는 이 '兼判衛尉寺事充春秋館修撰官知摠部事'가 '知銓選'으로 되어 있다.

107) 강경훈 所藏本에서는 이 '事充春秋館修撰官知摠部事 歲乙'을 '充春秋館修撰官知摠部事 歲乙事'로 판각하고 '充'의 위에 작은 동그라미를 하고 '事'의 오른쪽에 ∨ 표시를 해서, 이 '事'가 '充'의 앞에 놓일 글자임을 표시해 두었다.

108) 『牧隱文藁』와 『東文選』에는 이 '拜'가 '進拜'로 되어 있다.

提學藝文館提學110)同知書筵事111)　秋陞簽書同知春秋館112)事113)　明年114)改同知密直115)　夏五月　同知貢擧　取今判書鄭摠116)等三十三人　時稱得士秋117)進知司　歲118)戊午　封上黨君進賢館119)大提學120)　階大匡　錫輸忠贊化功臣之號　己未冬121)　復簽書　明年春　封淸城君　階重大匡122)　癸亥123)秋拜124)匡靖大夫判厚德府事右文館大提學知春秋館事上護軍　　功臣號如故歲甲子三月二十八125)日　以病卒于第126)　上悼甚　遣朋酒誄書以致祭　諡曰文敬127)　國人皆嘆128)悼曰　斯人也　年纔129)五十二而遽130)亡　天道奚爲至

---

109) 『牧隱文藁』와 『東文選』에는 이 ‘奉翊大夫’가 없다.

110) 『牧隱文藁』와 『東文選』에는 이 ‘藝文館提學’이 없다.

111) 『牧隱文藁』와 『東文選』에는 이 ‘事’가 없다.

112) 同治本에는 이 ‘館’이 ‘舘’으로 되어 있다.

113) 『牧隱文藁』와 『東文選』에는 이 ‘同知春秋館事’가 없다.

114) 『牧隱文藁』와 『東文選』에는 이 ‘年’의 뒤에 ‘正月’ 2자가 더 있다.

115) 『牧隱文藁』와 『東文選』에는 이 ‘同知密直’이 ‘副使 俄進同知’로 되어 있다.

116) 강경훈 所藏本에는 이 ‘摠’이 ‘才忽’으로 되어 있다.

117) 同治本에는 이 ‘秋’가 ‘冬’으로 되어 있다.

118) 同治本에는 이 ‘歲’가 없다.

119) 同治本에는 이 ‘館’이 ‘舘’으로 되어 있다.

120) 『牧隱文藁』와 『東文選』에는 이 ‘進賢館大提學’이 없고, 대신에 ‘階大匡’ 다음에 ‘館職改進賢’이라고 되어 있다.

121) 『牧隱文藁』와 『東文選』에는 이 ‘冬’의 뒤에 ‘以書光巖碑功’이라는 6자가 더 있다.

122) 『牧隱文藁』와 『東文選』에는 이 ‘大匡’의 뒤에 ‘歲壬戌 扈從南京’이라는 7자가 더 있다.

123) 『牧隱文藁』와 『東文選』에는 이 ‘癸亥’가 ‘明年’으로 되어 있다.

124) 『牧隱文藁』와 『東文選』에는 이 ‘拜’가 ‘錄功拜’로 되어 있다.

125) 『牧隱文藁』와 『東文選』에는 이 ‘三月二十八’이 ‘二月卄八’로 되어 있다.

126) 『牧隱文藁』와 『東文選』에는 이 ‘第’가 ‘茅’로 되어 있다.

127) 『牧隱文藁』와 『東文選』에는 이 ‘上悼甚　遣朋酒誄書以致祭　諡曰文敬’이 없다.

128) 同治本에는 이 ‘嘆’이 ‘歎’으로 되어 있다.

129) 『牧隱文藁』와 『東文選』에는 이 ‘纔’가 ‘才’로 되어 있다.

130) 『牧隱文藁』와 『東文選』에는 이 ‘遽’가 없다.

此耶[131] 卜[132]日葬于臨津縣瑞谷南麓先塋 禮也 韓氏上黨大家 曰蘭[133]

三韓功臣也 曰謝奇 僉議左司[134]議大夫[135]寶文閣提學知製[136]敎 於公爲

曾祖[137] 曰渥 宣力佐理功臣壁上三韓三重大匡上黨府院君 諡思肅 佐忠

惠王[138] 位冢宰 功在社稷 配食宗廟[139] 於公爲祖 思肅生子五人 皆爲名

宰相 其諱公義者 由[140]密直封[141]淸城君 諡平簡 [142]娶密直司右[143]代言

兼監察執義慶公諱斯萬之女 於公爲考妣 元統癸酉八月二十二日生公

公[144]諱脩 字孟雲[145] 娶[146]吉昌府院君權公諱適之女 益山君洪公諱云遂

---

131)『牧隱文藁』와『東文選』에는 이 '耶'가 '也'로, 강경훈 所藏本에는 '邪'로 되어 있다.

132) 강경훈 所藏本에는 이 '卜'이 '十'으로 되어 있다. 그러나 문맥상으로 보아 여기서
　　　는 '卜'이 맞는 것으로 판단된다.

133) 同治本과 강경훈 所藏本에는 이 '蘭'이 '蕳'으로 되어 있다.

134) 萬曆本과 강경훈 所藏本에는 이 '僉議左司'가 본문보다 작은 글씨로 두 줄로 나누
　　　어 씌어져 있다. 그러나 同治本에는 본문과 같은 크기의 글자로, 한 줄로 씌어져
　　　있다.

135)『牧隱文藁』와『東文選』에는 이 '僉議左司議大夫'가 '僉議府右司議大夫'로 되어 있다.

136) 강경훈 所藏本에는 이 '製'가 '制'로 되어 있다.

137) 강경훈 所藏本에서는 이 '爲曾祖'를 '曾祖爲'로 판각하고 '曾'의 위에 작은 동그라
　　　미를 하고 '爲'의 오른쪽에 ∨ 표시를 해서, 이 '爲'가 '曾'의 앞에 놓일 글자임을
　　　표시해 두었다.

138)『牧隱文藁』와『東文選』에는 이 '忠惠王'이 '忠肅王'으로 되어 있다.

139)『牧隱文藁』와『東文選』에는 이 '配食宗廟'가 없다.

140) 강경훈 所藏本에서는 이 '爲名宰相 其諱公義者 由'를 '名宰相 其諱公義者 由爲'로
　　　판각하고 '名'의 위에 작은 동그라미를 하고 '爲'의 오른쪽에 ∨ 표시를 해서, 이
　　　'爲'가 '名'의 앞에 놓일 글자임을 표시해 두었다.

141)『牧隱文藁』와『東文選』에는 이 '封'의 뒤에 '重大匡'이라는 3자가 더 있다.

142) 강경훈 所藏本에는 이 '娶'의 앞에 '公'이 1자 더 있다.

143)『牧隱文藁』와『東文選』에는 이 '右'가 '左'로 되어 있다.

144) 同治本에는 이 '公'이 없다.

145)『牧隱文藁』와『東文選』에는 이 '元統癸酉八月二十二日生公 公諱修 字孟雲'이 없다.

146)『牧隱文藁』와『東文選』에는 이 '娶'가 '公娶'로 되어 있고, 그 뒤에 '檢校門下侍中'
　　　이라는 6자가 더 있다.

之外孫也147) 生四男六女 男長曰祐復 改尙桓148) 聰149)敏好讀書 今爲三
司右尹150) 次曰善復 改尙質151) 庚申科第三名152) 今爲西北面都觀察黜陟
使兼兵馬都節制使153)平壤尹 次曰154)尙敬 壬戌科第三名155) 今爲156)工曹
摠157)郎兼尙瑞少尹知製158)敎159) 次曰160)尙德 乙丑科第九名161) 今爲162)
宗簿寺丞163) 女長適司憲執義安景儉164) 次適成均直講李作165) 次適大護
軍權邦緯 次適166)護軍任中167)善168) 次適成均學生169)朴登 次適司憲紏

---

147) 『牧隱文藁』와 『東文選』에는 이 ‘盆山君洪公諱云邃之外孫也’가 없다.

148) 『牧隱文藁』와 『東文選』에는 이 ‘男長曰祐復 改尙桓’이 ‘長尙桓’으로 되어 있다.

149) 강경훈 所藏本에는 이 ‘聰’이 ‘耳忽’으로 되어 있다.

150) 『牧隱文藁』와 『東文選』에는 이 ‘聰敏好讀書 今爲三司右尹’이 ‘前三司右尹’으로 되
어 있다.

151) 『牧隱文藁』와 『東文選』에는 이 ‘次曰善復 改尙質’이 ‘次尙質’로 되어 있다.

152) 『牧隱文藁』와 『東文選』에는 이 ‘庚申科第三名’이 없다.

153) 『牧隱文藁』와 『東文選』에는 이 ‘兵馬都節制使’가 없다.

154) 『牧隱文藁』와 『東文選』에는 이 ‘曰’이 없다.

155) 『牧隱文藁』와 『東文選』에는 이 ‘壬戌科第三名’이 없다.

156) 『牧隱文藁』와 『東文選』에는 이 ‘今爲’가 없다.

157) 강경훈 所藏本에는 이 ‘摠’이 ‘扌忽’으로 되어 있다.

158) 강경훈 所藏本에는 이 ‘製’가 ‘制’로 되어 있다.

159) 『牧隱文藁』와 『東文選』에는 이 ‘兼尙端少尹知製敎’가 ‘知製敎兼尙書少尹’으로 되
어 있다.

160) 『牧隱文藁』와 『東文選』에는 이 ‘曰’이 없다.

161) 『牧隱文藁』와 『東文選』에는 이 ‘乙丑科第九名’이 없다.

162) 『牧隱文藁』와 『東文選』에는 이 ‘今爲’가 없다.

163) 『牧隱文藁』와 『東文選』에는 이 ‘宗簿寺丞’의 뒤에 ‘孫男女若干人 右尹娶門下評理
尹承順之女 生二女幼 黜陟娶門下侍中李成桂之女 生一女 適前宗簿寺丞姜策 再娶知
淸風郡事宋臣義之女 生女幼 摠郎娶前版圖判書吳俊良之女 生一女幼 寺丞 娶前代
言李貴生之女’라는 구절이 더 첨가되어 있다.

164) 『牧隱文藁』와 『東文選』에는 이 ‘安景儉’의 뒤에 ‘生五女一男’이라는 5자가 더 있다.

165) 『牧隱文藁』와 『東文選』에는 이 ‘李作’의 뒤에 ‘生二男一女皆幼’라는 7자가 더 있다.

166) 『牧隱文藁』와 『東文選』에는 이 ‘適’의 뒤에 ‘前’이라는 1자가 더 있다.

167) 同治本에는 이 ‘中’이 ‘仲’으로 되어 있다.

正[170]田甫　孫外孫　男女若干人　皆幼[171]　以國制一[172]子登科　廩其母終身
今權[173]夫人封爲靜寧宅主[174]　享其榮養　公之含笑地下可知已　公之仙
去[175]　今已八[176]年　而聲音容貌在吾心目　何日而忘之耶　觀察公[177]與昆季
請[178]銘幽堂　予以病未果者久矣[179]　日遠而請[180]愈勤[181]　嗚呼　吾以文敬
之請　嘗銘其考平簡公矣　今又銘文敬　其亦可悲也已　銘曰　玉壺置水　維[182]
公之淸　塵匣開鏡　維[183]公之明　長于紈綺　無華靡事　游[184]於詩書　絶絲毫
利　孝友忠信　廉靜寬和　宜至眉壽　天奪奈何　維[185]其多子　有才有美　公名
之傳　如在于世　我銘父子　心胡不傷　庶其垂裕　子孫其昌

---

168) 『牧隱文藁』와 『東文選』에는 이 ‘任中善’의 뒤에 ‘生四男’이라는 3자가 더 있다.

169) 『牧隱文藁』와 『東文選』에는 이 ‘成均學生’이 ‘懿德府丞’으로 되어 있다.

170) 『牧隱文藁』와 『東文選』에는 이 ‘司憲糾正’이 ‘中郞將’으로 되어 있다.

171) 『牧隱文藁』와 『東文選』에는 이 ‘孫外孫　男女若干人　皆幼’가 없고, 대신 ‘長聰敏好
讀書　以病廢業　黜陟　庚申科第三名　摠郞　壬戌科第三名　季寺丞　乙丑年科第九名’이
라는 구절이 더 있다.

172) 同治本, 강경훈 所藏本, 『牧隱文藁』, 『東文選』에는 이 ‘一’이 ‘三’으로 되어 있다.
당시의 제도로 보아 여기에서는 ‘三’이 맞기 때문에 ‘三’으로 번역하였다.

173) 『牧隱文藁』와 『東文選』에는 이 ‘權’의 뒤에 ‘氏’가 1자 더 있다.

174) 『牧隱文藁』와 『東文選』에는 이 ‘封爲靜寧宅主’가 없다.

175) 『牧隱文藁』에는 이 ‘去’가 ‘居’로 되어 있다.

176) 同治本, 『牧隱文藁』, 『東文選』에는 이 ‘八’이 ‘九’로 되어 있다.

177) 『牧隱文藁』와 『東文選』에는 이 ‘觀察公’이 ‘黜陟公’으로 되어 있다.

178) 『牧隱文藁』와 『東文選』에는 이 ‘請’이 ‘謀’로 되어 있다.

179) 『牧隱文藁』와 『東文選』에는 이 ‘予以病未果者久矣’가 없다.

180) 同治本에는 이 ‘請’이 없다.

181) 『牧隱文藁』와 『東文選』에는 이 ‘請愈勤’이 ‘志愈懃　來請銘’으로 되어 있다.

182) 『牧隱文藁』와 『東文選』에는 이 ‘維’가 ‘惟’로 되어 있다.

183) 『牧隱文藁』와 『東文選』에는 이 ‘維’가 ‘惟’로 되어 있다.

184) 同治本과 강경훈 所藏本에는 이 ‘游’가 ‘遊’로 되어 있다.

185) 『牧隱文藁』와 『東文選』에는 이 ‘維’가 ‘惟’로 되어 있다.

교서(敎)¹⁾

왕은 말하노라. 사생(死生)의 이치는 음양(陰陽)에 통하니 이것은 사
람과 사물의 상도(常道)이고, 군신(君臣)의 의(義)는 시종(始終)에 돈독하
니 국가의 변함없는 규칙이 된다. 하물며 섬긴 스승이요 유학자이므로
특별히 은례(恩禮)를 가해야 할 것이다. 고(故) 수충찬화공신 광정대부
판후덕부사 우문관대제학 지춘추관사 상호군(輸忠贊化功臣匡靖大夫判
厚德府事右文館大提學知春秋館事上護軍) 한수(韓脩)는 학문이 염락(濂
洛)²⁾의 전통을 받았고, 필법(筆法)이 종요(鍾繇)³⁾와 왕희지(王羲之)⁴⁾를
이었다. 일찍이 선친[공민왕]의 지우(知遇)를 입어 오랫동안 대언(代言)
의 직책을 맡았으니, 들어가 임금께 고하면 반드시 세상을 다스리는 계
책을 말하였으므로, 신중히 동료 중에서 선택하여 나의 스승을 삼도록
하였다. 이에 어린 나이에 가르쳐 깨우치는 말씀을 듣게 되었다. 어찌

---

1) 이 글은 『東文選』 권24에도 <敎判厚德府事韓脩>라는 제목으로 실려 있다.

2) 濂洛은 宋代 性理學을 興起시킨 周敦頤(1017~1073)와 程顥(1032~1085)·程頤(103
3~1107), 또는 이들에 의해 이루어진 성리학적 학풍을 가리키는 말이다. '濂'은 주
돈이를 가리키는 것으로 그가 道州 營道縣 濂溪[현재의 湖南省]에 살았기 때문에
號를 濂溪라고 했고, '洛'은 정호·정이 형제를 가리키는 것으로 그들이 河南省 洛
陽縣 사람들이기 때문이다.

3) 鍾繇는 三國時代 魏나라의 書家·정치가로 字가 元常이다. 처음에는 後漢의 尙書僕
射였으나, 魏太祖 曹操를 좇아서 공로가 컸으므로 魏나라 건국 후 太尉를 거쳐 太
傅에 이르렀다. 글씨는 劉德昇에게 배웠다고 한다.

4) 王羲之(307~365)는 晉나라 때의 書藝家로 字가 子猷·逸少이다. 楷書·行書·草書
의 三體를 典雅하고 雄勁하게 귀족적인 書體로 완성했다.

하여 하늘이 불쌍히 여기지 않고 재앙을 내려 나는 많은 고난을 견디기 어려웠다. 중간에 변고(變故)에 걸려 폐척(廢斥)되어 한가롭게 있었지만, 마침내는 등용(登庸)⁵⁾되어 반드시 도유(都兪)⁶⁾하여 이치에 이르도록 하더니 불행히 단명하여 우리나라를 돕지 못하였다. 말이 여기에 미치니 마음이 아프고 슬픔이 끝이 없다. 이제 밀직사지신사 우문관제학 지제교 충춘추관수찬관 지전리사사(密直司知申事右文館提學知製敎充春秋館修撰官知典理司事) 염정수(廉廷秀)⁷⁾로 하여금 술을 내리고 가서 제사지내게 하노라. 아, 기(氣)는 모이고 흩어짐이 있으므로 경(卿)은 물화(物化)를 따라 갔음을 의심할 바 없지만, 사람 중에 노성(老成)한 이가 없어 내가 나라가 병들어 근심이 있을까 염려하노라. 아직도 곧은 넋이 이 은총의 글을 복응(服膺)하리라 믿는다. 그래서 이와 같이 교시(敎示)하니 마땅히 지실(知悉)할지어다.

　王若曰 死生之理 通乎陰陽 是人物之常道 君臣之義 篤於終始 爲國家之恒規 矧所事之師儒 宜特加於恩禮 故輸忠贊化功臣匡靖大夫判厚德府事右文館⁸⁾大提學知春秋館事上護軍韓脩⁹⁾ 學傳濂洛 筆¹⁰⁾繼鍾王 早承¹¹⁾

---

5) 登庸은 登用과 같다. 후세에는 宰相이 되는 것을 가리킨다.

6) 都兪는 都兪吁咈의 준말로 찬성[都兪]과 반대[吁咈]를 뜻한다. 堯임금이 群臣과 더불어 정사를 논할 때 쓰인 말로 君臣 사이의 토론·심의의 의미로 쓰인다.

7) 廉廷秀(?~1388)는 고려 말의 문신으로 字가 民望, 號가 萱庭, 본관이 瑞原, 曲城府院君 悌臣의 아들, 瑞城君 興邦의 아우이다. 恭愍王 20년(1371) 문과에 급제한 후 벼슬이 大提學에 이르렀으나 崔瑩·李成桂에 의해 형 興邦이 제거될 때 살해당하였다.

8) 同治本에는 이 ‘館’이 ‘舘’으로 되어 있다.

9) 『東文選』에는 이 ‘脩’가 ‘某’로 되어 있다.

10) 강경훈 所藏本에서는 이 ‘文館大提學知春秋館事上護軍韓脩 學傳濂洛 筆’을 ‘館大提學知春秋館事上護軍韓脩 學傳濂洛 筆文’으로 판각하고 ‘館’의 위에 작은 동그라미를 하고 ‘文’의 오른쪽에 Ｖ 표시와 ‘上’이라고 해서, 이 ‘文’이 ‘館’의 앞에 놓일 글자임을 표시해 두었다.

先考之知　久[12]荷代言之職　入告于[13]后　必陳經世之謨　愼簡乃僚　俾受傳
予之命　玆以幼冲之日　獲聞敎誨之言　何期天不弔以降灾　予靡堪於多難
中罹變故　雖廢斥以投閑　終[14]謂登庸　必都兪而致理　胡不幸而短命　乃莫
相於我家　興言及玆　痛悼無已　今遣密直司知申事右文舘[15]提學知製[16]敎
充春秋舘[17]修撰官知典理司事廉廷秀[18]　賜酒往奠　嗚呼　氣有聚散　卿隨物
化而不疑　人無老成　予念邦瘁而有感　尙期貞魄　膺此寵章　故玆敎示　想宜
知悉

---

11) 萬曆本, 同治本, 강경훈 所藏本에서 다 같이 이 '承'의 뒤에 글자 한 자 들어간 만한
　　공간을 비워두었다. 이는 바로 뒤에 나온 '先考'가 '恭愍王'을 가리킨 말로 임금과
　　관계있는 단어였기 때문인데, 이렇게 하는 것을 '闕字'라고 한다. 闕字는 闕畫과도
　　같은 뜻이다. 문장이나 단어를 써가다가 임금이나 귀한 사람의 이름 위에 경의를
　　표하기 위해서 한두 칸을 비워두는 것을 궐자라고 하고, 같은 의미로 그 글자의 획
　　가운데 어느 부분(대개는 마지막 획이다)을 일부러 빠뜨려 적는 것을 궐획이라고
　　한다.
12) 『東文選』에는 이 '久'가 '反'으로 되어 있다.
13) 同治本에서는 이 '于' 다음에 글자 한 자 들어갈 공간을 비워서 闕字했다(위의 위의
　　주) 참조).
14) 同治本에는 이 '終'이 '從'으로 되어 있다.
15) 강경훈 所藏本에는 이 '舘'이 '館'으로 되어 있다.
16) 강경훈 所藏本에는 이 '製'가 '制'로 되어 있다.
17) 강경훈 所藏本에는 이 '舘'이 '館'으로 되어 있다.
18) 강경훈 所藏本에는 이 '秀'가 '季'로 되어 있다.

유항선생 시집(柳巷先生詩集)[1]

양촌선생 권근 비점(陽村先生權近批點)[2]

[001]　익재[3] 상국의 「동국고사」 4수의 시에 받들어 화답하다(奉和
益齋相國東國故事四詩)[4]

[001-1] 김시중[5]이 노새를 타고 강서사[6]의 혜소[7]상인[8]을 찾아가다

---

1) 이 詩集의 제목이다. 萬曆本과 강경훈 所藏本에는 '柳巷先生詩集'이라고 되어 있고,
同治本에는 '柳巷韓先生詩集'이라고 되어 있다.

2) 이 詩集의 批點者를 밝힌 것이다. 萬曆本과 강경훈 所藏本에서는 제목 다음에 行을
바꾸어 두 번째 行의 아래쪽에 '陽村先生 權近 批點'이라고 한 줄로 썼으나, 同治本
에는 이 行이 없다.

3) 益齋는 李齊賢(1287~1367)의 號이다. 李齊賢은 고려의 문신으로 初名은 之公, 字가
仲思, 號가 益齋·實齋·櫟翁, 본관이 慶州, 檢校政丞 瑱의 아들, 白頤正의 門人이
다. 忠烈王 27년(1301) 成均試에 장원한 후 문과에 급제했다. 忠肅王 1년(1314) 白頤
正의 문하에서 程朱學을 공부하고, 元에 있던 忠宣王이 萬卷堂을 세우고 그를 부르
자 燕京에 가서 姚燧·閻復·趙孟頫 등과 고전을 연구했다. 金海君·鷄林府院君에
봉해지고, 은퇴 후에는 實錄을 편찬했다. 恭愍王의 廟庭에 配享되었고, 諡號는 文忠
이다. 저서로『益齋亂藁』와『櫟翁稗說』이 있다.

4) 同治本에는 目次에는 이 題目이 실려 있으나, 본문에는 이 제목 한 行 전체가 없다.

5) 金侍中은 金富軾(1075~1151)을 가리킨다. 김부식은 고려 전기의 문신으로 자는 立
之, 호는 雷川, 본관은 慶州이다. 肅宗 때 등제하여 翰林院에 들어갔고 左司諫·中書
舍人을 역임하였다.『睿宗實錄』을 수찬하고 戶部尙書·翰林學士를 거쳐 平章事에
이르렀다. 仁宗 12년(1134)에 妙淸이 西京에서 모반하자 都元帥로 진압하여 공신이
되고 門下侍中에 올랐다. 1145년에『三國史記』를 편찬하였으며, 문집 20권이 있었
다고 하나 현전하지 않는다. 시호는 文烈이며, 仁宗의 묘정에 배향되었다.

6) 江西寺는 白川 고을 동쪽 匡正渡 위에 있는데, 見佛寺라고도 한다. 고려의 중 惠素
가 여기 거주하였는데, 金富軾이 늘 나귀를 타고 방문하였다는 기록이 있다(『新增

(金侍中騎騾 訪江西慧素上人)⁹⁾

강가의 푸른 산은 백 층(百層)으로 쌓였는데
한 마리 노새의 맑은 그림자가 깨끗한 물결에 뒤집히네.
모름지기 즐길 바를 알아 무엇하리요?
스님을 찾는다고 억지로 말하지만 스님에 있음이 아니네.

江上靑山疊百層　　　一騾淸影倒波澄
須知所樂將何事　　　强道尋僧不在僧

[001-2] 정중승¹⁰⁾이 동래에 귀양가 살면서 달을 대하고 거문고를 타

東國輿地勝覽』 권43, 「白川郡」 참조).

7) 慧素는 惠遠・慧遠・惠素 등의 이름으로 쓰이기도 하는데, 고려의 승려로 義天의 高弟이다. 內外의 모든 經典에 통달하고 詩文에 능하여 仁宗에게 內道場에 불려 들어가 義天의 行錄 10권을 지었고, 筆法에도 뛰어났다. 華嚴經을 강의했고, 金富軾과 함께 唱和한 시가 천여 편이 넘었다고 한다. 李仁老의 『破閑集』 卷中에 실린 惠素에 대한 기록은 다음과 같다.

西湖의 중 惠素는 內典과 外典에 該博하고 더욱 시에 교묘하여 필적도 또한 묘하였다. 일찍이 大覺國師를 스승으로 섬겨 高弟가 됐다. 國師가 僧科에 應試하기를 권하매 대답하기를 "내가 어찌 內廐란 말입니까? 걸음걸이를 시험하십시오." 하였다. 항상 國師를 따라다니며 문장을 토론하였다. 國師가 죽은 뒤에 行錄 10권을 撰하였는데, 金侍中이 이를 提要하여 碑文을 만들었다. 惠素가 西湖 見佛寺에 가서 거처하였는데, 방안에 다만 방석 크기 만한 靑石 한 장을 두고 때때로 글씨를 써서 消遣하였다. 侍中이 벼슬을 내놓은 뒤에 나귀를 타고 자주 찾아가서 밤을 새우며 道를 談論하였다. 임금이 본시부터 그 이름을 듣고 內道場에 맞아들여 華嚴經을 講說하게 하고 백금을 많이 하사하였다. 惠素가 이것으로 모두 砂糖 百餠을 사서 거처하는 안팎에 벌여 놓았다. 사람들이 그 緣故를 물은즉 답하기를 "이것은 내가 평생에 즐겨 먹는 것인데, 만약 내년 봄에 商舶이 오지 않으면 어떻게 구하겠는가?" 하니 듣는 사람이 모두 그 眞率함을 웃었다.

8) 上人은 知德을 갖춘 佛弟子, 곧 스님을 일컫는 말이다.
9) 이 시는 『新增東國輿地勝覽』 권43, 「白川郡」 '佛宇'의 <江西寺> 항목에도 실려 있다.
10) 鄭中丞은 鄭敍를 가리킨다. 鄭敍는 고려의 문인으로 號가 瓜亭, 본관이 東萊이다.

다(鄭中丞謫居東萊 對月撫琴)[11]

반쯤 둥근 강 달이 아름다운 거문고에 떠오르면
한 곡조 새 소리에 옛 뜻이 깊네.
어찌 지금에도 종자기(鍾子期)[12]가 있다고 하랴마는
다만 백아(伯牙)[13]의 마음을 탄주(彈奏)할 뿐이네.[14]

知樞密院事 沆의 아들로 蔭補로 內侍郎中에 이르렀다. 仁宗의 妃인 恭睿太后의 여동생의 남편으로 왕의 총애를 받았고, 文章이 빼어났다. 毅宗 5년(1151) 嬖臣 鄭諴·金存中의 讒訴로 고향인 東萊로 杖流될 때, 毅宗으로부터 곧 召命을 내리겠다는 약속을 받았으나, 그 후 오래도록 召命이 없자 戀君歌謠인 <鄭瓜亭曲>을 지어 불렀다. 明宗 즉위년(1170) 용서를 받고 다시 기용되었다. 墨竹畵에 능하였다.

11) 이 시는 『東文選』 권21과 『新增東國輿地勝覽』 권23 「東萊縣」 '古跡'의 <瓜亭> 항목에도 실려 있다.

12) 鍾子期는 사람의 이름이다(다음 다음 주) 참조).

13) 伯牙는 사람의 이름이다(다음 주) 참조).

14) 伯牙와 鍾子期의 故事는 知音으로 널리 알려져 있다. 『列子』 「湯問篇」에 실린 知音 故事는 다음과 같다.

伯牙는 거문고를 잘 타고, 鍾子期는 듣기를 잘 했다. 백아가 거문고를 탈 때에 뜻이 高山을 오르는 데에 있으면 종자기는 "잘 하는구나, 높고 높아 태산과 같도다!"라고 했고, 뜻이 流水에 있으면 종자기는 "잘 하는구나, 넓고 넓어 江河와 같도다!"라고 했다. 백아가 생각하는 것을 종자기는 반드시 體得하였다. 백아가 泰山의 북쪽에서 놀 때에 갑자기 폭우를 만나 바위 아래에 머물러 있었다. 마음이 슬퍼서 바로 거문고를 당기어 이것을 노래로 불렀다. 처음에는 霖雨의 典操로 했고, 다시 산이 무너지는 소리를 만들었다. 곡조를 연주할 때마다 종자기는 문득 그 취지를 다 알았다. 백아가 거문고를 놓고 탄식하여 말하기를, "잘 하는구나, 잘해. 자네의 거문고를 들을 줄 앎이여! 뜻과 생각과 표현하는 것이 나의 마음과 같구려! 내가 어찌 소리를 도피하겠는가?"라고 하였다(伯牙善鼓琴 鍾子期善聽 伯牙鼓琴 志在登高山 子期曰 善哉 峩峩乎若泰山 志在流水 子期曰 善哉 洋洋兮若江河 伯牙所念 鍾子期必得之 伯牙遊於泰山之陰 卒逢暴雨 止於巖下 心悲 乃援琴而歌之 初爲霖雨之操 更造崩山之音 曲每奏 鍾子期輒窮其趣 伯牙舍琴而歎曰 善哉善哉 子之聽夫 志想象猶吾心也 吾於何逃聲哉).

한편 李漢의 『蒙求』에는 <伯牙絶絃>이라는 제목으로 다음과 같이 기록되어 있다.

半輪江月上瑤琴　　　一曲新聲古意深
豈謂如今有鍾子　　　只應彈盡伯牙心

[001-3] 곽한림[15]이 비를 맞으며 삼지[16]의 연꽃을 감상하다(郭翰林冒
雨 賞三池蓮花)[17]

시인(詩人)의 기호(嗜好)는 여느 사람과 다른데
흥(興)이 일어나면 흐리고 맑음에 어찌 구애되리요?
삼지(三池)[18]를 두루 감상하러 번거롭게 왕복한 것은

伯牙는 거문고를 잘 타고, 鍾子期는 듣기를 잘 했다. 백아가 거문고를 탈 때에 뜻이
高山을 오르는 데에 있으면 종자기는 "잘 하는구나, 높고 높아 태산과 같도다!"라고
했고, 뜻이 流水에 있으면 종자기는 "잘 하는구나, 넓고 넓어 江河와 같도다!"라고
했다. 백아가 생각하는 것을 종자기는 반드시 體得하였다. 『呂氏春秋』에 이르기를,
종자기가 죽자 백아는 거문고를 깨뜨리고 줄을 끊어 죽을 때까지 다시는 거문고를
타지 않았는데, 족히 위해서 탈 사람이 없다고 생각하였기 때문이었다(列子曰 伯牙
善鼓琴 鍾子期善聽 伯牙鼓琴 志在高山 子期曰 善哉 峩峩乎若泰山 志在流水 子期曰
善哉 洋洋兮若江河 伯牙所念 子期必得之 呂氏春秋曰 鍾子期死 伯牙破琴絶絃 終身
不復鼓琴 以爲無足爲鼓者).

15) 郭翰林은 郭預(1232~1286)를 가리킨다. 郭預는 고려의 문신으로 初名이 王府, 字는
先甲, 본관이 淸州이다. 高宗 42년(1255) 文科에 급제, 全州司錄이 되었다. 元宗 4년
(1263) 詹事府錄事로 洪泞와 함께 日本으로 가서 倭寇 침범의 중지와 잡혀간 고려
인의 송환을 요구하였고, 귀국하여 注簿兼直翰林院을 지냈다. 忠烈王이 즉위한 뒤
版圖正郞・寶文署待制・知製誥를 거쳐 國子司業・典法摠郞・衛尉尹・春宮侍講學
士를 역임하고, 충렬왕 8년(1282) 右副承旨로 同知貢擧를 겸한 뒤 左承旨・國子監大
司成・文翰學士를 거쳐 1286년 知密直司事・監察大夫로 聖節使가 되어 元나라에
갔다가 돌아오는 길에 病死하였다. 문장과 글씨에도 뛰어났다.

16) 三池는 松都의 남부 歡喜坊 所載 龍化院 崇敎寺에 있던 연못이다(『新增東國輿地勝
覽』 권5, 「開城府 下」 참조).

17) 同治本에는 제목이 '郭翰林冒雨賞三池蓮'이라고 되어 있어서 '花'자가 없다.

18) 萬曆本 원문에는 이 단어가 '二池'로, 同治本에는 '三池'로, 강경훈 所藏本에는 '一池'
로 되어 있다. 그러나 작품의 제목으로 보아 이는 '三池'가 맞는 것으로 판단되기 때
문에 여기서는 '三池'로 번역한 것이다. 萬曆本 원문의 글자 모양으로 보아, 이 本에
서도 원래는 '三'이었는데, 아래쪽 한 劃이 떨어져 나가서 '二'처럼 된 듯하다.

푸른 잎새에 밝은 구슬 쏟아지는 것을 보고자 함이었네.

詩人嗜好與人殊　　　興發陰晴豈有拘
賞遍二池¹⁹⁾煩往復²⁰⁾　要看綠葉瀉明珠

[001-4] 김시중²¹⁾이 눈 속에 소를 타고 추암²²⁾에서 놀다(金□□²³⁾雪
中騎牛遊皺巖)

---

19) 同治本에는 이 '賞遍二池'가 '賞遍三池'로 되어 있고, 강경훈 所藏本에는 '遍賞一池'
로 되어 있다. 그러나 작품의 제목으로 보아 이는 '三池'가 맞는 것으로 판단된다.

20) 同治本에는 이 '往復'이 '往覆'으로 되어 있다.

21) 萬曆本에는 이 시의 제목이 '金　雪中騎牛遊皺巖'이라고 되어 있고, '金'과 '雪' 사
이에 글자 두 자 들어갈 자리가 비어 있다. 그러나 同治本에는 이 시의 제목이 '金
侍中雪中騎牛遊皺巖'이라고 되어 있기 때문에, 이에 따라 '侍中' 두 글자를 보충하
고 번역한 것이다. 同治本에서는 '金侍中'이라고 했으나, 閔思平·鄭樞 등이 지은「
東國四詠」시의 전통에서 보면 이 시에서 다루고 있는 인물은 고려 전기의 인물 崔
讜(1135~1211)임이 분명하다. 崔讜은 고려의 문신으로 본관이 昌原이다. 平章事 惟
淸(1095~1174)의 아들로 어려서 총명하고 글을 잘 지었다. 明宗 初에 正言이 되어
일을 논하다가 貴倖의 뜻을 거슬러 낙직되었고, 이어 起用되어 吏部員外郎이 되어
나가 東南道를 안찰하여 聲績이 있었고, 累遷하여 參知政事가 되었다. 神宗 때에 中
書侍郞·平章事가 되고, 守太尉門下侍郞·同中書門下平章事에 나아가 글을 올려
물러나기를 청하여 드디어 致仕하고 한가히 있으면서 그 齋를 雙明이라 扁額하고,
아우 守太傅 詵 및 太僕卿으로 致仕한 張自牧과 東宮侍讀學士 高瑩中, 判秘書省으
로 致仕한 白光臣, 守司空으로 致仕한 李俊昌, 戶部尙書로 致仕한 玄德秀, 守司空으
로 致仕한 李世長, 國子監大司成으로 致仕한 趙通 등과 함께 耆老會를 만들어 逍遙
하며 自適하니 時人이 이들을 地上仙이라고 하고, 圖形을 돌에 새겨 후세에 전하였
다. 諡號는 靖安이다.

22) 皺岩은 松京 都城 동북쪽 2, 3리 되는 곳에 있는 바위이다. 바위 언덕이 병풍을 펼
친 것처럼 있고, 모두 가로지른 금이 있기 때문에 추암이라 하는데, 그 아래 큰 돌
이 많아 앉아서 술을 마실 만하다. 고려시대에 崔讜이 항상 소를 타고 와서 여러 노
인들과 여기서 놀았다고 한다.(『新增東國輿地勝覽』권12, 「長湍都護府」'山川'의
<皺岩> 항목 참조).

23) 同治本에는 '金侍中'이라고 되어 있는데, 이것이 맞는 것으로 판단된다. 萬曆本에는
'侍中'의 두 글자가 들어가야 할 자리가 비어 있다. 강경훈 所藏本에는 萬曆本에 비
어 있는 이 두 글자가 '小尹'으로 되어 있고, 그 상단에 '小尹卽西海按部金震陽'이
라고 붓으로 쓴 주석이 덧붙어 있는데, 이 주석은 後人이 첨가한 것으로 판단된다.

오솔길은 뒤엉켜서 돌 사이로 들고
여윈 소는 눈을 밟고 오르기에 지쳤네.
어찌 오직 안온하게 걸터앉아 기울고 뒤집힘이 없으리요?
시를 짓는 눈이 장차 수많은 구슬 산을 다 살피려 하네.

線路縈紆入石間　　　贏牛踏雪倦躋攀
豈唯[24]穩跨無傾覆　　　詩眼將窮萬玉山

---

24) 同治本에는 이 ‘唯’가 ‘惟’로 되어 있다.

[002]　　　정여계[25]의 집에서 간재[26]의 시에 차운하다(鄭旅溪家 次簡齋韻)

무민(無悶)[27]이 세상을 떠난 지 오랜데
웅혼한 작품은 가을달을 마주한 듯하네.
이제 훌륭한 외손(外孫)[28]의 집에 와서
술을 마신 나는 취하여 뒤뚱거리네.[29]
뒤뜰의 소나무는 이미 늙어 있는데
동쪽 울타리의 국화는 막 피어나네.
그대를 아껴 지난 일을 이야기하며
낱낱이 터럭같이 작은 것들을 분석하네.
시를 짓고 구름과 연기[30]가 부끄러우니
올바른 시[31]가 대개 나에게 없기 때문이네.

無悶去世久	雄篇對秋月
今來訪宅相	飮我醉兀兀
後園松已老	東籬菊初發
愛君說往事	一一拆毫髮
題詩慚雲烟[32]	騷雅盖吾闕

---

25) 旅溪는 鄭씨 성을 가진 사람의 號인 듯한데, 누구인지는 확인하기 어렵다.

26) 簡齋는 李用羲의 號이다. 李用羲는 고려 말기의 문신으로 初名이 晃, 字가 文曄, 號
가 簡齋이다. 儒學者 賢의 아들로 忠肅王 2년(1333)에 문과와 重試에 각각 급제하였
고, 忠惠王 때 翰林을 지냈으며, 忠定王 때 敎導官兼直學士가 되었으나 사직하였다.
恭愍王 때 總判制監御史가 되었고, 禑王 때 平城府院君에 봉해졌다. 諡號는 文暄이다.

27) 無悶이 누구인지는 불명확하지만, 시의 내용으로 보아 鄭旅溪의 外祖父임을 짐작할
수 있다.

28) 宅相은 장래에 높이 잘 될 外孫을 일컫는 말이다.

29) 兀兀은 뒤뚱뒤뚱하여 위태로운 모양이다.

30) 雲烟은 구름과 연기로, 筆跡이 躍動하는 것을 형용하는 말이다.

31) 騷雅는 屈原의 <離騷>와 『詩經』의 「大雅」·「小雅」를 함께 이르는 말로 올바른 시
를 뜻한다.

32) 同治本과 강경훈 所藏本에는 이 '烟'이 '煙'으로 되어 있다.

[003]　　　연경33)으로 들어가는 이낭중34)을 보내다(送李郎中入燕京)

선생은 평생 연산(燕山)35)을 모르더니
표문(表文)36)을 받들고 이제 서장관(書狀官)37)이 되었네
어려워하는 기색은 아마 정성(定省)38)을 못 함일 텐데
웅장한 마음이 어찌 편안함을 생각함에 있겠는가?
두터운 털과 가죽 옷 때문은 아니지만
그렇다 해도39) 풍상(風霜)에 도로가 차가우리.
다만 두렵기는 이해심 많은40) 수염 붉은 사람이 없어
독우(督郵)41)가 도리어 북쪽 사람으로 보는 것이네.

先生生不識燕山　　　奉表今爲書狀官
難色應緣闕定省　　　壯心豈肯在懷安
不因毛毳衣裘厚　　　遮莫風42)霜道路寒
但恐紫髥無蘊藉　　　督郵却作北人看

---

33) 燕京은 元나라의 수도이다.

34) 郎中은 고려시대 廣評省·御事都省·尙書都省·都僉議使司·尙書省·六官·尙書六
部·尙書考功司·尙書都官·六曹 등에 두었던 정5품 벼슬, 또는 그 벼슬아치이다.

35) 燕山은 중국 河北省 薊縣의 동남쪽에 있던 산이다.

36) 表文은 신하가 임금이나 皇帝께, 또는 임금이 황제께 올리는 글이다.

37) 書狀官은 고려·조선시대에 외국에 보내던 사절의 하나이다. 正使·副使와 함께 三
使의 하나로 외교문서의 작성과 사절 일행의 감찰에 관한 일을 맡았다.

38) 定省은 昏定晨省의 준말로 昏定과 晨省을 가리킨다. 昏定은 밤에 잘 때에 부모님의
잠자리에 가서 밤새 안녕하시기를 여쭙는 일이고, 晨省은 이른 아침에 부모님의 잠
자리에 가서 밤새의 안후를 살피는 일을 말한다. 따라서 부모를 지극정성으로 모시
는 것을 흔히 이렇게 말한다. 『禮記』「曲禮」의 "겨울이면 따뜻하게 모시고 여름이
면 시원하게 모시며, 밤에 주무시기 전에는 잠자리에 가서 인사를 여쭙고, 아침에는
잠자리에 가서 밤새 안녕하신지를 살핀다.(冬溫而夏淸 昏定而晨省)"에서 온 말이다.

39) 遮莫은 '그건 그렇다 해도'라는 뜻이다.

40) 蘊藉 또는 醞藉는 마음이 넓어 포용력이 크고 얌전한 것, 또는 도량이 크고 온후하
다는 뜻이다.

41) 督郵는 南北朝時代의 지방 監察官이었다. 여기에서는 그냥 監察官의 의미로 쓰인
듯하다.

42) 同治本에는 이 '風'이 '二'로 되어 있다.

[004]   정여계의 집에서 지난 여름에 비를 대하고 창화[43]하였던 작
        품들을 보고 그 운에 따라 2수를 짓다(鄭旅溪家 見去夏對雨唱
        和之什 依韻作二首[44])

[004-1]

푸른 산에 밝은 해가 기울려고 하는 때에
느닷없이 말을 타고 생각나는 곳을 찾아가네.
그대와 마주하여 글을 논함은 감히 못할 일일 테고
나를 위해 의자에서 내려옴[45]은 마땅하지 않을까 두렵네.
저녁 구름 낀 자하동(紫霞洞)[46]에는 새 시가 온당한데
큰 나무가 우거진 중암(中菴)에는 옛 그림이 펼쳐지네.
맑은 자리가 아득하여 속세 생각이 끊어지니
따라오는 온갖 경치를 일시에 함께 보네.

青山白日欲斜時   騎馬無端訪所思
對子論文應不敢   爲予下榻恐非宜
晚雲紫洞新詩穩   喬木中菴古畫披[47]
清坐杳然塵想絶   共看萬景一時隨

[004-2]

내가 비록 맑은 시에 뒤늦게 화답하지만

---

43) 唱和는 시나 노래를 한 쪽에서 부르고 다른 쪽에서 화답하는 것이다.
44) 同治本에는 이 ‘二首’가 본문보다 작은 글자로 되어 있다.
45) 下榻은 걸상에서 내려오는 것으로, 손님을 극진히 공손하게 대접하는 것을 뜻한다.
46) 紫洞은 紫霞洞을 가리킨다. 자하동은 開城의 松嶽山 아래에 있는데, 洞府가 그윽하
   고 막혀 있으며, 시냇물이 맑고 잔잔하여 첫째로 꼽는 勝地이며 絶景이었다고 한다
   (『新增東國輿地勝覽』 권4, 「開城府 上」 참조).
47) 강경훈 所藏本에는 이 ‘披’가 ‘枝’로 되어 있다.

빗속의 인정미(人情味)는 아직도 생각할 수 있네.
여러 징조들이 이미 이루어져야 일극(一極)이 되는데
만물은 무슨 인연으로 각각 마땅함을 얻는가?
진흙에 잠긴 밭의 벼를 참으로 걱정하고
눈발에 어지럽게 헤쳐지는 뜰의 꽃을 다시 안타까워하네.
머리 돌리니 이미 지난해의 일인데
시권(詩卷)[48]을 펼치니 아득해져서 온갖 생각이 뒤따르네.

我和淸詩縱後時　　　雨中情味尙能思
庶徵旣致一極備　　　萬物何緣各得宜
畦稻正愁泥汨沒　　　園花更惜雪紛披[49]
回頭[50]已是年前事　　　開卷茫然百感隨

---

48) 詩卷은 詩集을 말한다.
49) 강경훈 所藏本에는 이 '披'가 '枝'로 되어 있다.
50) 同治本에는 이 '頭'가 '首'로 되어 있다.

[005]   엄광사[51]의 대선사에게 부치다(寄嚴光大禪師)

밀양성(密陽城) 밖에는 호수와 산이 좋은데
다시 우리 스님을 만나면 반드시 웃으리.
고요한 밤에 깊은 참선을 누구와 함께 하랴?
달 밝은 숲에는 한 줄기 학(鶴) 울음소리가 들리네.

密陽城外好湖山　　重得吾師定破顔
靜夜深禪誰與共　　一聲老鶴月林間

---

51) 嚴光寺는 밀양 동쪽의 實惠山에 있던 절이다.

[006]   천수사[52] 뜰의 소나무(天[53]壽寺庭松)

타고난 자태가 높디높아 오르는 것을 허용치 않는데
찬 기운은 아득히 백리(百里) 밖의 산으로 이어지네.
이슬에 젖은 성근 두건으로 밤새 마주하노라니
밝은 달빛에 난봉(鸞鳳)이 구름 사이로 내려오네.

天姿落落不容攀　　寒氣遙連百里山
露濕踈巾對終夜　　月明鸞鳳下雲間

---

52) 天壽寺는 경기도 開城 동쪽에 있던 절이다. 고려 肅宗 2년(1097)에 창건되었다.
53) 강경훈 所藏本에는 이 '天'이 '大'로 되어 있다. 그러나 내용상으로 보아 이는 '天'이
　　옳은 것으로 판단된다.

[007] 천수사의 서쪽 언덕(天壽寺西岡)

소나무 사이를 천천히 걷다가 돌아가기 더딘데
해지는 때에 지팡이와 신발이 처량하네.
한 조각 엷은 구름이 비를 몰아 지나간 뒤에
연못 위로 떠오를 달을 기다리네.

松間緩步得歸遲　　杖屨凄凉落日時
一片薄雲將雨過　　待看明月上荷池

[008]   석실로 가는 길에(石房途54)中)55)

높은 바위의 돌길을 기어오르다 지치는데
어느 절의 성근 종소리가 멀리 산에서 들리는가?
뜨거운 해는 벌써 푸른 봉우리 위로 솟았는데
밤을 지샌 구름은 아직 푸른 솔 사이에 있네.

　　　巉56)巖石57)路倦躋攀　　何寺疎鍾遠出山
　　　畏日已升靑嶂表　　　宿雲猶在翠松間

---

54) 同治本에는 이 '途'가 '道'로 되어 있다.
55) 이 시는 『東文選』 권21에도 실려 있다.
56) 同治本에는 이 '巉'이 '絶'로 되어 있다.
57) 同治本에는 이 '石'이 '松'으로 되어 있다.

[009]   받들어 화답하다(奉和)

[009-1]

죽재(竹齋)58)에는 유별난 봄이 있으니
완상하는 마음에는 어찌 문(門)이 그렇게 많은가?
집을 지어 우현(友賢)이라 이름 붙이고59)
주석(酒席)을 열면 도는 술잔을 헤아리지 않네.
때때로 가벼운 지팡이를 끌고
짧은 걸음으로 뜰을 둘러보네.
길에 있는 꽃가지는 드리웠는데
흙을 덮어쓴 약초 싹은 신선하네.
이슬 젖은 죽순에는 용 비늘이 꺾어지고
바람 부는 소나무에는 돌 소리가 시끄럽네.
지경(地境)이 고요하니 이상한 새가 많고
출입문이 깨끗하니 잡다한 손님이 없네.
돌아와서 그림 벽을 마주하니
엄연히 옛 현인이 실재(實在)하는 듯하네.
소쇄(瀟灑)하기는 말을 머뭇거리는 늙은이요
자연스러운 꾸밈은 천신(薦紳)60)이 아니네.
시법(詩法)은 비록 묻기 어렵더라도
신교(神交)는 곧 논의할 수 있네.
참으로 진정한 취향이 있으니
하물며 친한 벗들이 많고 많음에랴?
서로 이끌어 평소에 쌓은 것을 쏟아내니

---

58) 竹齋는 어떤 사람이 서재이자 號인 듯한데, 누구인지는 확인하기 어렵다.
59) 이 구절은 집의 이름이 '友賢堂'이라는 것을 나타낸다.
60) 薦紳은 縉紳, 搢紳과 같은 말로, 笏을 朝服의 大帶에 꽂는다는 뜻으로 貴顯한 자를
   일컫는다.

웅장한 말은 마치 치는 우레와 같네.
소자(小子)[61]는 속세의 번루함[62]에 걸려
아직도 옷 위의 먼지를 떨치지 못하네.
다행히 손님 자리를 열어 두시어
평소의 어리석음을 한바탕 씻어 보네.

·竹齋別有春	心賞何多門
開堂名友賢	設酒不筭巡
時時曳輕策	細履而繞園
當蹊花枝亞	戴土藥苗新
露笋[63]龍鱗折	風[64]松石籟喧
境靜多異鳥	關[65]淸無雜賓
歸來對畵壁	儼若昔賢存
瀟洒[66]囁嚅翁	野裝非[67]薦紳[68]
詩法縱難問	神交則可論
眞趣固有在[69]	親朋況甡甡
相將倒素蘊	雄辯猶[70]雷奔
小子掛世網[71]	未拂衣上塵
幸因開客席	一洗平生惛

---

61) 小子는 어른에 대한 자기 자신의 겸칭이다.
62) 世網은 세속의 그물, 곧 속세의 번루함을 뜻한다.
63) 강경훈 所藏本에는 이 '笋'이 '筍'으로 되어 있다.
64) 강경훈 所藏本에는 이 '風'이 '飌'으로 되어 있다. '飌'은 '風'의 古字이다.
65) 강경훈 所藏本에는 이 '關'이 '開'로 되어 있다.
66) 同治本과 강경훈 所藏本에는 이 '洒'가 '灑'로 되어 있다.
67) 강경훈 所藏本에는 이 '非'가 '匪'로 되어 있다.
68) 同治本에는 이 '紳'이 '神'으로 되어 있다.
69) 同治本에는 이 '有在'가 '在有'로 되어 있다.
70) 同治本에는 이 '猶'가 '有'로 되어 있다.
71) 同治本에는 이 '世網'이 '西崗'으로 되어 있다.

[009-2]

하늘이 지은 듯한 글 족자(簇子) 둘이 있는데
광채는 삼신(三辰)[72]과 다투네.
나에게 오래 가지고 놀도록 하니
앉아서 큰 술통을 다 기울이네.
알겠노라, 공(公)은 수많은 후손들에게
값을 헤아리기 어려운 보배를 전하고 있음을.
귀와 눈으로 얻은 바가 많은데
게다가 겸하여 술까지 향기롭네.
비로소 믿겠네, 죽재 노인은
진실로 다른 사람과 더불어 즐기는 것을.

天題有兩簇　　光彩爭三辰
使我貪翫久　　坐到臥深樽
知公後萬葉　　傳寶無價珍
耳目所得夥　　盍[73]然兼酒醺[74]
始信竹齋老　　誠能樂與人

---

72) 三辰은 三光이라고도 하는데, 日·月·星을 가리킨다.
73) 강경훈 所藏本에는 이 '盍'이 '盎'으로 되어 있다.
74) 同治本에는 이 '耳目所得夥 盍然兼酒醺'이 '耳目何所得 夥盍兼酒醺'으로 되어 있다.

[010]　　　나우수 흥유75)의 시권에 짓다(題羅迂叟興需76)詩卷)

인덕(仁德)한 왕이 빈천(賓天)77)한 지 아홉 해인데
신민(臣民)으로 누가 감히 <관저(關雎)>78)를 잊으랴?
구름 떨치는 영침(靈寢)79)은 앞 시대에도 짝이 없고
일을 맡은 영재들은 각기 여유가 있네.
하물며 그대는 옛 일을 살피는 힘이 절로 풍부하였으니
지금도 뜻밖의 명예를 얻은 것이 마땅하네.

---

75) 羅興儒는 고려의 관리로 號가 中順堂·迂叟, 본관이 羅州이다. 여러 번 文科에 떨어
지고 書堂을 열어 후진을 가르쳤다. 恭愍王 때 中郞將이 되어 影殿都監의 判官으로
공사를 감독한 후 禮儀摠郞이 되었다. 司宰令을 거쳐 司農少卿이 되어 우리나라와
중국의 지도를 만들고, 개벽 이래의 여러 왕조의 흥망, 국토의 변천과 연혁을 자세
히 기록하여 왕에게 바쳤다. 故事에 밝아 왕을 모시고 이야기를 잘하여 총애를 받
았으나, 影殿의 자재를 횡령한 혐의로 탄핵받고 파직되었다. 禑王 1년(1375)에 判典
客寺事로 있을 때 자청하여 通信使가 되어 일본에 가서 倭寇의 출몰을 금하도록 요
구하다가 첩자 혐의로 구금되었다. 뒤에 고려 출신으로 일본에 귀화한 승려 良柔의
주선으로 석방되어 이듬해 사신으로 오는 良柔와 함께 귀국하였다.
76) 강경훈 所藏本에는 이 ‘需’가 ‘嚅’로 되어 있다. ‘興需’는 ‘興儒’의 잘못이다.
77) 賓天은 天子가 崩御했다는 뜻인데, 여기에서는 恭愍王의 昇遐를 가리키는 듯하다.
78) 『詩經』「周南」의 첫머리[『詩經』에서는 「周南」편이 가장 먼저 나오기 때문에 실제로
는 『詩經』의 제일 첫머리가 된다]에 나오는 시의 제목이다. 흔히는 <關雎章>이라
고도 한다. 남녀간의 사랑을 노래한 작품인데, 朱子는 신하가 文王의 배필을 구하다
가 太姒를 얻어 두 사람이 결혼한 것을 축하한 노래라고 했고, 毛序 鄭箋에서는 질
투심 없는 태사가 문왕을 위해 미녀를 구했으나 여의치 못함을 근심한 노래라고 했
다고 한다. 전체 5연으로 되어 있는데, 전문은 다음과 같다.

꺽꺽 우는 물새는/물가 삼각주에 있는데/요조한 숙녀는/군자의 좋은 짝이네//올망졸
망 조아기풀/이리저리 흐르는데/요조한 숙녀를/자나 깨나 구하네//구해도 없으니/자
나 깨나 생각네/끝없는 내 마음/이리 뒤척 저리 뒤척//올망졸망 조아기풀/이리저리
뜯느네/요조한 숙녀/琴瑟로 즐기리//올망졸망 마름풀/이리저리 고르고/요조한 숙녀/
북을 치며 즐기리//(關關雎鳩/在河之洲/窈窕淑女/君子好逑//參差荇菜/左右流之/窈窕
淑女/寤寐求之//求之不得/寤寐思服/悠哉悠哉/輾轉反側//參差荇菜/左右采之/窈窕淑女/
琴瑟友之//參差荇菜/左右芼之/窈窕淑女/鐘鼓樂之//).
79) 靈寢은 大斂한 뒤에 시체를 두는 곳이다.

풍운(風雲)이 이는 천상(天上)에는 새 총애가 닥치는데
원숭이와 학(鶴)이 우는 금남(錦南)80)에는 옛 집이 비었으리.
태백(太白)81)처럼 내리신 조갱(調羹)82)을 특별히 받들고
상여(相如)83)처럼 지은 서찰을 함께 살폈네.
아름다운 이야기는 많아서 중외(中外)에 떨쳤고
찾아가 드리는 축하84)는 어지러워 마을이 좁았네.
늘그막에 거둔 명성이 이와 같은데
춘위(春闈)85)에서 실패한 것은 대체 어찌된 까닭인가?

---

80) 錦南은 錦江의 남쪽, 곧 湖南地方을 가리킨다.

81) 太白은 李白(701~762)의 字이다. 李白은 唐나라의 시인으로 號가 靑蓮居士, 四川省
昌隆人이다. 天寶 원년(742) 吳筠의 천거로 한림원에 들어가서 賀知章에게서 謫仙人
이라는 칭찬을 받았으며, 연회에서 술에 취하여 환관 高力士를 머슴처럼 다루었다
가 모함을 받아 3년 만에 장안을 떠났다. 安史의 난 때 肅宗의 아우 永王 璘의 반군
에 가담했다가 유배되었다.『李太白集』을 남겼으며, 唐代의 대표적인 시인으로 후
대에 杜甫와 함께 李杜라고 병칭되었다.

82) 調羹은 殷鼎調羹手라고도 한다.『書經』「商書」說命條에 나온 '塩梅調羹 出於傳說'
에서 온 말이다. 高宗이 傳說에게 한 말 가운데 들어 있었던 것으로, 그 구체적 내
용은 다음과 같은데, 그 요지는 소금이나 梅實과 같은, 꼭 필요하고도 훌륭한 宰相
이 되어 달라는 것이었다. 따라서 이 말은 정승으로 나라를 다스리던 솜씨를 의미
한다.

임금[殷나라의 高宗을 말한다 : 인용자 註]께서 말씀하시기를, "오너라 너 열[說 :
傳說을 말한다 : 인용자 註]아. 내가 어릴 적에 甘盤에게서 배웠다. 이미 거친 들판
으로 물러가 살았고, 河에 들어가 살았으며, 河로부터 나와서 亳에서 살았다. 그러
나 끝까지 배우지는 못해서 현저히 드러나게까지 할 수는 없다. 네가 오직 나의 뜻
을 가르쳐, 술과 단술을 빚을 때의 누룩과 엿기름이 되고, 국을 끓일 때의 소금과
梅實이 되어 다오. 나를 가르쳐 버리지 말아라. 내 오직 너의 가르침을 힘써 행하리
라."라고 하셨다(王曰 來汝說 台小子 舊學于甘盤 旣乃遯于荒野 入宅于河 自河徂亳
曁厥終 罔顯 爾惟訓于朕志 若作酒醴 爾惟麴糵 若作和羹 爾惟鹽梅 爾交修予 罔予棄
予惟克邁乃訓).

83) 相如는 司馬相如(?~118 B.C.)를 가리킨다. 司馬相如는 前漢의 문인으로 字가 長卿이
다. 四川 출신으로 景帝 때 벼슬에서 물러나 後梁에 가서 <子虛賦>를 지어 이름을
떨쳤다. 그의 辭賦는 화려한 것으로 유명하며, 후대의 문인들이 이것을 많이 모방하
였다.

84) 趨賀는 방문하여 축하하는 것이다.

사람이 장차 오색(五色)86)의 해를 볼 수 없게 되니
하늘은 다섯 수레의 글을 다 살피도록 하려 하였네.
내가 부질없이 마음에 미련87)을 둔 것을 탄식하나니
시를 지어도 뱃속이 비었음이 도리어 부끄럽네.
또 게으르고 못난 탓으로 인사를 빠뜨렸으니
대문 안 뜰88)에 문후(問候)가 드물다고 괴이하게 여기지 마시라.

仁德賓天歲九除	臣民誰敢忘關雎
拂雲靈89)寢前無偶90)	幹事英才各有餘
矧子自多稽古力	于今宜得不虞譽
風雲天上迫新寵	猿鶴錦南空舊廬
特奉調羹賜太白	共看給札賦相如
美談袞袞揚中外	趨賀紛紛隘里閭
晚節收名有如此	春闈失利抑何歟
人將未省日五色	天欲使窮書五車91)
嗟我謾期腸繾綣	題詩還愧腹空虛
且因懶拙闕人事	莫怪92)門除侯93)問踈

---

85) 春闈는 春試·春場試라고도 하는데, 봄철에 보이는 會試를 말한다.

86) 五色은 다섯 가지의 正色으로 靑·黃·赤·白·黑이다.

87) 繾綣은 곡진한 모양, 또는 서로 情이 깊이 들어 떨어지지 않는 모양을 나타낸다.

88) 門除는 문과 뜰을 말한다.

89) 강경훈 所藏本에는 이 '靈'이 '虛'로 되어 있다.

90) 同治本에는 이 '偶'가 '雨'로 되어 있다.

91) 同治本에는 이 '人將未省日五色 天欲使窮書五車'가 '將未省日五色天 欲使窮家書五車'로 되어 있다.

92) 강경훈 所藏本에는 이 '怪'가 '慊'로 되어 있다.

93) 同治本과 강경훈 所藏本에는 이 '侯'가 '候'로 되어 있다. 여기에서는 '候'로 번역하였다.

[011]　　　상주목사 정양생[94]을 보내다. 2수(送尙州牧使鄭良生 二首[95])

[011-1]
엄숙한 진신(縉紳)[96] 가운데 수상(首相)[97]에게 편지를 올리고
부절(符節)[98]을 나누어 영남[99]에서 유민들을 다스리네.
평반(平反)[100]하고 한바탕 웃을 줄을 내가 미리 아는데
어찌 효성스러운 몸으로 어버이를 기쁘게 하지 않겠는가?

　　　奉簡朝端肅搢紳　　　分符嶺表牧遺民
　　　平反一笑吾先料　　　豈有誠身不悅親

[011-2]
내[101]가 옛날에 호종(扈從)하여 순수(巡狩)할 때
비로소 상산(商山)[102]의 진면목(眞面目)을 알았네.
오늘 정호(鼎湖)[103]의 활과 칼이 멀어졌으니

---

94) 鄭良生(?~1390)은 고려의 문신으로 생애가 불명확하기는 하나 尙州牧使를 지낸 사
　　실은 위의 시에서 알 수 있고,　禑王 때는 大司憲(『高麗史』 권133, 「列傳」 46, <辛
　　禑> 1)을 지냈으며, 蓬原君에 피봉되었던 사실(같은 책, 권46, 「世家」 46, <恭讓王>
　　2)을 알 수 있다.
95) 同治本에는 이 '二首'가 본문보다 작은 글자로 되어 있다.
96) 縉紳은 搢紳, 薦紳과 같은 말로, 笏을 朝服의 大帶에 꽂는다는 뜻인데, 貴顯한 사람
　　을 일컫는다.
97) 朝端은 조정에서 늘어선 신하의 第一位, 즉 朝臣의 首位이다.
98) 符節은 돌·대나무·옥 등으로 만든 물건으로 옛날 使臣이 가지고 다니던 符信이다. 둘
　　로 나누어서 하나는 朝廷에 두고 하나는 본인이 가지고 다니며 信表로 사용했다.
99) 嶺表는 嶺南을 가리킨다.
100) 平反은 冤罪를 다시 조사하여 無罪로 하거나 減刑하는 것이다.
101) 孤臣은 임금에게 신임 받지 못하고 버림받은 신하를 말하지만, 여기에서는 시인
　　자신을 가리킨다.
102) 商山은 경상북도 尙州의 옛 이름이다.

그대를 보내며 남쪽을 바라보니 더욱 마음 상하네.

孤臣昔歲扈時巡　　始識商山面目眞
今日鼎湖弓釖[104]遠　　送君南望倍傷神

---

103) 鼎湖는 중국 河南省 荊山의 아래에 있는 지명으로 黃帝가 구리로 솥을 주조한 곳
　　인데, 황제가 솥을 주조하자 용이 와서 맞이하므로 황제는 그것을 타고 上天하였
　　다고 한다. 그래서 후대에는 帝王 또는 帝王의 죽음을 뜻한다.
104) 이 '釖'이 同治本에는 '劒'으로, 강경훈 所藏本에는 '釗'으로 되어 있다.

[012]   합주[105]에 유배되어 서울로 돌아가는 압송관 조광보를 보내
         다(謫[106]至陜州 送押送官趙光甫還京)

동행한 지 열흘이 넘어
정의(情意)가 절로 서로 친해졌네.
이별에 임하여 눈물이 없으랴?
산골 성(城)에는 친구가 없네.
늙은 어머니는 병(病)으로 일어나지 못하시는데
세 아들[107]은 각각 천리(千里) 밖에 있네.
평소에 꿈꾸지도 못한 일인데
무엇이 잘못되어 이 지경에 이르렀는가?
하늘이 마음을 아는지
밝은 달은 두 곳을 비추어 주네.
그대를 보내며 말을 하지 못하는데
눈물은 쏟아지는 물과 같네.

        同行踰一旬   情意自相親
        臨別得無淚   山城無故人
        老母病未起   三男各千里
        平生所不夢   何失以致此
        皇天知寸心   明月照兩地
        送子不能言   有淚如瀉水

---

105) 陜州는 경상남도 陜川의 옛 이름이다.

106) 同治本에는 이 ‘謫’이 ‘適’으로 되어 있다.

107) 세 아들은 문맥상으로 보아 자신과 두 아우를 말한 것으로 이해된다. 牧隱 李穡이
    쓴, 柳巷의 父 公義의 묘지명인 「高麗國重大匡淸城君贈諡平簡韓公墓誌銘」에 의하
    면 公義에게는 세 아들이 있었는데, 脩, 理, 齊라고 되어 있다(『淸州韓氏大同族譜
    (上世篇)』(六校本), 190~194면 참조).

[013]　　판서 아우108)에게 부치다 이 때 판서도 광주에 유배되어 있었다(寄舍弟判書　時判書亦貶在光州)

올 때는 참으로 눈과 서리의 위세가 두려웠는데
지금은 벌써 바람에 꽃이 반이나 날리는 것을 보네.
하늘 끝에서 타향살이하는 것도 응당 한 맛이련만
어느 때나 함께 노래자(老萊子)109)의 옷을 입을까?

　　來時正怕雪霜威　　　今見風花半已飛
　　流落天涯應□110)味　　何時共着老萊衣

---

108) 아우는 柳巷의 막내 동생으로 戶部判書를 지낸 齊를 가리키는 듯하다.(같은 책, 「上世略系」 9면).

109) 老萊子는 春秋時代 楚나라의 賢人으로 24孝子의 한 사람이다. 난을 피하여 蒙山의 남쪽에서 농사를 지으면서 살았는데, 70세에 색동옷을 입고 어린애 장난을 하여 부모를 위안하였고, 『老萊子』 15권을 지었다고 한다. 그의 아내는 賢妻로서 남편을 諫하여 벼슬하지 않고 청빈한 생활을 하도록 하였다고 한다. 李漢의 『蒙求』에는 <老萊斑衣>라는 제목으로 다음과 같이 실려 있다.

　『高士傳』에 이르기를, 老萊子는 楚나라 사람으로 젊어서 효성이 지극해서 매우 맛있는 음식으로 부모를 봉양하였다. 나이 칠십이 되어도 부모가 아직 생존해 계시니 노래자는 얼룩무늬가 있고 아름다운 옷을 입고 부모님 앞에서 어린 아이의 놀이를 하며, 자신을 늙은이라고 일컫지 않았다. 부모님을 위해 밥을 가지고 마루에 오르며 발을 헛디뎌 넘어져 어린이처럼 울기도 했으니 진실로 지성에서 우러나온 것이었다. 초나라의 왕실이 바야흐로 어지러워지자 蒙山의 남쪽에서 은거하여 밭을 갈면서 책을 지어 『老萊子』라 하였다. 언제 어디서 죽었는지는 모른다(高士傳 老萊子楚人 少以孝行 養親極甘脆 年七十 父母猶存 萊子服荊蘭之衣 爲嬰兒戲於親 前 言不稱老 爲親取食上堂 足跌而偃 因爲嬰兒啼. 誠至發中 楚室方亂 乃隱耕於蒙山之陽 著書號老萊子 莫知所終).

110) 萬曆本과 강경훈 所藏本에는 한 글자가 탈락되어 있고, 대신 글자 한 자 들어갈 만한 공간이 비어 있다. 그러나 同治本에는 여기에 들어갈 글자가 '一'로 되어 있기 때문에, 여기서는 同治本에 따라 '一'로 보충하고 번역하였다.

[014] 　　이자용[111]에게 차운하여 답하다(次韻荅[112]李子庸)

소인(騷人)[113]은 본래 술이 깨면 읊지 못하는데
좋은 벗을 만나서는 괴로운 마음을 알겠네.
부끄럽다네, 쇠잔한 시골이라 크게 궁벽하여
황금을 뿌릴 만한 술집이 없음이.

　　騷人本不解醒吟　　好友仍逢識苦心
　　慚愧殘鄕大幽僻　　酒家無處可揮金

---

111) 李子庸(?~1385)은 고려의 문신으로 禑王 4년(1378) 版圖判書로 司宰令 韓國柱와
　　함께 일본에 건너가 倭寇의 침입을 금하도록 청하였다. 그 뒤 密直副使를 지내고,
　　1384년 사신으로 明나라에 갔다가 高麗가 北元과 修交하는 사실에 격분한 明나라
　　에 의해 억류되었으나 이듬해 풀려 나와 돌아오다가 客死하였다.
112) 同治本과 강경훈 所藏本에는 이 '荅'이 '答'으로 되어 있다. 두 글자는 서로 通用되
　　기도 하는 글자이다.
113) 騷人은 詩人 혹은 風流客을 말한다. 楚나라 屈原이 지은 <離騷>에서 유래한 말
　　로, 서정적인 詩賦 및 글을 쓰는 사람, 風流를 즐기어 노래하고 읊는 사람, 文人 혹
　　은 詩人 등을 말한다. 騷客, 風流人이라고도 한다.

[015]   안선생의 시권에 짓다(題安先生詩卷)[114]

[015-1]

흐르는 물은 근원이 있으니 어느 때나 다하리요?
구름은 무심히 나왔다가 비 뿌린 뒤 돌아가네.
한강(漢江) 가는 평소에 즐기던 곳이니
다시 봄옷을 입은 아이와 어른과 함께 가리.[115]

---

114) 이 시는 『東文選』 권21에 <無題二首>라는 제목으로 실려 있다.

115) 이 구절은 孔子의 제자 曾點이 春服을 입고 冠者 5, 6명과 童子 6, 7명을 데리고 놀러 가겠다던 故事를 인용한 것이다. 『論語』 「先進」에서 孔子가 子路·曾晳·冉有·公西華에게 "너희들을 알아준다고 하면 어떻게 하겠는가?" 하고 물었을 때, 曾點은 다른 세 사람과는 달리 다음과 같이 답하였다는 일화를 가리킨다. 즉 曾點이 "저문 봄에 봄옷이 이미 이루어지면 冠을 쓴 자 5, 6인과 동자 6, 7인으로 沂水에서 목욕하고 舞雩에서 바람쐬고 읊으며 돌아오리다."라고 하니, 공자께서 탄식하며 말하기를 "나도 點처럼 하고자 한다."라고 했다(曰莫春者 春服旣成 冠者五六人 童子六七人 浴乎沂 風乎舞雩 詠而歸 夫子喟然歎曰 吾與點也)는 것이다. 點은 공자의 제자로 姓은 曾이고, 字는 晳이며, 點은 그의 이름[名]이다. 유명한 曾子의 아버지가 바로 이 曾點이다. 이 구절이 들어 있는 대목은, 『論語』 가운데에서 가장 긴 문장으로, 단편적인 내용을 담고 있는 다른 대목들과는 상당히 다르다. 마치 소설의 한 대목을 보는 듯한 느낌이 들기도 하는데, 해당 대목의 원문은 다음과 같다.

子路와 曾晳과 冉有와 公西華가 옆에서 모시고 앉아 있었다. 공자께서, "내가 하루라도 어른이 되기는 하나 나를 개의치 말아라. 너희들이 평소에 늘 "나를 알아주지 않는다."라고 말했었는데, 만약 어떤 사람이 너희를 알아준다면 어떻게 하겠느냐?" 하고 물으셨다. 子路가 불쑥 나서며, "千乘의 나라가 큰 나라 사이에 끼어 大軍의 침입을 당하고 그 때문에 饑饉에 시달린다 할지라도, 제가 다스린다면 삼년만 되어도 그 나라의 백성들을 용감하게 만들고 道의 방향을 알도록 할 수 있겠나이다." 하고 대답했다. 공자께서는 그 말을 듣고 빙그레 웃으셨다. "求야, 너는 어떠냐?" 冉有가 대답하기를, "사방 육칠십 리나 혹은 오륙십 리의 지역을 제가 다스린다면 삼년만 되어도 백성들을 풍족하게 살게 할 수 있겠사오나, 그 禮와 樂에 대해서는 다른 군자를 기다려야 할 것입니다."라고 했다. "赤아, 너는 어떠냐?" 公西華가 대답하기를, "해낼 수 있다는 것이 아니라 앞으로 배우고자 바랄 따름입니다만, 宗廟의 일과 諸侯들의 모임에 禮服과 禮冠 차림으로 보좌하는 작은 벼슬이나 맡아 보았으면 하나이다."라고 했다. "點아, 너는 어떠냐?" 점은 느릿느릿 타던 비파를 철렁 소리가 나게 밀쳐놓고는 자리에서 일어서며, "저는 세 사람들의 생각과

水流有本何時盡　　雲出無心旣雨歸
漢上平生行樂處　　復携童冠着春衣

[015-2]

천만리(千萬里)에 흰 갈매기[116]가 호탕한데
고금(古今)에 구름은 순식간에 푸른 개[117]처럼 변하네.
즉묵대부(卽墨大夫)[118]가 명예를 구하지 않음이 어찌 방해가 되랴?

는 다릅니다.”라고 대답했다. 공자께서는 “무슨 상관이 있겠느냐? 다만 각자 자기
의 뜻을 말하는 것이니라.”라고 말씀하셨다. “늦은 봄철에 봄옷이 만들어지면, 어
른 대여섯 명과 아이들 육칠 명과 함께 沂水에서 목욕하고 舞雩에 올라 바람을 쏘
이고 노래나 부르면서 돌아오겠습니다.”라고 했다. 공자께서 깊이 탄식하시며, “나
는 點의 의견을 따르겠노라.”라고 말씀하셨다. 세 제자가 나가고 나서 증석이 뒤에
남아 있었다. 증석이, “저 세 사람들의 말을 어떻게 생각하십니까?” 하고 물었다.
공자께서 말씀하시기를, “그런대로 각자의 뜻을 말한 것이니라.”라고 하셨다. “선
생님께서는 왜 由의 말을 들으시고 빙그레 웃으셨습니까?” 하고 증점이 물었다.
“예로써 나라를 다스려야 하거늘 그의 말에는 겸양의 빛이 없는지라 그로 해서 웃
었느니라.” “求가 말한 것이라면 나라가 아니겠습니까?” “어찌 사방 육칠십 리나
오륙십 리라 하여 나라가 아니라 하겠느냐?” “赤이 말한 것이라면 나라가 아니겠
습니까?” “종묘와 제후들의 모임이니 제후의 일이 아니고 무엇이겠느냐. 赤이 작
은 宰相이 된다면 누가 큰 재상이 될 수 있겠느냐?”라고 하셨다(子路 曾晳 冉有 公
西華侍坐 子曰 以吾一日長乎爾 毋吾以也 居則曰 不吾知也 如或知爾 則何以哉 子
路率爾 而對曰 千乘之國 攝乎大國之間 加之以師旅 因之以饑饉 由也爲之 比及三年
可使有勇 且知方也 夫子哂之 求爾何如 對曰 方六七十 如五六十 求也爲之 比及三
年 可使足民 如其禮樂 以俟君子 赤爾何如 對曰 非曰能之 願學焉 宗廟之事 如會同
端章甫 願爲小相焉 點爾何如 鼓瑟希 鏗爾 舍瑟而作 對曰 異乎三子者之撰 子曰 何
傷乎 亦各言其志也 曰莫春者 春服旣成 冠者五六人 童子六七人 浴乎沂 風乎舞雩
詠而歸 夫子喟然歎曰 吾與點也 三子者出 曾晳後 曾晳曰 夫三子者之言何如 子曰
亦言各其志也已矣 曰夫子何哂由也 曰爲國以禮 其言不讓 是故哂之 唯求則非邦也與
安見方六七十 如五六十 而非邦也者 唯赤則非邦也也與 宗廟會同 非諸侯而何 赤也
爲之小 熟能爲之大).

116) 杜甫의 <奉贈韋左丞丈二十二韻> 마지막 聯에, “백구가 호탕한 데 빠지니 萬里에
누가 능히 깃들이랴(白鷗沒浩蕩 萬里誰能馴).”라고 한 구절이 있다.

117) 杜甫의 <可歎> 첫 聯에 “하늘에 뜬 구름은 흰 옷과 같더니, 순식간에 푸른 개처
럼 변하네(天上浮雲如白衣 斯須改變如蒼狗).”라는 구절이 있다.

118) 卽墨은 齊邑의 古城인데, 戰國時代 齊나라의 大夫 田敬仲의 封號이기도 하다. 齊

다시는 법문(法文)을 교묘히 희롱하는 장탕(張湯)[119]이 없어야 하리.

浩蕩白鴟[120]千萬里　　　斯須蒼狗古今雲
何妨卽墨不求譽[121]　　　無復張湯巧舞文

　　威王이 卽墨大夫를 불러서 말하기를, "네가 卽墨에 부임한 뒤에 헐뜯는 말이 날로 들어오기에 내가 사람을 시켜 가 보게 했더니 治績이 대단히 좋았다. 이것은 네가 나의 측근자에게 뇌물을 쓰지 않은 까닭이다." 하고 卽墨大夫를 표창하였다고 한다.

119) 張湯은 漢 武帝 때의 杜陵人으로서 글을 잘하여 교묘한 수법으로 法文을 교묘히 幻弄하여 가혹하게 다스렸다.

120) 同治本과 강경훈 所藏本에는 이 '鴟'가 '鷗'로 되어 있다.

121) 同治本에는 이 '何妨卽墨不求譽'가 '何妨不求卽墨譽'로 되어 있다.

[016] 　　정 청성군[122]께 받들어 드리다(奉寄呈[123]靑城君鄭)

[016-1]

한 때 고원(誥院)[124]에서 얼마나 서로 좇았던가?
천성(天星)[125]을 손꼽아 보니 이미 두 해가 지났네.
지난해에 유락(流落)되어 도리어 얻은 게 있는데
다시 마음을 씻어주는 묘한 말을 듣네.

　　　一時誥院幾相從　　　屈指[126]天星已再終
　　　流落去年還有得　　　更聞妙語洗心胸

[016-2]

영외(嶺外)의 여러 고을을 내가 반(半)은 지나쳤는데
맑고 엄숙한 강산은 초계(草溪)[127]에 많았네.
그대의 이름과 절의가 세상을 놀라게 함을 아끼나니
구름과 물의 빛 속에서 문득 화기(和氣)를 기르네.

嶺外諸州我半過　　　江山淸肅草[128]溪多
愛公名節驚人世　　　雲水光中却養和

---

122) 靑城君은 淸城君의 잘못인 듯하다. 鄭淸城君은 圓齋 鄭樞(1333～1382)를 가리키는
듯하다. 그는 고려 말의 문신으로 자는 公權이며, 鄭誧의 아들이다. 공민왕 2년 급
제하여 藝文檢閱을 거쳐 左司議大夫일 때 李存吾와 함께 辛旽의 죄를 극언하여 위
험에 빠졌으나 이색의 변호로 東萊縣令으로 좌천되었다. 신돈 사후에 左諫議로 복
직하여 세자 禑의 사부가 되었으며, 우왕 즉위 후 簽書密直·政堂文學에 이르고 淸
城君에 봉해졌다. 『圓齋集』 3권을 남겼고 시호는 文簡이다.
123) 同治本에는 이 '呈'이 없다.
124) 誥院은 임금의 명령을 글로 작성하는 관아라는 뜻으로 翰林院이나 藝文館을 가리킨다.
125) 天星은 日月星辰을 말한다.
126) 同治本에는 이 '指'가 '措'로 되어 있다.
127) 草溪는 경상남도 陜川郡 草溪面이다.
128) 同治本에는 이 '草'가 '暮'로 되어 있다.

내가 경상도에서 이르자
그대는 이제 벼슬길을 떠나려 하네.
마음속에 몰래 느낌이 있는데
입이 한 자라도 다 말하기 어렵네.
금 주발은 세상에서 보배로 여겨도
술131)을 기울이면 오줌으로 변하네.
방훈(放勳)132)은 높은 덕을 밝히고
도올(檮扤)133)은 음모를 쌓았네.
졸렬한 재주로 진(秦)나라의 법134)을 뒤집어쓰고135)
거친 땅에 던져져 초(楚)나라의 죄수136)가 되었네.
다행히 천명이 곧 바로 진정됨에 힘입어
살아서 나라가 모두 아름답게 됨을 보았네.
너그러운 명령이 수시로 내리니
나그네 생활에서 자유를 얻었네.
아직도 두 뺨에 흐른 눈물이 남아 있는데
한 몸의 근심 때문이 아니네.

---

129) 同治本에는 제목이 <送慶尙道按廉副令>이라고 되어 '康'이 빠져 있다. '康副令'은
　　작품번호 031에 의하면 이름이 '得和'임을 알 수 있다.

130) 이 시는 『東文選』 권11에도 실려 있다.

131) 黃流는 술의 異稱으로 秬鬯이라고도 한다.

132) 放勳은 史臣이 堯임금의 德을 칭송하는 말이다. 일설에는 堯의 號, 또는 이름이라
　　고도 한다.

133) 檮扤은 檮杌이라고도 하며 중국 古代 惡人의 이름이다.

134) 秦나라의 법은 가혹하고 각박하고 번다하였다.

135) 이 구절은 韓脩가 禑王 초에 同知密直으로 상하의 명망과 신임을 받다가, 恭愍王
　　을 弑逆한 韓倫의 一族이라 하여 귀양가게 된 사실을 가리킨다. 뒤에 곧 소환되어
　　上黨君에 봉해졌다.

136) 楚囚는 春秋時代에 楚나라의 鍾儀가 晉나라에 포로가 되어 갔으므로 부른 이름이다.

왜구(倭寇)가 자주 침노해 오니
군관(軍官)의 내왕이 잦네.
고달픈 백성들은 수자리[137]가 길고
항산(恒産)[138]은 가렴주구(苛斂誅求)에 비네.
가뭄이 심하여 흉년이 들면
두루 진휼(賑恤)하느라 창고가 비네.
집에 돌아와도 오히려 눈에 남아 있으니
고삐를 잡고[139] 머리 긁적이던 일을 생각하네.
행색(行色)은 청춘을 지났는데
푸른 바닷가에 성가(聲價)가 먼저 알려지네.
반근착절(盤根錯節)[140]을 만난들 무엇을 근심하랴?
참으로 벌써 강유(剛柔)를 시험하였네.
자기가 봉(封)해져도 오히려 두려운 줄 알거늘

---

137) 戍役은 國境을 지키는 일 혹은 그 임무를 맡은 백성이나 兵士를 말한다.
138) 恒産은 사람이 살아갈 수 있는 일정한 재산, 또는 生業이다.『孟子』「梁惠王章句
上」에 다음과 같은 대목이 있다.

　　恒産이 없어도 恒心을 가지는 것은 오직 선비만이 할 수 있습니다. 백성들은 恒産
　　이 없으면 따라서 恒心이 없어집니다. 진실로 恒心이 없으면 방탕, 편벽, 邪惡, 사
　　치 등을 아니 하는 것이 없습니다. 죄에 빠진 뒤에 이를 형벌에 처한다면 이는 백
　　성을 그물질하는 것입니다. 어찌 어진 사람이 임금의 지위에 있으면서 백성을 그
　　물질할 수 있겠습니까?(無恒産而有恒心者 惟士爲能 若民 則無恒産 因無恒心 苟無
　　恒心 放辟邪侈 無不爲已 及陷於罪 然後從而刑之 是罔民也 焉有仁人在位 罔民而可
　　爲也)
139) 攬轡는 '고삐를 잡는다'는 것으로 출발을 의미하는데, 그 뜻은 天下의 정치를 맑디
　　맑게 하려는 뜻을 품고 벼슬길에 나가는 것, 즉 처음 벼슬길에 나갈 때 어지러운
　　정치를 刷新하겠다는 뜻을 품음을 말한다. 後漢의 范滂이 어지러운 冀州의 政情을
　　案察하라는 명을 받았을 때, 천하를 澄淸하려는 뜻을 품고 출발한 故事에서 나온
　　말로 攬轡澄淸이라고도 한다.
140) 盤錯은 盤根錯節을 줄여서 말한 것이다. 盤根은 오래 된 나무의 뿌리가 屈曲된 것
　　이고, 錯節은 나무의 마디가 착잡한 것이다. 盤根錯節을 만나지 아니하면 利器를
　　분별하지 못한다는 말이 있는데, 이 말은 어려운 고비를 당하여야 훌륭한 솜씨를
　　알 수 있다는 뜻이다.

변방을 막는 데 어찌 남의 잘못을 본받으랴?
한 지방에 비와 이슬이 고르면
온 마을에서 농사가 쉬워지네.
가락(駕洛)[141]의 유풍(遺風)은 멀고
계림(雞林)[142]의 옛날 일은 아득하네.
지난 시대의 흥폐(興廢)를 추억하고
앞선 사람의 안렴(按廉)을 생각하네.
고을에는 천년을 산 나무요
강산에는 도처에 누각이네.
백성들에게 끼치는 폐해를 없앨 수 있다면
두루 그윽한 곳을 찾는 것도 해롭지 않으리.

我自慶尙至	君今將宦遊
寸心潛有感	尺喙未能收
金梡世所寶	黃流項[143]化洩
放勳[144]明峻德	擣抃[145]畜陰謀
抱拙[146]羅秦法	投荒作楚囚
幸蒙天卽[147]定	生見國咸休
寬令隨時下	羈棲獲自由
尙殘雙臉泫	非爲一身憂
水賊侵陵數	軍官來往稠
疲氓長戍役	恒產罄誅求

---

141) 駕洛은 경상남도 金海를 가리킨다.

142) 雞林은 경상북도 慶州를 가리킨다.

143) 『東文選』에는 '項'이 '傾'으로 되어 있다. 여기에서는 '傾'으로 번역하였다.

144) 강경훈 所藏本에는 이 '勳'이 '勛'으로 되어 있다.

145) 同治本과 강경훈 所藏本에는 이 '擣抃'이 '檮杌'로 되어 있다.

146) 『東文選』에는 이 '拙'이 '屈'로 되어 있다.

147) 同治本에는 이 '卽'이 '郞'으로 되어 있다.

旱甚歲仍惡　　　倉虛賑得周
還家猶在目　　　攬轡想搔頭
行色靑春半　　　先聲碧海陬
何傷遇盤錯　　　固已試剛柔
封己[148]猶知懼　　　防邊孰効尤
一方均雨露　　　萬洛[149]易田疇
伽落[150]遺風遠　　　雞[151]林往事悠
廢興懷曩代　　　廉按[152]憶前修
州府千年樹　　　江山幾[153]處樓
如能祛獘瘼　　　不害縱冥搜

---

148) 同治本에는 이 '己'가 '已'로 되어 있다.
149) 同治本과『東文選』에는 이 '洛'이 '落'으로 되어 있다. 여기에서는 '落'으로 번역하였다.
150) 同治本과『東文選』에는 이 '伽落'이 '駕洛'으로 되어 있다. 여기에서는 '駕洛'으로 번역하였다.
151) 강경훈 所藏本에는 이 '雞'가 '鷄'로 되어 있다.
152) 同治本에는 이 '廉按'이 '按廉'으로 되어 있다.
153) 同治本에는 이 '幾'가 '到'로 되어 있다. 여기에서는 '到'로 번역하였다.

[018]   사월 초파일에 금사령154)에서 목은155)선생을 모시고 연등을 구경하고, 이튿날 선생이 시를 보여주기에 삼가 차운히여 드리다(四月八日 陪牧隱先生觀燈金沙嶺 明日 先生示詩 謹次韻 呈)156)

[018-1]

만 송이 붉은 연꽃이 한 봉우리를 감싸는데
성기다가 빽빽하고 옅다가 다시 짙어지네.
이 밤에 멀리서 바라보면 나와 같지 않을 테니
이 산이 또한 으뜸이 됨을 반드시 믿네.

---

154) 金沙嶺은 어디인지 알 수는 없으나,『新增東國輿地勝覽』(7권) 경기도 驪州牧 題詠
    條에 李穡의 '金沙八詠'이 있고(『국역신증동국여지승람 Ⅱ』, 민족문화추진회, 1988.
    92면), 李穡과 韓脩가 驪州에 자주 갔던 것으로 보아, 경기도 여주에 있던 고개가
    아니었을까 한다.

155) 牧隱은 李穡(1328~1396)의 號이다. 李穡은 고려 말의 문신·학자로 字가 穎叔, 號
    가 牧隱, 본관이 韓山, 贊成事 穀의 아들, 李齊賢의 門人이다. 忠惠王 복위 2년
    (1341) 進士가 되고 忠穆王 4년(1348) 元나라에 가서 國子監의 生員이 되어 性理學
    을 연구했다. 忠定王 3년(1351) 귀국하여 恭愍王에게 국책의 시정과 개혁을 건의하
    였고, 同王 2년(1353) 鄕試와 征東行省의 鄕試에 합격, 書狀官이 되어 元나라에 들
    어가 會試·殿試에 합격하여 원나라에서 應奉翰林文字承事郎·同知製誥兼國史院
    編修官을 지내고, 同王 5년에 귀국하여 吏部侍郎·翰林直學士兼史館編修官·知製
    教兼兵部郎中이 되어 인사행정을 주관하고 개혁을 건의하여 政房을 폐지하게 하
    였으며, 右諫議大夫·樞密院右副承宣·知工部事·知禮部事 등을 지내고 同王 10
    년 紅巾賊의 침입으로 왕이 南幸할 때 扈從하여 1등공신이 되었다. 그 후 左承
    宣·知兵部事·右代言·同知春秋館事·寶文閣 및 藝文館大提學·判開城府使 등
    을 역임하고 韓山君에 봉해지고, 禑王 때 功臣의 호를 받고 師傅가 되었다. 恭讓王
    때 判門下府事로 있다가 유배되었고, 朝鮮 太祖 4년(1395)에 韓山伯이 되었다. 門
    下에 權近·河崙·卞季良·吉再 등 많은 제자를 배출하여 조선 性理學의 주류를
    이루게 하였다. 韓山의 文獻書院에 奉享되었다. 저서로는『牧隱詩藁』와『牧隱文藁
    』가 있다.

156) 同治本에는 이 '謹次韻呈'의 뒤에 '二首'라는 말이 본문보다 작은 글자의 註로 덧
    붙어 있다.

萬朶紅蓮拱一峰[157]　　　　疎疎密密淡還濃
遐觀此夜無如我　　　　須信玆山亦可宗

[018-2]

눈에 가득한 번화함이 점점 드물어지려 하는데
오래 앉아 있으니 이슬에 옷이 젖음을 비로소 아네.
아이들이 부처를 부르는데 새로운 말이 많으니
대대(代代)로 유풍(遺風)이 다름을 알겠네.

滿眼繁華漸欲稀[158]　　　　始知坐久露沾[159]衣
兒童喚佛多[160]新語　　　　可見遺風世世非

---

157) 同治本과 강경훈 所藏本에는 이 '峰'이 '峯'으로 되어 있다.
158) 同治本에는 이 行의 앞에 '其二'라는 한 行이 더 있다. 이는 두 번째 首라는 뜻으로
　　　붙인 것이다.
159) 同治本에는 이 '沾'이 '霑'으로 되어 있다.
160) 同治本에는 이 '多'가 '作'으로 되어 있다.

[019]　　　목은선생이 빗속에 시를 보여주기에 차운하여 받들어 드리다
　　　　　　(牧隱先生雨中示詩 次韻奉[161]呈)

집을 깨뜨리는 천둥소리는 사악함을 물리치는데
바람에 날리는 비가 누각에 비껴 들어오네.
아득한 산 빛은 천리나 떨어져 있고
자욱한 구름 기운은 수많은 집에 이어지네.
농부를 좇아서 아름다운 씨를 뿌려 보고 싶은데
어찌 아이를 따라 지는 꽃을 애석히 여기겠는가?
가문 하늘을 달게 적심을 진정 축하할 만하니
반드시 금 술통에 아름다운 놀[162]이 곱게 물들게 하리.

　　　破屋雷聲是却邪　　　風吹飛雨入[163]樓斜
　　　山光漠漠隔千里　　　雲氣濛濛連萬家
　　　擬趂農夫播嘉種　　　肯隨年少惜殘花
　　　旱天甘澍眞堪賀　　　須使金樽艶九霞

---

161) 강경훈 所藏本에는 이 '奉'이 '謹'으로 되어 있다.
162) 九霞는 九光霞라고도 하며, 道家語로 '아름다운 놀'을 말한다.
163) 同治本에는 이 '入'이 '下'로 되어 있다.

[020]   편지를 대신하여 강서현령에게 부치다(代書 寄江西縣令)

쫓겨난 나그네가 집으로 돌아오니 세상 사는 맛이 성긴데
사귀는 친구에게 몇 줄 편지를 보내기도 어렵네.
그대의 후의가 지금도 옛날과 같음을 사랑하나니
늘 어머니164)께 물고기를 잡수시게 해 드리네.

　　逐客還家世味疎　　　交親難致數行書
　　愛君厚意165)今如昔　　　每使萱堂食有魚

---

164) 萱堂은 北堂이라고도 하는데, 옛날 士大夫 집안의 동쪽 집채의 北半部에 해당하는
　　곳으로 이곳에는 主婦가 거처하였기 때문에 主婦 또는 어머니라는 의미로 쓰인다.
　　이곳 뜰에는 원추리[萱草]를 심었기 때문에 萱堂이라 부른다.
165) 강경훈 所藏本에는 이 '意'가 '德'으로 되어 있다.

[021]　　　편지를 대신하여 강릉의 법조에게 부치다(代書 寄江陵法曹[166])

강릉(江陵)에서 개경(開京)[167]으로 오는 사람이 있으면
반드시 편지를 통하니 뜻이 가볍지 않네.
어머니[168]께 드릴 맛있는 음식이 없음을 걱정하다가
통에 가득한 전복[169]을 기쁘게 바라보네.

　　　人自江陵到玉[170]京　　必通書札意非輕
　　　北堂甘旨憂將闕　　　喜見盈釭石決明

---

166) 同治本과 강경훈 所藏本에는 이 '曹'가 '曺'로 되어 있다.

167) 玉京은 白玉京이라고도 하며 元始天尊[玉皇上帝]이 사는 곳이라는 뜻이지만, 여기에서는 국왕이 사는 수도, 곧 開京을 가리킨다.

168) 北堂은 萱堂과 같은데, 主婦 또는 어머니를 가리킨다.

169) 石決明은 全鰒을 다르게 부르는 말이다. 全鰒은 全鰒科에 속하는 조개의 하나로 몸은 타원형의 귀 모양인데, 貝殼의 길이 20cm, 폭 17cm, 높이 7cm 내외이다. 殼口는 넓고, 殼表는 갈색 또는 청자색, 殼口 속은 眞珠 광택이 강하다. 背面에는 나선형의 條刻이 있고, 突起와 呼吸孔이 줄지어 있다. 발의 裏面이 넓어서 바위 등에 흡착하기 적합하다. 11~12월에 産卵하며, 조류의 영향이 없는 암초나 여울 등에 서식하는데, 韓國·日本 등에 분포한다. 貝殼은 螺鈿, 단추 등의 재료가 되고, 漢醫에서는 石決明이라 하여 藥材로 사용하며, 살은 食用한다. 특히 전복죽은 영양가가 높은 고단백 식품으로 알려져 있어서, 비싼 값을 받는다.

170) 강경훈 所藏本에는 이 '玉'이 '王'으로 되어 있다.

[022]　　　편지를 대신하여 양양의 조사군 선에게 부치다(代書 寄襄陽趙
　　　　　　使君宣)

출처(出處)[171]가 어긋난 지 몇 해가 넘었는데
이제 희어지는 머리카락[172]을 스스로 탄식하네.
그대의 후의가 평일 같음에 감사하거니
또 물고기 뱃속의 편지[173]를 보내오네.

　　　出處乖離數載餘　　　而今自嘆[174]二毛初
　　　感君厚意如平日　　　又惠魚中尺素書

---

171) 出處는 나아가 벼슬하는 일과 물러나서 집에 있는 것을 뜻한다.

172) 二毛는 斑白의 머리, 또는 斑白이 되는 나이의 노인을 가리킨다.

173) 魚中尺素는 雙鯉·雙魚·鯉魚尺素·鯉素라고도 하는데 편지, 서찰의 뜻이다. 잉어
　　뱃속에 편지가 들어 있었다는 故事에서 由來한다. 『古樂府』 <飮馬長城窟行>에
　　"손님이 먼 곳으로부터 와서, 나에게 두 마리의 잉어를 주네. 아이를 불러 잉어를
　　삶으니, 그 속에 편지가 들어 있네(客從遠方來 饋我雙鯉魚 呼童烹鯉魚 中有尺素書
　　)."라는 구절이 있다. 이와 비슷한 예는 우리나라에도 있으니 『高麗史』「樂志」三
　　國俗樂條 <溟州>의 부대설화가 그것으로 다음과 같다. 어느 서생이 명주에 갔다
　　가 양가집 처녀와 사람을 맺고 과거에 급제하여 입신한 다음에 부모에게 청혼할
　　것을 기약하고 서울로 갔다. 처녀가 타인에게 시집가지 않을 수 없는 위기를 맞아
　　글을 써서 연못에 던졌는데, 서생이 먹으려고 사 온 잉어의 뱃속에서 이 편지가 나
　　와 서생이 사연을 알게 됨으로써 급히 달려가 <명주>라는 이름의 그 노래를 불
　　렀으며, 처녀의 부모는 기이한 일에 감동되어 서생을 사위로 맞았다.

174) 同治本에는 이 '嘆'이 '歎'으로 되어 있다.

[023]   편지를 대신하여 강릉도안렴사 원정랑 종량에게 부치다(代書
寄呈江陵道按廉元正郞宗亮)

관동(關東)은 본래 별건곤(別乾坤)인데
평소에 다만 귀로만 듣는 것을 늘 한탄하네.
안렴사(按廉使)의 글 몇 폭이 진중하건만
더욱이 바다의 일미(一味)까지 나누어줌에랴?

關東自是別乾坤　　每恨平生但耳聞
珍重按廉書數幅　　滄溟一味況兼分

[024]   한산군[175]의 시에 차운하여 최판삼사사[176]께 절구 2수를 올리다(次韓山君詩韻 上崔判三司事 二絶)

[024-1]

철원부원군(鐵原府院君)[177]의 청백(淸白)은 옛날의 가풍인데
몸이 귀하여도 집에는 썩어 붉어진 곡식이 없네.
산하에서 백 번 싸워 일찍이 백 번을 이겼으니
다시 종정(鍾鼎)[178]에 새 공훈을 새기네.

　　　鐵原淸白舊家風　　　身貴家無粟腐紅
　　　百戰山河曾百勝　　　更將鍾鼎勒新功

[024-2]

영풍(英風)을 괴롭히는 쥐 같은 무리를 알고 싶은데
죽은 이를 끌고 다친 이를 부축하니 큰 들판이 붉네.
오백 년 동안 벽상(壁上)[179]을 도모하였지만
헤아려 보면 모두 공(公)의 공(功)에 양보함이 합당하네.

　　　欲知鼠輩困英風　　　曳死扶傷大野紅
　　　五百年間圖壁上　　　筭來皆合讓公功

---

175) 韓山君은 목은 李穡이다.
176) 崔判三司事는 崔瑩이다. 崔瑩은 1374년에 判三司事에 승진했고, 禑王 2년(1376) 왜구가 삼남지방을 휩쓸고 元帥 朴元桂가 참패하자, 출정을 자원하여 鴻山 싸움에서 적을 크게 무찔러 그 공으로 鐵原府院君에 봉해졌다.
177) 鐵原은 鐵原府院君 崔瑩을 가리킨다.
178) 鍾鼎은 鐘鼎이라고도 하는데, 종과 가마솥이다. 鐘鼎文은 殷周時代의 鐘鼎에 새겨진 銘文이다.
179) 壁上은 壁上三韓三重大匡의 준말로, 고려시대 최고의 관직이다.

[025]　　　송풍헌[180](松風軒)

한 집이 맑고 깨끗하여 마음에 싫증이 없는데
봉황(鳳凰)의 울음과 용(龍)의 읊조림이 시원하게 발을 뚫네.
취한 귀에도 생각하되 함께 받아들이게 된다면
능히 술을 사서 도잠(陶潛)[181]을 이끌어 올 수 있으리.

　　　一軒[182]淸淨意無厭　　鳳嘯龍吟爽透簾
　　　醉耳也思同受用　　可能沽酒引陶潛

---

180) 松風軒은 고려 말의 조계종 승려 絶磵(澗)의 堂號로서, 그의 僧名은 倫이다.
181) 陶潛(365~427)은 晉의 尋陽 柴桑 사람으로, 字가 淵明이다. 志趣가 고결하여 榮利
　　를 사모하지 않았고, 그의 詩는 忠穆淡雅하며, 文은 超越高古하였다. 일찍이 405년
　　彭澤令으로 나갔다가 督郵가 오게 되자 80여일만에 印綬를 풀어 놓고 떠나면서
　　<歸去來辭>를 지어 그 뜻을 밝혔다. 또 <五柳先生傳>을 지었으니, 그 안에 자기
　　의 행동과 뜻을 자세히 밝혔다. 세상에서는 靖節先生이라 일컫는다. 自然美를 노
　　래한 시가 많으며, 중국의 敍景詩는 이때부터 발달한 것으로 알려져 있다. 또한 그
　　는 중국 역사에서 가장 菊花를 사랑한 사람으로 널리 알려져 있어서 국화가 등장
　　하기만 하면 그의 이름이 언급되는 경우가 많다. 『陶淵明集』이 있다.
182) 同治本에는 이 ‘軒’이 ‘陣’으로 되어 있다.

[026]   절간[183](絶磵)

두 벼랑이 천 길이라 잡고 당길 수도 없는데
몇 군데나 굽이돌아 돌 뿌리를 씻는가?
밤낮으로 소용돌이치며 강과 바다로 향하니
어느 날이나 능히 근본으로 돌아갈지 모르겠네.

兩崖千仞絶攀援　　　幾處縈廻漱石根
晝夜沄沄向江海　　　不知何日得還元

---

183) 絶磵(磵)은 曹溪宗의 승려로 승명이 倫이고, 당호는 松風軒이다. <松風軒記>(『牧
隱文藁』권5)는 그의 당호를 풀이한 글이다. 또 <長城縣白巖寺雙溪樓記>(『목은문
고』권3)는 그의 청에 의하여 지어진 글인데,『東人詩話』卷上에 의하면 원래 鄭道
傳이 '克服'이라 명명하고 作記하였으나, 절간이 幻菴을 통하여 다시 청했으므로
'쌍계'라 명명하고 기를 지었다고 한다.

[027]   환암[184](幻菴)

생사가 아득한 몸뚱이[185]인데
환암은 한 작은 티끌에 붙어 있네.
솔바람과 강에 비친 달이 늘 주위를 에워싸는데
배움을 끊고 아무 것도 하지 않는 한가한 도인이네.

　　生死悠悠是幻身　　幻菴寄在一微塵
　　松風江月常圍[186]繞　　絶學無爲閑[187]道人

---

184) 幻菴은 고려 말의 승려 混修(1320∼1392)의 法號이다. 混修(또는 混脩)는 大禪師 繼
　　松에게서 중이 되고, 懶翁에게 道要를 물었으며, 禑王 9년(1383)에 國師를 지냈다.
185) 幻身은 불교에서 인간의 몸을 말한다.
186) 강경훈 所藏本에는 이 '圍'가 '園'으로 되어 있다.
187) 同治本과 강경훈 所藏本에는 이 '閑'이 '閒'으로 되어 있다.

[028]　　　편지를 대신하여 전합주[188] 오륜[189]에게 부치다(代書 寄全陜
州五倫)

천리를 달려서 보낸 편지로 내 안부를 묻는데
그대가 탈 없이 성산(星山)[190]에 누웠음을 기뻐하네.
태평한 도성에는 새로운 일이 없어
다만 사행(使行)에서 돌아오신 장인어른[191]을 뵈올 뿐이네.

千里馳書問我安　　　喜君無恙[192]臥星山
太平都下無新事　　　唯[193]見氷翁奉使還

---

188) 陜州는 경상남도 陜川의 옛 이름이다.

189) 全五倫은 고려 말의 문신으로 字가 伯至, 號가 採薇軒, 본관이 旌善이다. 恭讓王 3
년(1391) 左散騎常侍·刑曹判書를 지내고 1392년 고려가 망하자 杜門洞에 들어갔
으나, 조선 태조에 의해 本鄕 安置의 처벌을 받았다. 후에 풀려나 瑞雲山에 은거했
다. 安義의 西山書院에 제향되었다. 李行의 『騎牛集』 권2에 附錄된 「九貞忠錄」에
의하면, 그는 고려가 망한 후 旌善에 은거하면서, 伯夷의 절의를 본받아 산에서 採
薇하면서, 朔望에는 朝服을 갖추고 松京을 바라보면서 통곡했다고 한다.

190) 星山은 경상북도 星州의 옛 이름이다.

191) 氷翁은 妻의 부친, 곧 丈人이다.

192) 同治本과 강경훈 所藏本에는 이 '恙'이 '蛬'으로 되어 있다.

193) 同治本과 강경훈 所藏本에는 이 '唯'가 '惟'로 되어 있다. 두 글자는 서로 通用되기
도 하는 글자이다.

[029]　　　편지를 대신하여 인각사[194] 주지에게 부치다(代書 寄麟角住持)

지난해 강양(江陽)[195]에서 나그네 회포가 너그러웠던 것은
온 천지에 부처님의 도가 평안하였기 때문이네.
한 폭의 사음(嗣音)[196]이 마치 얼굴을 대하는 듯한데
두 개의 진귀한 봉물(封物)로 반찬에 보태라고 권하네.

江陽去歲旅懷寬　　　賴有彌天釋道安
一幅嗣音如對面　　　兩封珍貺勸加湌[197]

---

194) 麟角寺는 경상북도 軍威郡 古老面 華山에 있는 절이다. 신라 善德女王 11년(642)
　　義湘스님이 창건한 절로 고려시대에 一然禪師가 만년에 『三國遺事』를 저술한 곳
　　으로 유명하다.
195) 江陽은 경상남도 陜川郡의 옛 이름이다.
196) 嗣音은 嗣徽라고도 하는데, 聲問을 잇거나 아름다운 敎令을 행하는 것을 잇는다는
　　뜻이다.
197) 同治本에는 이 '湌'이 '餐'으로 되어 있다.

[030]　　일본의 승려 천우[198]에게 주다(贈日本僧天祐)

천우(天祐)는 부처의 제자로서
해 돋는 곳에서 생장하였네.
아름답게도 우리 유도(儒道)를 사모하고
상쾌하게도 시필(詩筆)을 사랑하네.
곤륜산(崑崙山)[199]의 어지러운 돌 가운데
이 따뜻하고 윤나는 자질이 있네.
구름처럼 노닐며 보이는 것을 보아
선업(善業)[200]을 쌓으며 사물에 뜻을 두지 않네.
표연히 본원(本元)으로 돌아와서
한 잔의 물에서 바다를 보네.
늙은 나는 높은 풍도(風度)를 흠모하는데
이별에 임하여 마음이 울적해지네.
국가에는 성군(聖君)들이 이어져서
백성을 기르니 은혜가 다 갖추어짐에 이르네.
풍속은 협문(夾門)을 뚫는 도적이 없어

---

198) 天祐는 일본의 승려로서, 고려 말에 우리나라에 와서 고려의 문인들과 교유가 있
　　었다는 사실이 확인된다. 李穡의 『牧隱詩藁』 권8에도 <送日本釋有天祐>라는 시
　　가 실려 있다.

199) 崐岡은 崑崙山이다. 中國의 傳說에 등장하는 山인데, 처음에는 하늘에 이르는 山
　　또는 아름다운 玉이 나는 산이라고 알려졌으나, 戰國時代 末期부터는 西王母가 살
　　며 不死의 물이 흐르는 神仙境이라고 믿어졌다. 일찍부터 玉이 많이 나는 것으로
　　널리 알려져 있기 때문에, 물건이 흔하면 귀하지 않음을 일컫는 속담(俗談)에 '곤
　　산의 아래에서는 옥으로 새를 친다(崑山之下 以玉抵鳥)'라는 말이 있을 정도이다.
　　『劉子新論』에는 '곤산의 아래에서는 옥으로 새를 치고, 팽려의 바닷가에서는 물고
　　기로 개를 먹인다(崑山之下 以玉抵鳥 彭蠡之濱 以魚食犬)'라는 구절이 있다고 한
　　다(이기문, 『俗談辭典』, 일조각, 1986. 580면). 또한 成三問의 <八家詩選序>에서는,
　　얼마나 옥이 많은지 곤륜산 옆에 있는 사람들은 까치 잡는 데에도 모두 옥을 던져
　　서 잡는다고 했다(夫崑山之傍 抵鵲皆玉)(權鼈, 『海東雜錄』(제 4권) 成三問條, 민족
　　문화추진회 편, 『국역 대동야승』(제 5권), 1971. 394면).

200) 白業은 善業이다.

도서(島嶼)에는 모두 부유하고 실속 있는 사람이네.
어찌하여 수적(水賊)이 번창하여
해마다 빠뜨리지 않고 내왕하는가?
틈을 타서 제멋대로 살략(殺掠)201)하니
바닷가에는 사람 사는 집이 없네.
크게 병사를 일으켜 원한을 갚고자 하지만
사당에 사는 쥐202)를 어찌 파내겠는가?
세상 사람이 다 아는 격언처럼
천하에 악인은 모두 같다네.
이웃나라를 사귀는 데는 진실로 도가 있으니
난폭함을 금하고 또 법률도 있네.
바라건대 돌아가면 주인에게 고하여
나를 위해 모질(蟊疾)203)을 없애 주시라.
우리의 변방 사람들로 하여금
옛날처럼 편안하고 즐겁게 하여 주시라.
스님은 결국 이룬 바가 있으니
속히 성불(成佛)할 것을 아네.

天祐釋之徒	生長日所出
佳哉慕吾儒	灑204)落愛詩筆
崛岡205)亂石中	有此溫潤質
雲遊見所見	業白不留物

---

201) 殺掠은 殺略, 殺掠이라고도 하는데, 사람을 죽이고 물건을 빼앗는 것이다.

202) 社鼠는 사람이 함부로 손댈 수 없는 祠堂에 사는 쥐, 轉하여 임금 옆에서 알랑거리는 奸臣을 뜻한다.

203) 蟊疾은 뿌리 잘라 먹는 해충에 의해 생기는 병이라는 뜻으로, 곧 왜구의 노략질을 말한 것이다.

204) 同治本과 강경훈 所藏本에는 이 '灑'가 '灑'로 되어 있다.

205) 同治本에는 이 '崛岡'이 '崑崗'으로 되어 있고, 강경훈 所藏本에는 '崛山岡'으로 되어 있다.

飄然返[206]本元[207]　　一杯[208]視溟渤
老我歆[209]高風　　臨別心鬱鬱
國家聖聖繼　　養民恩至悉
風俗無穿窬　　島嶼皆富實
奈何水賊繁　　來往歲不闕
乘間恣殺畧[210]　　濱海無居[211]室
大擧欲脩[212]怨　　社鼠安可掘
格言世共知　　天下之惡一
交隣[213]固有道　　禁暴亦有律
請歸告主人　　爲我去蟊疾
使我彼邊人　　安樂如昔日
師乎果有成　　知爾速成佛

---

206) 同治本에는 이 '返'이 '反'으로 되어 있다.
207) 강경훈 所藏本에는 이 '元'이 '光'으로 되어 있다.
208) 同治本에는 이 '杯'가 '盃'로 되어 있다.
209) 同治本에는 이 '歆'이 '欽'으로 되어 있다. 여기에서는 '欽'으로 번역하였다.
210) 同治本에는 이 '畧'이 '客'으로 되어 있다.
211) 同治本에는 이 '居'가 '巨'로 되어 있다.
212) 同治本과 강경훈 所藏本에는 이 '脩'가 '修'로 되어 있다.
213) 同治本과 강경훈 所藏本에는 이 '隣'이 '鄰'으로 되어 있다.

[031]　　　경상도안렴사 강부령 득화214)에게 부치다(寄慶尙道215)按廉康
副令得和)

길이 풍의(風儀)를 그리워하며 경상도를 바라보니
지난해에 떠난 곳이 아득하기만 하네.
어진 사람이 이르는 곳에 어찌 재앙이 있으리요?
이제는 온 구역에 왜구(倭寇)의 노략질이 끊어졌으리.

　　　長憶風儀望慶尙　　去年行處杳茫茫
　　　仁人所至灾216)何有　一境如今絶寇攘

---

214) 康得和는 누구인지 확인하기 어렵지만, 이 시를 통해서 보면 그가 경상도안렴사를
지낸 사실을 확인할 수 있다.
215) 同治本에는 이 '道'가 없다.
216) 강경훈 所藏本에는 이 '灾'가 '災'로 되어 있다.

[032]　나는 비석[217]에 글씨 쓰는 일로 인해 세 번 광암사[218]에 갔다. 목은[219]선생이 늘 가서 보고 싶어했는데 병으로 가지 못하자, 절구 시를 지어 손수 써서 보여 준 것이 앞뒤로 무릇 9수이므로, 운자에 따라 받들어 화답하다(僕因書[220]碑 三往光岩[221] 牧隱先生每欲往觀 以疾未果 作絶句詩手書見示 前後[222]凡九

---

217) 이 비석은 시의 내용으로 보아 恭愍王의 陵인 玄陵에 세운 비석을 의미한다.

218) 光岩(또는 光岩)은 光巖寺를 말하며 경기도 개성시 봉명산에 있던 사찰이다. 원래 시흥종에 소속되어 있었는데 恭愍王 때 시흥종과 조계종 사이에 소유권 문제를 둘러싼 분규가 일어나자, 시흥종이었던 이 절을 조계종에 예속시킨 다음 ‘廣通普濟禪寺’라는 사액을 내렸다. 恭愍王이 즉위 9년(1360)에 魯國公主와 함께 이 절에 행차하였고 공주가 죽자 묘를 절 근처에 쓰고 正陵이라 하였으며 이 절에서 자주 명복을 빌었고, 1372년부터 중수확장을 시작하였으며, 1374년 恭愍王이 죽자 玄陵을 이곳에 모신 뒤 공민왕의 원찰이 되었다. 1377년 준공하였는데, 朴元鏡과 朴成亮이 감독을 맡았다. ‘廣通普濟禪寺의 비문은 李穡이 찬하고 韓脩가 글씨를 썼으며, 權仲和가 전서했다. 비문을 지은 것은 祸王 3년(1377)이다. 『牧隱文藁』 권14에 <‘廣通普濟禪寺碑銘 幷序>가 있다.

219) 牧隱은 李穡(1328~1396)의 號이다. 李穡은 고려 말의 문신·학자로 字가 穎叔, 號가 牧隱, 본관이 韓山, 贊成事 穀의 아들, 李齊賢의 門人이다. 忠惠王 복위 2년(1341) 進士가 되고 忠穆王 4년(1348) 元나라에 가서 國子監의 生員이 되어 性理學을 연구했다. 忠定王 3년(1351) 귀국하여 恭愍王에게 국책의 시정과 개혁을 건의하였고, 同王 2년(1353) 鄕試와 征東行省의 鄕試에 합격, 書狀官이 되어 元나라에 들어가 會試·殿試에 합격하여 원나라에서 應奉翰林文字承事郎·同知製誥兼國史院編修官을 지내고, 同王 5년에 귀국하여 吏部侍郎·翰林直學士兼史館編修官·知製教兼兵部郎中이 되어 인사행정을 주관하고 개혁을 건의하여 政房을 폐지하게 하였으며, 右諫議大夫·樞密院右副承宣·知工部事·知禮部事 등을 지내고 同王 10년 紅巾賊의 침입으로 왕이 南幸할 때 扈從하여 1등공신이 되었다. 그 후 左承宣·知兵部事·右代言·同知春秋館事·寶文閣 및 藝文館大提學·判開城府使 등을 역임하고 韓山君에 봉해지고, 祸王 때 功臣의 호를 받고 師傅가 되었다. 恭讓王 때 判門下府事로 있다가 유배되었고, 朝鮮 太祖 4년(1395)에 韓山伯이 되었다. 門下에 權近·河崙·卞季良·吉再 등 많은 제자를 배출하여 조선 性理學의 주류를 이루게 하였다. 韓山의 文獻書院에 奉享되었다. 저서로는 『牧隱詩藁』와 『牧隱文藁』가 있다.

220) 同治本에는 제목에 이 ‘書’자가 빠져 있다.

221) 同治本과 강경훈 所藏本에는 이 ‘岩’이 ‘巖’으로 되어 있다.

222) 同治本에는 이 ‘後’가 ‘韻’으로 되어 있다.

　　首 依韻奉和)

[032-1]

무르녹는 달빛[223] 아래 번화한 거리[224]를 거쳐가고
청총마(靑驄馬)[225]의 흐릿한 그림자가 황교(黃橋)[226]를 지나가네.
현릉(玄陵)[227] 아래를 오가며 머리 조아리는데
오색 구름 속에 한창 아침햇살이 비치네.

　　玉兎光濃經紫陌　　　青驄影薄過黃橋
　　竭來稽首玄陵下　　　五色雲中日正朝

[032-2]

전액(篆額)[228] 글씨는 입실(入室)[229]이라 일컬을 만하고
비문을 지은 재주는 사마상여(司馬相如)[230]에 뒤지지 않네.
스스로 천리마의 꼬리에 붙어[231] 끝없이 전해짐을 기꺼워하니

---

223) 玉兎는 달 속에 산다는 토끼, 轉하여 달의 異稱으로 쓰인다.
224) 紫陌은 서울의 거리, 또는 서울 교외의 길을 가리킨다.
225) 靑驄은 靑驄馬・靑驄이・千驄이・총이말이라고도 하는데, 푸른빛을 띤 부루말로, 갈기와 꼬리가 푸르스름하다고 한다.
226) 黃橋는 開城 근처에 있던 다리인 듯하다.
227) 玄陵은 고려 恭愍王의 陵으로, 王妃인 魯國大長公主陵인 正陵과 함께 경기도 開城 서쪽 鳳鳴山에 있다(『新增東國輿地勝覽』 권5, 「開城府 下」 참조).
228) 篆額은 碑石의 上部에 쓴 篆字의 題字이다.
229) 入室은 학문이나 예술 등의 오묘한 뜻을 解得한다는 뜻이다. 佛敎에서는 이 말이 師僧에게 오묘한 뜻을 傳受받는 것을 의미한다.
230) 題橋는 題柱라고도 하며 다리 기둥에 글을 쓴다는 뜻이다. 漢나라 司馬相如가 成都를 떠나 長安으로 가다가 처음 昇仙橋를 지나면서 다리 기둥에 “高車駟馬를 타지 않고는 이 다리를 건너지 않겠다(不乘高車駟馬 不過此橋).”고 썼다는 故事에서 나온 말이다.
231) 附驥尾는 하루에 千里를 달리는 駿馬, 곧 名馬의 꼬리에 붙으면 멀리 갈 수 있다는 말로, 훌륭한 인물에 붙고 좇아 그 덕분에 출세하거나 일을 성취한다는 뜻이다. 司馬遷의 『史記』 「伯夷列傳」에 다음과 같이 기록되어 있다.

누가 하루아침에 모여 나는 모기떼를 부러워하겠는가?

　　　篆額字堪稱入室　　　撰碑才不讓題橋
　　　自甘附驥垂無極　　　誰慕飛蚊聚一朝

[032-3]

천연스러운 모습은 꿈속에서 아직 방불(彷彿)한데
눈앞의 묵은 풀은 더욱 슬프고 처량하네.
변변치 못한 제수(祭需)232)로 어찌 족히 밝고 신실함을 밝히리요?
해바라기233)는 자연스레 태양을 향해 기울어지네.234)

　　　夢裏天容猶彷彿　　　眼前宿草倍悲凉
　　　蘋蘩豈足昭明信　　　葵藿自然傾大235)陽

[032-4]

처음 왔을 때는 오히려 성한 화운(火雲)236)이 두렵더니

伯夷·叔齊가 비록 어질지만 孔子가 그들을 찬양함으로써 그 이름이 더욱 세상에
드러나게 되었고, 顔淵이 비록 학문에 충실했지만 파리가 준마의 꼬리에 붙어서
千里를 갈 수 있는 것처럼 공자의 칭찬을 얻어서 그 德이 더욱 세상에 드러나게
된 것이다. 산중에 은거하는 선비로 나아가고 물러남에 時宜에 맞게 하는 사람이
있다. 그러나 이와 같은 사람들의 이름이 그대로 사라지고 세상에 알려지지 않으
니 슬픈 일이다. 村巷의 사람으로 행동을 가다듬어 이름을 드러내려는 자가 靑雲
의 선비에게 붙지 않으면 어찌 후세에 이름을 전할 수 있겠는가?

232) 蘋蘩은 개구리밥과 산흰쑥으로 변변치 못한 祭需를 뜻한다.

233) 葵藿은 해바라기이다.

234) 葵傾은 해바라기가 해를 향하여 기울어진다는 뜻으로, 君王이나 長上의 덕을 景仰
　　하는 뜻을 나타낸다.

235) 同治本에는 이 '大'가 '太'로 되어 있다.

236) 火雲은 여름철의 구름이다.

두 번 왔을 때는 참으로 서늘한 바람과 해가 기꺼웠네.
지금 비석 새기는 일이 다 되어 감을 보는데
노란 국화와 맑은 술에 중양(重陽)237)이 되었네.

    初來猶畏火雲盛   再到238)正欣風日凉
    今見刻碑垂欲盡   黃花綠醑作重陽

[032-5]

당시에 이 곳은 임금의 뜻이 깊어서
몇 번이나 안개 낀 덩굴에 우림군(羽林軍)239)이 빛났던가?
이제 뜻을 계승하여 빠뜨린 일이 없으니
하늘에 계셔도 아마 기쁜 마음이리.

    當年此地240)聖情深   幾度烟241)蘿照羽林
    繼志如今無闕事   在天應亦有歡心

[032-6]

용렬한 능력으로 다행히 임금의 깊은 지우(知遇)를 입어
일찍이 사림(士林)242)을 진동하는 헛된 이름을 얻었네.

---

237) 重陽은 重陽節 또는 重九라고도 하는데, 음력 9월 9일이다. 重陽이라 하는 것은 9
　　가 陽數이기 때문에 양수가 겹친 것을 가리킨다. 중국에서는 높은 곳에 올라가[登
　　高] 먼 데를 내다보며 고향을 생각하였다고 하고, 또 이 날은 국화 구경을 즐겼다
　　고 하여 賞菊日이라고도 하였다. 우리나라에서는 신라시대부터 명절로 정하여 잔
　　치를 베풀어 君臣이 함께 즐겼다고 한다.
238) 강경훈 所藏本에는 이 ‘到’가 ‘致’로 되어 있다.
239) 羽林은 별 이름, 또는 天子의 宿衛를 가리킨다. 여기에서는 恭愍王이 생전에 광암
　　사로 행차할 때 호위한 羽林軍을 뜻한다.
240) 同治本에는 이 ‘地’가 ‘心’으로 되어 있다.
241) 同治本에는 이 ‘度烟’이 ‘到煙’으로, 강경훈 所藏本에는 ‘度煙’으로 되어 있다.
242) 士林은 儒學을 공부하는 선비들을 가리킨다.

오늘 아침에 편지를 봉하며243) 더욱 부끄러워 얼굴을 붉힘은
붓끝이 옛 사람의 마음에 이르지 못하기 때문이네.

　　劣能幸遇上知深　　曾得虛名動士林
　　朱蠟今朝尤愧赧　　毫端未達古人心

[032-7]

산이 정려(精廬)244)를 감싸고 푸른 골짜기가 깊은데
솔바람은 얼굴마다 <용음(龍吟)>245)을 짓네.
남은 생애에 다만 스님의 가르침을 따르고자 할 뿐이니
비록 일무(一畝)에 일금(一金)246)이 되더라도 전원으로 돌아가리.

　　山擁精廬碧洞247)深　　松風面面作龍吟
　　餘年只合隨僧粥248)　　縱使歸田畝一金

[032-8]

술이 끝나 길을 떠나니249) 밤은 깊어 가는데
말 위에서 꿈꾸다가 또 취하여 읊조리네.
하늘은 우리들이 길을 잃을까 저어하여
구름이 누런 달빛250)을 막지 못하게 하네.

---

243) 朱蠟은 편지 같은 것을 봉할 때 쓰는 붉은 밀랍이다.
244) 精廬는 학문을 닦거나 책을 읽는 곳이다. 곧 學校, 學舍, 書齋, 精舍 등을 가리킨다.
245) <龍吟>은 馬融이 용의 울음소리를 모방하여 지었다는 樂曲이다.
246) 一金은 一鎰, 또는 一斤이다.
247) 同治本에는 이 '洞'이 '澗'으로 되어 있다.
248) 同治本에는 이 '粥'이 '術'로 되어 있다. 여기에서는 '術'로 번역하였다.
249) 首路는 首途라고도 하는데 여행을 떠나는 것이다.
250) 金波는 금빛 물결인데, 여기에서는 누런 달빛을 뜻한다.

酒闌首路夜將深　　　馬上夢魂兼醉吟
天恐吾儕迷失道　　　不敎雲阻委波金

[032-9]

일찍이 말의 연원이 넓고 깊음을 우러러보며
작은 병 정도로는 고상한 읊음을 그만두지 않았네.
주공(周公)251)의 뜻과 공자(孔子)252)의 사상을 때때로 드러내니
황금과 바꾼 <장문부(長門賦)>253)를 천하게 여기네.

夙仰詞源濶且深　　　不因微恙254)廢高吟
周情孔思時而出　　　陋視長門賦換金

---

251) 周公은 周 文王의 아들이며 武王의 아우로 이름이 旦, 食邑이 周에 있었으므로 周
　　公으로 불리었다. 무왕을 도와 殷을 멸하고(B.C. 1122년) 조카 成王이 어렸으므로
　　섭정하다가 성왕이 장성한 뒤에 권력을 넘겨 주었다. 紂의 아들 武庚 등 은의 잔여
　　세력을 평정하여 주나라의 통치권력을 견고히 했으며, 東夷를 쳐서 황하 하류의
　　평원을 평정하고 내정을 정비하였고, 井田制를 실시하는 등 유가적 정치제도의 기
　　틀을 만들었다. 儒敎의 예는 周公에 의해 시발되었다고 하며, 그 인격과 정치를 孔
　　子도 존경하였다. 그는 어진 이를 구하는 데 열심이어서 밥 한 끼를 먹는데도 세
　　번이나 입에 넣은 밥을 뱉고 일어나 손님을 맞았다고 하여, 一飯三吐哺라고 한다.
252) 孔子(552~479 B.C.)는 춘추시대의 대철학자로, 이름은 丘이고, 字는 仲尼이다. 魯
　　나라 출신으로 여러 나라를 돌아다니며 治國의 도를 說했다. 六經 곧 禮・樂・
　　詩・書・易・春秋를 删述하고, 仁을 이상의 도덕이라 하여 孝悌와 忠恕로써 이상
　　을 이루는 근저로 삼았다.『論語』는 그와 그의 제자들의 언행을 기록한 책이다.
253) <長門賦>는 漢나라의 司馬相如의 작품이다. 漢 武帝의 陳皇后가 총애를 잃고 長
　　門宮에 살 때, 司馬相如에게 황금 100斤을 받고 皇后의 悲愁狀을 글로 써서 황제
　　를 깨우침으로써 황후는 다시 황제의 총애를 받게 되었다고 한다.
254) 同治本에는 이 ‘恙’이 ‘虫恙’으로 되어 있다.

[033]　　　목은선생께 차운하여 받들어 답하다(次韻奉答牧隱先生)

[033-1]
　　남쪽 변방은 일찍이 도깨비255)의 이웃이 되어
　　아득한 송경(松京)256)과는 소식257)마저 끊어졌네.
　　유항(柳巷)258)에 살아 돌아와 족함을 내 알거니
　　어찌 뜬 이름이 이 몸을 얽어매기를 바라랴?

　　　　南裔曾爲魍魅隣259)　　松京杳杳絶音塵
　　　　生還柳巷吾知足　　　豈願浮名絆260)此身

[033-2]
　　공261)이 집을 사서 이웃이 됨을 기꺼워하고
　　장구(杖屨)262)를 좇으며 속세와 멀어졌네.
　　본래 골짜기 안으로 들어오는 속된 손님이 없으니
　　구름 낀 산에서 억지로 몸을 뺄 필요는 없으리.

　　　　喜公買宅作比隣263)　　杖屨追隨隔世塵
　　　　俗客自無來入洞　　　雲山不必强抽身

---

255) 魍魅는 도깨비, 두억시니로 흔히 魍魅魍魎이라고 한다.
256) 松京은 고려의 수도 開京을 가리킨다.
257) 音塵은 音信이라고도 하는데, 消息·便紙의 뜻이다.
258) 柳巷은 韓脩의 號로, 그가 살던 마을의 이름이기도 하다. 여기서는 그 마을을 가리
　　킨다.
259) 同治本과 강경훈 所藏本에는 이 ‘隣’이 ‘鄰’으로 되어 있다.
260) 강경훈 所藏本에는 이 ‘絆’이 ‘伴’으로 되어 있다.
261) 公은 牧隱 李穡을 가리킨다.
262) 杖屨는 지팡이와 신으로, 때로는 이름난 사람이 머문 자취라는 의미로 쓰이기도
　　한다.
263) 同治本과 강경훈 所藏本에는 이 ‘隣’이 ‘鄰’으로 되어 있다.

[034]　　　교주도264)의 유안부265)에게 부치다(寄交州道柳按部)

사암(思菴)266)이 임금을 보좌하여 풍년이 되니
재주는 진평(陳平)267)과 비슷하나 덕(德)은 같지가 않네.
평소에 장막268) 안에서 계책이 신비스러웠으되
저 사람은 음화(陰禍)가 많은데 이 사람은 음공(陰功)이 많았네.

　　　思菴輔主致時豊　　　才似陳平德不同
　　　帷幄平生謀計秘　　　彼多陰禍此陰功

---

264) 交州道는 강원도의 옛 이름이다.

265) 按部는 관할 지역을 다스린다는 뜻으로, 按廉使 등의 道臣을 일컫는 말이다.

266) 思菴은 柳淑(?~1368)의 號이다. 柳淑은 고려 말의 문신으로 字가 純夫, 號가 思菴, 본관이 瑞山이다. 代言·樞密院直學士 등을 역임하고, 恭愍王 5년(1356) 奇轍 일당 을 처형하는 데 공을 세워 安社功臣이 되었다. 후에 辛旽의 무고로 絞殺당하였다. 諡號는 文僖이다.

267) 陳平(?~178 B.C.)은 前漢의 정치가이다. 河南 사람으로 黃老의 術을 배워 漢나라의 高祖를 섬겼다. 惠帝 때 左丞相이 되어 周勃과 함께 呂氏 일족을 죽여 漢室의 復興 에 공을 이루었다.

268) 帷幄은 帷와 幄인데, 모두 陣營에 쓰이는 장막이다. 轉하여 大將이 작전 계획을 세 우는 곳이다. 때로는 謀臣의 의미로도 쓰인다.

[035]   한가위 밤에 한산군이 찾아와서 함께 누각 아래 앉아 달을 감상
        하다가 선생이 구호[269]하자 차운하여 절구 2수를 받들어 답하다
        (中[270]秋夜 韓山君見過 共坐樓下賞月 先生口號 次韻奉答[271] 二絶)

[035-1]
    밝은 달이 높이 뜨지 않아
    아름다운 손님을 부르지 않네.
    명년에 몸이 건강하다면
    상쾌한 마음으로 오늘밤을 생각하리.

        皓月無爲祟[272]   佳賓不費招
        明年身若[273]健   快意憶今宵

[035-2]
    볼 만한 곳이 몇 군데인지 알지만
    취향이 다르니 어찌 서로 부르랴?
    적막한 서루(書樓)[274] 아래에서
    시를 읊으며 긴 밤을 보내네.

        爲觀知幾處   異趣豈相[275]招
        寂莫[276]書樓下   哦詩度永宵

---

269) 口號는 앉은 자리에서 곧 지어서 부르는 시로 口占이라고도 한다.
270) 同治本에는 이 '中'이 '仲'으로 되어 있다.
271) 강경훈 所藏本에는 이 '笞'이 '荅'으로 되어 있다. 두 글자는 서로 通用되기도 하는
    글자이다.
272) 강경훈 所藏本에는 이 '祟'가 '崇'으로 되어 있다. 여기에서는 '祟'으로 새겼다.
273) 강경훈 所藏本에는 이 '若'이 '苦'로 되어 있다.
274) 書樓는 층집으로 된 書齋이다.
275) 同治本에는 이 '相'이 '有'로 되어 있다.
276) 同治本과 강경훈 所藏本에는 이 '莫'이 '寞'으로 되어 있다.

[036] 회포를 써서 천태종 도대선사 요원[277]께 부쳐 드리다(書懷 寄
呈天台都大禪師 了圓)

옛날부터 곤궁한 처지[278]에는 은혜를 베풂이 적으니
지난해 강양(江陽)[279]에서는 문후(問候)가 끊어졌네.
내가 천태사(天台寺)에서 글 읽던 나그네였기에
흰 구름 속에 향기로운 밥으로 여러 번 찾아주셨네.

窮途自古少爲恩　　　去歲江陽絶問[280]存
賴我天台讀書客　　　白雲香飯[281]屢[282]過門

---

277) 了圓은 圓禪師, 또는 圓公이라고도 하는데 天台宗의 승려이다. 생애가 확실하지 는
않으나, 『牧隱文藁』 권4 <幻菴記>에 "차츰 자라자 선비 열 여섯 사람과 契를 맺
어 좋게 지내게 되었다. 이제 天台의 圓公과 曹溪의 修公이 여기에 참여해서 서로
얻기를 깊이 하고, 서로 기약하기를 두텁게 했으니 다시 무엇을 말하랴" 했고, 『牧
隱詩藁』 권13에 <華嚴宗大選敬如在妙覺寺 携東坡詩從天台圓公 受其說 ……>에
이색이 원공과 함께 참석하여 지은 시가 있다.

278) 窮途는 곤궁한 처지나 경우를 뜻한다.

279) 江陽은 경상남도 陜川郡의 옛 이름이다.

280) 강경훈 所藏本에는 이 '問'이 '間'으로 되어 있다.

281) 강경훈 所藏本에는 이 '飯'이 '飮'으로 되어 있다.

282) 同治本에는 이 '屢'가 '屢'로 되어 있다. 여기에서는 '屢'로 새겼다.

[037]　　눈. 정도관[283]의 시에 차운하다. 2수(雪[284] 次鄭都官韻 二首[285]))

[037-1]

연지(硯池)[286]에는 하얗게 엉긴 기운이 합하고
창문의 종이에서는 쓸쓸하게 작은 소리가 나네.
작은 집[287]에 드러누워 숨긴 자취를 모르는데[288]
눈썹을 찌푸리며 나귀 타고 돌아감과 어떠한가?

　　　　皎皎硯池凝氣合　　　蕭蕭窓紙作聲微
　　　　不知屛跡蝸殼臥　　　何似皺眉驢背歸

[037-2]

눈이 어른거려[289] 처음에는 황홀하더니
땅이 은빛 대궐로 바뀌더니 점차 부슬부슬 내리네.[290]
곳곳의 시내와 산은 흥이 날 만하니
반드시 섬계(剡溪)에서 달빛을 받고 돌아갈 필요는 없네.[291]

---

283) 都官은 고려시대 奴婢의 簿籍과 決訟에 관한 일을 맡아보던 官衙이다. 그 이름은
尙書都官·典法都官·刑曹都官·刑部都官·理部都官 등으로 바뀌었다.
284) 강경훈 所藏本에는 이 ‘雪’이 ‘雷’로 되어 있다.
285) 同治本에는 이 ‘二首’가 본문보다 작은 글자로 되어 있다.
286) 硯池는 墨池라고도 하는데, 벼루에 먹물이 담기는 오목한 곳이다.
287) 蝸殼은 달팽이의 껍질로서, 매우 작고 보잘것없는 집을 가리킨다.
288) 屛跡은 자취를 감추어 버리는 것이다.
289) 昏花는 眼花·飛蚊症이라고도 하는데, 눈앞에 불똥 같은 것이 어른어른하는 것이다.
290) 霏微는 가랑눈 또는 가랑비가 내리는 모양이다. 여기서는 제목이 눈이기 때문에
주어는 눈이다.
291) 이 구절은 子猷尋戴의 故事를 暗引한 것이다. 이 고사는 왕희지가 눈 내리는 밤에
戴逵를 찾아 섬계로 갔다가 그 집 앞에서 그냥 돌아왔다는 것이다.『晉書』「王羲
之傳」에 다음과 같은 기록이 있다.

眼有昏花初怳惚　　　　境爲銀闕轉霏微
溪山處處堪乘興　　　　不必剡溪乘月歸

일찍이 산음[山陰:지명]에 살았는데 밤눈이 개자 달빛이 맑고 밝아서 사방이 온통
희었다. 혼자 술을 마시면서 左思의 「招隱詩」를 읊조리다가 갑자기 戴逵가 생각났
다. 대규는 그때 剡溪에 있었는데, 그 밤에 조그만 배를 타고는 곧장 그를 찾아갔
다. 하룻밤을 가서 바야흐로 門에 이르렀는데 그냥 돌아왔다. 사람들이 그 까닭을
물었더니 왕희지가 말하기를, "본래 興을 타서 왔는데, 흥이 다했으니 돌아가는 것
이다. 어찌 반드시 만나야만 도리이겠는가?"라고 했다(嘗居山陰 夜雪初霽 月色淸
明 四望浩然 獨酌酒 詠左思招隱詩 忽憶戴逵 逵時在剡 便夜乘小舟詣之 經宿方至
造門不前而反 人間其故 羲之曰 本乘興而來 興盡而反 何必見安道邪).

[038]   밤에 앉아 두공부[292]의 시에 차운하다(夜坐 次杜工部詩韻)[293]

오늘도 또 저무니
일생을 참으로 슬퍼할 만하네.
마음은 육신의 부림을 받고[294]
늙음과 병은 서로 따르네.
전서(篆書)는 싸늘하고 향불이 스러지는 밤이요
창은 환하고 달이 떠오르는 때이네.
회포가 있어도 말할 사람이 없어
잠시 옛 사람의 시에 화운(和韻)해 보네.

此日亦云暮　　　百年眞可悲
心爲形所役　　　老與病相隨
篆冷香殘夜[295]　　　窓[296]明月上時[297]
有懷無與語[298]　　　聊和古人詩

---

292) 杜工部는 唐나라의 시인 杜甫(712~770)를 가리킨다. 그가 檢校工部員外郎의 벼슬
　　을 지냈기 때문에 이렇게 부르는 것이다. 杜甫는 唐의 襄陽 사람으로 字가 子美,
　　號가 少陵이다. 스스로 杜陵布衣, 杜陵野老라고 일컬었으며 詩家의 正宗으로 추앙
　　받았다. 李白·高適 등과 詩酒로 교유했고, 玄宗에게 환영을 받았으나, 安祿山의
　　난으로 말년에는 빈곤하게 지냈다. 벼슬은 右拾遺를 거쳐 華州參軍이 되었다가,
　　벼슬을 버리고 秦州에서 流浪하다가 嚴武의 추천으로 檢校員外郎이 되었는데, 어
　　느 날 大醉하여 죽었다. 詩格이 엄정하고 句法이 변화가 많아 길이 후세의 軌範이
　　되었다. 李白을 詩仙이라고 하는 데에 대해 두보는 詩聖이라고 불리며, 그의 시집
　　『杜工部集』은 이미 조선 성종 때에 우리나라에서도 번역된 바 있다. 그는 뭇 서적
　　에 밝았고 문장이 渾涵汪洋하며 千態萬象으로 변화했으니 세상에서 詩史라고 일
　　컬었다. 元稹은 "시인이 생긴 이래 子美 같은 사람이 있지 않았다."고 극찬했다.

293) 이 시는 『東文選』 권10에도 실려 있다.

294) 心爲形所役은 陶淵明의 <歸去來辭>에 나오는 '心爲形役'을 변용한 구절인데, 마
　　음이 육체의 使役을 당하여 본심을 지키지 못하고 생활에 부리어진다는 말이다.

295) 『東文選』에는 이 '夜'가 '後'로 되어 있다.

296) 강경훈 所藏本에는 이 '窓'이 '片怱'으로 되어 있다.

297) 同治本에는 이 '時'가 '詩'로 되어 있다.

298) 『東文選』에는 이 '語'가 '晤'로 되어 있다.

[039]   김소년 자지[299]의 시권에 짓다(題金少年詩卷 自知[300])

청정한 양산(陽山)은 안개 놀이 감싸고 있어
마땅히 공부가 나날이 배가(倍加)되리.
부귀는 부지런하고 괴로워야 이루어짐이 많으니
선비가 되어도 썩지 않아야 집안을 잘 전하리.

陽山淸淨鑅[301]煙[302]霞　　應使功[303]夫日日加
富貴多由勤苦致　　　　爲儒非腐好傳家

---

299) 金自知(1367~1435)는 고려 말, 조선 초의 문신으로, 字가 元明이고, 號가 逸溪이다. 본관은 延安이고, 諡號는 文靖이다. 禑王 때 과거에 급제하여, 太宗 4년(1404) 執義를 지낸 뒤 刑曹參議·刑曹參判·戶曹參判을 역임하였다. 世宗 1년(1419) 禮曹參判을 지낸 다음 大司憲·原州牧使·平安道觀察使 등을 지내고, 1428년 刑曹判書에 올랐다가 파직되고, 뒤에 開城府留後로 재기용되었다가 1434년에 관직에서 물러났다. 한문에 뛰어났고 陰陽·天文·地理·醫藥 등에도 통달하였으며, 불교를 배척하고 유학을 숭상하였다.

300) 강경훈 所藏本에는 이 ‘自知’라는 두 글자가 없다.

301) 同治本과 강경훈 所藏本에는 이 ‘鑅’이 ‘鎖’로 되어 있다. 여기에서는 ‘鎖’로 번역하였다.

302) 同治本에는 이 ‘煙’이 ‘烟’으로 되어 있다.

303) 同治本에는 이 ‘功’이 ‘工’으로 되어 있다.

[040] 　옥란상인의 시권에 짓다(題玉蘭上人詩卷)

옥(玉)이 토석(土石)에 숨어 있어도 나무는 윤이 나고
난(蘭)이 쑥 속에 묻혀 있어도 바람이 향기를 전하네.
다만 숨길 수 없는 보배가 있으니
그 마음은 남의 견문이 필요하지 않네.

　　　玉藏土石木爲潤　　　蘭沒蕭艾風傳薰304)
　　　只緣有實305)不可掩　　渠心非要人見聞

---

304) 강경훈 所藏本에는 이 '薰'이 '熏'으로 되어 있다.
305) 同治本에는 이 '實'이 '寶'로 되어 있다. 여기에서는 '寶'로 해석했다.

[041] 　회암사306)의　장로　윤절간307)의　시에　차운하다(次韻荅308)檜
　　　　　岩309)長老倫310)　絶磵)

우리 스님은 크고 둥근 거울이니
형체와 그림자가 겹겹이 비치네.
성안에는 티끌이 소매에 부는데
산중에는 눈이 소나무를 누르네.
응당 도(道)의 뿌리가 굳어서
속세의 인연이 짙음을 가엾어하지 않네.
어느 날 서로 찾아가서
작은 절311)에서 큰 종을 칠까?

　　　　吾師大圓鏡　　　　　形影照重重
　　　　城裏312)塵吹袂　　　　山中雪壓313)松
　　　　應將道根固　　　　　不愍俗緣濃
　　　　何日相尋去　　　　　寸蓮撞巨鍾

---

306) 檜巖寺는 경기도 楊州郡 檜泉面 檜巖里 천보산에 있는 奉先寺의 末寺이다. 고려
　　忠肅王 5년(1328) 指空이 開山하고, 禑王 2년(1376)에 懶翁이 再創하였고, 조선 成
　　宗 3년(1472) 정희왕후의 명으로 鄭顯祖가 三創한 절이다. 이 절에는 指空·懶翁·
　　無學의 浮屠가 있다.

307) 絶磵(澗)은 曹溪宗의 승려로 승명이 倫이고, 당호는 松風軒이다. <松風軒記>(『牧
　　隱文藁』 권5)는 그의 당호를 풀이한 글이다. 또 <長城縣白巖寺雙溪樓記>(『목은문
　　고』 권3)는 그의 청에 의하여 지어진 글인데,『東人詩話』卷上에 의하면 원래 鄭道
　　傳이 '克服'이라 명명하고 作記하였으나, 절간이 幻菴을 통하여 다시 청했으므로
　　'쌍계'라 명명하고 기를 지었다고 한다.

308) 同治本에는 이 '荅'이 '答'으로 되어 있다. 두 글자는 서로 通用되기도 하는 글자이다.~

309) 同治本과 강경훈 所藏本에는 이 '岩'이 '巖'으로 되어 있다.

310) 同治本에는 이 '倫'이 본문보다 작은 글자로 되어 있다.

311) 蓮은 蓮房의 준말인 듯하다. 蓮房은 절을 뜻한다.

312) 강경훈 所藏本에는 이 '裏'가 '裡'로 되어 있다.

313) 강경훈 所藏本에는 이 '壓'이 '厭'으로 되어 있다.

[042]　정월 초사흗날에 한산군314)을 모시고 여러 사람들에게 명함을 드렸더니315), 북애 우상공 제316)가 맞아들여 술을 권하였다. 취한 후 이미 나온 뒤에 길에서 친구를 만나 서서 이야기하다 보니 선생317)의 행차는 이미 멀어져서 좇아갈 수가 없었다. 이튿날 눈 속에 홀로 앉아 있는데, 선생이 절구(絶句) 3수를 지어 전날의 일을 기록하여 보여주기에 차운하여 답하다 (正月三日　陪韓山君投刺諸家　北崖禹相公碑318)迎入勸酒　醉之既出　路逢故人立語　先生之行已遠　不能追及　明日　雪中獨坐　先生作三絶句　記前日事見示　次韻荅319)之320))

[042-1]

새해에 안부를 묻는 것321)은 시속(時俗) 사람을 본받음인데
여윈 말과 파리한 아이는 다만 저절로 먼지 속일 뿐이네.
어제 안장을 나란히 하였으니 얼마나 다행인가?
북애(北崖)의 정자 위에서 향기로운 좌석을 모셨으니.

---

314) 韓山君은 牧隱 李穡의 封號이다.

315) 投刺는 通刺라고도 하는데, 명함을 내밀고 면회를 요청한다는 뜻이다.

316) 禹碑는 고려 말의 문신으로 號가 北崖이다. 恭愍王 11년(1362) 紅巾賊의 침입 때 密直副使로 開城 수복에 戰功을 세우고, 이듬해 金鏞 등이 난을 일으키자 崔瑩·安遇慶 등과 이를 토벌하여 1등공신이 되었다. 1364년 元나라에서 崔濡 등이 德興君을 받들고 본국으로 쳐들어오자 安州道都兵馬使가 되어 西北面都元帥 慶復興을 따라 出征하여 이를 물리쳤다. 1365년 僉議評理로 東西北面都元帥가 되고, 1369년 사신으로 원나라에 가서 淮王과 修聘하고 뒤에 贊成事에 올랐다.

317) 先生은 李穡을 가리킨다.

318) 강경훈 所藏本에는 이 '碑'가 '碑'로 되어 있다.

319) 同治本에는 이 '荅'이 '答'으로 되어 있다. 두 글자는 서로 通用되기도 하는 글자이다.

320) 강경훈 所藏本에는 이 '記前日事見示 次韻荅之'가 없다. 이는 판각하는 과정에서 한 行을 빠뜨린 결과로 판단된다.

321) 探候는 남의 安否를 묻는 것이다.

新年探侯³²²⁾效時人　　瘦³²³⁾馬羸童只自塵
昨日連鞍何大幸　　北崖亭上侍芳茵

[042-2]

도중에 왕래가 있던 사람을 만나
말을 세우더니 까닭 없이 뒤떨어졌네.
취중에 잘못됨이 많음이 절로 한스러운데
수레의 깔개에 토한 것을 공(公)이 묻지 않아 기쁘네.

中途邂逅往來人　　立馬無端落後塵
自恨醉中多謬誤　　喜公不問吐車茵

[042-3]

아침이 되어도 문호(門戶)는 조용하여 사람이 없고
뜰에는 오직 달라붙은 눈[324]이 보일 뿐이네.
다만 술통을 열어 좋은 손님을 대접할 수 있다면
반드시 춤추는 소매가 아름다운 자리를 밟을 필요는 없으리.

朝來門戶寂無人　　庭院唯³²⁵⁾看糝玉塵
但得開樽待佳客　　不須舞袖踏華茵

---

322) 同治本과 강경훈 所藏本에는 이 '侯'가 '候'로 되어 있다. 여기에서는 '候'로 번역
하였다.
323) 강경훈 所藏本에는 이 '瘦'가 '疲'로 되어 있다.
324) 玉塵은 玉 같은 먼지라는 뜻으로 눈[雪]의 別稱이다.
325) 同治本과 강경훈 所藏本에는 이 '唯'가 '惟'로 되어 있다.

[043]　　인일326)에 두 아들 상질327)·상경328)의 시에 차운하다(人329)日
次二子詩 尙質尙敬)

[043-1]

오늘은 음기가 얼마나 성한가?
유인(幽人)330)은 생각이 홀로 깊네
눈은 닭이 있는 나무를 따르는데
비는 새가 둥지 친 숲에 이르네.
본래 시절을 바로잡을 책략이 없으니
진실로 문을 닫고 읊조림이 마땅하네.

---

326) 人日은 음력 정월 초이렛날을 달리 일컫는 말이다.

327) 尙質은 韓脩의 둘째 아들이다. 한수의 아들은 尙桓·尙質·尙敬·尙德이 있었다.
韓尙質(?~1400)은 字가 仲質, 號가 竹所이다. 禑王 6년(1380) 文科에 급제, 政堂文
學을 거쳐 恭愍王 23년(1374)에 大君侍學이 되고, 공민왕 때 刑曹判書·右常侍·藝
文館提學 등을 역임, 1390년 千秋使로 明나라에 다녀와서 西北面都觀察黜陟使 兼
兵馬節度使를 지냈다. 1392년 朝鮮이 건국되자 藝文館學士로서 奏聞使가 되어 明
나라에 가서 國號를 朝鮮으로 결정받고 이듬해 귀국, 楊廣道觀察黜陟使가 되고,
1397년 慶尙道觀察使를 거쳐 藝文春秋館大學士에 이르렀다. 諡號는 文烈이다.

328) 尙敬은 韓脩의 셋째 아들이다. 한수의 아들은 尙桓·尙質·尙敬·尙德이 있었다.
韓尙敬(1360~1423)은 고려말, 조선 초의 文臣으로 字가 叔敬·敬仲, 號가 信齋, 본
관이 淸州이다. 判厚德府事 脩의 셋째 아들로 司膳署令을 지내고 禑王 8년(1382)
文科에 급제한 뒤 禮儀佐郎이 되었으며, 이어 右正言·應敎·宗簿令 등을 역임하
고 恭讓王 4년(1392) 密直司右副代言이 되었다. 이 해 李成桂를 도와 조선 건국에
공헌하여 開國功臣 3등에 책록되고 都承旨에 올랐다. 太祖 5년(1396) 簽書中樞院
事·都評議使司使·忠淸道觀察使를 역임하고 西原君에 봉해졌다. 定宗 1년(1399)
京畿左道都觀察使에 이어 이듬해 太宗이 즉위하자 參知議政府事가 되고 뒤에 豊
海道와 江原道의 都觀察使·工曹判書·知議政府事·大司憲을 역임하고, 太宗 12
년(1412) 戶曹判書가 되었다. 그 후 參贊議政府事·吏曹判書를 지냈으며, 1415년
西原府院君에 봉해져 右議政이 되고, 이듬해 領議政에 이르렀다. 글씨를 잘 썼다.
諡號는 文簡이다.

329) 강경훈 所藏本에는 이 '人'이 '今'으로 되어 있다. 그러나 내용상으로 보아서는
'人'이 맞는 것으로 판단된다.

330) 幽人은 어지러운 세상을 피하여 그윽한 곳에 숨어사는 사람이다.

동방삭(東方朔)331)이 괴이하다고 말이 많은데
어찌하면 천심(天心)을 살필 수 있으랴?

此日陰何盛　　　幽人念獨深
雪從鷄在樹　　　雨到鳥巢林
素乏匡時畧332)　　端宜閉戶吟
多言怪333)方朔　　何得見天334)心

[043-2]

날이 가면 권세는 늘 줄어드는데
근년에는 자리가 더욱 깊어지네.
오직 아버지의 업(業)을 이어받음335)을 기꺼워하고
장차 유림(儒林)에 보탬이 됨을 보겠네.
자(字)를 지으니 능히 공경을 알고
시를 쓰니 또한 읊조릴 만하네.
문장이 어찌 귀하지 않으랴 마는
성현의 마음을 알아야 하리.

日往權常減336)　　年來坐愈深
唯337)欣肯堂構　　將見補儒338)林

---

331) 東方朔은 漢나라 武帝 때의 인물로 字가 曼倩이다. 벼슬이 金馬門侍中에 이르고
　　　諧謔과 辯舌로 이름이 났다. 俗說에, 西王母의 복숭아를 훔쳐먹어 죽지 않고 長壽
　　　하였으므로 오래 사는 사람을 일컫기도 한다.
332) 同治本에는 이 '畧'이 '略'으로 되어 있다.
333) 同治本에는 이 '怪'가 '愧'로 되어 있다.
334) 강경훈 所藏本에는 이 '天'이 '大'로 되어 있다.
335) 堂構는 아버지의 사업을 아들이 이어받는 것을 이르는 말이다. 그 기쁨을 나타내
　　　는 말에는 '堂構之樂'이 있다. 여기서는 아들이 자신의 학문을 이어받는 것을 말한
　　　것이다.
336) 同治本에는 이 '減'이 '感'으로 되어 있다.

作字能知敬　　　題詩又可吟
文章豈不貴　　　要識聖賢心

[043-3]

낮이 기니 봄이 이르렀음을 알고[339]
등불이 사위니 밤이 깊음을 깨닫네.
빗소리가 사방 벽을 울리고
구름 기운이 앞 숲에서 스러지네.
좋은 시절에 도리어 세 번 탄식하고
그윽한 회포에 다시 한 번 읊네.
합주(陜州)[340]에 있던 날을 돌이켜 생각하며
잠시 스스로 내 마음을 위로하네.
공은 "정사년[341] 정월 초엿샛날에 합주에 이르렀고, 이튿날 압송관이 떠나고
홀로 관사에서 잤다."고 스스로 주석을 달았다.

畫永知春至　　　燈殘覺夜深
雨聲鳴四壁　　　雲氣失前林
令節還三嘆[342]　　幽懷復一吟
回[343]思陜州日　　聊自慰私心

---

337) 同治本과 강경훈 所藏本에는 이 '唯'가 '惟'로 되어 있다.

338) 강경훈 所藏本에는 이 '儒'가 '濡'로 되어 있다.

339) 강경훈 所藏本에서는 이 번역문에 해당하는 원문의 行을 바꾸지 않고 위의 작품의
　　 뒤에 잇달아 써서 이 작품이 위의 작품과 연결된 것처럼 되어 있다. 그러나 다른
　　 본들과 비교해 보면 독립된 작품임을 확인할 수 있다.

340) 陜州는 경상남도 陜川의 옛 이름이다.

341) 丁巳年은 禑王 3년(1377)이다. 韓脩는 이 때 恭愍王을 죽인 韓安의 친척이라는 이
　　 유로 陜州에 유배되었다.

342) 同治本에는 이 '嘆'이 '歎'으로 되어 있다.

343) 同治本에는 이 '回'가 '因'으로 되어 있다.

公自註 丁巳正月六日[344]到陝州 翌[345]日押[346]送官去[347] 獨宿官舍

---

344) 同治本에는 이 '六日'이 '初六日'로 되어 있다.
345) 강경훈 所藏本에는 이 '翌'이 '昱'으로 되어 있다. 그러나 이는 문맥상으로 보아 착오인 듯하다.
346) 강경훈 所藏本에는 이 '押'이 '抽'로 되어 있다. 그러나 이는 문맥상으로 보아 착오인 듯하다.
347) 강경훈 所藏本에는 이 '去'가 '天'으로 되어 있다. 그러나 내용으로 보아 이것은 '去'가 맞는 것으로 판단된다.

[044]　　초아흐렛날 또 두 아들의 시에 차운하다(初九日　又次二子韻)

설을 지낸 뒤 벌써 아흐레인데
화창한 봄기운348)이 수많은 집에 퍼지네.
복숭아나무 부적349)은 이미 묵은 물건이요
은비녀350)에는 또 쇠잔한 꽃이네.
풀이 돋는 못은 빛깔이 곱고
모래밭을 달리는 시내는 소리가 새롭네.
이 마음도 자라남을 아는데
다시는 어지럽고 화려함을 다투지 말아야 하리.

歲後忽九日　　　　陽和布萬家
桃符已陳物　　　　銀勝又351)殘花
嫩色池生草　　　　新聲溪走沙
此心知亦長　　　　無復戰紛華

---

348) 陽和는 春和라고도 하는데, 화창한 春節이다.
349) 桃符는 복숭아나무로 만든 符籍이다. 옛날 정월 초하룻날 門에 붙였다.
350) 銀勝은 은비녀이다.
351) 同治本에는 이 '又'가 '已'로 되어 있다.

[045]   목은352)선생께 차운하여 받들어 답하다(次韻奉荅353)牧隱先生)

[045-1]

말 위의 샛바람에 들판이 어둑한데
찬 구름은 아득히 산 속의 뜰을 누르네.
곧 인간 세상에서 인간 세상을 잊으라고
요원(了元)354)의 일천(一千) 게송355)이 물결처럼 번득이네.

馬上東風野外昏　　寒雲漠漠厭356)山園
直將人世忘人世　　千偈瀾飜有了元

---

352) 牧隱은 李穡(1328~1396)의 號이다. 李穡은 고려 말의 문신·학자로 字가 穎叔, 號
　　가 牧隱, 본관이 韓山, 贊成事 穀의 아들, 李齊賢의 門人이다. 忠惠王 복위 2년
　　(1341) 進士가 되고 忠穆王 4년(1348) 元나라에 가서 國子監의 生員이 되어 性理學
　　을 연구했다. 忠定王 3년(1351) 귀국하여 恭愍王에게 국책의 시정과 개혁을 건의하
　　였고, 同王 2년(1353) 鄕試와 征東行省의 鄕試에 합격, 書狀官이 되어 元나라에 들
　　어가 會試·殿試에 합격하여 원나라에서 應奉翰林文字承事郎·同知製誥兼國史院
　　編修官을 지내고, 同王 5년에 귀국하여 吏部侍郎·翰林直學士兼史館編修官·知製
　　敎兼兵部郎中이 되어 인사행정을 주관하고 개혁을 건의하여 政房을 폐지하게 하
　　였으며, 右諫議大夫·樞密院右副承宣·知工部事·知禮部事 등을 지내고 同王 10
　　년 紅巾賊의 침입으로 왕이 南幸할 때 扈從하여 1등공신이 되었다. 그 후 左承
　　宣·知兵部事·右代言·同知春秋館事·寶文閣 및 藝文館大提學·判開城府使 등
　　을 역임하고 韓山君에 봉해지고, 禑王 때 功臣의 호를 받고 師傅가 되었다. 恭讓王
　　때 判門下府事로 있다가 유배되었고, 朝鮮 太祖 4년(1395)에 韓山伯이 되었다. 門
　　下에 權近·河崙·卞季良·吉再 등 많은 제자를 배출하여 조선 性理學의 주류를
　　이루게 하였다. 韓山의 文獻書院에 奉享되었다. 저서로는『牧隱詩藁』와『牧隱文藁
　　』가 있다.
353) 同治本에는 이 '荅'이 '答'으로 되어 있다. 두 글자는 서로 通用되기도 하는 글자이다.
354) 了元은 宋나라의 高僧으로 號는 佛印이다. 蘇軾의 친구로 金山寺에 거주하였다.
355) 偈頌은 외기 쉽게 揭句로 지어 부처의 功德을 讚美하는 노래이다.
356) 同治本에는 이 '厭'이 '壓'으로 되어 있다.

[045-2]

정해년(丁亥年)357)의 망년지우(忘年之友) 중 가장 어린 사람인데
어찌 문신으로 벼슬하기를358) 기약하였으리요?
애석하구나, 하늘이 가정(稼亭)359)의 수명을 인색하게 하여
도리(桃李)의 봄에 가지에서 또 돋아난 가지360)를 보지 못하시니.

> 丁亥忘年最少人361)　　岂期承乏厠文臣
> 惜哉天斬稼亭壽　　不見孫枝桃李春

[045-3]

문 앞의 버들 빛은 나날이 짙어지고
지붕 위의 산새는 새벽에 벌써 지저귀네.
하늘이 때맞추어 비 내려주는 것을 보는데
어찌 신물(神物)을 오래 못 속에 깊이 숨게362) 하리요?

---

357) 丁亥年은 忠穆王 3년(1347)이다. 이 해에 韓脩는 15세로 進士試에 급제하였다.

358) 承乏은 벼슬자리에 임명됨을 겸사하여 일컫는 말이다. 적당한 사람이 없어서 자기
　　가 잠시 그 빈 자리를 채운다는 뜻이다.

359) 稼亭은 李穀(1298~1351)이 號이다. 李穀은 고려의 학자로 初名이 芸白, 字가 仲父,
　　號가 稼亭, 본관이 韓山이다. 自成의 아들, 穡의 아버지, 李齊賢의 門人이다. 都評
　　議使司의 胥吏로 忠肅王 7년(1320) 文科에 급제, 忠肅王 복위 2년(1333) 元나라의
　　制科에 第二甲으로 급제, 원나라의 翰林國史院檢閱을 거쳐 徽政院管勾를 역임하
　　고, 征東行省中書省左右司員外郎이 되어 元帝에게 건의하여 高麗에서의 처녀징발
　　을 중지하게 했다. 고려의 判典校寺事를 지내고, 다시 원나라에 가서 中瑞司典簿
　　가 되었다. 1344년 忠穆王이 즉위하자 귀국하여 이듬해 演福寺鐘의 銘文을 짓고,
　　政堂文學을 거쳐 都僉議贊成事에 이르러 韓山君에 봉해졌다. 李齊賢과 함께『編年
　　綱目』을 增修하고, 忠烈王·忠宣王·忠肅王 3조의 實錄의 편찬에 참여하였다. 假
　　傳體 작품인 <竹夫人傳>이『東文選』에 전하며, 白頤正·禹倬·鄭夢周 등과 함께
　　經學의 大家로 꼽힌다. 韓山의 文獻書院, 寧海의 丹山書院에 祭享되었다. 諡號는
　　文孝이다. 忠穆王 3년 10월에 知貢擧 許伯과 함께 李穀은 同知貢擧로 金仁琯 등
　　33인의 進士를 뽑은 바 있다(『高麗史』권73,「志」권27, ‘選擧 1’ 참조).

360) 孫枝는 가지에서 또 돋아난 가지이다.

361) 同治本에는 이 ‘人’이 ‘年’으로 되어 있다.

門前柳色日將深　　屋上山禽曉已吟
行見皇天降時雨　　肯敎神363)物久淵潛

---

362) 淵潛은 물속 깊이 숨는 것이다.
363) 同治本에는 이 '神'이 '物'로 되어 있다.

[046]　　　전합주364)가 내 시에 화답하기에 다시 원운을 써서 그에게 답
하다(全陝州見和吾詩 復用元365)韻荅366)之)

지난날 편안하게 한 고을에 몸을 기탁하면서
다행히 원차산(元次山)367) 같은 자사(刺史)368)를 만났네.
고적(考績)369)의 어둡고 밝음은 나의 일이 아니지만
사람을 만나면 구슬이 돌아왔다370)고 부질없이 말하네.

往時身寄一州安　　刺史幸逢元次山
考績幽明非我事　　逢人空說去珠還

364) 陝州는 경상남도 陝川의 옛 이름이다. 여기에서 全陝州는 全五倫을 가리킨다.

365) 同治本에는 이 '元'이 '前'으로 되어 있다.

366) 同治本에는 이 '荅'이 '答'으로 되어 있다. 두 글자는 서로 通用되기도 하는 글자이다.

367) 次山은 唐의 문인 元結의 字이다. 元結은 號가 猗玗子·浪士·漫郎·贅叟인데, 容
管經略使를 지냈고 禮部侍郎에 추증되었다. 性行이 高潔하고, 憂國의 정이 깊었다.
文章은 奇古하였으며, 韓愈(768~824) 이전에 古文復興의 先驅가 되었다. 代宗 때
致仕하고「元子十篇」을 지었으며, 문집으로『次山集』이 있다. 여기에서 원차산은
全五倫을 가리킨다.

368) 刺史는 漢·唐時代 州의 長官이다. 太守와 같다.

369) 考績은 관리의 成績을 상고하는 일이다.

370) 珠還은 珠還合浦 또는 合浦珠還이라고도 하는데, 後漢 때 孟嘗의 故事를 가리킨다.
孟嘗은 合浦의 太守를 지낸 인물이다. 合浦에는 구슬이 생산되었으므로 전에는 백
성들이 그것을 캐어먹고 살았으나, 중간에 태수들이 탐욕을 부려서 구슬로 私利를
채우니, 구슬이 문득 다른 고을로 옮겨 가 버리고 굶어 죽는 자가 길에 가득하였는
데, 孟嘗이 태수가 되어 와서 착한 정치를 행하니 一年 만에 옮겨갔던 구슬이 다시
돌아왔다고 한다.

[047]　　　목은선생께 차운하여 받들어 드리다(次韻奉呈牧隱先生)

어떤 것은 평담(平淡)하고 어떤 것은 웅심(雄深)한데
아침에 천 편을 짓고 저녁에 또 읊네.
사람들은 시를 짓는 것을 자미(子美)[371]처럼 여기는데
덕을 드러냄이 문잠(文潛)[372]과 같음을 스스로 아네.

　　　或爲平淡[373]或雄深　　朝作千篇暮又吟
　　　人見賦詩如子美　　自知進德似文潛

---

371) 子美는 杜甫의 字이다. 杜甫(712~770)는 唐나라의 시인으로 字가 子美, 號가 少陵, 河南省 鞏縣人이다. 청년시절 각지를 유랑하면서 李白·高適 등과 교유하였고, 장안에 체류하다가 44세 때인 天寶 14년(755) 參軍에 임명되었다. 安祿山의 난 때 군대에 잡혔다가 도망하여 左拾遺가 되었으며, 言事로 좌천되자 관직을 버리고 蜀의 成都에 초당을 짓고 살았다. 나중에 西川節度使 嚴武의 막하에서 工部員外郎을 지냈으므로 杜工部라고 불리었다. 엄무의 사후 湖南에서 살다가 죽었다. 뒤에 詩仙 李白에 대하여 詩聖으로 불리면서 중국의 대표적 시인으로 칭송받았다.

372) 文潛은 張耒의 字이다. 張耒는 宋나라 淮陰人으로 字가 文潛이다. 벼슬은 太上少卿을 지내고 뒤에 潁·汝 二州의 長官을 지냈다. 詩文에 工巧하였고, 著書로는『兩漢決疑』·『詩說』·『宛丘集』이 있다.

373) 同治本에는 이 '淡'이 '談'으로 되어 있다.

[048]　　목은선생의 <풍우편>에 받들어 차운하다(奉次牧隱先生風雨篇)

중춘(仲春)[374]의 봄빛이 나날이 벌써 짙어지는데
오늘 아침에는 바람 따라 단비[375]가 자욱하네.
싱그러운 만물은 모두 꽃이 피려 하고
조화로운 원기[376]는 천지 속에 가득 차 있네.
우러러보고 굽어보며 수시력(授時曆)[377]을 공경하니
팔정(八政)[378]에서 어찌 농사보다 앞선 것이 있으리요?
가련하구나, 저 백성들이 밭에 있지 못하고
남쪽과 북쪽의 요역(徭役)[379]이 한창 이어져 있으니.
낭자하게 채찍질[380]하여 가구를 계산하는데
누가 기꺼이 천리(天理)[381]에 생각이 미치겠는가?
원망을 거두고 이에 하늘의 아름다움을 맞으려는데
술수(術數)와 이단(異端)에 나는 우매해지네.
대궐[382]의 구중문(九重門)은 이미 소원해져서[383]

---

374) 仲春은 음력 2월이다.

375) 靈雨는 때맞추어 오는 비, 단비[甘雨]를 말한다.

376) 太和는 만물의 元氣, 陰陽의 조화된 氣이다.

377) 授時는 授時曆을 가리킨다. 수시력은 元나라 때의 역법으로 1276년 郭守敬·王
恂·許衡 등이 世祖의 명을 받아 1281년에 만들어진 것이다. 우리나라에는 忠烈王
17(1291년)에 원의 사신 王通을 통하여 도입되었으며, 그 후 충선왕 때 崔誠之가
왕을 따라 원나라에 가서 수시력법을 얻어와 널리 쓰이게 되었다.

378) 八政은 『書經』「周書」'洪範' 편에 실린 국가 운영을 위한 여덟 가지의 중요사항으
로, 구체적으로는 다음과 같다. 첫째는 먹는 것이요, 둘째는 재화[農·商務]요, 셋
째는 제사요, 넷째는 司空[土木·拓殖]이요, 다섯째는 司徒[敎育]요, 여섯째는 司寇
[法律·警察]요, 일곱째는 손님[外交]이요, 여덟째는 군대이다(八政 一曰食 二曰貨
三曰祀 四曰司空 五曰司徒 六曰司寇 七曰賓 八曰師).

379) 徭役은 賦役·勞役이라고도 하는데, 나라에서 백성에게 구실 대신으로 시키던 노
동이다.

380) 鞭扑은 채찍과 회초리이다. 鞭은 관리를 벌주는 채찍이고, 扑은 학생을 벌주는 회
초리이다.

381) 天之天은 天理를 뜻한다.

비록 좁은 소견384)이 있어도 억지로 떠벌리기 어렵네.

한가롭게 실아도 비방과 참소가 이는 것이 또한 두려워

자취를 감추고 입을 닫아 구차하게 살기를 꾀하네.

부질없이 술잔의 술에 기대어 당우(唐虞)385)를 만들어 내고

때때로 아이들과 함께 풍월을 읊네.

시가 이루어져도 재주가 여기에 그침을 스스로 비웃으며

빛을 내는 데는 모름지기 동리선생(東里先生)386)을 기다려야 하리.

기꺼워하노라, 공의 붓끝이 비바람처럼 빨라

만 섬387)이나 되는 샘물의 깊은 근원을 다 파헤치려고 함을.

여강(驪江)388)으로 물러나기를 바라는 청이 이루어진다면

나도 영천(潁川)389)으로 돌아가 귀를 씻어야겠네.390)

---

382) 閶闔은 하늘의 門, 轉하여 大闕의 문을 가리킨다.

383) 契闊은 오랫동안 만나지 못함, 곧 疎遠하다는 뜻이다.

384) 管見은 대롱 구멍으로 내다본다는 것으로 넓지 못한 見聞, 좁은 所見을 의미한다.
管穴 또는 管窺, 管中窺豹 등과 비슷한 뜻이다.

385) 唐虞는 堯舜을 말한다. 唐은 帝堯 陶唐氏를 말하고, 虞는 帝舜 有虞氏를 말한다.
唐堯虞舜이라고도 한다.

386) 東里는 東里先生으로 鄭나라 大夫 子産을 가리킨다. 그가 東里에 살았으므로 그의
자손들이 姓으로 삼았다고 한다. 여기에서 동리선생은 시의 내용으로 보아 목은
李穡을 가리키는 듯하다.

387) 斛은 열 말[斗]이다.

388) 驪江은 경기도 驪州 북쪽에 있는 강으로 漢江의 상류이다. 黃驪江이라고 하는데,
『新增東國輿地勝覽』에 의하면 黃馬와 驪馬가 이 강에서 나왔기 때문에 驪州를 黃
驪라 이름하였다고 하며, 또 고을 동쪽 1리에 있는 바위 이름도 그래서 馬巖이라
부른다고 한다. 徐居正의 <四友堂記>(四友堂은 任元濬이 馬巖에 세웠던 堂 이름
이다)에서는 驪江 물은 月岳山에서 발원하여 獺川과 합하여 金灘이 되고, 仰岩을
거쳐 蟾水와 만나 달려 흐르며 점점 넓어져 驪江이 되었다고 했다(『新增東國輿地
勝覽』 권7, 「驪州牧」 참조).

389) 潁川은 潁水를 가리킨다. 潁水는 중국 河南省 登封縣에서 發源하여 安徽省에서 淮
水로 흘러 들어가는 강이다. 이곳은 중국 고대의 隱者인 巢父와 許由의 故事가 전
해지는 곳이다.

390) 洗耳는 巢父와 許由의 故事에서 나온 말이다. 고대 전설상의 隱者인 許由는, 堯임
금이 그에게 왕위를 물려주려 하자 받지 않고 도리어 자기의 귀가 더러워졌다고

仲春春光日已濃　　　今朝隨風靈雨濛
欣欣品物皆向榮　　　大[391]和充塞天地中
仰觀俯察敬授時　　　八政豈有先於農
可憐彼氓不在田　　　南北徭役方連延
鞭朴[392]狼籍[393]箠家口　　　誰肯念及天之天
欸怨乃欲迎天休　　　術數異端吾憒然
闉闍九門旣契闊[394]　　　雖有管見難强聒
閑居亦畏謗讒興　　　屛跡閉口圖苟活
漫憑盂[395]酒鑄[396]唐虞　　　時與兒童詠風月
詩成自笑技[397]止此　　　潤色須將待東里
喜公筆端風雨快　　　萬斛泉源深窮已
驪江乞退果有成　　　我亦潁川歸洗耳

하여 潁水에서 귀를 씻고 箕山에 들어가 숨었다고 한다. 한편 소를 몰고 와서 許由
가 귀를 씻는 것을 본 巢父는 그러한 더러운 물은 소에게도 마시게 할 수 없다고
하여 되돌아갔다고 한다.

391) 同治本에는 이 '大'가 '太'로 되어 있다.

392) 同治本과 강경훈 所藏本에는 이 '朴'이 '扑'으로 되어 있다. 여기에서는 '扑'으로
　　번역하였다.

393) 同治本과 강경훈 所藏本에는 이 '籍'이 '藉'로 되어 있다. 여기에서는 '藉'로 번역
　　하였다.

394) 同治本과 강경훈 所藏本에는 이 '闊'이 '濶'로 되어 있다. 두 글자는 서로 通用되기
　　도 하는 글자이다.

395) 강경훈 所藏本에는 이 '盂'가 '杯'로 되어 있다.

396) 강경훈 所藏本에는 이 '鑄'가 '綺'로 되어 있다.

397) 강경훈 所藏本에는 이 '技'가 '披'로 되어 있다.

[049]　　문생을 위해 술자리를 마련하고 목은선생을 맞이하다(爲門生
　　　　　設酌 邀牧隱先生)

봄바람이 부드러워 부채와도 조금 어울리는데
남쪽 누각에 술자리를 마련하여 봄 경치398)를 감상하네.
복잡한 쟁반에는 맛있는 음식399)이 없고
어른거리는 모자 위에는 푸른 꽃무늬400)가 모자라네.
다행히 귀한 수레401)가 찾아와 영광스럽고
그로부터 북두성이 기울도록 담소하네.
더욱 기꺼운 것은 달402)이 한껏 둥글어
늘어선 횃불이 숲 까마귀들을 쫓지 않아도 되는 것이네.

東風習習扇微和　　　設酌南樓賞歲華
雜錯盤中無玉食　　　婆娑帽上欠絲403)花
光榮賴是高軒過　　　談笑從他404)北斗斜
更喜氷輪十分滿　　　免敎列炬散林鴉

---

398) 歲華는 세월, 또는 봄 경치라는 뜻이다.
399) 玉食은 맛있는 음식, 또는 흰 쌀밥을 가리킨다.
400) 綠花는 단청에서 초록으로 꾸민 꽃무늬를 가리킨다.
401) 高軒은 높은 軒次라는 뜻으로, 남의 수레의 尊稱이다.
402) 氷輪은 달을 가리킨다.
403) 同治本에는 이 '絲'가 '綠'으로 되어 있다. 여기에서는 '綠'으로 해석하였다.
404) 강경훈 所藏本에는 이 '他'가 '此'로 되어 있다.

지원(至元)407) 천자가 황극(皇極)408)을 세워
산의 사다리와 바다의 배로 남북이 따로 없었네.
다만 이 때에 일본이 홀로 조회하지 않기에
우리는 통신사(通信使)를 보내어 위엄과 덕망을 보였네.
조정의 신하들은 머리를 움츠리고 모두 사사로운 정을 내세우고
몸을 헤아릴 수 없는 곳으로 달리기를 원치 않았네.
우리 고을의 호걸인 곽장원(郭壯元)409)은
가슴과 회포가 곧 천지처럼 넓었네.
몸을 없애 나라를 위해 죽는 것이 본래의 뜻이니
명을 받고 즐겨 서장관(書狀官)410)이 되었네.
문을 지나면서 처자식과 작별도 하지 않고
만리에 돛을 달고 물결을 가벼이 여겼네.
아득한 바다에는 나는 기러기도 끊어졌는데
자경(子卿)411)이 한(漢)의 부절(符節)412)을 가졌음을 누가 알리요?
파리한413) 아들이 홀로 집에 남아

---

405) 永慕亭은 충북 淸州 북쪽 30리쯤에 있던 정자이다.

406) 이 시는 『東文選』 권7과 『新增東國輿地勝覽』 권15, 「淸州牧」 ‘古跡’의 <永慕亭>
　　 항목에도 실려 있다. 그런데 『東文選』에는 제목이 <永慕亭行>으로 되어 있다.

407) 至元은 元나라 世祖가 재위 5년(1264)부터 사용한 年號이다.

408) 皇極은 제왕이 나라를 다스리는 표준이 될 만한 지극히 올바른 법이다.

409) 郭狀元이 누구인지는 확인하기 어렵다. 牧隱이 쓴 記에도 ‘郭氏之大夫壯元公’으로
　　 나온다(李穡, <永慕亭記>, 『牧隱藁』 권4).

410) 書狀官은 고려·조선시대에 외국에 보내던 사절의 하나이다. 正使·副使와 함께
　　 三使의 하나로 외교문서의 작성과 사절 일행의 감찰에 관한 일을 맡았다.

411) 子卿은 漢나라 때의 蘇武의 字이다. 蘇武는 漢나라 武帝 때 中郞將으로 凶奴에 사
　　 신으로 갔다가 억류되어 19년만에 돌아오니 昭帝가 그의 절개를 기려 典屬國 벼슬
　　 을 내렸다. 그는 凶奴 땅에 억류되어 있을 때 비단에 쓴 편지를 기러기의 발에 묶
　　 어 武帝에게 보낸 故事가 있다.

412) 漢節은 漢나라의 사신임을 입증하는 符節이다.

밤낮으로 동쪽을 바라보며 애를 태웠네.

산에 오르니 두 눈에선 눈꽃이 떨어지고

하늘 향해 울부짖으니 가슴에는 붉은 피가 엉겼네.

하늘이 죽을 때까지 부모를 그리워함414)을 불쌍히 여겨

옆에서 모시라고 특별히 기린아(麒麟兒)415)를 보내었네.

아이의 마음은 다만 어버이의 몸을 편하게 해 드리고 싶어

따뜻하고 서늘하게 하는 일과 맛난 음식에 이지러짐이 없었네.

어버이를 기쁘게 해 드리지 못함을 스스로 알아

알면서 하지 않음이 없이 늘 부지런하였네.

새 정자를 엮어 거처할 곳을 얻으니

겨울에 크게 춥지 않고 여름에는 더위가 없네.

이미 반듯한 못을 파 샘물을 끌어들이고

다시 아름다운 초목을 심어 새소리를 맞네.

봄바람에 꽃이 피고 가을에 달이 밝으니

모든 것이 나의 슬픔을 달래줄 만하네.

평생 어버이의 뜻을 받들어416) 다 기쁜데

충성을 나라에 옮겨 이 도읍을 편하게 하리.

도(道)를 지키면서 어찌 일찍이 심척(尋尺)을 굽혔으랴?417)

지금까지 오히려 스스로 법도대로 말을 몰았네.418)

---

413) 孿孿은 몸이 수척한 모양을 나타낸다.

414) 『孟子』「萬章章句 上」에 "큰 효자라야 죽을 때까지 부모를 그리워한다. 나이 五十
에 부모를 그리워하는 것을 나는 위대한 舜임금에게서 보았다(大孝終身慕父母 五
十而慕者 予於大舜見之矣)"라는 대목이 있다.

415) 麒麟兒는 재능과 기예가 비상하게 뛰어난 소년이다. 麒麟兒에 대해서는 梁나라 文
人 徐陵이 처음 났을 때 중 寶誌가 와서 보고 머리를 어루만지면서, "이 아이는 天
上의 石麒麟이다."라고 한 故事가 있다.

416) 養志는 어버이의 뜻을 받들어 그 마음을 기쁘게 해 드리는 것이다.

417) 尋尺은 『孟子』「滕文公章句 下」에 나오는 말이다. "또한 한 자[尺]를 굽혀서 여덟
자[尋]를 편다는 것은 이득을 가지고 한 말인데, 만약 이로움으로 한다면 여덟 자
를 굽혀 한 자를 펴더라도 이롭기만 하면 또한 하겠는가?(且夫枉尺而直尋者 以利
言也 如以利 則枉尋直尺而利 亦可爲與)"라는 구절이 있다.

그래서 벼슬이 그 덕에 차지 못했는데
공은 원망하고 허물하지 않아도 옆 사람이 탄식하였네.
아, 우리 고을에서 모범으로 삼으니
큰 선비419)가 기(記)를 지어 죽백(竹帛)에 빛났네.
넓고 넓은 사해(四海)의 백만 억 명 가운데
몇 사람이나 능히 신하의 직분을 다했던가?
그래서 알겠네, 영모정의 삼세(三世)는
천하 후세의 사람들이 모범으로 본받을 줄을.

至元天子建皇極	梯山航海無南北
唯420)時421)日本獨不庭	我遣422)信使示威德
廷臣縮頭皆自私	不願將身馳不測423)
吾州之豪郭壯元	胸懷直與天地寬
亡軀殉國是素志	受命甘爲書狀官
過門不與妻努424)別	掛帆萬里輕波瀾
海天茫茫鴈飛絶	誰識子卿持漢節
孿孿有子獨在家	東望日夜腸內熱
陟岵425)兩眼墜玄花	號天寸心凝赤血

---

418) 範馳驅는 "법도대로 말을 몰다. 법도대로 수레를 달리다."의 뜻이다. 『孟子』「滕文公章句 下」에 "내가 그를 위하여 법도대로 말을 달리게 하였더니 종일토록 한 마리의 새도 잡지 못했습니다. 그를 위해 법도에 어긋나게 하여 새를 만나게 하였더니 하루아침에 열 마리를 잡았습니다(吾爲之範我馳驅 終日不獲一 爲之詭遇 一朝而獲十)."라는 구절이 있다. 『孟子』에서 위의 주) 바로 다음에 이어져 있는 내용이다.

419) 巨手는 牧隱 李穡을 가리킨다. 牧隱이 <永慕亭記>를 썼기 때문에 이렇게 말한 것이다.

420) 同治本에는 이 '唯'가 '惟'로 되어 있다.

421) 同治本에는 이 '時'가 '是'로 되어 있다.

422) 강경훈 所藏本에는 이 '遣'이 '遺'로 되어 있다.

423) 강경훈 所藏本에는 이 '測'이 '淵'으로 되어 있다.

424) 同治本에는 이 '努'가 '帑'로 되어 있다. 문맥상으로 보아 '帑'가 맞는 것으로 판단되기 때문에 여기서는 '帑'로 번역하였다.

天憐終身慕不衰　　侍側特送麒麟426)兒
兒心直欲寧親軀　　溫凊427)甘旨無所虧
自知不足以悅親　　知無不爲常孜孜
新亭結構428)得處所　　冬不多寒夏無暑
旣開方沼引泉流　　更植嘉卉迎鳥語
春風花開秋月明　　皆可慰吾之惻憷429)
百年養志儘怡愉　　忠移於國懷此都
守道何曾枉尋尺　　至今猶自範馳驅
所以位不滿其德　　公不怨尤傍人吁
嗚呼吾鄉所矜式　　巨手作記光竹帛430)
滔滔四海百萬億　　幾人能盡臣子職
乃知永慕亭三世　　天下後世來取則

---

425) 同治本에는 이 '岾'가 '岾'로 되어 있다.

426) 강경훈 所藏本에는 이 '麒麟'이 '犭其獜'으로 되어 있다.

427) 강경훈 所藏本에는 이 '凊'이 '淨'으로 되어 있다.

428) 강경훈 所藏本에는 이 '構'가 '搆'로 되어 있다.

429) 『東文選』에는 이 '憷'가 '楚'로 되어 있다.

430) 同治本에는 이 '竹帛'이 그냥 '竹'으로만 되어 있고, '光'과 '竹' 사이에 글자 한 자 들어갈만한 공간이 비어 있다.

[051]　　영매상인의 시권에 짓다(題嶺梅上人詩卷)

풍기는 향기가 무리[431]에서 빼어남이 사랑스러워
화분 속에 키운 지 이미 오래 되었네.
고갯마루의 표격(標格)[432]을 누구와 비교하리요?
유인(幽人)[433]에게 한 가지 보내주기를 바라네.

　　　　爲愛生香出等夷　　　　　盆中培養已多時
　　　　嶺頭標格孰與此[434]　　　　幸爲幽人寄一枝

---

431) 等夷는 同輩, 儕輩라는 뜻이다.
432) 標格은 목표로 하는 品格이다.
433) 幽人은 어지러운 세상을 피하여 그윽한 곳에 숨어사는 사람이다.
434) 同治本에는 이 ‘此’가 ‘比’로 되어 있다. 여기에서는 ‘比’로 번역하였다.

[052]   이소년의 시권에 짓다(題李少年詩卷)

예쁘고 아름다운 익재(益齋)[435]의 손자는
마음이 그 얼굴처럼 곱네.
가풍(家風)을 실추시키지 않으려고
어린 시절부터 필연(筆硯)을 일삼았네.
법운사(法雲寺)[436]에 나아가 배우매
스님들의 연모(戀慕)가 많았네.
마땅히 촌음(寸陰)을 아낀다면
장차 우뚝이 고깔 쓴 모습을 보리.

婉變益齋孫　　　心姸如其面
欲不墜家風　　　少小[437]事筆硯
就學法雲寺　　　釋徒多慕戀
宜乎惜寸陰　　　將見突而弁

---

435) 益齋는 李齊賢(1287~1367)의 號이다. 李齊賢은 고려의 문신으로 初名은 之公, 字
　　가 仲思, 號가 益齋·實齋·櫟翁, 본관이 慶州, 檢校政丞 瑱의 아들, 白頤正의 門人
　　이다. 忠烈王 27년(1301) 成均試에 장원한 후 문과에 급제했다. 忠肅王 1년(1314) 白
　　頤正의 문하에서 程朱學을 공부하고, 元에 있던 忠宣王이 萬卷堂을 세우고 그를
　　부르자 燕京에 가서 姚燧·閻復·趙孟頫 등과 고전을 연구했다. 金海君·鷄林府
　　院君에 봉해지고, 은퇴 후에는 實錄을 편찬했다. 恭愍王의 廟庭에 配享되었고, 諡
　　號는 文忠이다. 저서로『益齋亂藁』와『櫟翁稗說』이 있다.

436) 法雲寺은 神宗 6년(1023)에 창건된 경기도 開城에 있던 절이다.

437) 강경훈 所藏本에는 이 '小'가 '少'로 되어 있다.

[053]　　사월 스무날에 신륵사[438]의 비문을 쓰는 일로 성을 나와 길을
　　　　　가며 쓰다(四月二十日[439] 因書神勒碑 出城途中有作)

어제 아침에는 비가 안개 같더니
오늘 아침에는 안개가 비와 같네.
길가의 풀은 축축이 젖고[440]
밭두둑의 나무는 어렴풋하네.
어둠 속에 길이 흐릿하여
어제 아침에는 길을 잃었네.
점점 사람 그림자가 나오는 게 보이고
산봉우리도 모습이 드러나네.
꼭대기가 보이고 또 밑둥치도 보이더니
순식간에[441] 여러 모양이 나타나네.
사방의 산은 각기 같지 않아
완상하느라 여러 번 돌아보네.
날이 곧 사시(巳時)[442]에 이르려하니
허공이 넓어지고 시야가 트이네.
하늘과 땅은 하나의 기운일 뿐이지만
변화는 이루 다할 수 없네.

---

438) 神勒寺는 경기도 여주군 북내면 상교동 鳳尾山에 있는 절로 報恩寺라고도 하고,
　　 이곳에 벽돌탑이 있기 때문에 甓寺라고도 불렸다. 신라 때 창건된 것으로 추정되
　　 는데, 禑王 2년(1376) 懶翁王師가 여기서 입적하였고, 1379년 覺信·覺珠 등이 절
　　 을 大創하였다. 世宗 22년(1440)에 중수, 成宗 4년(1473) 나라에서 확장하여 英陵願
　　 刹을 삼았는데, 당시의 건물은 200여 간이었다. 肅宗 28년(1702)에는 偉學·天心
　　 등이 중수하였고, 哲宗 9년(1858)에 金炳冀를 시켜 중수하였고, 1929년에 주지 性
　　 仁이 명부전을 중건하였다.
439) 同治本에는 이 '二十日'이 '十二日'로 되어 있다.
440) 厭浥은 축축하게 젖은 모양이다.
441) 倏忽은 갑자기, 또는 순식간이라는 뜻이다.
442) 禺中은 巳時, 곧 오전 9시부터 11시 사이를 가리킨다.

아직 두려운 것은, 구름과 안개가 일어나서
온갖 물상이 다시 흐릿해지는 것이네.

前朝雨如霧　　　今朝霧如雨
厭浥路傍草　　　依稀[443]田畔樹
微逕冥冥中　　　前朝迷失路
漸見人影出　　　峰[444]巒亦呈露[445]
露頂亦露根　　　俄[446]忽多態度
四山各不同　　　貪翫屢回顧
日將到禺中　　　空闊[447]眼界通
乾坤一氣耳　　　變化不可窮
尚恐雲霧作　　　萬像還矇矓

---

443) 同治本과 강경훈 所藏本에는 이 ‘稀’가 ‘俙’로 되어 있다.
444) 同治本과 강경훈 所藏本에는 이 ‘峰’이 ‘峯’으로 되어 있다.
445) 同治本에는 이 ‘露’가 ‘霧’로 되어 있다.
446) 강경훈 所藏本에는 이 ‘俄’이 ‘俀’으로 되어 있다.
447) 同治本과 강경훈 所藏本에는 이 ‘闊’이 ‘濶’로 되어 있다.

[054]   회암사[448) 주법[449)께 드리다(呈檜巖[450)主法)

강에 뜬 달이 둥글고 밝은데
솔바람은 쇄락(灑落)[451)하네.
집안에 전해지는 한가로움의 의미를
세상 사람들이 알도록 해야겠네.

江月圓明處   松風洒[452)落時
傳家閑[453)意味   要遣世人知

---

448) 檜巖寺는 경기도 楊州郡 檜泉面 檜巖里 천보산에 있는 奉先寺의 末寺이다. 고려 忠肅王 5년(1328) 指空이 開山하고, 禑王 2년(1376)에 懶翁이 再創하였고, 조선 成宗 3년(1472) 정희왕후의 명으로 鄭顯祖가 三創한 절이다. 이 절에는 指空·懶翁·無學의 浮屠가 있다.

449) 主法은 법을 주관하는 사람이라는 뜻이다.

450) 강경훈 所藏本에는 이 '巖'이 '岩'으로 되어 있다.

451) 灑落은 기분이 상쾌하고 시원함, 또는 人品이 깨끗하고 俗氣가 없는 모양을 나타낸다.

452) 同治本과 강경훈 所藏本에는 이 '洒'가 '灑'로 되어 있다.

453) 同治本에는 이 '閑'이 '閒'으로 되어 있다.

[055]　두미원454)의 강 언덕(杜美院江岸)

널따란 한강(漢江)이 산 사이에서 나오는데
어찌 처음부터 포효하며 두 산을 갈랐으랴?
바다로 돌아가면 마땅히 더욱 넓어지련만
발원지에서는 아마 절로 잔잔한 물을 보내리.
햇빛이 잠깐 움직이자 바람은 부드럽게 불어오고
하늘 그림자가 멀리 잠기자 돛단배는 한가롭게 가네.
머리 돌려 은근히 삼각산455)을 이별하지만
달이 반쯤 둥글어지기 전에 나는 마땅히 돌아오리.

汪洋456)漢水出山間　　　初埶457)咆哮擘兩山

歸海盆當成浩浩　　　發源應自送458)潺潺

日華乍動風來軟　　　天影遠涵帆去閑459)

回首殷勒460)別三角　　　月輪未半我當還

---

454) 杜美院은 渡迷院을 가리킨다. 渡迷院은 경기도 廣州의 渡迷遷에 있던 院이다. 이
　　시의 頷聯과 尾聯은 『新增東國輿地勝覽』 권6, 「廣州牧」의 '山川' 條, <渡迷津> 항
　　목에도 실려 있다. 渡迷津은 廣州의 동쪽 10리, 곧 楊根郡 大灘의 龍津 하류에 있
　　었던 나루였다.

455) 三角山은 北漢山을 가리킨다. 북한산은 경기도 高陽郡 神道面에 있는 서울의 鎭山
　　으로 白雲臺·仁秀峯·萬景臺의 세 봉우리가 있어서 三角山이라 부른다. 華山·
　　華嶽이라고도 한다.

456) 同治本에는 이 '洋'이 '汪'으로 되어 있다.

457) 同治本에는 이 '埶'이 '熟'으로 되어 있다.

458) 강경훈 所藏本에는 이 '送'이 '逸'로 되어 있다.

459) 同治本에는 이 '閑'이 '間'으로 되어 있다.

460) '勒'은 '勤'의 誤字이다. 同治本에는 이 '殷勒'이 '慇懃'으로 되어 있고, 강경훈 所
　　藏本에는 '殷勤'으로 되어 있다. 여기에서는 '慇懃'으로 번역하였다.

[056]　　용진461)을 건너다(渡龍津)

수많은 산이 둥글게 합쳐 멀리 바라보이고
게다가 긴 강이 있어 쓸쓸함을 달래주네.
완연히 바닥이 보이는 맑은 중류에 있으니
문득 내 몸이 높은 하늘462)에 오른 게 아닌가 싶네.

　　　萬山環合望中遙　　　更有長江慰寂寥
　　　宛在中流淸徹463)底　　却疑身已上464)層霄465)

---

461) 龍津은 나루의 이름[龍津渡]이다. 龍津渡는 경기도 楊根郡 서쪽 44리 지점에 있었
　　는데, 나루 위에 여울이 있어 가물면 도보로 건넌다고 했다(『新增東國輿地勝覽』
　　권8,「楊根郡」‘山川’條 참조).
462) 層霄는 높은 하늘이다.
463) 同治本과 강경훈 所藏本에는 이 ‘徹’이 ‘澈’로 되어 있다.
464) 同治本에는 이 ‘已上’이 ‘世已’로 되어 있다.
465) 同治本에는 이 ‘霄’가 ‘宵’로 되어 있다.

[057]　　월계[466] 골짜기를 지나다(過月溪峽)

길이 높은 벼랑 사이로 들어가는데
남쪽은 허공에 닿고 북쪽은 높은 산이네.
두렵고 놀라고 또 기뻐할 만하여
까닭 없이 말 위에서 한번 웃어보네.

路入懸崖石壁間　　南臨無地北高山
可驚可愕又可喜　　馬上無端一破顔

---

466) 月溪는 月溪遷을 가리킨다. 이곳은 경기도 楊根郡 서쪽 30리 지점에 있는데, 산 중
　　턱에 꾸불꾸불 둘러 있어서 강 아래를 굽어본다고 한다(『新增東國輿地勝覽』 권8,
　　「楊根郡」 참조).

[058]　　　양근467) 객사에서 자며 현판 위의 시에 차운하다(宿楊根客舍
　　　　　次板上韻)

내 생애에 일찍이 얼마나 많은 산과 호수를 보았던가?
이 곳의 기이한 경관은 눈에 들어오지 않네.
나쁜 시라도 지어 빼어난 경치를 보상할 만하고
묘한 재주꾼을 구하여 마땅히 새 그림을 그려야겠네.
검은 용은 잠에 빠져 비를 내리지 않는데
두견새468)는 괴롭게 울지만 누가 새를 먹여주랴?
옛 객관은 황량하고 사람은 적막한데
등불을 켜서 벽을 비추며 즐거워하네.

　　　　吾生曾見幾山湖　　　此地奇469)觀入470)眼無
　　　　可賦惡詩償勝景　　　宜求妙手作新圖
　　　　驪龍貪睡不行雨　　　杜宇苦啼誰哺雛
　　　　古館荒涼人寂寞　　　呼燈照壁以爲娛

---

467) 楊根은 경기도 楊平의 옛 이름이다.
468) 杜宇는 蜀나라 望帝의 이름이다. 죽은 후 그의 魂이 두견새가 되었다는 故事에서
　　杜鵑의 異稱이 되었다.
469) 同治本에는 이 ‘奇’가 ‘可’로 되어 있다.
470) 同治本에는 이 ‘入’이 ‘人’으로 되어 있다.

[059]　　스무이튿날에 길을 가며(二十二日途中)[471]

해가 관음봉(觀音峰)을 비추는데
나그네는 양근(楊根)의 객관을 떠나네.
동쪽으로 삼십 리[472]를 가지 않아
천경(千頃)의 강이 책상처럼 평평하네.
맑은 강이 늘 오른쪽에 있어
멀고 가까운 것을 모두 구경할 수 있네.
다시 십 리쯤 가서
말을 쉬게 하고 높은 언덕에 오르네.
강 가운데 외롭게 서 있는 산이
내가 멀리 바라보는 것을 가로막네.
토박이가 앞에 이르러 말하기를,
"저것은 본래 충주(忠州)에 있었는데
떠내려오다가 여기에 멈추었고
그래서 충주산(忠州山)[473]이라 부른답니다."[474]라고 하네.
함께 가던 사람은 진실하지 못하다고 하면서
모두 한바탕 크게 웃었네.
영은산(靈隱山)[475]은 날아 온 것이오
창오산(蒼梧山)[476]은 이것과 짝이 되었네.

---

471) 이 시는 『新增東國輿地勝覽』 권8, 「楊根郡」 '山川'條의 <忠州山> 항목에도 실려
　　　있다.

472) 舍는 30리이다.

473) 忠州山은 경기도 楊根郡 동쪽 10여 리 되는 강 가운데 있는 산이다(『新增東國輿地
　　　勝覽』 권8, 「楊根郡」 참조).

474) 이런 유형의 說話를 '떠내려온 산(혹은 섬) 이야기'라고 하는데, 이 유형의 설화는
　　　우리나라의 여러 지역에서 발견된다.

475) 靈隱山은 중국 浙江省 杭州의 西湖 곁에 있는 산으로 武林山・靈苑山・仙居山이
　　　라고도 한다. 許由와 葛洪이 이곳에 은거하였다고 한다.

476) 蒼梧山은 중국 江蘇省 灌雲縣의 동북에 있는 산이다. 원래는 雲臺山 또는 鬱林山

고요한 것이 산의 떳떳한 이치인데
네가 어찌 하늘의 떳떳한 이치를 어지럽혔는가?
무엇을 연모하여 여기로 왔으며
무엇이 괴로워 저기에서 달아났는가?
물어도 끝내 말하지 않으니
바람을 맞으며 홀로 길게 탄식하네.

日照觀音峰477)　　客離楊根館478)
東行未一舍　　　千頃平若桵479)
清江常在480)右　　遠近皆可玩481)
復行十里許　　　歇482)馬登高岸
子483)立江中山　　遮我望浩汗
土484)人前致辭　　彼本忠州貫
浮來止於此　　　故以忠州喚
同行謂不誠　　　皆發一笑粲
靈隱有飛來　　　蒼吾有此伴
靜者山之常　　　天常爾何亂
何慕此而來　　　何苦彼而竄
問之終不言　　　臨風獨長嘆485)

　　이라 하였는데, 이 산의 아홉 봉우리는 蒼梧로부터 날아왔다고 전해진다.
477) 同治本과 강경훈 所藏本에는 이 '峰'이 '峯'으로 되어 있다.
478) 同治本에는 이 '館'이 '舘'으로 되어 있다.
479) 同治本과 강경훈 所藏本에는 이 '桵'이 '按'으로 되어 있다.
480) 同治本에는 이 '在'가 '左'로 되어 있다.
481) 同治本에는 이 '玩'이 '翫'으로 되어 있다.
482) 同治本에는 이 '歇'이 '飮'으로 되어 있다.
483) 同治本과 강경훈 所藏本에는 이 '子'이 '子'로 되어 있다.
484) 同治本에는 이 '土'가 '士'로 되어 있다.
485) 同治本에는 이 '嘆'이 '歎'으로 되어 있다.

[060]   신륵사486)에 이르러 전에 광암사487)의 장로488)였던 고암489)
을 만나다(到神勒寺 見前光岩490)長老杲491)菴)

십 년 동안 광암사(光岩寺)에서 법석(法席)을 주재하던 사람이
여흥(驪興)492)의 강가에서 금년 봄을 지내네.
서로 만나 슬픔과 기쁨은 말할 필요가 없으니
나도 현릉(玄陵)493)을 모시던 신하라네.

十載光岩494)主席人　　驪興江上過今春
相逢悲喜不須說　　我亦玄陵侍從臣

---

486) 神勒寺는 경기도 여주군 북내면 상교동 鳳尾山에 있는 절로 報恩寺라고도 하고,
이곳에 벽돌탑이 있기 때문에 甓寺라고도 불렸다. 신라 때 창건된 것으로 추정되
는데, 禑王 2년(1376) 懶翁王師가 여기서 입적하였고, 1379년 覺信·覺珠 등이 절
을 大創하였다. 世宗 22년(1440)에 중수, 成宗 4년(1473) 나라에서 확창하여 英陵願
刹을 삼았는데, 당시의 건물은 200여 간이었다. 肅宗 28년(1702)에는 偉學·天心
등이 중수하였고, 哲宗 9년(1858)에 金炳冀를 시켜 중수하였고, 1929년에 주지 性
仁이 명부전을 중건하였다.
487) 光岩寺는 경기도 開城의 봉명산에 있던 절이다.
488) 長老는 지혜와 덕이 높고 법랍이 많은 비구를 높여 부르는 말로 尊者, 具壽라고도
한다. 長老에는 耆年長·老法長老·作長老가 있다고 한다.
489) 杲菴은 시의 내용으로 보아 승려인 것은 분명하나 더 이상은 확인할 수 없다.
490) 同治本과 강경훈 所藏本에는 이 '岩'이 '巖'으로 되어 있다.
491) 同治本에는 이 '杲'가 '景'으로, 강경훈 所藏本에는 '果'로 되어 있다.
492) 驪興은 경기도 驪州의 옛 이름이다.
493) 玄陵은 고려 恭愍王의 陵號이다.
494) 同治本과 강경훈 所藏本에는 이 '岩'이 '巖'으로 되어 있다.

[061]   신륵사에서 짓다(題神勒寺)

앞으로는 넓은 물결을 압도하고 뒤에는 얕은 산인데
소나무 언덕의 좌우에 겹친 난간을 지었네.
뱃사공은 옛 탑이 있는 곳을 가리키는데
천상의 음악은 새 석단(石壇)에 조회를 드리네.
보제존자(普濟尊者)495)의 높은 풍도가 육합(六合)496)에 사라졌어도
목옹(牧翁)497)의 묘한 말은 삼한(三韓)498)에서 으뜸이네.499)
붉은 글씨가 스스로 부끄러워 능히 일컫지 못하지만500)
한 조각 비석501)은 만대(萬代)에 살피게 되리.

---

495) 普濟尊者는 懶翁和尙 惠勤(1320~1376)을 가리킨다. 懶翁和尙은 고려 말의 승려 惠
勤의 號이다. 惠勤은 初名이 元惠, 號 懶翁, 堂號 江月軒, 俗姓이 牙이다. 寧海 사람
으로 20세 때 이웃 친구가 죽는 것을 보고, 죽으면 어디로 가느냐고 어른들에게 물
었으나 아는 이가 없으므로 비통한 생각을 품고 공덕산 묘적암 요연스님에게 가서
중이 되었다. 그 후 그는 그 곳을 떠나 여러 곳으로 다니다가 1344년 楊州 檜巖寺
에서 4년 동안 좌선하여 깨달은 바가 있었다. 元나라 北京에서 指空을 뵙고 契悟
한 바 있었고, 2년 동안 공부하다가 다시 남쪽으로 가서 平山 處林에게서 法衣와
拂子를 받았다. 복룡산에서 千巖의 禪室에 들어갔고, 사방으로 다니면서 선지식을
찾은 뒤에, 다시 북경으로 돌아와 지공의 법의와 불자를 전해 받았다. 1355년 燕京
에 가서 順帝의 명으로 廣濟寺에 머물다가 1358년에 귀국하였다. 가는 곳마다 법
을 설하고 1360년 五臺山으로 들어갔다. 이듬해 恭愍王이 청하여 내전에서 설법하
였고, 指空의 袈裟와 靈骨을 전해 받아 회암사에 모셨다. 1371년 王師가 되고, 大
曹溪善交都總攝根修本智中興祖風福國祐世普濟尊者의 시호를 받았다. 뒤에 회암사
를 크게 중건하여 文殊會를 열어 落成하였다. 1376년 왕명으로 密陽의 瑩原寺로
가다가 여주의 신륵사에서 입적하였다. 諡號는 禪覺이다. 문하에 幻菴·無學 등이
있었으며, 『懶翁和尙語錄』과 『懶翁和尙歌頌』을 남겼다. 李穡이 글을 지어 세운 碑
와 浮屠가 회암사에 있다.

496) 六合은 천지와 四方을 뜻하는데 천하, 우주의 뜻으로 쓰인다.

497) 牧翁은 牧隱 李穡을 가리킨다.

498) 三韓은 馬韓·辰韓·弁韓으로 우리나라의 異稱이다.

499) "牧翁妙語冠三韓"은 懶翁和尙의 塔銘을 牧隱 李穡이 쓴 사실을 가리킨다. 李穡의
<普濟尊者諡禪覺塔銘幷序>가 『牧隱文藁』에 남아 있다.

500) 이 句로 보아 普濟尊者 塔銘의 글씨를 韓脩가 쓴 사실을 알 수 있다.

前壓[502]滄浪背淺[503]山　　松岡左右作重闌
卅人指點舊搏[504]塔　　天樂來朝新石壇
普濟高風迷六合　　牧翁妙語冠三韓
書丹自愧不能稱　　一片貞珉萬代看

---

501) 貞珉은 貞石이라고도 하는데, 碑石·墓石을 가리킨다.
502) 同治本에는 이 '壓'이 '塵'으로 되어 있다.
503) 강경훈 所藏本에는 이 '淺'이 '殘'으로 되어 있다.
504) 강경훈 所藏本에는 이 '搏'이 '傳'으로 되어 있다.

[062]　관착산505)의 시권에 짓다(題寬窄山詩卷506))

사해의 바깥이라도 넓은 게 아니고
한 티끌 속이라도 좁은 게 아니네.
스님507)의 한가로운 경계는
사람과 하늘이 능히 헤아릴 수 없네.

　　四海外非寬　　　一塵中非窄
　　上人閑508)境界　　人天莫能測

---

505) 寬窄山이 누구인지는 확인하기 어렵다. 金九容의 『惕若齋學吟集』 卷下에는 <題窄
　　山卷子>라는 제목의 시가 실려 있다.
506) 同治本에는 이 '詩卷'이 없어서, 이 시의 제목이 <題寬窄山>으로 되어 있다.
507) 上人은 知德을 갖춘 佛弟子, 곧 스님을 일컫는 말이다.
508) 同治本에는 이 '閑'이 '間'으로 되어 있다.

[063] 척약재509)가 배를 타고 찾아와서 나에게 배에서 술을 마시자
고 청하다(惕若齋乘舟來訪 請予飮舟中)510)

여강(驪江)511)의 안개와 비 속에 조각배를 띄우고
마음대로 물길 따라 내려가거나 거슬러 오르네.
천 점의 봉우리는 다같이 어둑하고 맑은데
양쪽의 초목들은 제각기 맑고 그윽하네.
고기는 즐거움을 알아512) 물에 잠겨 서로 좇고

---

509) 惕若齋는 金九容(1338~1384)의 號이다. 金九容은 고려말의 문신으로 初名이 齊閔,
字가 敬之, 號가 惕若齋, 본관이 安東이다. 恭愍王 4년(1355)에 등제하여 成均直講
으로 후진들을 가르쳤으며, 우왕 때에 北元의 사신을 받아들이지 말라고 상소하였
다가 유배되었다. 禑王 10년(1384)에 大司成으로 명나라에 行禮使로 들어가다가 本
國의 獻馬가 遲滯된 일로 南京으로 압송되었다가 雲南省 大理衛로 귀양가서 병사
하였다. 문집으로『惕若齋學吟集』이 있다.

510) 이 시는『東文選』권16에도 실려 있다.

511) 驪江은 경기도 驪州 북쪽에 있는 강으로 漢江의 상류이다. 黃驪江이라고 하는데,
『新增東國輿地勝覽』에 의하면 黃馬와 驪馬가 이 강에서 나왔기 때문에 驪州를 黃
驪라 이름하였다고 하며, 또 고을 동쪽 1리에 있는 바위 이름도 그래서 馬巖이라
부른다고 한다. 徐居正의 <四友堂記>(四友堂은 任元濬이 馬巖에 세웠던 堂 이름
이다)에서는 驪江 물은 月岳山에서 발원하여 獺川과 합하여 金灘이 되고, 仰岩을
거쳐 蟾水와 만나 달려 흐르며 점점 넓어져 驪江이 되었다고 했다(『新增東國輿地
勝覽』권7,「驪州牧」참조).

512) '고기들의 즐거움[魚之樂]'은『莊子』「秋水」에 나오는 이야기로 그 내용은 다음과
같다. 莊子가 惠子와 함께 濠水에 있는 다리 위에서 놀고 있었다. 이 때 장자가 말
하기를, "피라미가 나와서 조용히 놀고 있네. 이것이야말로 저 고기의 즐거움이
네." 하자, 혜자가 많기를, "자네가 물고기도 아닌데 어찌 물고기의 즐거움을 아는
가?" 하였다. 이에 장자는 다시 말하기를, "그렇다면 자네는 내가 아닌데, 어떻게
물고기의 즐거움을 모른다는 것을 아는가?" 하자, 혜자가 말하기를, "본디 나는 자
네를 모르네. 마찬가지로 자네도 본디 물고기가 아니네. 그러니 자네가 물고기의
즐거움을 모르는 것은 확실하네." 하였다. 이에 장자는 이렇게 대답했다. "그러면
그 근본으로 올라가 보세. 자네가 나에게 '자네가 어찌 물고기의 즐거움을 아는
가?'라고 말한 것은 이미 내가 그것을 안다고 여겨서 나에게 물은 것이네. 나는 그
것을 이 濠水 위에서 아네(莊子與惠子遊於濠梁之上 莊子曰 儵魚出遊從容 是魚之
樂也. 惠子曰 子非魚 安知魚之樂 莊子曰 子非我 安知我不知魚之樂 惠子曰 我非子

새는 기심(機心)을 잊고 가까운 곳에 오히려 떠 있네.
이 고장에 살고 있는 시선(詩仙)이 없다면
어찌 능히 이 그림 속에서 놀 수 있으랴?

驪江烟雨泛扁舟　　　　隨意隨流或513)泝流
千點峯514)巒同暗淡　　　兩邊草515)木各靑幽516)
魚因知樂潛相趂　　　　鳥識忘機近尙517)浮
不有詩仙居此地　　　　豈能518)爲此畵中遊

固不知子矣 子固非魚也 子之不知魚之樂 全矣 莊子曰 請循其本 子曰 汝安知魚樂云
者 旣已知吾知之而問我 我知之濠上也)."

513) 同治本에는 이 '或'이 '亦'으로 되어 있다.
514) 강경훈 所藏本에는 이 '峯'이 '峰'으로 되어 있다.
515) 『東文選』에는 이 '草'가 '花'로, 강경훈 所藏本에는 '艸'로 되어 있다.
516) 同治本에는 이 '靑幽'가 '淸流'로, 강경훈 所藏本에는 '淸幽'로 되어 있다.
517) 同治本에는 이 '尙'이 '相'으로 되어 있다.
518) 同治本에는 이 '能'이 '肯'으로 되어 있다.

[064]　신륵사로부터 여흥루519)에 이르러 현판 위의 시에 차운하다.
2수(自神勒寺至驪興樓 次板上韻 二首520))521)

[064-1]

　정려(精廬)의 조각 돌 끝에 이름이 걸려 있는데
　배를 타고 십리(十里) 길에 높은 산522)을 살펴보네.
　강가에서 웃으며 나잔자(懶殘子)523)와 이별하고
　고을 안에 들어와 원차산(元次山)524)을 만나네.
　어찌 감히 손님의 오른편에 오래 머물러 있으리요?
　오히려 작은 폐단이 민간에 미칠 것을 염려하네.
　재주 없어 하늘이 아끼는 곳을 형용하기 어려우니
　또 누각 앞의 풍경을 한가로이 놓아두네.

---

519) 驪興樓는 驪興의 淸心樓를 가리킨다. 淸心樓는 경기도 驪州의 客館 북쪽에 있던 누각의 이름이다. 경치가 아름다워서 수많은 문인들이 다투어 시를 남긴 유명한 누각이다(『新增東國輿地勝覽』 권7, 「驪州牧」 참조)

520) 同治本에는 이 '二首'가 본문보다 작은 글자로 되어 있다.

521) 同治本에는 제목에 '二首'라고 되어 있으나, 실제로는 두 首 가운데 첫째 首만 실려 있다. 그리고 이 작품의 첫째 首는『新增東國輿地勝覽』 권7, 「驪州牧」 '樓館'의 <淸心樓> 항목에도 실려 있다.

522) 孱顏은 산의 높고 험준한 꼭대기, 곧 높은 산을 가리킨다. 여기에서 '孱'은 '巉'을 뜻하고, '顏'은 '山額'을 뜻한다.

523) 懶殘子는 고려 후기에 상당히 유명했던 승려이자 詩僧으로 여겨진다. 牧隱 李穡은 懶殘子와 관련된 시 20여 편을 남기고 있다. 또한 李穡은 <贈休上人序>(『牧隱文藁』 권8)에서, 懶殘子가 (자신이 16, 17세 무렵) 天台宗의 判事라고 했다.

524) 次山은 唐의 문인 元結의 字이다. 元結은 號가 猗玕子·浪士·漫郞·聱叟인데, 容管經略使를 지냈고 禮部侍郞에 추증되었다. 性行이 高潔하고, 憂國의 정이 깊었다. 文章은 奇古하였으며, 韓愈(768~824) 이전에 古文復興의 先驅가 되었다. 代宗 때 致仕하고 「元子十篇」을 지었으며, 문집으로『次山集』이 있다. 그러나 여기서의 元次山이 누구를 가리키는지 단언하기는 어렵지만, 한수는 다른 한시(작품번호 [046])에서 全五倫을 원차산에 비긴 바가 있으므로 여기에서도 그와 친분이 두터웠던 전오륜을 일컫는 것으로 짐작된다.

名掛精廬片石端　　　乘舟十里撿屛顏

江邊笑525)別懶殘子　　　郡裏526)來看527)元次山528)

豈敢久留居客右　　　尙憂小樊及民間

非才難狀天慳處　　　且放樓前風景閑

[064-2]529)

아침에 하늘 끝530)이 드러남이 가장 기쁜데

한없는 기이한 경관에 나그네의 얼굴이 풀리네.

햇빛이 맑은 잔물결에 쏟아지니 사방 벽이 환해지고

구름이 평지 먼 곳에서 걷히니 겹친 산이 나타나네.

푸른 하늘 속에는 누른 학(鶴)이 날아오르고

물결 사이에는 흰 갈매기가 잠기네.

누각 속의 사람이 쉬이 늙어 감을 괴이하게 여기지 말라.

강물도 밤낮으로 흘러 일찍이 한가롭지 못하였네.

朝來㝡喜露乾端　　　無限531)奇觀解客顏

日射淸漣明四壁　　　雲收平遠得重山

飛揚黃鶴靑冥裏532)　　　滅沒白鷗533)波浪間

莫怪樓中人易老　　　江流日夜未嘗閑

---

525) 徐居正의 『東人詩話』 卷下에는 이 '笑'가 '苦'로 되어 있다.

526) 강경훈 所藏本에는 이 '裏'가 '裡'로 되어 있다.

527) 徐居正의 『東人詩話』 卷下에는 이 '看'이 '逢'으로 되어 있다.

528) 『東人詩話』 卷下에서는 이 聯에 대해 "語典實"이라고 評하였다.

529) 同治本에는 이 首 전체가 실려 있지 않다.

530) 乾端은 하늘의 끝이다. 韓愈의 <南海神廟碑>에 "乾端坤倪 軒豁呈露"라는 구절이 있다.

531) 강경훈 所藏本에는 이 '限'이 '恨'으로 되어 있다.

532) 강경훈 所藏本에는 이 '裏'가 '裡'로 되어 있다.

533) 강경훈 所藏本에는 이 '鷗'가 '鸥'로 되어 있다.

[065]   부금534)의 집에서 자며 그 벽에 쓰다(宿夫金家 書其壁)

청주(淸州)의 방정리(方井里)535)를
못 본 지가 십여 년이네.
이웃536)에는 새 얼굴이 많고
띠는 옛 집을 덮네.
밤나무 숲은 이제 심은 것인데
소나무는 유독 예전과 같네.
힘을 다하여 그 주인을 받드니
평두(平頭)537)의 아름다움을 적을 만하네.

    淸州方井里   不見十年餘
    隣538)曲多新面   茅茨敝539)古居
    栗林今所植   松木獨如初
    盡力奉其主   平頭美可書

---

534) 夫金은 시의 내용으로 보아 奴婢였던 듯하다.

535) 方井里. 현재의 忠淸北道 淸原郡 南一面 方西里 方井마을로 속칭은 '대머리'이다. 淸州韓氏의 始祖인 太尉公이 살았던 곳이라고 한다.『淸州邑誌』에 "方井里는 淸州 邑 南方六里쯤 務農坪 東쪽에 있으니 韓太尉가 살던 곳이다. 太尉가 아직 出世할 機會를 만나지 못하고 田園에 隱居하면서 몸소 農事에 힘써 累萬石 巨富가 되었더 니 麗太祖가 甄萱을 征伐하러 갈 때 그 行軍이 門前에 이르거늘 太尉公이 仗劍 迎 接하여 十萬大兵을 배불리 먹이고 드디어 從軍하여 勇力을 떨치며 智謀를 짜서 百 濟를 討伐하고 新羅를 降伏받아 統合하는 勳業을 成就하였다"라는 기록이 있다고 한다(『淸州韓氏大同族譜(上世篇)』(六校本), 67~69면 참조). '方井'은 이 동리 앞에 있는 우물로 太尉公이 이 마을에 살면서 正方形으로 축조해서 이렇게 이름지었다 고 한다(같은 책, 98면 참조).

536) 隣曲은 가까운 곳에 사는 사람이다.

537) 平頭는 召使라고도 하며, 奴隷·奴婢를 말한다.

538) 同治本과 강경훈 所藏本에는 이 '隣'이 '鄰'으로 되어 있다.

539) 同治本에는 이 '敝'가 '蔽'로 되어 있다. 여기에서는 '蔽'로 번역하였다.

[066]   어랑540)의 집에서 자다(宿於郎家)

기와집을 새로 지어 벽이 아직 마르지도 않았는데
노부(老夫)가 마침 이르러 말안장을 푸네.
땅을 고른 눈이 보통이 아님을 모름지기 알겠거니
목백(牧伯)541) 판관(判官)542)이 여기에 와서 기뻐하였다네.

　　瓦屋新成壁未乾　　　老夫適至卸543)征鞍
　　須知卜地非凡眼544)　　牧伯判官來此歡

---

540) 於郎도 종의 이름인 듯하다.

541) 牧伯은 牧隱 李穡을 높여 부르는 말이다.

542) 判官은 고려시대에 두었던 벼슬로, ① 三司·資政院·開城府·中門·通禮門의 정
5품 벼슬이다. ② 紫雲坊·五部·太淸觀의 벼슬로 품계는 정7품에서 종9품이었다.
③ 留守官·都護府의 6품 이상, 또는 防禦鎭·州郡의 7품 벼슬이다. ④ 임시 벼슬의
하나로 出征할 일이 있을 때 各軍에 두었다. 여기에서는 ③의 의미로 사용되었다.

543) 同治本에는 이 '卸'가 '御'로 되어 있다.

544) 同治本에는 이 '眼'이 '顔'으로 되어 있다.

[067]   한유선 상서가 나를 고신545)에서 만나고 이틀날 또 강 언덕에
서 전송하다(韓惟善尚書見予546)於高神 明日又送于547)江岸)

강변에는 모래가 눈 같고
언덕 위에는 풀이 깔개와 같네.
자네의 병(病)을 고쳐 준 나에게 감사하지만
내 모습 같은 자네를 안타까워하네.

江邊沙似雪   岸上草如茵
慶我起君548)病   憐君似我眞

---

545) 高神은 지명인 듯한데, 더 이상은 확인하기 어렵다.
546) 강경훈 所藏本에는 이 '予'가 '子'로 되어 있다.
547) 同治本과 강경훈 所藏本에는 이 '于'가 '子'로 되어 있다.
548) 강경훈 所藏本에는 이 '君'이 '居'로 되어 있다.

[068] 원주(原州) 객사에 자면서 현판 위의 시에 차운하다(宿原州客
舍 次板上韻)[549]

치악산(雉岳山)[550]의 구름 낀 봉우리에서 보낸 비가 지나가니
처마의 낙숫물 소리에 저녁의 서늘한 기운이 피어나네.
이미 맑은 경치가 현포(玄圃)[551]에서 옮겨 온 것을 즐거워하는데
또 아름다운 사람이 부르는 <위성곡(渭城曲)>[552]을 듣네.
노니는 사람은 옛 생각이 많아 머뭇거리고
영웅은 높은 이름이 있지만 적막하네.
말굽이 이르는 곳마다 거친 잡초가 우거짐을 탄식했는데
이 지역만은 시내와 언덕이 두루 농사짓는 곳이네.

雉岳雲峯[553]送雨行　　簷聲淅瀝[554]晚凉生
已欣淸景移玄圃　　更聽佳人唱渭城
遊子躊躇多古意　　英雄寂莫[555]有高名
馬蹄到處嗟荒穢　　此境川原獨遍耕

---

549) 이 시는 『新增東國輿地勝覽』 권46, 「原州牧」 '題詠'에도 실려 있다.

550) 雉岳山은 강원도 原州와 寧越 사이에 있는 山으로 높이는 1,288m이다. 太白山·雪
嶽山·五臺山 등 높은 산들과 함께 太白山脈 중에 솟아 있는 高山의 하나이다.

551) 玄圃는 崑崙山에 있다는 신선이 사는 곳이다.

552) <渭城曲>은 詞牌로 <陽關曲>이라고도 한다. 渭城은 중국 甘肅省 敦煌縣 西南
位黨河 西南쪽에 있는 關이다. 王維가 <送元二使安西>에서 "위성의 아침 비가 가
벼운 티끌을 촉촉히 적시는데 객사가 퍼렇게 버들 빛이 피어나네. 그대에게 권하
여 다시 한 잔 술을 올리노니 서쪽으로 양관을 나가면 친구가 없을 걸세(渭城朝雨
浥輕塵 客舍青青柳色新 勸君更進一杯酒 西出陽關無故人)."라고 읊은 뒤, 후에 이
시가 樂府에 들어가서 送別詩가 되었다. 이 시를 반복해서 노래하는 것을 陽關三
疊이라고 한다.

553) 강경훈 所藏本에는 이 '峯'이 '峰'으로 되어 있다.

554) 淅瀝은 눈이나 비가 내리는 소리, 또는 쓸쓸한 모양을 형용한 말이다.

555) 同治本과 강경훈 所藏本, 『新增東國輿地勝覽』에는 이 '莫'이 '寞'으로 되어 있다.

[069]　　　고달사556)에서 짓다(題高達寺)557)

삼십 년 전이 마치 꿈속 같은데
젊은 시절 친구의 반은 황천객(黃天客)이 되었네.
이제 고달사 옛 절에 온 것은
원통(圓通)한 큰 복전(福田)558)이 있기 때문이네.
사방의 병풍 같은 산은 절559)을 감싸고
하나의 비석560)은 푸른 하늘에 기대었네.
저녁이 다 지나도록 담소하며 돌아갈 길을 잊으니
마치 당시의 묘련사(妙蓮寺)561)에 있는 듯하네.

　　　三562)十年前似夢間　　少年交契半黃泉
　　　今來高達古精舍　　爲有圓通大福田
　　　四面山屛圍紺宇　　一條碑石倚靑天
　　　笑談竟夕忘歸路　　還似當時563)在妙蓮

556) 高達寺는 경기도 여주군 북내면 상교리에 있던 절로 新羅 景德王 23년(764)에 창건
　　되었다. 여기에는 國寶 14호인 元宗大師慧眞塔碑가 있다.
557) 이 시는 『新增東國輿地勝覽』 권7, 「驪州牧」 ‘佛宇’의 <高達寺> 항목에도 실려 있다.
558) 福田은 佛敎語로 불교를 믿으면 그것이 복이 나오는 밭이라는 뜻이다.
559) 紺宇는 절이다.
560) 國寶 제14호인 元宗大師慧眞塔碑를 말한 것인 듯하다(위의 주) 참조).
561) 妙蓮寺는 경기도 開城의 三峴里에 있던 절로, 忠烈王 9년(1282)에 洪恕가 開山했다.
562) 『新增東國輿地勝覽』에는 이 ‘三’이 ‘二’로 되어 있다.
563) 同治本에는 이 ‘時’가 ‘年’으로 되어 있다.

[070]   곡성과 칠원 두 시중 및 여러 사람이 계정에 모였다. 이 때는
오래 가물었는데 저녁에 비가 내리자 한산군이 시를 지어 그것
을 기록하기에 차운하여 받들어 드리다(曲城漆原兩侍中及諸公
會于繼亭 是時久旱 晚來雨作 韓山君作詩564)記之 次韻奉呈)

깊숙한 뜰565)에 석류꽃이 피었는데
삼한(三韓)566)의 원로들이 여기에서 마음을 논하네.
무릇 녹는 화기(和氣)는 하늘과 땅에 엉기고
삽상(颯爽)한 청풍(淸風)은 나무숲에 가득하네.
지극한 덕이 화육(化育)을 돕는다는 것을 오래 전에 알았는데
으뜸가는 양기가 장마로 변화되는 것을 지금 보게 되네.
모임의 거동이 우연히 온공(溫公)567)의 예(禮)에 부합하니
진솔하여 끝내 취하여 비녀를 떨어뜨림이 없네.

開到榴花院落深　　　三韓元老此論心
冲融568)和氣凝天地　　颯爽淸風滿樹林
至德久知能贊化　　　元陽今見變爲霖
會儀偶合溫公禮　　　眞率終無醉墮簪

---

564) 강경훈 所藏本에는 이 ‘詩’의 뒤에 ‘詩’가 한 글자 더 있다. 그러나 내용상으로 보
　　아 ‘詩’는 하나만 있는 것이 맞는 것으로 판단된다.
565) 院落은 울을 두른 집이다.
566) 三韓은 馬韓·辰韓·弁韓으로 우리나라의 異稱이다.
567) 溫公은 司馬溫公으로 宋나라의 名臣 司馬光을 가리킨다.
568) 강경훈 所藏本에는 이 ‘融’이 ‘瀜’으로 되어 있다.

[071]　　　목은569)선생을 모시고 천수사570)에서 연꽃을 감상하고 선생
　　　의 시에 차운하다(陪牧隱先生往天壽寺賞蓮571) 次先生詩韻)572)

[071-1]

　　　세 번 연못을 찾아가도 감상은 더욱 새로웠는데573)
　　　지금 세상에서 누가 연꽃을 사랑하는가?574)
　　　낙원575)이 서역(西域)의 끝에 있어도 응하지 못하지만
　　　염계(濂溪)576) 뒤에 다시 그를 잇는 사람이 아니랴?

------

569) 牧隱은 李穡(1328~1396)의 號이다. 李穡은 고려 말의 문신·학자로 字가 穎叔, 號
　　가 牧隱, 본관이 韓山, 贊成事 穀의 아들, 李齊賢의 門人이다. 忠惠王 복위 2년
　　(1341) 進士가 되고 忠穆王 4년(1348) 元나라에 가서 國子監의 生員이 되어 性理學
　　을 연구했다. 忠定王 3년(1351) 귀국하여 恭愍王에게 국책의 시정과 개혁을 건의하
　　였고, 同王 2년(1353) 鄕試와 征東行省의 鄕試에 합격, 書狀官이 되어 元나라에 들
　　어가 會試·殿試에 합격하여 원나라에서 應奉翰林文字承事郞·同知製誥兼國史院
　　編修官을 지내고, 同王 5년에 귀국하여 吏部侍郞·翰林直學士兼史館編修官·知製
　　敎兼兵部郞中이 되어 인사행정을 주관하고 개혁을 건의하여 政房을 폐지하게 하
　　였으며, 右諫議大夫·樞密院右副承宣·知工部事·知禮部事 등을 지내고 同王 10
　　년 紅巾賊의 침입으로 왕이 南幸할 때 扈從하여 1등공신이 되었다. 그 후 左承
　　宣·知兵部事·右代言·同知春秋館事·寶文閣 및 藝文館大提學·判開城府使 등
　　을 역임하고 韓山君에 봉해지고, 禑王 때 功臣의 호를 받고 師傅가 되었다. 恭讓王
　　때 判門下府事로 있다가 유배되었고, 朝鮮 太祖 4년(1395)에 韓山伯이 되었다. 門
　　下에 權近·河崙·卞季良·吉再 등 많은 제자를 배출하여 조선 性理學의 주류를
　　이루게 하였다. 韓山의 文獻書院에 奉享되었다. 저서로는『牧隱詩藁』와『牧隱文藁
　　』가 있다.
570) 天壽寺는 경기도 開城 동쪽에 있던 절이다. 고려 肅宗 2년(1097)에 창건되었다.
571) 同治本에는 이 ‘蓮’이 ‘蓮花’로 되어 있다.
572) 이 시의 셋째 수는『東文選』권16에 <陪牧隱先生往天壽寺賞蓮 次先生韻>이라는
　　제목으로 실려 있다.
573) 이 구절은 한림학사 郭預가 비 오는 날 연꽃을 구경하러 갔던 고사를 지적한 것이
　　다. 郭預의 <賞蓮>의 첫 구절이 “賞蓮三度到三池”이다.
574) 愛蓮今世復何人이라는 句는 周敦頤의 <愛蓮說>에 나오는 “蓮之愛 同予者何人”이
　　라는 구절을 變容한 것이다.
575) 樂國은 樂土, 樂鄕이라는 뜻이다.

땅이 시원한데 어찌 조순(趙盾)의 해577)를 근심하리요?
바람이 향기로워 유공(庾公)의 먼지578)가 섞이지 못하네.
이 사이의 참된 취향은 진실로 형용하기 어려운데
시편이 묘하여 입신(入神)의 경지임을 기쁘게 바라보네.

三訪蓮池賞轉新　　　愛蓮今世復何人

576) 濂溪는 周敦頤를 가리킨다. 周敦頤는 宋나라의 儒學者로 字가 茂叔이다. 그는 營道
縣 濂溪 가에서 世居하였으므로 세상에서는 濂溪先生이라 부른다.『太極圖說』·『
通書』등을 지어 理氣學의 開祖가 되었다. 諡號는 元公이다. 程顥·程頤 형제는 그
의 제자이다. 여기서 周敦頤를 언급한 것은 그가 중국에서 연꽃을 가장 사랑한 사
람으로 알려져 있기 때문이다. 그의「愛蓮說」은 고결한 인품을 연꽃의 생태를 빌
어 잘 표현한 것으로 평가된다.『古文眞寶』에 실린 그의「愛蓮說」의 全文은 다음
과 같다.

　물과 뭍의 풀과 나무의 꽃에 가히 사랑할 만한 것이 매우 많다. 晋나라 陶淵明은
유독 국화를 사랑했다. 李氏의 唐나라 이래로 세상 사람들은 모란을 매우 사랑했
다. 나는 유독 연꽃을 사랑한다. 진흙에서 났으나 물들지 않고, 맑은 물결에 씻겼
으나 妖艶하지 않고, 가운데는 비었으나 겉은 곧으며, 넝쿨도 없고 가지도 없으며,
향기는 멀수록 맑고, 亭亭하면서도 고요히 서있고, 가히 멀리서 바라볼 수는 있어
도 가까이 두고 翫賞할 수는 없다. 나는 菊花는 꽃의 隱逸者라 부른다. 모란은 꽃
의 富貴者이다. 연꽃은 꽃의 君子者이다. 슬프다. 국화를 사랑한다는 말을 도연명
이후에 들은 적이 거의 없다. 연꽃을 사랑함에는 나와 같은 사람이 어느 사람일까?
모란을 사랑하는 사람이 응당 많으리라(水陸艸木之花 可愛者甚蕃 晋陶淵明獨愛菊
自李唐來 世人甚愛牧丹 予獨愛蓮 之出淤泥而不染 濯靑漣而不妖 中通外直 不蔓不
枝 香遠益淸 亭亭淨植 可遠觀而不可褻翫焉 予謂菊花之隱逸者也 牧丹花之富貴者也
蓮花之君子者也 噫 菊之愛 陶後鮮有聞 蓮之愛 同予者何人 牧丹之愛 宜乎衆矣).
577) 趙盾의 해[趙盾日]는 뜨거운 여름의 해를 가리킨다. 春秋時代 晉나라의 정치가이
자 모사가였던 趙衰와 趙盾 父子는 모두 진나라의 공신으로 칭송되었다. 狐射姑가
이 두 사람을 평가하기를, "조최는 겨울날의 해와 같고 조순은 여름날의 해와 같
다(趙衰 冬日之日也 趙盾 夏日之日也)."고 하였다.
578) 庾公의 먼지[庾公塵]는 庾塵이라고도 하는데, 권세가가 일으키는 먼지를 말한다.
晉나라의 庾亮(289~340)의 권세가 매우 강하였을 때, 王導가 한 말이다.『晉書』
<王導傳>에 의하면, 庾亮이 비록 外鎭에 있어도 조정의 권세를 좌지우지하고 있
을 때, 王導는 서풍이 불어 먼지를 일으키자 부채를 들어 스스로 막으면서 말하기
를, "元規[元規는 庾亮의 字임]의 먼지가 사람을 더럽히는구나(元規塵汙人)."라고
했다고 한다.

未應樂國在西極　　莫是濂溪更後身
地⁵⁷⁹⁾爽那憂趙盾日　　風香不雜⁵⁸⁰⁾庾公塵
此間眞趣誠難狀　　喜見詩篇妙人⁵⁸¹⁾神

[071-2]

못에 가득한 비단582)이 바라보니 새로운데

종일 꽃다운 향기가 멀리 있는 사람에게 스미네.

바람 앞에서 마주하니 굳은 줄기가 사랑스럽고

물 바닥을 굽어보니 몸이 쪼개질까 두렵네.

허공의 태화산(太華山)583)은 절벽이라 오를 길이 없는데

천고에 임천(臨川)의 붓584)은 먼지가 되어 버렸네.

기쁘게 의왕(醫王)585)을 향하고 목은(牧隱)을 모셨으니

한 잔 술과 한 수 시로 여기에 정신이 모이네.

---

579) 同治本에는 이 '地'가 '心'으로 되어 있다.

580) 同治本에는 이 '雜'이 '動'으로 되어 있다.

581) 同治本에는 이 '人'이 '入'으로 되어 있다. 여기에서는 '入'으로 번역하였다.

582) 雲錦은 ① 아침놀, ② 색채가 아름답고 구름 무늬를 수놓은 비단이다.

583) 太華山은 중국 陝西省 華陰縣의 남쪽에 있는 산으로 華山이라고도 하며, 五嶽의
하나인 西嶽이다. 산의 中峯을 蓮花峯, 東峯을 仙人掌, 南峯을 落雁峯이라 하는데
이것을 華嶽三峯이라 부른다. 韓愈은 <古意> 시에서 이 산의 연화봉을 연꽃에 비
유하고 "어찌하면 긴 사다리 위에서 열매를 따서 七澤에 심어 根株를 이을까(安
得長梯上摘實 下種七澤根株連)?"라고 읊은 바 있다. 여기에서도 韓愈와 같이 연화
봉을 연상하여 쓴 것이다.

584) 臨川의 붓[臨川筆]은 王羲之의 筆墨을 말한다. 王羲之(307~365)는 晉나라 때의 書
藝家로 字가 子猷·逸少이다. 楷書·行書·草書의 三體를 典雅하고 雄勁하게 귀
족적인 書體로 완성한 인물이다. 그가 臨川內史를 지냈기 때문에 이렇게 부른다.
王勃의 <滕王閣序>에 "睢園綠竹 氣凌彭澤之罇 鄴水朱華 光照臨川之筆"이라는 구
절이 있다.

585) 醫王은 藥師如來의 別稱이다. 藥師如來는 藥師瑠璃光如來라고도 한다. 열둘의 大
誓願을 발하여 중생의 질병을 구제하고 法藥을 준다는 여래이다. 보통 왼손에는
약병을 가지고 오른손으로 施無畏의 印을 맺고 있다. 東方淨瑠璃國의 敎主이다.

滿池雲錦望中新　　　終日芳香遠襲人
相對風前愛强項　　　俯觀水底恐分身
半天太華壁無路　　　千古臨川筆化586)塵
好向醫王陪牧隱　　　一觴一詠此凝神

[071-3]

꽃이 피고 지고 몇 번이나 새로 피었는가?
전에 왔던 유랑(劉郞)587)이 지금은 노인이 되었네.
다행히 높은 행차를 모시고 옛 자취를 찾고
지난 일을 돌이켜보니 마치 전생의 일인 듯하네.
그 때 함께 하심주(荷心酒)588)를 마셨는데
오늘은 소나무 아래의 티끌589)이 된 사람이 많네.
사물과 내가 모두 다함 없는 곳590)에

---

586) 同治本에는 이 ‘化’가 ‘花’로 되어 있다.

587) 劉郞은 劉禹錫을 가리킨다. 劉禹錫은 唐나라의 문인으로 字가 夢得이다. 글재주가
뛰어났고, 벼슬이 集賢殿學士에 이르고 蘇州刺史가 되었으나 王叔文 사건에 연좌
되어 좌천되었다. 문집으로『劉賓客集』40권이 있다. 그가 朗州에 유배되었다가
돌아와서 지은 <再遊玄都觀> 시에서 “百畝의 뜰에는 반이 이끼인데 복숭아꽃은
깨끗이 없어지고 푸성귀 꽃이 피어 있네. 복숭아 심은 道士는 어디로 갔는가? 전에
왔던 劉郞이 지금 또 왔네(百畝庭中半是苔 桃花淨盡菜花開 種桃道士歸何處 前度
劉郞今又來).”라고 했다.

588) 荷心酒는 鄭公慤이 연잎에다 술을 담아 두고 비녀로 찔러서 줄기와 통하게 하여
마신 술이라고 한다.

589) 소나무 아래의 티끌[松下塵]은 죽어서 티끌이 되었다는 것이다. 李白이 賀知章을
추억하면서 쓴 시 <對酒憶賀監> 시에 “四明山에 미친 손님[四明狂客 : 하지장의
호이다]이 있으니 風流男兒 賀季眞이네. 長安에서 한 번 서로 보고는 나를 謫仙人
이라고 불렀네. 옛날에는 잔 속의 물건[술을 말한다]을 좋아하더니 지금은 소나무
아래의 티끌이 되었네. 금 거북이[三品 이상의 관원이 禮服에 띠는 주머니]를 끌러
술을 사던 곳에서 돌이켜 생각하니 눈물이 수건을 적시네(四明有狂客 風流賀季眞
長安一相見 呼我謫仙人 昔好盃中物 今爲松下塵 金龜換酒處 郤憶淚沾巾).”라고 나
온다.

590) 蘇軾의 <赤壁賦>에 “대개 그 변하는 것으로 보면 곧 천지도 일찍이 한 순간도 못

파선(坡仙)591)은 참으로 글 솜씨가 신인 듯하네.

花開花落幾回新　　　前度592)劉郞今老人
幸侍593)高軒尋舊迹594)　　追懷往事似前身
當時共飮595)荷心酒　　　今日596)多爲松下塵
物與我皆無盡處　　　　坡仙眞箇筆如神

되지만, 그 변하지 않는 것으로 보면 사물과 내가 모두 다함이 없다(蓋將自其變者而
觀之 則天地曾不能以一瞬 自其不變者而觀之 則物與我皆無盡也)."라는 구절이 있다.
591) 坡仙은 蘇軾을 가리킨다. 蘇軾(1036~1101)은 北宋의 문인·학자로 字가 子瞻, 號가
　　東坡이다. 眉山人으로 洵의 아들이자 轍의 형이다. 흔히 아버지 洵·아우 轍과 더
　　불어 '三蘇'라고 불린다. 1057년에 급제하여 開封府推官을 지내면서 王安石의 신
　　법을 반대하여 좌천되었다가 후에 哲宗에게 重用되어 舊法派의 대표자의 한 사람
　　이 되었다. 知湖州使 등을 지냈으나 시로 정치를 풍자한 烏臺詩案 사건으로 투옥,
　　폄적되었으며, 구법당인 司馬光이 집권하자 다시 기용되어 翰林學士가 되는 등 신
　　구법당의 정쟁에 휘말려 부침을 거듭하였다. 書畵에도 능했으며, 다양한 문체에
　　다 능통하였던 시문의 거장으로 宋詩를 대표하는 시인일 뿐 아니라 대표적인 고문
　　가로 당송팔대가의 일인으로 평가받았다. 저작으로는 『東坡志林』·『東坡易傳』·『東
　　坡全書』를 남겼다. 文風은 환상적이고 낭만적인 성향을 띠었으며, 그의 <赤壁賦>
　　와 <後赤壁賦>는 이러한 성향을 잘 보여주는 작품이다. 우리나라의 文人들에게
　　도 많은 영향을 미쳤는데, 특히 高麗時代부터 朝鮮前期에 이르기까지 그 영향이
　　지대했다.
592) 同治本과 강경훈 所藏本에는 이 '度'가 '到'로 되어 있다.
593) 『東文選』에는 이 '侍'가 '得'으로 되어 있다.
594) 同治本과 강경훈 所藏本에는 이 '迹'이 '跡'으로 되어 있다.
595) 同治本에는 이 '飮'이 '飯'으로 되어 있다.
596) 『東文選』에는 이 '今日'이 '此去'로 되어 있다.

[072]　　이 날 취적봉[597]에 오르다(是日登吹笛峯[598])

산꼭대기에서 산을 보니 면목이 새로운데
젓대를 눕혀 놓고 그 속에 있는 사람을 시험하는 듯하네.
팔방(八方)의 아름다운 경치는 시안(詩眼)[599]을 괴롭히고
유월의 세찬 바람은 병든 몸을 속이네.
잠시 앉으니 또 맑음이 뼈까지 스며들고
천천히 가는데도 오히려 마른 먼지가 피어나네.
나는 듯이 오르내리는 젊은이가 부러운데
모두 기린아들로 가을 물[600] 같은 정신이 있네.
선생의 두 아들과 한 손자가 따라서 놀았다.

山頂看山面日新　　橫機似試簡中人
八方佳景困詩眼　　六月烈風欺病身
蹔坐也教清到骨　　緩行猶欲渴生塵
如飛上下羨年少　　並[601]是駬驎[602]秋水神
先生二子一孫從遊[603]

---

597) 吹笛峯은 경기도 開城에 있는 산이다. 『新增東國輿地勝覽』 권4, 「開城府 上」에서
　　는 天壽院의 서쪽에 있다고 했다.
598) 강경훈 所藏本에는 이 ‘峯’이 ‘峰’으로 되어 있다.
599) 詩眼은 시를 볼 줄 아는 눈이다.
600) 秋水는 맑은 정신을 비유한 말이다. 杜甫의 <徐淸卿二子歌>에 “큰 아이는 아홉
　　살에 빛이 맑으니 가을 물로 精神을 삼고 玉으로 뼈를 삼네(大兒九齡色淸澈 秋水
　　爲神玉爲骨).”라는 구절이 있다.
601) 강경훈 所藏本에는 이 ‘並’이 ‘幷’으로 되어 있다.
602) 同治本에는 이 ‘駬驎’이 ‘麒麟’으로 되어 있다.
603) 강경훈 所藏本에는 이 ‘先生二子一孫從遊’라는 작은 글자로 된 주석이 없다.

[073]   새로 정당(604)이 된 허첨서(605)를 축하하며 목은의 시에 차운
하다. 2수(賀許簽書新拜政堂 次牧隱詩韻 二首(606))

[073-1]

빼어난 한 마리 학(鶴)이 닭의 무리를 벗어나니
만리(萬里)의 구름으로 날아오를 줄 일찍부터 알았네.
공덕을 쌓은 가문이니 마땅히 크게 떨칠 것인데
음양과 술수가 어찌 헛되다고 하리요?
홍추(鴻樞)(607)에서 네 해 동안 기무(機務)에 참여하고
봉소(鳳沼)(608)에서 오늘 아침에 예문(藝文)(609)을 주관하네.
경사가 장차 그치지 않으리니
마침 손에 계수나무 가지를 잡고 나누는 것을 보네(610).

---

604) 政堂은 政堂文學의 준말이다. 政堂文學은 고려시대와 조선 초기에 있었던 관직이
다. 고려시대에는 처음 內史門下省에 소속되어 있었으나 文宗 때 정원은 1명, 품계
는 從二品으로 정해졌으며, 忠烈王 1년(1275)에 參文學士로 일시 개칭한 바 있다.
조선 초기에는 門下府의 관직으로 존속하다가 太宗 1년(1401)에 門下府를 議政府
로 개칭할 때 議政府文學으로 바뀌었다.

605) 簽書는 僉書라고도 쓰는데, 簽書中樞院事 또는 簽書密直司事의 준말이다. 簽書中
樞院事는 簽書院事라고도 하는데 고려시대 中樞院의 정3품 벼슬이고, 簽書密直司
事는 簽書密直 또는 簽書司事라고도 하는데 고려시대 密直司의 종2품 또는 정3품
벼슬이었다.

606) 同治本에는 이 '二首'가 본문보다 작은 글자로 되어 있다.

607) 鴻樞는 樞密院・中樞院・密直司의 별칭으로 王命의 出納, 宮中 宿衛, 軍機 등을 맡
아보던 관청이다.

608) 鳳沼는 대궐에 있는 못이다.

609) 藝文은 技藝와 學問, 예술과 문학이다.

610) 계수나무 가지를 잡고 나눈다는 것은 과거를 관장하여 인재를 뽑는 일을 담당하게
되리라는 것을 말함인 듯하다. 문맥상으로 보아 '桂枝'가 '桂林一枝'를 말한 것으
로 판단되기 때문이다. 桂林一枝라는 말은 晉나라 사람인 郤詵(郤詵이라고 한 책
도 있다 : 인용자 註)이 賢良第一로 천거되었을 때, 겨우 계림에서 한 가지를 얻었
을 뿐이라고 했다는 고사에서 유래한 말로 출전은 『晉書』 <郤詵傳>이다.

軒軒獨鶴離鷄群611)   早識騫騰612)萬里雲
功德家門宜大振   陰陽術數豈虛云
鴻樞四載燊機務   鳳沼613)今朝主614)藝文
慶事方將來未已   會看手把桂枝分615)

[073-2]

본래 같은 기운616)은 절로 무리를 이루니
범을 따르는 바람이 있고 용을 따르는 구름이 있네.617)
여섯 번이나 관료가 되어 일찍이 바빴고618)
두 정승에게 숨김없이 늘 말을 하였네.
축하하는 자리에서 감히 술병 난 것을 호소하랴?

(치선의) 對策이 높은 등수로 급제하니 議郎의 벼슬을 주고 옹주자사로 천거했다. 武帝가 東堂에서 송별회를 하면서 詵에게 물어 말하기를, "卿은 스스로 어떻게 생각하는가?"라고 했다. 詵이 대답해 말하기를, "제가 賢良科에 합격하고 대책이 천하의 제일이 된 것은 계수나무 숲의 하나의 가지이요, 곤륜산의 玉 중에 한 조각일 뿐입니다."라고 하니, 임금께서는 웃으셨다. 侍中이 詵을 면직시킬 것을 아뢰자, 임금께서 말씀하시기를, "내가 그와 더불어 장난을 해 본 것 뿐이다. 이상하게 여길 것이 없다."라고 하셨다. 詵이 재임하는 동안 위엄이 있고 일을 밝게 결단하여 사방에서 큰 명성을 얻었다(對策上第 拜議郎 遷雍州刺史 武帝於東堂會送 問詵曰 卿自以爲何如 詵答曰 臣擧賢良 對策爲天下第一 猶桂林之一枝 崐山之片玉 帝笑 侍中奏免詵官 帝曰 吾與之戲耳 不足怪也 詵在任 威嚴明斷 甚得四方聲譽).

611) 同治本과 강경훈 所藏本에는 이 '群'이 '羣'으로 되어 있다.

612) 同治本에는 이 '騰'이 '騫'으로 되어 있다.

613) 同治本에는 이 '沼'가 '治'로 되어 있다.

614) 강경훈 所藏本에는 이 '主'가 '士'로 되어 있다.

615) 강경훈 所藏本에서는 이 '把桂枝分'을 '桂枝分把'로 판각하고 '桂'와 '把'의 오른쪽에 작은 동그라미를 해서, 이 '把'가 '桂'의 앞에 놓일 글자임을 표시해 두었다.

616) 同氣는 同類라는 뜻이다.

617) 從虎有風龍有雲이라는 句는 龍이 토하면 구름이 생기고 범이 울면 바람이 생긴다는 뜻을 나타내는 "雲從龍風從虎"를 변용한 것이다. 이 말은 聖君이 나오면 반드시 賢臣이 나와 도움을 준다는 것을 나타낸다.

618) 袞袞은 ① 성의껏 설명하는 모양, ② 바쁜 모양, ③ 盛하게 떠오르는 모양을 나타낸다.

늘그막에 글로써 만나니[619] 더욱 기쁘네.
다시 존형(尊兄)[620]이 옛일을 이야기하는 것을 듣자니
단란하여 장차 한밤[621]이 되는 것을 깨닫지 못하네.

由來同氣自成群[622]　　從虎有風龍有雲
六次爲僚曾袞袞　　兩相無隱每云云
賀筵敢訴傷於酒　　老境尤欣會以文
更聽尊兄談舊事　　團欒不覺夜將分

---

619) 會以文이라는 말은 『論語』「顔淵」에 나오는 "曾子曰 君子 以文會友 以友輔仁"이라
　　는 말을 변용한 것이다.
620) 尊兄은 同年輩인 상대방에 대한 敬稱이다.
621) 夜分은 한밤중을 말한다.
622) 강경훈 所藏本에는 이 '群'이 '羣'으로 되어 있다.

[074]　　　감악사623)의 장로624) 분상인을 보내다(送紺岳長老芬上人)

세상을 벗어남과 집에서 삶이 비록 다른 길625)이지만
공부에는 각기 이 마음의 편안함이 요구되네.
헤어지면서 말씀을 구하는데 내가 무슨 말을 하리요?
이 다음에 괄목(刮目)해서 보기를 바랄 뿐이네.

　　　　出世居家縱異端　　　功626)夫各要此心安
　　　　臨分求語予627)何語　　　願副他時眊628)目看

---

623) 紺岳寺는 경기도 坡州郡 積城面의 紺岳山에 있던 절이다.
624) 長老는 지혜와 덕이 높고 법랍이 많은 비구를 높여 부르는 말로 尊者, 具壽라고도
　　한다. 長老에는 耆年長·老法長老·作長老가 있다고 한다.
625) 異端은 자기가 신봉하지 않는 다른 道를 가리킨다.
626) 同治本에는 이 '功'이 '工'으로 되어 있다.
627) 강경훈 所藏本에는 이 '予'가 '余'로 되어 있다.
628) 同治本에는 이 '眊'이 '刮'로 되어 있다. 여기에서는 '刮'로 번역하였다.

[075]　　목은선생을 모시고 안심사629)에 가서 구재630)의 여러 학생들
　　　　이 초에 눈금을 그어놓고 시를 짓는 것631)을 보았다. 이튿날
　　　　선생이 장편을 보여주기에 차운하여 받들어 답하다(陪牧隱先
　　　　生至安心寺　見九齋諸生刻燭賦詩　明日先生示長篇　次韻奉
　　　　荅632))

　　　공경하는 현릉(玄陵)633)께서 유술(儒術)을 중히 여겨
　　　종묘634)와 학궁(學宮)635)이 쌍으로 우뚝하였네.
　　　유학636)을 강명(講明)하여 생도에게 은혜를 베풀고
　　　또 제도(帝都)637)에서 아악(雅樂)을 가져와 번성케 하였네.
　　　거의 주(周) 문왕(文王)638)이 <한록(旱麓)>639)을 노래하는 듯하고

---

629) 安心寺는 경기도 開城에 있었던 절이었던 듯하나 더 이상은 알 수 없다.

630) 九齋는 九齋學堂이라고도 하는데, 고려 중엽 이후에 成均館에 두었던 五經齋와 四
　　　書齋를 함께 이르는 말이다.

631) 刻燭賦詩는 초에 눈금을 그어놓고 촛불이 타서 그 눈금에 이르기 전까지 글을 짓
　　　게 하는 것이다.

632) 同治本에는 이 '荅'이 '答'으로 되어 있다. 두 글자는 서로 通用되기도 하는 글자이다.

633) 玄陵은 고려 恭愍王의 陵號이다.

634) 寢廟는 宗廟, 또는 陵寢을 가리킨다.

635) 學宮은 成均館을 다르게 일컫는 말이다.

636) 吾道는 나의 道, 또는 聖人의 도, 곧 儒學을 가리킨다.

637) 帝都는 皇帝의 都邑이다. 여기에서는 元나라의 首都를 가리킨다.

638) 文王은 周나라를 세운 武王의 아버지로, 이름은 昌이다. 太公望 呂尙을 謀師로 삼
　　　고, 國政을 바로 잡아 戎狄을 토벌하여 천하의 2/3를 統一했다. 중국에서 일찍부터
　　　聖君의 한 사람으로 칭해졌다.

639) <旱麓>은 『詩經』「大雅」 '文王之什'에 들어 있는 작품으로 君王을 축복하는 노래
　　　이다. 원문 및 번역문은 다음과 같다.

　　　보아라 旱山의 저기 저 기슭/개암나무 싸리나무 울창도 하네/즐겁고 편안하신 우
　　　리 임께서는/복도 편히 저절로 받아 오시네//술구기에 옥 자루 결도 고운데/鬱鬯酒
　　　는 그 속에 철철 넘치네/즐겁고 편안하신 임이야말로/하늘에서 모든 복 쏟으시는
　　　곳//솔개는 날아서 하늘을 가고/고기는 다투어 연못에 뛰네/즐겁고 편안하신 우리

사람을 즐겁고 편안하게640)하니 사철641)이 조화되었네.

공은 선각자로 임금의 지우(知遇)를 입고

세자642)의 교육을 맡아 날마다 힘쓸 것을 생각하였네.

학생643)들은 가르침에 따라 모두 정성이 간절하고644)

감히 학업을 폐하여 방달(放達)645)하지 않았네.

훈도(薰陶)646)하여 참으로 풍화(風化)647)가 행해지기를 바라는데

공을 드러누워 앓게 하니 하늘이 무정하네.

그 때부터 벌써 몇 년이 지났건만

후학 중에 바다를 본 사람648)이 드무네.

사문(斯文)649)이 쇠퇴하니650) 책임이 누구에게 있는가?

임께서는/모든 백성 德으로 敎化하시네//빛 맑은 향기 맑은 술을 차리고/털 붉은 황소도 갖추었으니/신에게 바치고 제사를 느껴/큰 복 내리소서 삼가 빌리라//굴침 나무 두릅나무 우거진 것은/백성들이 베어다 땔나무 할 것/즐겁고 편안하신 우리 임에게는/신들도 위로의 손을 뻗으리//잎새도 무성한 드렁칡 덩굴/줄기라 가지라 감겨 오르네/즐겁고 편안하신 우리 임께서는/항상 德을 닦으사 복 구하시네//(瞻彼 旱麓/榛楛濟濟/豈弟君子/干祿豈弟//瑟彼玉瓚/黃流在中/豈弟君子/福祿攸降//鳶飛戾天/魚躍于淵/豈弟君子/遐不作人//淸酒旣載/騂牡旣備/以享以祀/以介景福//瑟彼柞棫/民所 燎矣/豈弟君子/神所勞矣//莫莫葛藟/施于條枚/豈弟君子/求福不回//).

640) 豈弟는 즐겁고 편안한 모양이다.

641) 玉燭은 사철의 기후가 고르고 날씨가 화창하여 日月이 환히 비치는 일이다.

642) 胄子는 帝王이나 卿大夫의 맏아들이다.

643) 靑衿은 깃이 푸른 옷으로 학생들이 입었다. 따라서 학생이라는 뜻으로 쓰인다.

644) 隕越은 진정으로 바라는 것이 간절한 것이다.

645) 放達은 마음이 활달하여 남의 구속을 받지 않은 것이다.

646) 薰陶는 德義로써 사람을 敎化하는 것이다.

647) 風化는 風俗 敎化를 말한다.

648) 觀於海는 『孟子』「盡心章句 上」에 나오는 말이다. 孟子가 말하기를, "孔子께서는 東山에 오르시어 魯나라를 작게 여기시고, 泰山에 오르시어 천하를 작게 여기시니, 그러므로 바다를 본 사람에게는 다른 물이 물이 되기 어렵고, 聖人의 문하에서 놀 아본 사람에게는 다른 말이 올바른 말로 인정되기 어렵다."라고 했다(孟子曰 孔子 登東山而小魯 登太山而小天下 故觀於海者 難爲水 遊於聖人之門者 難爲言).

649) 斯文은 儒學者들이 儒學을 부를 때 쓰는 말로 '이 學問, 이 글'이라는 뜻이다.

650) 陵替는 아랫 사람이 윗사람을 능멸하여 윗사람의 권위가 떨어지는 일, 또는 쇠퇴

허물을 이끌어 자기에게 돌리니 진정한 나의 스승이네.
외람되게 주사(主司)651)에 참여하여 내가 부끄러워하는데
이러한 헛된 이름을 나처럼 많이 차지한 사람이 없네.
시제(試題)를 내걸고 이 날 여러 학생을 대하고 나니
도리어 공원(貢院)652)인 듯하여 당시의 정을 느끼네.
"방(榜)의 꼭대기에 저 사람과 이 사람 중 누구의 이름이 걸릴까?"
마침내 여러 학생의 뜻을 가히 살필 수 있네.
소나기가 두 번 내리고 저녁기운이 서늘해져서
그득한 술잔653)을 여러 번 기울이고 잔뜩 취하네.
땅이 깨끗하여 열병이 생길까 두렵지 않고
시내가 불어나서 갑자기 맑게 비치는 모습을 잃네.
돌아오는 길은 자갈밭이라 지팡이를 끌고 가는데
어지러운 돌이 초평(初平)을 따라 일어나려고 하네.654)

함을 뜻한다.

651) 主司는 科擧의 試官을 말한다.

652) 貢院은 貢生을 시험하는 官司이다. 貢生은 貢士라고도 하는데, 지방에서 貢擧한 선
비이다.

653) 深杯는 채운 잔[滿杯]이다.

654) 初平起石은 黃初平이라는 사람이 도술을 부려 羊을 돌로 만들었다가 일으켜 세워
원래의 羊으로 만들었다는 故事이다. 李漢의 『蒙求』 <初平起石>의 기록은 다음
과 같다.

『神仙傳』에 있다. 黃初平은 丹谿 사람이다. 나이 열다섯 쯤에 집에서 그에게 양을
기르게 하였다. 그러자 신선의 도를 익히고 있던 사람이 그가 선량하고 깊이 삼가
는 것을 보고 金華山의 石室로 데리고 가서 道術을 가르쳐 주었다. 그 사이에 40년
이상이 지났는데 그는 전혀 집을 생각하지 않았다. 형인 初起가 그를 찾았으나 만
나지 못하였다. 후에 시장에서 점치는 데 능숙한 도사를 보고 그에게 가서 점을 치
니, "금화산 안에서 양을 기르고 있는 아이가 있는데 그가 당신의 동생이 아닌가
한다."라고 했다. 그래서 초기는 급히 도사를 데리고 금화산으로 찾아가서 만났다.
형제가 울면서 기뻐하였다. 양이 어디 있는지를 물으니, 초평이 "가까운 산 동쪽에
있다."고 했다. 초기가 그 곳에 가 보았으나 양은 찾지 못하고 하얀 돌만 수북히
쌓인 것을 보았다. 초기가 돌아와서 양이 없다고 하니, 초평은 "양은 있는데, 다만
형이 스스로 보지 못하였을 뿐이다." 했다. 그래서 두 사람이 함께 가서, 초평이 소

길섶의 소나무는 늙고 큰 게 많아

몇몇 솔방울655)이 푸른 일산(日傘)656)에 싸여 있네.

이 유람이 어찌 묻혀 버릴 때가 있으랴?

해동(海東)657)에는 천년이 지나도록 공의 시가 전해지리.

於穆玄陵重儒術　　寢廟學宮雙峰658)屼
講明吾道惠生徒　　便蕃雅樂來帝都
庶幾周文歌旱麓　　豈弟作人調玉燭659)
公以先覺被上知　　任敎胃660)子思日孜
靑衿服敎皆隕越　　罔敢廢業爲放達

리를 질러 양들에게 일어나라고 하니 하얀 돌이 모두 일어나더니 수만 마리의 양이 되었다. 초기가 "내 동생은 이같은 신통력을 얻었구나. 나도 배울 수 있느냐?" 하니, 초평은 "오로지 도를 좋아하기만 하면 얻을 수 있다."고 했다. 초기는 문득 처자식을 버리고 초평에게 나아가 머물면서 함께 松脂와 茯苓을 복용하였다. 오천 일이 되자 능히 앉으면 모습이 보이고, 서면 모습이 사라지고 낮에도 그림자가 없게 되었고, 얼굴빛이 동자처럼 되었다. 후에 고향으로 돌아오니 친척들은 모두 죽고 아무도 남아 있지 않았다. 이에 고향을 떠나 南伯逢에게 비방을 가르쳐 주었다. 초평은 字를 고쳐 赤松子라 하고, 초기는 자를 고쳐 魯班이라 하였다. 그 후 이 약을 먹고 신선의 도를 얻은 자가 수십 명이 되었다(神仙傳 黃初平丹谿人 年十五家使牧羊 有道士見其良謹 便將至金華山石室中 四十餘年不復念家 其兄初起索之不得見 後見市有道士善卜 乃就占之 道士曰 金華山中有牧羊兒 是卿弟非邪 初起卽隨道士尋見 兄弟悲喜 問羊何在 初平曰 近在山東 初起往視了不見羊 但見白石無數 還曰 無羊 初平曰 羊在耳 但兄自不見 便乃俱往 初平言叱叱羊起 於是白石皆起 成羊數萬頭 初起曰 我弟得神通如此 吾可學否 初平曰 唯好道便得 初起便弃妻子 留就初平 共服松脂·茯苓 至五千日 能坐在立亡 日中無影 有童子之色 後還鄉 諸親死亡略盡 乃去 以方敎授南伯逢 初平改字爲赤松子 初起改字爲魯班 其後傳服此藥 得仙者獸十人).

655) 珠瓔은 구슬로 만든 목걸이이다. 여기에서는 솔방울을 말하는 듯하다.

656) 翠盖는 푸른 깃으로 장식한 日傘, 또는 소나무 가지가 日傘처럼 덮인 것을 말한다.

657) 海東은 '渤海의 동쪽에 있는 나라'라는 뜻으로 우리나라를 가리킨다.

658) 同治本에는 이 '峰'이 '峯'로 되어 있다.

659) 강경훈 所藏本에는 이 '玉燭'이 '燭玉'으로 되어 있다.

660) 同治本과 강경훈 所藏本에는 이 '胃'가 '胄'로 되어 있다. 여기에서는 '胄'로 번역하였다.

薰陶正望風化行　　使公臥病天無情
爾來已到數年外　　後學鮮有觀於海
斯文陵替責在誰　　引咎歸己661)眞吾師
濫與主司予所愧　　此般虛名莫予冤
放題此日對諸生　　還如貢院662)當時情
牓頭一彼或一此　　終然可見諸生志663)
驟雨再至生晩涼　　深杯664)屢倒添醉狂
地淸不畏熱生病　　溪漲暫失澄取暎
歸途礐硈曳杖行　　亂石欲起隨初平665)
道邊松禾666)多老大　　多少667)珠瓔蒙翠盖
斯遊豈有堙668)沒時　　海東千古傳公詩

---

661) 同治本에는 이 '己'가 '已'로 되어 있다.

662) 강경훈 所藏本에서는 이 '生 還如貢院'을 '還如貢院生'으로 판각하고 '還'의 위에
　　작은 동그라미를 하고 '生'의 오른쪽에 ∨ 표시를 해서, 이 '生'이 '還'의 앞에 놓일
　　글자임을 표시해 두었다.

663) 同治本에는 이 '還如貢院當時情　牓頭一彼或一此　終然可見諸生志'라는 3구가 없다.

664) 同治本에는 이 '杯'가 '盃'로 되어 있다.

665) 同治本에는 이 '亂石欲起隨初平'라는 이 句 전체가 없다.

666) 同治本과 강경훈 所藏本에는 이 '禾'가 '木'으로 되어 있다. 여기에서는 '木'으로
　　번역하였다.

667) 同治本에는 이 '少'가 '小'로 되어 있다.

668) 同治本에는 이 '堙'이 '湮'으로 되어 있다.

[076]   적성669)의 별서(別墅)670)에서 한산군의 시에 차운하다(在赤城
       別墅 次韓山君詩韻)

돌아오니 마음과 자취가 다 맑음을 기뻐하는데
시골집에 이 생애를 부쳐서 참으로 좋네.
손님을 앉힌 한가로운 집에는 부들자리가 있고
글을 밝히는 밤의 평상에는 관솔불671)이 걸려 있네.
겹으로 엮은 이엉이 비록 회오리바람에 말린 채 덮여 있지만
하나의 나무가 능히 집이 기울어지는 것을 받혀 주네.
부귀한 사람672)이나 산림의 은사(隱士)가 모두 움츠리는데673)
여기에 머문다고 어찌 이룸이 없으리요?

        歸來心跡喜雙淸   正好田家寄此生
        坐客閑軒有蒲674)薦   照書夜榻賴松明
        重茅縱被風飈卷675)   一木能支棟宇傾
        鍾鼎山林皆局促   淹留此地豈無成

---

669) 赤城은 경기도 安城郡 양성면이다.

670) 別墅는 別業, 別莊이다.

671) 松明은 松炬라고도 하는데, 관솔불이다.

672) 鍾鼎은 鍾鼎鳴食의 준말로 부유한 사람의 집을 가리킨다. 鍾鼎鳴食은 옛적에 부귀
    한 집에서 종을 울려 집안 사람을 모아, 솥을 벌여 놓고 음식을 먹은 사실을 뜻한다.

673) 局促은 ①도량이 좁은 모양, 소견이 좁은 모양 ②몸을 움츠리는 모양, 줄어드는 모
    양을 말한다.

674) 同治本에는 이 '蒲'가 '浦'로 되어 있다.

675) 同治本에는 이 '卷'이 '捲'으로 되어 있다.

[077]　　　사월 보름날 밤에 목은선생을 맞이하여 누각에 올라서 달을
감상하고, 이튿날 장편을 보여주기에 그 운자에 따라 받들어
화답하다(四月望夜 邀牧隱先生登樓翫[676]月 明日 蒙示長篇 依
韻奉和[677])

지난 해 한가위에는 달이 참으로 밝아
동쪽 집 누각 아래에서 사경(四更)[678]까지 있었네.
그 전 해의 추석에는 이 누각에 올라
함께 감상하느라고 또 우리 선생을 모셨네.
청화절(淸和節)[679] 보름밤에 달이 또 좋나니
자그마한 구름도 하늘[680]을 더럽힘이 없네.
위아래의 크고 작은 것들이 모조리[681] 함께 빛나서
은하수의 빛을 바꾸지 않는 것을 허락하지 않네.
늘 시와 술로 천지를 마음대로 함을 기꺼워하나니
생황[682]과 노랫소리가 관개(冠盖)[683]를 둘러싸는 것은 부럽지 않네.
술잔을 멈추고 달에게 물어 봄은 옛 사람[684]을 본받음인데

---

676) 同治本에는 이 ‘翫’이 ‘玩’으로 되어 있다.

677) 강경훈 所藏本에는 이 ‘和’가 없다.

678) 四更은 오전 1시에서 3시 사이의 시각이다.

679) 淸和節은 음력 사월 초하루, 또는 사월의 異稱이다.

680) 太淸은 하늘이다.

681) 洪纖은 洪細라고도 하는데, 큰 것과 작은 것이라는 말이다. 轉하여 ‘모조리, 빠짐
없이’라는 뜻으로 쓰인다.

682) 생황. 雅樂에 쓰이는 管樂器의 하나. 큰 대로 판 桶 모양의 대마디 위에 길고 짧은
17개의 竹管을 둥글게 세운 것인데, 그 중에 두 개는 無흡이고, 다른 15개는 각각
그 안팎에 指孔이나 흡孔이 있고, 끝에 소리를 울리게 하는 혀를 막아서 부리에서
불거나, 들어마시어 소리를 내게 되어 있음. 한 흡씩 내는 식과 5~6음씩을 한 번
에 울리게 하는 合竹식이 있음.

683) 冠盖는 수레의 덮개이다.

684) 古人은 李白을 가리킨다. 이백의 시 중에 <把酒問月>이 있다.

"몇 번이나 하늘을 지나고 또 바다에서 나왔느뇨?
그 처음에 바퀴를 뚫을 때 누가 얼음을 파내었느냐?
근래에는 점차 기울어져 뜨거운 기운을 어찌할 수 없게 되었네.
동서남북으로 마음대로 다니는데
어찌하여 여러 번 요사스러운 두꺼비에게 능멸을 당하는가?"
"너는 온갖 변화가 천공(天公)685)에게서 나옴을 아는데
천상 세계와 인간 세계이지만 이치는 곧 한 가지라네.
진실로 그 까닭을 구하려 하면 앉아서도 이를 수 있으니
나 또한 기수(氣數)686) 가운데 있네.
어떤 때는 내가 구휼하지 못하는 것이 있지만
너처럼 도를 지키면 가풍을 보존할 수 있으리."
나는 이 말을 듣고 더욱 스스로를 믿나니
어찌 늘그막에 용종(龍鍾)687)함을 자랑하기를 싫어하리요?

去年中秋月正明	東家樓下窮四更
前年中秋登此樓	同賞又致吾先生
淸和望夜月更好	無有纖雲滓大688)淸
洪纖高下共光彩	不許河漢色不改
每欣689)詩酒任乾坤	不羨笙歌擁冠盖
停杯690)問月效691)古692)人	幾度經天又出海
厥初斸輪誰693)鑿氷	近日漸虧無奈因鬱蒸

---

685) 天公은 하느님, 轉하여 天子를 가리키기도 한다.

686) 氣數는 氣運, 또는 運命이라는 뜻이다.

687) 龍鍾은 노쇠한 모양, 늙어서 앓는 모양을 나타낸다. '龍鍾' 두 자의 음을 합하면 癃이 되므로 그런 뜻이 된다고 한다.

688) 同治本에는 이 '大'가 '太'로 되어 있다.

689) 同治本에는 이 '欣'이 '恨'으로 되어 있다.

690) 同治本에는 이 '杯'가 '盃'로 되어 있다.

691) 강경훈 所藏本에는 이 '效'가 '効'로 되어 있다.

692) 同治本에는 이 '古'가 '故'로 되어 있다.

東西南北自在行⁶⁹⁴⁾　　　奈何屢被妖蟆⁶⁹⁵⁾陵
汝知萬化出天公　　　天上人間理則⁶⁹⁶⁾同
苟求其故可坐致　　　以吾亦在氣數中
有時而⁶⁹⁷⁾微吾不恤　　　如汝守道存家風
我聞是語盆自信　　　豈厭白首誇龍鍾

---

693) 同治本에는 이 ‘誰’가 ‘又’로 되어 있다.

694) 同治本에는 이 ‘近日漸虧無奈因鬱蒸 東西南北自在行’ 2句가 ‘近日漸虧無奈因 鬱蒸 東西自在行’으로 되어 있다.

695) 同治本에는 이 ‘蟆’가 ‘幕’으로, 강경훈 所藏本에는 ‘墓’로 되어 있다.

696) 同治本에는 이 ‘則’이 ‘卽’으로 되어 있다.

697) 同治本과 강경훈 所藏本에는 이 ‘而’가 ‘面’으로 되어 있다.

[078]　　유포에서 돌아오니 목은선생이 오언팔구의 시를 보여주기에
　　　　차운하다. 2수(自柳浦還 牧隱先生示五言八句詩 次韻 二首[698])

[078-1]

　　성품이 우활(迂濶)하여 본디 마음 맞는 이가 적은데
　　관직에서 쫓겨났으니 누가 서로 좇으리요?
　　이미 한가로움이 시골사람과 같은데
　　도리어 게으름으로 인해 시 짓기도 그만두었네.
　　나물을 뜯으니 애로라지 고기에 맞먹고
　　약초를 캐어 쇠약함을 부축해 보려 하네.
　　오고 가도 물어 보는 사람 없는데
　　괴이하게도 공(公)은 먼저 알고 있네.

　　　　性迂元寡合　　　官罷[699]孰相追
　　　　既以閑[700]如野　　　還因懶廢詩
　　　　摘蔬聊當肉　　　探[701]藥擬扶衰
　　　　來往無人問　　　怪公先已知

[078-2]

　　선생은 백세의 스승이어서
　　나아감과 물러남[702]에 따름이 기쁘네.

---

698) 同治本에는 이 '二首'가 본문보다 작은 글자로 되어 있다. 강경훈 所藏本에서는 이
　　'牧隱先生示五言八句詩 次韻 二首'를 '牧隱先示五言八句詩 次韻二首生'으로 판각
　　하고 '示'의 위에 작은 동그라미를 하고 '生'의 오른쪽에 ∨ 표시를 해서, 이 '生'이
　　'示'의 앞에 놓일 글자임을 표시해 두었다.
699) 同治本에는 이 '罷'가 '閑'으로 되어 있다.
700) 同治本에는 이 '閑'이 '閒'으로 되어 있다.
701) 同治本에는 이 '探'가 '扶'로 되어 있다.
702) 出處는 나아가 벼슬하는 일과 물러나서 집에 있는 것을 뜻한다.

단지 같은 마을에 살 뿐 아니라
게다가 여러 번 몸소 주는 시를 받았네.
다만 사람들이 쓰고 버림에 따를 뿐인데
세상의 흥함과 쇠함을 점치는 일이 두렵네.
푸른 하늘로 날아오르게 되면
나에게 알려 주기를 바라기 어려우리.

先生百世師　　　出處喜攀追
不但幸同里　　　仍蒙屢枉詩
只隨人用捨703)　　恐卜世興衰
羽翼靑冥上　　　難求報我知

---

703) 同治本에는 이 '捨'가 '舍'로 되어 있다.

[079]   의침상인의 시권에 짓다(題義砧上人詩卷)

스님은 강양(江陽)704)이 고향705)이라고 하는데
일찍이 쫓겨난 나그네706)가 몇 달 동안 머문 곳이네.
먼 곳에서 만나기를 생각해도 머뭇거림이 없을 텐데
문득 경성(京城)에서 스님의 얼굴을 알아보네.

江陽師謂707)是家山　　　逐客曾留數月間
遠地思逢無滯礙　　　却從京輦識師顔

---

704) 江陽은 경상남도 陜川郡의 옛 이름이다.
705) 家山은 고향, 또는 고향 산천이라는 뜻이다.
706) 逐客은 쫓겨난 나그네라는 뜻으로 韓脩 자신을 가리킨다. 그는 일찍이 陜川으로
　　 유배된 적이 있다(작품 번호 012, 043-3, 046 참조).
707) 同治本에는 이 '謂'가 '渭'로 되어 있다.

[080]　　　서해도708)안부709) 김진양710)이 아이들의 등제를 축하하기에
　　　　　차운하여 그에게 답하다. 절구 2수(西海按部金震陽賀兒輩登
　　　　　第 次韻答711)之 二絶)

[080-1]
　둘째 아들712)과 사위713)가 함께 급제하였는데
　축하하는 말을 새로 보니 참으로 또 꽃이 피네.
　하물며 수륙(水陸)을 겸한 맛있는 안주를 보내었으니
　가난한 집에 손님이 와도 걱정하지 않네.

　　　　中男半子共登科　　　賀語新看正又葩
　　　　況致嘉肴兼水陸　　　不憂賓客到貧家

[080-2]
　같은 길을 가도 과거에는 조금 차이가 나니
　시상(詩想)의 꽃은 오직 산수가 제공하기 때문이네.
　진(晋)나라 도적이 진(秦)나라로 달려가면 이것은 누구의 덕인가?

---

708) 西海는 황해도 海州의 다른 이름이다. 때로는 황해도의 고려시대 이름이었던 西海
　　道를 가리키기도 한다. 여기에서는 西海道를 뜻한다.

709) 按部는 관할지역을 다스린다는 뜻으로, 按廉使 등의 道臣을 가리킨다.

710) 金震陽(?~1392)은 고려 말기의 문신으로 字가 子靜, 號가 草廬, 본관이 慶州이다.
　　恭愍王 때 과거에 급제하여 檢閱이 되고, 뒤에 西海道按廉使로 부임하였으며, 治
　　績이 있어 左司議가 되었다. 恭讓王 2년(1390) 彝初의 獄事가 일어나자 그 중대함
　　을 논하다가, 이를 경솔히 누설하였다 하여 파면되었으나, 다시 기용되어 右散騎
　　常侍·左散騎常侍 등을 역임했다. 鄭夢周 등과 李成桂를 제거하려다 실패하고 도
　　리어 귀양가서 죽었다.

711) 강경훈 所藏本에는 이 ‘答’이 ‘㳡’으로 되어 있다. 두 글자는 서로 通用되기도 하는
　　글자이다.

712) 中男은 둘째아들, 次男이다. 韓脩의 次男 尙質은 禑王 6년(1380)에 登第하였다.

713) 半子는 ‘반 아들’이란 뜻으로 사위, 女壻를 가리킨다.

값이 싼 물고기와 소금이 집마다 가득하네.

能令[714]一道少差科　　山水惟供詩思葩
晋[715]盜奔秦是誰德　　魚塩價賤滿家家

---

714) 강경훈 所藏本에는 이 '令'이 '今'으로 되어 있다.
715) 同治本과 강경훈 所藏本에는 이 '晋'이 '晉'으로 되어 있다. 두 글자는 서로 通用되
　　기도 하는 글자이다.

[081]   새로 등계716)한 사람을 축하하다(賀新登階)

천년(千年) 동안 삼한(三韓)에서는 과거로 승려를 뽑아
이제까지 빼어난 승려717)들이 여기에서 드날렸네.
모르겠네, 몇 명이 급제자가
내원당(內願堂)718)에 오를는지.

千古三韓選佛場   至今龍象此飛揚
不知幾箇登階者   得遇登階內願堂

---

716) 登階는 法階에 오른다는 뜻으로 僧科에 급제하는 것을 가리키는 듯하다. 僧科는
승려가 보는 국가 시험으로 우리나라에서는 高麗 光宗 때부터 시작되었으며, 3년
마다 시행되었다. 승과에는 敎宗의 승려를 선발하는 敎宗選과 禪宗의 승려를 선발
하는 禪宗選의 두 가지가 있었다. 합격자는 敎·禪의 구분 없이 大選이라는 法階
를 받았고, 大德·大師·重大師·三重大師까지 오를 수 있었다. 그 이상의 法階에
있어 敎宗系는 首座·僧統의 號를, 禪宗系는 禪師·大禪師의 號를 받았다.

717) 龍象은 知行을 겸비한 승려를 뜻한다.

718) 內願堂은 대궐 안에 있던 佛堂으로 內佛堂이라고도 한다. 고려시대에는 開城의 宮
中에 있었고, 조선시대에는 太宗 9년(1409)에 昌德宮 내의 文昭殿 곁에 지었는데
世宗 초에 폐하였다가 同王 30년(1448)에 景福宮의 文昭殿 서북쪽에 새로 지었다.

[082]   새 방안719) 이지직720)을 차운하여 축하하다. 절구 2수(賀新
         榜721)眼李之直 次韻 二絶722))723)

[082-1]
북쪽 문724)의 도리(桃李)가 몇 번이나 새로 피었는가?
천지 만물은 봄이 아닌 듯하네.
예로부터 문장은 명예와 현달을 미워하는데
그대가 천명에 부합하고 인륜을 어기지 않음을 기뻐하네.

         狄725)門桃李幾番新   不似乾坤萬物春
         自古文章憎命726)達   喜君天合不違人

[082-2]
덕을 쌓은 가문에 경사가 새로운데
아원(亞元)727)의 이름이 봄의 예위(禮闈)728)를 진동하네.
둘째 아들729)의 눈이 어두움은 하늘의 뜻에 부응한 것이니

---

719) 榜眼 또는 榜眼은 科擧 급제의 제2위를 가리킨다. 눈은 2개이므로 둘째를 이렇게
    말하는 것이다.
720) 李之直은 遁村 李集(1314~1388)의 아들로 禑王 6년(1380) 禮部試에서 榜眼으로 及
    第했다.
721) 同治本에는 이 '榜'이 '榜'으로 되어 있다.
722) 同治本에는 이 '二絶'이 본문보다 작은 글자로 '二首'라고 되어 있다.
723) 이 때 지은 시로는 金九容의 <次同年李典像韻 賀同年李遁村之子之直登第 小詩二
    首>, <同年李遁村長子之直擧進士第二名 仲子之剛應監試第六名 眞稀世之盛事也
    今日率之歸家 復用前韻以爲贐行>(『惕若齋學吟集』卷下) 등이 있다.
724) 狄門은 북문을 가리키는 듯하다.
725) 강경훈 所藏本에는 이 '狄'이 '秋'로 되어 있다.
726) 同治本에는 이 '命'이 '名'으로 되어 있다.
727) 亞元은 科擧에서 2등한 사람을 가리킨다.
728) 禮闈는 科擧의 會試, 또는 그 會試를 보이는 장소인 禮部를 말한다.

다음 방(牓)에 어버이를 영화롭게 할 사람이 있으리.
위 1수는 아버지730)인 둔촌731)에게 부친 깃이다.

積德之門慶事新　　　亞元名動禮闈春
二郎眊732)瞭應天意　　　來牓榮親要有733)人
右一首 寄乃翁遁村

---

729) 李集의 둘째 아들은 李之剛이다.

730) 乃翁은 ① 아버지가 아들에 대해 부르는 自稱으로 乃父라고도 한다. ② 노인의 自
稱이다.

731) 遁村은 李集(1327~1388)의 號이다. 李集은 고려 말의 문신으로 初名이 元齡, 字가
浩然, 號가 遁村, 廣州의 관리 唐의 아들이다. 忠穆王 3년(1347)에 監試 제3명으로,
恭愍王 4년(1355) 禮部試 丙科 제7인으로 급제하여 문장과 절의로 알려졌다. 일찍
이 辛旽에게 반항하여 그가 죽이려 하자 아버지를 업고 永川으로 도망가 3년 동안
숨어 살았다. 辛旽이 죽은 후 잠시 벼슬을 하다가 뜻이 없어 驪州 川寧縣에 내려가
독서로 소일하였다.

732) 同治本에는 이 '眊'가 '睡'로 되어 있다.

733) 同治本에는 이 '有'가 '一'로 되어 있다.

[083]   국생734)을 보내며 목은735)선생의 시에 차운하다(送麴生 次牧
         隱先生詩韻)

나는 국생(麴生) 순(醇)736)을 아끼나니
나의 바람에 어긋나지 않도록 하라.
추위를 막는 데는 참으로 상대가 없고
더위를 피하는 데도 또 기댈 만하네.
공격에 능하여 수성(愁城)을 깨뜨리고
씩씩함을 풀어버려 필진(筆陣)이 나네.
국생은 단지 늠록(廩祿)737)만 없애는데
나라에서는 백성들의 굶주림을 생각하네.
그래서 쫓겨나게 되었으니
지금 가면 언제 돌아오려나?

---

734) 麴生은 술을 가리킨다.

735) 牧隱은 李穡(1328~1396)의 號이다. 李穡은 고려 말의 문신·학자로 字가 潁叔, 號
    가 牧隱, 본관이 韓山, 贊成事 穀의 아들, 李齊賢의 門人이다. 忠惠王 복위 2년
    (1341) 進士가 되고 忠穆王 4년(1348) 元나라에 가서 國子監의 生員이 되어 性理學
    을 연구했다. 忠定王 3년(1351) 귀국하여 恭愍王에게 국책의 시정과 개혁을 건의하
    였고, 同王 2년(1353) 鄕試와 征東行省의 鄕試에 합격, 書狀官이 되어 元나라에 들
    어가 會試·殿試에 합격하여 원나라에서 應奉翰林文字承事郞·同知製誥兼國史院
    編修官을 지내고, 同王 5년에 귀국하여 吏部侍郞·翰林直學士兼史館編修官·知製
    敎兼兵部郞中이 되어 인사행정을 주관하고 개혁을 건의하여 政房을 폐지하게 하
    였으며, 右諫議大夫·樞密院右副承宣·知工部事·知禮部事 등을 지내고 同王 10
    년 紅巾賊의 침입으로 왕이 南幸할 때 扈從하여 1등공신이 되었다. 그 후 左承
    宣·知兵部事·右代言·同知春秋館事·寶文閣 및 藝文館大提學·判開城府使 등
    을 역임하고 韓山君에 봉해지고, 禑王 때 功臣의 호를 받고 師傅가 되었다. 恭讓王
    때 判門下府事로 있다가 유배되었고, 朝鮮 太祖 4년(1395)에 韓山伯이 되었다. 門
    下에 權近·河崙·卞季良·吉再 등 많은 제자를 배출하여 조선 性理學의 주류를
    이루게 하였다. 韓山의 文獻書院에 奉享되었다. 저서로는『牧隱詩藁』와『牧隱文藁
    』가 있다.

736) 醇은 다른 것을 섞지 않은 술, 곧 전국술, 無灰酒이다. 林椿이 지은 假傳 <麴醇傳
    >은 술을 의인화한 작품이다.

737) 廩祿은 녹봉으로 받는 쌀이다.

주가(朱家)[738]를 매우 본받으려 하지만
자취가 화(禍)의 기틀이 생기는 데에 이르렀네.
감히 감추지 못하고 보내는데
자기는 잘못이 아니라고 생각하네.
멀리 사방의 지경 밖으로 축출 당하게 되니
국생은 아마 <식미(式微)>[739]를 지으리.
어찌하면 마땅히 다시 나를 따라와서
주름진 얼굴에 광채가 나게 할 것인가?

我愛麴生醇　　　令我願不違
禦寒固無敵　　　避[740]暑又可依
能攻愁城破　　　解壯筆陣飛
生惟糜[741]廩祿　　　國則念民飢

---

738) 朱家는 前漢의 俠客으로 다른 사람의 어려움을 많이 도와 준 사람이다. 『蒙求』의
<朱家脫急>에는 다음과 같이 기록되어 있다.

前漢의 朱家는 魯나라 사람이다. 노나라 사람들은 모두 儒學을 가르쳤는데, 주가는
俠客으로 이름이 알려졌다. 저장한 것으로 살게 된 호걸스러운 선비가 百으로 헤
아렸고, 그 나머지 보통사람들은 이루 말할 수 없었다. 그러나 끝내 그 능력을 자
랑하지 않고 그 덕을 베푼 바가 드러날까 두려워하였다. 넉넉치 못한 사람을 도와
주면서 먼저 가난하고 천한 사람부터 시작하니, 집안에는 남은 재산이 없어져서
單色 옷을 입었고, 맛 없는 음식을 먹었으며, 타는 것은 소가 끄는 수레에 지나지
않았다. 남의 급한 일을 좇는 것은 자기 일보다 더했다. 사사롭게는 이미 季布를
患難으로부터 구해주었지만 계포가 존귀하게 되었어도 죽을 때까지 만나지 않았
다. 函谷關 동쪽에 사는 사람들은 목을 빼어 사귀기를 원하지 않는 사람이 없었다
(前漢朱家魯人　魯人皆以儒敎　而朱家用俠聞　所藏活豪士以百數　其餘庸人不可勝言
然終不伐其能　飮其德　諸所嘗施　惟恐見之　振人不贍　先從貧賤始　家亡餘財　衣不兼采
食不重味　乘不過軥牛　專趨人之急　甚於已私旣陰脫季布之厄　及布尊貴　終身不見　自
關以東　莫不延頸願交).

739) <式微>는 『詩經』 「邶風」의 작품으로 고향으로 돌아갈 것을 권하는 노래이다.

740) 同治本에는 이 '避'가 '依'로 되어 있다. 그러나 문맥상으로 보아 이것은 '避'가 옳
은 것으로 판단된다.

741) 同治本에는 이 '糜'가 '靡'로 되어 있다.

所以被放逐　　　今去幾時歸
甚欲效朱家　　　跡至生禍機
不敢匿而送　　　自計未爲非
遠出四境外　　　生應賦式微[742]
何當復從我　　　皺面生光輝

---

742) 강경훈 所藏本에는 이 ‘微’가 ‘徽’로 되어 있다.

[084]　　이장원 백중에게 주다. 목은선생이 ＜백중설＞743)을 지었는데
이문화744)는 자가 백중이다(贈李壯元伯中　牧隱先生作伯中說
李745)文和字伯中746))

[084-1]

동기(同氣) 간에 서로 찾음은 참으로 이치가 그러한데
올해의 장원은 더욱 중하네.
동정(東亭)747)의 의발(衣鉢)을 장차 전하여 얻으리니
어버이748) 앞에서 문연(文筵)을 열기 좋으리.

---

743) ＜伯中說＞은 禑王 6년(1380) 문과에 장원한 李文和(1358～1414)가 고향에 돌아가려
　　할 때 李穡이 지어준 字說이다.『牧隱文藁』권10과『東文選』권97에는 ＜伯中說贈
　　李壯元別＞이라는 제목으로 이 글이 실려 있다.

744) 李文和(1358～1414)는 고려 말기, 조선 초기의 문신으로 字가 伯中, 號가 烏川, 본
　　관이 仁川으로 平章事 李之氏의 8대손이다. 禑王 6년(1380) 文科에 급제하여 右正
　　言・按廉使 등을 지냈다. 조선이 개국하자 左諫議大夫・都承旨 등을 거쳐 太宗 즉위
　　년(1400)에 司平府右使가 되었고, 이어 觀察使・禮曹判書 등을 거쳐 參贊議政府事에
　　이르렀다. 領議政에 追贈되고, 대구의 西溪書院에 봉향되었다. 諡號는 恭度이다.

745) 同治本에는 이 ‘李’가 없다.

746) 同治本에는 이 ‘字伯中’이 본문보다 작은 글자로 되어 있다.

747) 東亭은 廉興邦(?～1398)이 號이다. 廉興邦은 고려 말의 文臣으로 字가 仲昌, 號가
　　東亭, 본관이 瑞原으로 曲城府院君 廉悌臣의 아들이다. 恭愍王 6년(1357) 문과에
　　壯元, 左代言을 거쳐 恭愍王 11년(1362)에는 知申事로 紅巾賊을 대파하여 2등공신
　　으로 密直副使를 거쳐 提學이 되었다. 1374년 耽羅 牧胡의 난에는 崔瑩 등과 함께
　　출전하여 이를 진압했다. 禑王 때 權臣 李仁任의 뜻에 거슬려 한때 유배되었으나
　　이어 瑞城君에 봉해지고 三司左使가 되었다. 이인임의 심복 林堅味와 함께 專橫하
　　였을 뿐 아니라 前密直副使 趙胖을 무고하였다가 王의 미움을 사서 崔瑩과 李成桂
　　에 의하여 죽고 가산도 몰수되었다. 학문에 뛰어나 여러 번 知貢擧와 同知貢擧가
　　되었다. 廉興邦은 禑王 6년(1380) 5월에 知貢擧가 되고 密直司 朴形이 同知貢擧가
　　되어 李文和 등 33인을 급제시켰다는 기록이『高麗史』권73,「志」권27, ‘選擧 1’에
　　있다. 따라서 廉興邦은 李文和의 座主가 된다. 개인적으로는 廉興邦과 韓脩는 처
　　남・매부 사이이다. 한수의 父인 公義에게는 세 딸이 있었는데, 셋째 딸이 廉興邦
　　과 혼인하였음이 李穡이 쓴 公義의 墓誌銘「高麗國重大匡淸城君贈諡平簡韓公墓誌
　　銘」에 나와 있다(『淸州韓氏大同族譜(上世篇)』(六校本) 193면 참조).

同氣相求理固然　　　壯元尤重是今年
東亭衣鉢將傳得　　　好辦749)文筵具慶前

[084-2]

도를 배우는 것은 효와 충을 구하는 것이니
이 마음은 순(舜)750)과 주공(周公)751)을 표준으로 삼았네.
면밀하게 공안(公案)752)을 제시하고
다시 공부를 하여 목옹(牧翁)753)에게 질의하였네.

學道求爲孝與忠　　　此心標準舜周公
綿綿密密提公案　　　更把功754)夫質牧翁

---

748) 具慶은 부모가 다 생존하고 있음을 나타낸다.

749) 강경훈 所藏本에는 이 '辦'이 '辯'으로 되어 있다.

750) 舜은 중국 고대의 성스러운 천자의 한 사람이라 하나 그 실존 여부는 확실하지 않
다. 부모에게 효성스럽고 형제에게 우애가 있어 孝德이 천하에 알려졌다. 堯를 도
와 천하를 잘 다스리고, 선위 받아 나라 이름을 虞라 일컫고, 뒤에 禹에게 선위했
다. 堯·禹·湯·武와 함께 聖人으로 지칭되었다.

751) 周公은 周 文王의 아들이며 武王의 아우로 이름이 旦, 食邑이 周에 있었으므로 周
公으로 불리었다. 무왕을 도와 殷을 멸하고(B.C. 1122년) 조카 成王이 어렸으므로
섭정하다가 성왕이 장성한 뒤에 권력을 넘겨 주었다. 紂의 아들 武庚 등 은의 잔여
세력을 평정하여 주나라의 통치권력을 견고히 했으며, 東夷를 쳐서 황하 하류의
평원을 평정하고 내정을 정비하였고, 井田制를 실시하는 등 유가적 정치제도의 기
틀을 만들었다. 儒敎의 예는 周公에 의해 시발되었다고 하며, 그 인격과 정치를 孔
子도 존경하였다. 그는 어진 이를 구하는 데 열심이어서 밥 한 끼를 먹는데도 세
번이나 입에 넣은 밥을 뱉고 일어나 손님을 맞았다고 하여, 一飯三吐哺라고 한다.

752) 公案은 官衙의 調書이다.

753) 牧翁은 牧隱 李穡을 가리킨다.

754) 同治本에는 이 '功'이 '工'으로 되어 있다.

[085]   상주목사 안사조가 학령755)을 써 주기를 바라다(尙州牧使安
         思祖求書學令)

인걸은 덕을 쌓은 가문에서 나오는데
삼한756)의 백성들은 근재(謹齋)757)의 후손758)을 바라보네.
멀리서 글씨를 구하며 봉액(縫掖)759)을 보내주니
그대가 풍화(風化)760)의 근원에 마음을 다함을 알겠네.

        人傑由來積德門   三韓民望謹齋孫
        遠求書字惠縫761)掖   知子盡心風化源762)

---

755) 學令은 成均館이나 鄕校, 즉 학교에 관한 法令이다.

756) 三韓은 馬韓·辰韓·弁韓으로 우리나라의 異稱이다.

757) 謹齋는 安軸(1282~1348)의 號이다. 安軸은 고려 忠穆王 때의 문신으로 字가 當之,
     號가 謹齋, 본관이 順興이다. 司憲糾正·丹陽府注簿 등을 지내고, 忠肅王 11년
     (1324)에 元나라 制科에 급제하였다. 忠穆王 때 判整治都監事가 되어 量田에 참여
     하였고, 監春秋館事로『編年綱目』을 改撰하였다. 또 忠穆·忠善·忠肅王의 實錄
     편찬에 참여하였다. <關東別曲>·<竹溪別曲>을 지었으며 文名이 높았다. 뒤에
     興寧君에 봉해졌고, 順興의 紹修書院에 奉享되었다. 저서로는『謹齋集』이 있다. 諡
     號는 文貞이다.

758) 문맥상으로 보아 安思祖가 安軸의 후손이었음을 알 수 있다.

759) 縫掖은 縫腋이라고도 하는데, 縫掖之衣를 가리킨다. 縫掖之衣는 선비가 입는 도포
     로 겨드랑이를 터놓지 않은 옷이다.

760) 風化는 교육과 정치로써 風俗을 敎化하는 것이다.

761) 강경훈 所藏本에서는 이 '望謹齋孫遠求書字惠縫'을 '謹齋孫遠求書字惠縫望'으로
     판각하고 '謹'의 위에 작은 동그라미를 하고 '望'의 오른쪽에 V 표시를 해서, 이
     '望'이 '謹'의 앞에 놓일 글자임을 표시해 두었다.

762) 강경훈 所藏本에서는 이 '心風化源'을 '風化源心'으로 판각하고 '風'의 위에 작은
     동그라미를 하고 '心'의 오른쪽에 V 표시를 해서, 이 '心'이 '風'의 앞에 놓일 글자
     임을 표시해 두었다.

[086]   경상도안렴사⁷⁶³⁾ 하우윤 충국의 시권에 짓다(題慶尙道按廉河
右尹忠國詩卷)

경상도는 큰 도(道)라고 일컬어져서
안렴사를 큰 인재에게 맡기네.
재부(財賦)764)를 담당하여 삼양(三壤)765)을 본받고
풍상을 겪어 내대(內臺)766)를 겸하였네.
노략질767)이 이제까지 여러 번이고
식량 조달도 수고롭기만 하다네.
이런 일을 당하여도 희망을 잃지 않으니
열 배나 되는 그대의 재주를 아름답게 여기네.

慶尙稱大道　　　廉按768)屬宏材
財賦則三壤　　　風霜並內臺
寇769)攘今屢770)矣　　粮餉亦勞哉
當此不失望　　　佳君十倍才

---

763) 按廉使는 고려시대의 지방 장관이다. 초기에는 節度使가 있었는데 顯宗 3년(1012)
　　에 없애고 按察使를 두었다. 文宗 18년(1064) 都部署로 개칭하였다가 睿宗 8년
　　(1113)에 다시 按察使로 환원했다. 忠烈王 2년(1276) 按察使를 按廉使로 고치고,
　　1298년에는 경상·전라·충청의 3도에 按廉副使를 두고 東界의 按集使를 없애어
　　交州의 按廉使가 겸하게 했다.
764) 財賦는 財貨와 賦斂을 뜻한다.
765) 三壤은 세 가지 田地, 곧 上田·中田·下田이다.
766) 內臺는 尙書省, 또는 御史臺의 異稱이다.
767) 寇攘은 떼를 지어 노략질하며 다니는 것이다.
768) 同治本과 강경훈 所藏本에는 이 '廉按'이 '按廉'으로 되어 있다. 여기에서는 '按廉'
　　으로 번역하였다.
769) 同治本에는 이 '寇'가 '冠'으로 되어 있다. 그러나 문맥상으로 보아 이것은 '寇'가
　　옳은 것으로 판단된다.
770) 同治本에는 이 '屢'가 '已'로 되어 있다.

[087]   휴상인의 시권에 '거'자 운을 얻어 쓰다(題休上人詩卷 得擧字)

어렸을 때 묘련사(妙蓮寺)771)에 나아가772)
다섯 해 동안 글을 읽었네.
당시에 천태종(天台宗)773)에 노닐며
나와 함께 하지 않음이 없었네.
휴공(休公)은 무엇을 하는 사람이기에
함께 할 곳 하나를 얻지도 못하였는가?
어찌 명성과 이익을 멀리 하여
험한 산수 속에 몸을 두는 게 아니리요?
물외(物外)774)에서도 오히려 영위하는 게 있으니
크나큰 사은(四恩)775)에 보답하기 위함이네.
이미 스님의 형용을 그리고

---

771) 妙蓮寺는 경기도 開城의 三峴里에 있던 절로, 忠烈王 9년(1282)에 洪恕가 開山했다.

772) 韓脩가 妙蓮寺에 있었다는 사실은 李穡의 <韓文敬公墓誌銘竝書>에 "내 나이 1
6·7세에 詩僧을 따라 놀기를 좋아하여 한번은 妙蓮寺에 이르러서 선비와 중들이
섞여 앉아서 차를 마시면서 聯句의 시를 지었는데, 그 때에 문경공이 아직 12·3
세의 동자로 매양 척척 對句가 되는 연구시를 불러서 좌중의 여러 사람들이 모두
경탄하였으며, 비록 文墨에 늙은 자라도 그에게 자리를 양보하고 감히 같은 서열
에 낄 생각을 못하므로 나는 벌써 마음 속으로 보통 사람과는 달리 알고 있었다."
라는 언급에서도 확인된다.

773) 天台는 天台宗을 뜻한다. 天台宗은 智顗를 開祖로 하는 大乘佛敎의 한 派로,『法華
經』을 근본 경전으로 하며 禪定과 智慧의 調和를 宗義로 한다. 龍樹로부터 서로
전해 중국에서는 北齊의 慧文이 이를 받아, 智顗에 의하여 대성되었다. 우리나라
에서는 신라 惠恭王 때 처음으로 法融이 天台山에서 천태종의 宗風을 이어받고 돌
아왔고, 그 뒤로 理應·純英 등이 이어받아 天台敎學이 한 때 크게 일어났으나, 한
종파로 성립된 것은 고려 肅宗 2년(1097)에 國淸寺가 낙성되고 義天이 주지가 되어
天台學을 강론함으로써 비롯되었다. 止觀宗이라고도 한다.

774) 物外는 세상 밖, 또는 세상일에 관계하지 않는 일이다.

775) 四恩은 불교에서 사람으로 태어나서 받는 네 가지 은혜를 일컫는 말이다. 곧 父
母·衆生·國王·三寶의 은혜, 또는 國王·父母·師長·檀越의 은혜, 또는 天地·
國王·父母·衆生의 은혜를 가리킨다.

또 스님의 말씀을 간인(刊印)하였네.
지계(持戒)를 받듦에 혹시 태만할까 두려워하며
종유(宗儒)776)의 서문을 구하여 얻었네.
구름을 따라 산에서 나오더니
돌아가는 지팡이를 학(鶴)과 함께 들고 가네.
초연하여 친할 수 없지만
오대산(五臺山)777)의 어디가 처소인가?
어찌 반드시 다시 칭찬하리요?
나잔자(懶殘子)778)가 허여(許與)하였다네.

少小就妙蓮	讀書五寒暑
當時遊天台	未有不我與779)
休公何爲者	不得一與處
豈非遠聲利	置身山水阻
物外尙有營	爲報四恩巨
旣圖師之形	又印780)師之語
奉持恐或怠	求得宗儒序
隨雲出山來	歸錫鶴與781)擧
超然不可親	五臺何處所
何須更稱讚	懶殘子所許

---

776) 宗儒는 으뜸가는 儒學者라는 뜻인데, 여기에서는 李穡을 가리킨다. 李穡인 쓴 <贈
休上人序>가 『牧隱文藁』 권8과 『東文選』 권87에도 실려 있다.

777) 五臺山은 江原道 江陵市 서쪽 40km에 위치한 산으로 높이는 1,563m이다. 太白山脈
의 高峯으로 佛敎의 靈地이다. 滿月·麒麟·長嶺·象王·智爐 등의 五峯이 있으
며, 그 아래에는 月精寺가 있다.

778) 懶殘子는 고려 후기에 상당히 유명했던 승려이자 詩僧이었던 것으로 여겨진다. 牧
隱 李穡은 懶殘子와 관련된 시 20여 편을 남기고 있다. 또한 李穡은 <贈休上人序
>(『牧隱文藁』 권8)에서, 懶殘子가 (자신이 16, 17세 무렵) 天台宗의 判事라고 했다.

779) 강경훈 所藏本에는 이 '我與'가 '與我'로 되어 있다.

780) 강경훈 所藏本에는 이 '印'이 '仰'으로 되어 있다.

781) 同治本에는 이 '與'가 '共'으로 되어 있다.

[088] 평원상인의 시권에 짓다(題平源782)上人詩卷)

비가 와도 넘치지 않고 가물어도 마름이 없으니
그 속에서 만상(萬像)을 모두 볼 수 있네.
나는 애초에 고집스럽고 이치에 어두워서 탁하니
어느 때나 둥근 달을 볼 수 있으랴?

    雨無泛溢旱無乾   萬像於中揔783)可觀
    我始持膠理昏濁   何時得見月團團

---

782) 강경훈 所藏本에는 이 '源'이 '原'으로 되어 있다.
783) 同治本에는 이 '揔'이 '摠'으로 되어 있다.

[089]   전장령784) 백지785)의 자설786) 뒤에 쓰다. 오륜의 자이다(書全掌
令伯至 字說後 五倫字)

사람이 달도(達道)787)를 따르지만 능히 생각함은 적은데
부질없이 이 백성들에게는 상도(常道)788)가 있다고 하네.
옛날부터 그대의 높은 입지(立志)를 아끼더니
이제까지 어리석은 나를 부끄러이 여기네.
기대거나 떠돌지 않는 곳에서 한가로이 지내고789)
아무 소리나 냄새가 없는790) 때에 대월(對越)791)하네.
하루나 한 달에 한 번 이르는 경지에도 아직 도달하지 못했으니792)

---

784) 掌令은 고려시대에 司憲府·監察司의 종4품 벼슬이다. 忠烈王 34년(1308) 侍御史를
掌令으로 고치고, 恭愍王 5년(1356)에 다시 시어사, 同王 11년에 장령, 同王 18년에
侍史, 同王 21년에 또다시 掌令으로 고쳤다.

785) 伯至는 全五倫의 字이다. 全五倫은 고려 말의 문신으로 字가 伯至, 號가 採薇軒,
본관이 旌善이다. 恭讓王 3년(1391) 左散騎常侍·刑曹判書를 지내고 1392년 고려가
망하자 杜門洞에 들어갔으나, 조선 태조에 의해 本鄕 安置의 처벌을 받았다. 후에
풀려나 瑞雲山에 은거했다. 安義의 西山書院에 제향되었다. 李行의 『騎牛集』 권2
에 附錄된 「九貞忠錄」에 의하면, 그는 고려가 망한 후 旌善에 은거하면서, 伯夷의
절의를 본받아 산에서 採薇하면서, 朔望에는 朝服을 갖추고 松京을 바라보면서 통
곡했다고 한다.

786) 字說은 字에 대한 說이다. 옛날에는 흔히 장가 든 후에 본이름 대신에 부르기 위해
부친이나 스승이 字를 지어주고, 이에 대한 해설문을 지었으니 이것이 字說이다.

787) 達道는 어떤 지역이나 어떤 경우에도 널리 행해야 할 道이다.

788) 秉彝는 常道를 굳게 지키는 것이다. 『詩經』 「大雅」의 <蒸民>에 "天生蒸民 有物有
則 民之秉彝 好是懿德 川監有周 昭假于下 保玆天子 生仲山甫"라는 구절이 있다.

789) 優遊는 한가로운 모양, 또는 姑息的인 모양을 나타낸다.

790) 無聲無臭는 하늘이 소리와 냄새도 없이 은밀히 하는 일, 곧 天道의 운행을 말한다.

791) 對越은 天地神明에 답하는 것이다. '越'은 '於'의 뜻으로, 對越은 對越天地의 준말
이다.

792) 이 구절은 『論語』 「雍也」의 구절을 변용한 것이다. 공자께서 말씀하시기를, "안회
는 그 마음이 석 달을 어진 것을 어기지 아니하고, 그 나머지 사람들은 하루나 한
달에 한 번씩 어진 것에 이를 따름이다.(子曰 回也 其心 三月不違仁 其餘則日月至
焉而已)"라고 했다.

공자(孔子)와 안자(顔子)793)는 비록 멀리 있어도 나의 스승이네.

人由達道鮮能思　　　謾說斯民有秉彝
自昔愛君794)高立志　　至今愧我昧勝私
優游不倚不流處　　　對越795)無聲無臭時
日月至焉猶未至　　　孔顏雖遠是796)吾師

---

793) 孔顏은 孔子와 顏子[顏回]를 가리킨다. 陸機의 <君子行>에 "拾塵惑孔顏"이라는
　　　구절이 있다.
794) 同治本에는 이 '愛君'이 '君愛'로 되어 있다.
795) 同治本에는 이 '越'이 '月'로 되어 있다. 여기에서는 '月'로 번역하였다.
796) 同治本에는 이 '是'가 '凡'으로 되어 있다.

[090]　　목은선생을 모시고 윤문중을 찾아가서 선생이 시를 짓기에
차운하다. 2수(陪牧隱先生訪尹文仲 先生有詩 次韻 二首[797])

[090-1]

친구를 찾아가 마음을 논하는 날인데
높은 곳에 올라 비로소 멀리 바라보네.
나무가 깊어 장막에 든 듯하고
산이 좋아 그림을 펼친 듯하네.
취한 얼굴은 창합(閶闔)[798]을 아끼고
돌아오는 길은 망서(望舒)[799]를 따르네.
선생의 수택(手澤)[800]이 남아 있어
슬픔과 강개가 즐거움을 잇네.
公이 "文仲이 선생이 직접 쓴 <秋山圖>를 보여주었다."라고 스스로 주석하
였다.

訪舊論心日	登高縱目初
樹深如入幕	山好若披圖
醉面愛閶闔	歸途泮[801]望舒
先王[802]手澤在	悲慨繼歡娛

---

797) 同治本에는 이 '二首'가 본문보다 작은 글자로 되어 있다.

798) 閶闔은 하늘의 門, 轉하여 大闕의 문을 가리킨다.

799) 望舒는 달을 부리는 자[御者·馭者]이다. 『廣雅』「釋天」에 "日御謂之羲和 月御謂
之望舒"라는 구절이 있고, 『楚辭』「離騷」에는 "前望舒使先驅兮 後飛廉使奔屬"이라
는 구절이 있다.

800) 手澤은 '손때'라는 뜻이다. 그래서 손이 자주 닿았던 책이나 물건에 남아 있는 손
때나 윤택을 가리킨다. 手澤本은 자주 손을 대던 사람의 손때가 남아 있는 책이라
는 뜻에서 생전에 소중히 여기던 책, 또는 어떤 사람이 여러 가지 사항을 참고로
적어 넣은 책을 가리킨다. 직접 쓴 책을 이렇게 부르는 경우도 있다.

801) 同治本과 강경훈 所藏本에는 이 '泮'이 '伴'으로 되어 있다. 여기에서는 '伴'으로
번역하였다.

公自注 文仲出示先生手筆秋山圖

[090-2]

세속의 일은 끝이 없고
사람의 마음은 처음을 회복하기 어렵네.
절차탁마(切磋琢磨)803)하니 이로운 벗804)이 기껍고
함께 모이니 좋은 계책이 미쁘네.
가을 나무는 아직 흔들려 떨어지지 않는데
저녁 구름은 때때로 걷히고 펼쳐지네.
서로 바라보아도 부끄러움805)이 없으니
유학806)은 참으로 즐길 만하네.

世故罔有極　　人心難復初
切磨欣盆友　　會合信良圖
秋木未搖落　　晩雲時卷807)舒
相看無愧負　　吾道固堪娛

---

802) 同治本에는 이 '王'이 '生'으로 되어 있다. 작품 끝에 붙은 細註로 보아 '王'은 '生'의 잘못임이 분명하다. 따라서 여기에서는 '生'으로 번역하였다.

803) 切磨는 切磋琢磨의 준말이다. 切磋琢磨는 骨角 또는 玉石을 자르고 갈고 쪼고 닦는다는 뜻으로 학문과 덕행을 힘써 닦는 것을 의미한다.

804) 盆友은 盆者三友를 가리킨다. 『論語』「季氏」에 다음과 같은 구절이 있다.

孔子께서 말씀하시기를, "유익한 자도 세 벗이요, 손해되는 자도 세 벗이니, 곧은 자를 벗하고, 미더운 자를 벗하며, 많이 들은 자를 벗하면 유익하고, 편벽한 자를 벗하며, 남에게 아첨만 하고 성실하지 못한 자를 벗하며, 말만 앞세우고 實이 없는 자를 벗하면 손해가 된다."고 하셨다(孔子曰 盆者三友 損者三友 友直友諒友多聞盆矣 友便辟友善柔 友便佞損矣).

805) 愧負는 부끄러움이다.

806) 吾道는 나의 道, 또는 聖人의 도, 곧 儒學을 가리킨다.

807) 同治本에는 이 '卷'이 '捲'으로 되어 있다.

[091]　　초아흐렛날에 목은선생을 모시고 뒷산에 올라 선생의 시에
차운하다(九日 陪牧隱先生登後岡 次先生詩韻)

[091-1]

나이가 지천명(知天命)808)에 가까워도
운치는 속세와 맞는 게 없네.
수레 타고 나간들809) 다시 무엇을 구하리요?
내 집에서 그윽하고 고요함을 사랑하네.
뜰에 가득한 서리 맞은 꽃이 누른데
거리에 비친 안개 낀 버들은 푸르네.
도연명(陶淵明)810)은 이미 뼈가 썩었지만
좋은 시절은 또 가을날의 지녁이네.
백세가 지나도록 그 마음을 얻을 수 있음은

---

808) 知天命은 知命이라고도 하며, 나이 50세를 뜻한다. 『論語』「爲政」에 나온 말로 그
원문은 다음과 같다.

孔子께서 말씀하시기를, "나는 15세에 학문에 뜻을 두었고, 30세에는 기초를 세웠
고, 40세에는 미혹됨이 없어졌고, 50세에는 天命을 알았고, 60세가 되자 귀[耳]가
순해졌고, 70세가 되어서는 마음이 하고자 하는 바에 따라도 道에 어긋나지 않았
느니라."라고 하셨다(子曰 吾十有五而志于學 三十而立 四十而不惑 五十而知天命
六十而耳順 七十而從心所慾不踰矩).

809) 駕言은 수레 타고 出遊하는 것이다. 『詩經』「邶風」<泉水>에 "駕言出遊 以寫我憂
"라는 구절이 있다.

810) 陶淵明은 陶潛(365~427)이다. 도잠은 晉의 尋陽 柴桑 사람으로, 字가 淵明이다. 志
趣가 고결하여 榮利를 사모하지 않았고, 그의 詩는 忠穆淡雅하며, 文은 超越高古
하였다. 일찍이 405년 彭澤令으로 나갔다가 督郵가 오게 되자 80여일만에 印綬를
풀어 놓고 떠나면서 <歸去來辭>를 지어 그 뜻을 밝혔다. 또 <五柳先生傳>을 지
었으니, 그 안에 자기의 행동과 뜻을 자세히 밝혔다. 세상에서는 靖節先生이라 일
컫는다. 自然美를 노래한 시가 많으며, 중국의 敍景詩는 이때부터 발달한 것으로
알려져 있다. 또한 그는 중국 역사에서 가장 菊花를 사랑한 사람으로 널리 알려져
있어서 국화가 등장하기만 하면 그의 이름이 언급되는 경우가 많다. 『陶淵明集』이
있다.

기댈 만한 글이 있기 때문이네.

年近知天命	韻無與俗適
駕言復何求	吾廬愛幽寂
盈園霜葩黃	映巷811)烟812)柳碧
淵明骨已朽	佳節秋又夕
百世得其心	所賴有文藉813)

[091-2]

저 산 아래의 길을 따라가면

온갖 사물에 각기 적당함이 있네.

어찌 알리요, 산 위의 사람이

편안히 쉬며814) 맑고 고요하게 감상하는 것을.

멀리 지는 햇살을 보내니

반달이 푸른 하늘에 걸려 있네.

중양(重陽)815)은 옛날부터 이름난 바인데

가히 이 저녁을 즐기지 않으랴?

도사(陶謝)816)의 시를 낭랑히 읊으니

---

811) 同治本에는 이 '映巷'이 '暎卷'으로, 강경훈 所藏本에는 '暎巷'으로 되어 있다.

812) 同治本과 강경훈 所藏本에는 이 '烟'이 '煙'으로 되어 있다.

813) 同治本과 강경훈 所藏本에는 이 '藉'이 '籍'으로 되어 있다. 여기에서는 '籍'으로
　　번역하였다.

814) 宴坐는 편안히 쉬는 것이다.

815) 重陽은 重陽節 또는 重九라고도 하는데, 음력 9월 9일이다. 重陽이라 하는 것은 9
　　가 陽數이기 때문에 양수가 겹친 것을 가리킨다. 중국에서는 높은 곳에 올라가[登
　　高] 먼 데를 내다보며 고향을 생각하였다고 하고, 또 이 날은 국화 구경을 즐겼다
　　고 하여 賞菊日이라고도 하였다. 우리나라에서는 신라시대부터 명절로 정하여 잔
　　치를 베풀어 君臣이 함께 즐겼다고 한다.

816) 陶謝는 陶淵明과 謝靈運을 가리킨다. 謝靈運은 南朝 宋의 陽夏 사람으로 康樂侯에
　　襲封되고, 永嘉太守를 역임했다. 문장에 뛰어났고 書畵에도 능했다. 그러나 천성이
　　사치를 좋아하고, 山水와 詩酒에 放蕩하다가 무고를 받아 廣州에서 죽어 저자에

좋다고 하는 소리가 떠들썩하네.817)

遵彼山下路　　　役物各有818)適
豈知山上人　　　宴坐賞澄寂
悠然送落819)暉　　半月掛空碧
重陽古所名　　　可不樂斯夕
朗820)詠陶謝詩　　宜爾聲藉藉821)

[091-3]

뒤뜰이 산등성이에 이어졌는데
높은 곳에 오르려 한들 또 어디로 가랴?
좇아서 노니는 자제가 있어
또 적막함을 달래기에 족하네.
가을의 소리는 양부고취(兩部鼓吹)822)가 되고
산의 빛깔은 쌍벽(雙碧)823)에 해당하네.
노란 국화주(菊花酒)를 마시는 듯 여기며
초(楚)나라 신하의 저녁밥을 계승하려고 하네.

버려졌다. 도연명에 대해서는 앞 수의 주) 참조.

817) 藉藉은 왁자지껄한 모양, 또는 어지러운 모양을 나타낸다.

818) 同治本에는 이 ‘有’가 ‘自’로 되어 있다.

819) 同治本에는 이 ‘落’이 ‘客’으로 되어 있다.

820) 同治本에는 이 ‘朗’이 ‘朝’로 되어 있다.

821) 同治本에는 이 ‘藉藉’이 ‘籍籍’으로 되어 있다. 여기에서는 ‘籍籍’으로 번역하였다.

822) 兩部鼓吹는 兩部[음악에서 立部와 坐部]의 樂器를 통틀어서 연주하는 것을 말한다.
　　轉하여 뭇 개구리의 시끄러운 울음소리로 쓰이기도 한다.

823) 雙碧은 푸른 기운이 쌍을 이룸을 의미한다. 洪侃의 <遠山>(『洪崖先生遺藁』, 韓國
　　文集叢刊2, 432면)에 “茂陵雙碧多輕媚 堪笑文園枉斷腸”이라는 구절이 있다. 『新增
　　東國輿地勝覽』 권22, 「梁山郡」 ‘樓亭’의 雙碧樓 항목에는 “樓 아래 물과 대나무가
　　서로 비치므로 인하여 이름지었다(樓下水竹交暎 因名焉).”는 설명이 있다. 여기에
　　서는 산의 푸른빛과 하늘의 푸른빛이 쌍을 이루기 때문에 이렇게 부른 듯하다.

하늘에서 떨어졌을 리가 없지만
고기와 나물 안주는 매우 향기롭네.

後園連山岡824)　　登高更何適
從遊有子弟　　又足慰岑825)寂
秋聲爲兩部　　山色當雙碧
準擬嚼黃金　　飡繼楚臣夕
無乃殞826)自天　　肴薇827)頗芳藉828)

---

824) 同治本에는 이 '岡'이 '崗'으로 되어 있다.
825) 同治本에는 이 '岑'이 '涔'으로 되어 있다.
826) 同治本에는 이 '殞'이 '隕'으로 되어 있다.
827) 同治本에는 이 '薇'이 '藾'로 되어 있다.
828) 同治本에는 이 '藉'이 '籍'으로 되어 있다.

[092]　　송판사[829] 처 이씨의 만사(宋判事妻李氏挽[830]詞)

부인의 덕은 현손(玄孫)을 보아야 합당한데
마흔이 되기 전에 이미 구원(九原)에 갔네.
이항(里巷)의 집집에서 함께 애도하나니
하물며 나는 익재(益齋)[831]의 문하에서 수업하였음에랴!

　　　夫人德合[832]見玄孫　　四十年前已九原
　　　里巷家家共嗟悼　　況予受業益齋門

---

829) 宋判事는 이 시의 내용으로 보아 益齋 李齊賢의 사위로 奉天大夫判典校寺事를 지낸 宋懋인 듯하다. 李穡의 <哭宋同年夫人李氏>(『牧隱詩藁』 권26)도 같은 사람에 대한 挽詩인 듯한데, 여기에는 "益齋今日外孫多 母也凋零可奈何"라는 구절이 있어서 죽은 사람이 益齋의 딸임을 알 수 있다. 이제현의 가계에 대해서는 李穡, <鷄林府院君諡文忠李公墓誌>(『牧隱文藁』 권16) 참조.

830) 同治本에는 이 '挽'이 '輓'으로 되어 있다.

831) 益齋는 李齊賢(1287~1367)의 號이다. 李齊賢은 고려의 문신으로 初名은 之公, 字가 仲思, 號가 益齋·實齋·櫟翁, 본관이 慶州, 檢校政丞 瑱의 아들, 白頤正의 門人이다. 忠烈王 27년(1301) 成均試에 장원한 후 문과에 급제했다. 忠肅王 1년(1314) 白頤正의 문하에서 程朱學을 공부하고, 元에 있던 忠宣王이 萬卷堂을 세우고 그를 부르자 燕京에 가서 姚燧·閻復·趙孟頫 등과 고전을 연구했다. 金海君·鷄林府院君에 봉해지고, 은퇴 후에는 實錄을 편찬했다. 恭愍王의 廟庭에 配享되었고, 諡號는 文忠이다. 저서로 『益齋亂藁』와 『櫟翁稗說』이 있다.

832) 同治本에는 이 '德合'이 '合德'으로 되어 있다.

[093]   목은833)선생의 시에 차운하여 희암834) 대사도835)께 받들어
드리다. 3수(次牧隱詩韻 奉呈熙菴大司徒 三首836))

[093-1]

---

833) 牧隱은 李穡(1328~1396)의 號이다. 李穡은 고려 말의 문신·학자로 字가 潁叔, 號
가 牧隱, 본관이 韓山, 贊成事 穀의 아들, 李齊賢의 門人이다. 忠惠王 복위 2년
(1341) 進士가 되고 忠穆王 4년(1348) 元나라에 가서 國子監의 生員이 되어 性理學
을 연구했다. 忠定王 3년(1351) 귀국하여 恭愍王에게 국책의 시정과 개혁을 건의하
였고, 同王 2년(1353) 鄕試와 征東行省의 鄕試에 합격, 書狀官이 되어 元나라에 들
어가 會試·殿試에 합격하여 원나라에서 應奉翰林文字承事郞·同知製誥兼國史院
編修官을 지내고, 同王 5년에 귀국하여 吏部侍郞·翰林直學士兼史館編修官·知製
敎兼兵部郞中이 되어 인사행정을 주관하고 개혁을 건의하여 政房을 폐지하게 하
였으며, 右諫議大夫·樞密院右副承宣·知工部事·知禮部事 등을 지내고 同王 10
년 紅巾賊의 침입으로 왕이 南幸할 때 扈從하여 1등공신이 되었다. 그 후 左承
宣·知兵部事·右代言·同知春秋館事·寶文閣 및 藝文館大提學·判開城府使 등
을 역임하고 韓山君에 봉해지고, 禑王 때 功臣의 호를 받고 師傅가 되었다. 恭讓王
때 判門下府事로 있다가 유배되었고, 朝鮮 太祖 4년(1395)에 韓山伯이 되었다. 門
下에 權近·河崙·卞季良·吉再 등 많은 제자를 배출하여 조선 性理學의 주류를
이루게 하였다. 韓山의 文獻書院에 奉享되었다. 저서로는『牧隱詩藁』와『牧隱文藁
』가 있다.

834) 熙菴이 누구인지는 확인되지 않는다. 그러나 李穡의 <大司徒 熙菴 공이 三藏을 이
어서 黑塔의 高麗僧院에 머물렀다. 천자가 북방을 巡狩할 때 中原의 병사가 성에
들어와 탈주하여 동쪽으로 돌아왔다. 玄陵[恭愍王의 陵號]께서 內庭에서 齋 올리
기를 청하니 그 스승 順庵 공을 追念하고, 조용히 있은 지가 오래이다. 지금의 왕
께서 判天台宗事를 명하였다. 이미 남들에게 모함을 받아 산속에 들어간 지가 몇
년이 되었는데, 은택을 입어 開京으로 돌아와서 병든 나를 찾아왔다. 기쁘게 서로
만나 短律을 읊다(大司徒熙菴公 繼三藏住黑塔高麗僧院 天子北狩 中原兵入城 脫走
東歸 玄陵請齋內庭 追念其師順菴公 從容者久之 今上命判天台宗事 旣而爲人所陷
入山中數年矣 蒙恩還京 來訪病夫 喜相逢 吟短律)>(『牧隱詩藁』권26)라는 시를 통
해 그의 면모를 대략 짐작할 수 있다.

835) 大司徒는 고려시대 戶部尙書를 가리킨다.『高麗史』권16,「世家」권16, ‘仁宗 2’에
“尙書戶部는 곧 옛날의 大司徒의 職이다(尙書戶部 卽古大司徒之職).”라는 기록이
있다. 조선시대에는 禮曹判書의 別稱으로 쓰였다. 그러나 여기에서는 天台宗의 僧
職을 의미하는 듯하다.

836) 同治本에는 이 ‘三首’가 본문보다 작은 글자로 되어 있다.

도(道)가 출중한 희암(熙菴)과 무외암(無畏菴)837)은
이름을 중국에 드날리고 뭇 절을 거느리네.
윗자리에서 일찍이 한 사람의 총애를 입었으나
속인을 불러 돌처럼 많은 사람의 말을 따랐네.
몇 년 동안 산과 바다에서 멀리 꿈을 수고롭게 하였던가?
오늘은 차를 마시며 서로 기쁘게 어울리네.
나는 얕은 물838)과 같이 더러움이 심한데
그대의 천 길 못처럼 교결(皎潔)함을 사랑하네.

  道出熙菴無畏菴 名揚中國統諸藍
  上床曾荷一人839)眷 麾塵却從群840)石談
  山海幾年勞遠夢 茶介841)今日喜相叅
  我如尺水汚泥甚 皎潔愛公千丈潭

[093-2]

충주(忠州)의 빼어난 곳인 고암(孤菴)에 누웠으니
물빛과 산 빛이 모두 우거지고 푸르렀네.
와서는 국저(國儲)842)를 위하여 긴 명을 빌고
때로는 벗을 찾아 현묘한 이야기를 늘어놓네.

---

837) 無畏는 생몰년 미상이며, 고려 충선왕 때의 國統으로 이름은 丁午이다. 천태종의
　　고승으로 젊은 시절 승과에 응시, 上上科로 합격한 뒤 여러 곳을 유력하였다. 1302
　　년 월출산 백운암으로 옮겼다가, 왕의 청에 따라 妙蓮寺의 제3세 법주가 되었다.
　　1306년 白月朗空寂照無㝵大禪師라는 호를 제수 받았고, 이듬해 여름에는 왕사로
　　책봉, 佛日普照靜慧妙圓眞鑑大禪師라는 호를 받았다. 문장에도 능하였는데『東文
　　選』에 그의 글 20여 편이 수록되어 있다.

838) 尺水는 얼마 되지 않는 물, 얕은 물이다.

839) 同治本에는 이 '荷一人'이 '何人一'로 되어 있다. 여기에서는 '何人一'로 번역하였다.

840) 同治本과 강경훈 所藏本에는 이 '群'이 '羣'으로 되어 있다.

841) 강경훈 所藏本에는 이 '介'가 '瓜'로 되어 있다.

842) 國儲는 國嗣라고도 하는데, 임금의 後嗣를 뜻한다.

소년시절에 절843)에서 함께 배운 것이 생각나고
중년에 연도(燕都)844)에서 찾아샀던 일이 기억나네.
머리 돌리니 유유하여 참으로 한바탕 꿈 같은데
지금도 옛날처럼 달은 못을 비추고 있네.

忠州勝處臥孤菴　　水色山光摠845)蔚藍
來爲國儲祈永命　　時尋親友縱玄談
少年蕭寺思同學　　中歲燕都記往叅
回首悠悠眞一夢　　至今依舊月臨潭

[093-3]

공을 낭패시켜 산 속의 암자에 폐치(廢置)하니
노기(盧杞)846)의 후신(後身)들은 도리어 쪽빛을 띠었다네.
공관(空觀)·가관(假觀)·중관(中觀)847)에서 일찍이 얻음이 있었지만
오고 간 이제까지의 일을 어찌 말로 형용하리요?
몇 편의 시는 마음을 씻어 내는 데 긴요하고
한 가닥의 향은 콧구멍848)을 소통시키는 데 도움되리.

---

843) 蕭寺는 절을 가리킨다. 梁나라 武帝가 寺院을 짓고 자기의 姓을 따서 蕭寺라 한 故
事에서 유래한다.

844) 燕都는 옛날 燕나라의 도읍으로 燕京, 곧 현재의 北京을 가리킨다.

845) 同治本에는 이 '摠'이 '摠'으로 되어 있다.

846) 盧杞는 唐나라 滑州 사람으로 字가 子良이다. 德宗이 그를 기이하게 여겨 門下侍
郞·同中書門下平章事에 발탁하였으나 성질이 陰險하여 크게 政事를 어지럽혔다.
그가 아직 높은 벼슬에 오르기 전에 그는 2, 3백 장이나 되는 명함을 가지고 다니
며 名利를 구하는 名利客이었다고 한다.

847) 空觀·假觀·中觀을 天台三觀이라고 한다. 空觀은 우주 사이에 벌여 있는 수많은
현상은 모두 인연에 따라 생긴 것으로 그 실체가 없고 自性이 없는 것이라고 보는
것이고, 假觀은 만유의 모든 법은 空한 것이어서 하나도 實在하는 것이 없으나 그
차별되는 모양이 분명한 것은 대개 假의 존재라고 보는 것이며, 中觀은 空·假·
中의 中諦의 이치를 직관하여 中道의 진리를 구명하는 것이다.

848) 鼻觀은 鼻孔, 즉 콧구멍이다.

무생(無生)[849]을 끌어옴이 허락된다면
나는 아마 쓸쓸하게 강가를 거닐 텐데.

使公狼狽[850]置山菴　　盧杞後身猶色藍
空假中觀曾有得　　去來今事[851]豈容談
數篇詩要心源洗　　一炷香從鼻觀叅
汲引無生如許諾　　我應搖落任江潭

---

849) 無生은 불교에서 모든 법의 실상은 나고 없어짐이 없다는 뜻이다. 또는 다시 迷界
　　에 나지 않는다는 뜻으로 涅槃을 의미하기도 한다.
850) 강경훈 所藏本에는 이 '狽'가 '貝'로 되어 있다.
851) 同治本에는 이 '事'가 '書'로 되어 있다.

[094] 비를 대하다(對雨)

아침에 가랑비가 띠집 암자에 내리는 데
마치 쪽빛으로 바뀐 온 숲을 애석하게 여기는 듯하네.
어떤 때는 아득하여 멀리 바라보아도 어둑한데
하루 종일 자욱하여 청담(淸談)을 권유하네.
몸이 가벼운 붉은 잎은 회오리바람에 서로 부딪치고
머리가 무거운 노란 꽃은 곱사등이처럼 휘려 하네.
생각건대 물고기가 물에 많이 나왔을 텐데
어찌 도롱이에 삿갓 쓰고 차가운 못에서 낚시하는 이가 없겠는가?

朝來細雨洒852)茅菴853)　　似惜854)千林色換藍
漠漠有時迷遠望855)　　濛濛竟日勸淸談
体856)輕紅葉飄相觸　　頭重黃857)花亞欲尖
想見魚兒多出水　　豈無簑笠釣寒潭

---

852) 同治本과 강경훈 所藏本에는 이 ‘洒’가 ‘灑’로 되어 있다.

853) 同治本에는 이 ‘菴’이 ‘庵’으로 되어 있다.

854) 강경훈 所藏本에는 이 ‘惜’이 ‘昔’으로 되어 있다.

855) 강경훈 所藏本에서는 이 ‘遠望’을 ‘望遠’으로 판각하고 두 글자의 오른쪽에 ∨ 표
　　시를 하고 上下라고 써서, 두 글자의 순서가 뒤바뀌었음을 표시해 두었다.

856) 同治本에는 이 ‘体’가 ‘體’로 되어 있다.

857) 同治本에는 이 ‘黃’이 ‘紅’으로 되어 있다.

[095]　　　계림858)부윤859)으로 부임하는 중문 상국을 받들어 보내다. 3
　　　　　수(奉送仲文相國赴雞860)林尹 三首861))

[095-1]

　　　신라의 옛 땅으로 우리의 동경(東京)862)인데
　　　천하의 사람들이 반월성863)을 들어서 알고 있네.
　　　부윤은 논도(論道)864)의 반열에서 나왔으니
　　　국가는 예로부터 창생(蒼生)을 중히 여겼네.

　　　新羅舊壤我東京　　　天下聞知半月城
　　　府尹出於論道列　　　國家從古重蒼生

[095-2]

　　　어머니를 수레에 태우고 관아로 가려고 송경(松京)을 나와
　　　조도(祖道)865)를 지내는 동쪽 교외에 궁성866) 사람들이 다 나오네.

---

858) 雞林은 경상북도 慶州의 옛 이름이다.

859) 府尹은 고려시대 開城府·平壤府·鷄林府·漢陽府의 으뜸 벼슬, 또는 그 벼슬아치
　　　로 품계는 종2품 또는 정3품이었다.

860) 同治本과 강경훈 所藏本에는 이 '雞'가 '鷄'로 되어 있다.

861) 同治本에는 이 '三首'가 본문보다 작은 글자로 '二'라고만 되어 있다. 그러나 작품
　　　이 3수로 되어 있는 것으로 보아 이것은 '三首'가 맞는 것으로 판단된다.

862) 東京은 고려 三京[開京·東京·西京]의 하나로 慶州를 개칭한 것이다.

863) 半月城은 경상북도 慶州에 있는 반달 모양의 城이다.

864) 論道는 도를 논하여 국가를 경영하는 것으로 三公을 뜻한다. 『書經』「周官」에 "太
　　　師·太傅·太保를 세웠으니 이들이 바로 三公이오. 도를 논하고 나라를 다스리며
　　　음양을 조화시키고 다스리는 것이니 관직은 꼭 갖추지 않아도 그 사람만은 있어야
　　　한다(立太師太傅太保 兹惟三公 論道經邦 燮理陰陽 官不必備 惟其人)."고 했고, 『周
　　　禮』「考工記」'總目'의 註에 "論道는 나라를 다스리는 政令을 꾀하고 생각하는 것
　　　을 말한다(論道 謂謀慮治國之政令)."고 했다.

865) 祖道는 여행할 때 行路神에게 제사지내는 일이다. 옛날 黃帝의 아들 累祖가 여행
　　　하기를 좋아하다 行路에서 죽었기 때문에 後人이 그를 行路神으로 모시게 되었다

어찌 다만 평반(平反)867)으로 한바탕 웃음거리를 주는 것뿐이랴?
숙순868)이 눈 속에 솟아날 것을 멀리서 생각하네.

　　　　之官輦母出松京　　　祖道東郊傾鳳城
　　　　豈但平反供869)一笑　　　籜龍遙想雪中生

[095-3]

이 마음은 늙어갈수록 쉽게 근심스러워지는데870)
하물며 이별의 정자에서 <위성곡(渭城曲)>871)을 들음에랴?
비록 혹시 풍문에 소식872)이 닿는다 하더라도
어찌 얼굴을 대하고 평생을 이야기함과 같겠는가?

　　　　此心老去易京京　　　況聽離亭唱渭城
　　　　縱或因風達音耗　　　豈如對面話平生

　　　고 한다.
866) 鳳城은 宮城이라는 뜻이다.
867) 平反은 冤罪를 다시 조사하여 無罪로 하거나 減刑하는 것이다.
868) 籜龍은 竹筍의 별칭으로 稚龍, 龍孫이라고도 한다.
869) 同治本에는 이 '供'이 '拱'으로 되어 있다.
870) 京京은 대단히 근심스러운 모양이다.
871) <渭城曲>은 詞牌로 <陽關曲>이라고도 한다. 渭城은 중국 甘肅省 敦煌縣 西南
位黨河 西南쪽에 있는 關이다. 王維가 <送元二使安西>에서 "위성의 아침 비가 가
벼운 티끌을 촉촉히 적시는데 객사가 퍼렇게 버들 빛이 피어나네. 그대에게 권하
여 다시 한 잔 술을 올리노니 서쪽으로 양관을 나가면 친구가 없을 걸세(渭城朝雨
浥輕塵 客舍靑靑柳色新 勸君更進一杯酒 西出陽關無故人)."라고 읊은 뒤, 후에 이
시가 樂府에 들어가서 送別詩가 되었다. 이 시를 반복해서 노래하는 것을 陽關三
疊이라고 한다.
872) 音耗는 音信·音問이라고도 하는데, 소식 또는 편지를 가리킨다.

[096]　　성 역암[873] 만사(成易菴挽[874]詞)

연방(蓮牓)[875]에서 장원하고 고과(高科)[876]로 발탁되니
세상 사람들은 가슴에 별이 늘어선 것을 알았네.
본래 타고난 모습이 밝고도 총명한데
다시 성학(聖學)[877]을 절차탁마(切磋啄磨)[878]하였네.
조용히 때를 따르는 의리를 가장 잘 취득하고
넓은 마음[879]에 어찌 장구 치며[880] 노래할 것을 근심했으리요?
다시는 띠를 드리우고 사직을 편안하게 할 수 없으니
남긴 쾌검(快劍)으로는 부질없이 교룡과 악어를 찍게 되리.

---

873) 易菴은 成士達(?~1380)의 號이다. 成士達은 고려 말의 대신으로 호가 易菴, 본관이 昌寧이다. 군수 彦臣의 아들로 忠惠王 復位 2년(1341) 監試에 壯元 及第하여 檢閱이 되고, 大護軍을 거쳐 恭愍王 11년(1362) 紅巾賊의 침입 때 判典校寺事로 왕을 扈從하고 이듬해 돌아와 推忠協輔功臣이 되었다. 이 해 金鏞의 반란을 평정하여 1등공신이 되고, 1364년 交州道兵馬使가 되어 女眞의 三善·三介의 침입을 막았다. 벼슬이 三重大匡大提學에 이르렀으며 昌山府院君에 봉해졌다. 시와 문장에 뛰어났고 글씨를 잘 썼다. 諡號는 文孝이다.
874) 同治本에는 이 '挽'이 '輓'으로 되어 있다.
875) 蓮牓 또는 蓮榜은 小科인 生員試와 進士試에 합격한 사람의 성명을 적은 名簿이다.
876) 高科는 科擧의 성적이 우등임을 말한다.
877) 聖學은 仁人 孔子의 학문, 즉 儒學을 말한다.
878) 切磋啄磨는 骨角 또는 玉石을 자르고 갈고 쪼고 닦는다는 뜻으로 학문과 덕행을 힘써 닦는 것을 의미한다.
879) 坦蕩은 마음이 넓어 잗달지 않은 모양이다.
880) 鼓缶는 장구를 친다는 것으로 늙은이가 슬퍼한다는 의미와 아내가 죽는다는 의미가 있다. 늙은이가 슬퍼한다는 것은 『周易』「離卦」에 "九三은 해가 기울어 곱다. 장구도 치지 않고 노래한다. 늙은이가 슬퍼하는 것이니 흉하다. 象에 말하기를, '해가 기울었는데 곱다고 해서 어찌 오래가겠는가?'라고 했다(九三 日昃之離 不鼓缶而歌 則大耋之嗟 凶 象曰 日昃之離 何可久也)."에 근거하고, 아내가 죽었다는 것은 鼓缶가 鼓盆과 같은 의미로 쓰이는 것이다. 『莊子』「至樂」에 "莊子의 아내가 죽자 惠子가 조상을 갔더니 장자가 바야흐로 두 다리를 뻗고 동이[盆]를 두드리면서 노래를 부르고 있었다(莊子妻死 惠子弔之 莊子則方箕踞鼓盆而歌)."는 구절에 근거한다. 여기에서는 前者로 쓰인 듯하다.

首登蓮牓擢881)高科882)　　世識心胸列宿羅

自是天姿明且哲　　　　　更將聖學切而磋

從容最得隨時義　　　　　坦蕩那憂鼓缶歌

無復垂紳安社稷　　　　　空留快釖883)斫蛟884)鼉

---

881) 同治本에는 이 ‘擢’이 ‘擇’으로 되어 있다.
882) 同治本에는 이 ‘科’가 ‘歌’로 되어 있다.
883) 同治本에는 이 ‘釖’이 ‘劍’으로 되어 있다.
884) 同治本에는 이 ‘蛟’가 ‘蚊’으로 되어 있다.

[097]　쌍청정[885]에서 받들어 지으며 목은의 시에 차운하다(奉題雙
清亭[886] 次牧隱韻)

고금에 얼굴을 마주하고도 아홉 번 의심에 빠지는데
공(公)의 마음은 용모처럼 당시를 비추어 주네.
재앙과 복은 하늘에서 내려오는 것이 아니지만
선과 악은 본래 무리를 따라 오는 것이네.
왕씨(王氏)의 삼괴(三槐)[887]에 문득 비길 만하니
염후(恬侯)[888]의 만석(萬石)은 기이할 것이 못 되네.
몸소 심은 꽃과 나무가 그늘을 이룬 곳에
새로 초암(草菴)[889]을 지어 그 위에 시를 걸었네.

　　　對面古今迷九疑　　　公心如貌映[890]當時
　　　殃祥不是自天降　　　善惡由來以[891]類隨

---

885) 雙清亭은 安宗源(1324~1394)의 집에 있던 亭子이다. 李穡의 <昨雙清安公投刺而去
吟成一首以寄>(『牧隱詩藁』 권31)의 “方膺大用遽求退 雙清亭上無評議 心清迹清冰
雪如 只許風月常繞圍 公須置酒喚我輩 柳巷落筆如珠璣”라는 구절과, <昨雙清眼孔
招僕與韓柳巷 同飲聯句 兒子種學唱曰 雙清亭上人如玉 往返數對而上 日且晚 同至
都令公宅 有嘉禮故也 入夜而歸>(같은 책)에서 알 수 있다. 安宗源은 고려 말, 조선
초의 문신으로 字가 嗣淸, 號가 雙清堂, 본관이 順興이고, 僉議贊成事 軸의 아들이
다. 17세에 禮部試에 급제하여 典法摠郞·慶尙道按廉使 등을 지냈다. 辛旽과의 불
화로 江陵府使로 좌천되었고 右司議大夫·密直提學을 거쳐 判三司事가 되고 1391
년 順興府院君, 조선 개국 후인 1392년에는 領三司事·判門下府事를 지냈다. 太祖
3년(1394)에는 謝恩使로 明나라에 다녀왔다. 諡號는 文簡이다.
886) 同治本에는 이 ‘亭’이 ‘堂’으로 되어 있다.
887) 王氏三槐는 宋의 王祐가 심은 세 그루의 회나무를 가리킨다. 그는 뜰에 槐木 세 그
루를 심으면서 말하기를, “나의 자손 중에 삼공의 자리에 오를 사람이 나올 것이다.”
라고 하였는데, 과연 그의 아들 旦이 정승이 되어 景宗을 도왔으며, 그의 후손들은
이를 기념하기 위해 三槐堂을 세웠다고 한다. 蘇軾의 <三槐堂銘 幷敍>가 있다.
888) 恬侯는 安宗源을 가리킨다. ‘恬’은 ‘安’과 의미가 통하기 때문이다.
889) 團茅는 띠로 이은 집[草菴]이다.
890) 同治本과 강경훈 所藏本에는 이 ‘映’이 ‘暎’으로 되어 있다.

王氏三槐聊可比　　恬侯萬石未爲奇
手栽花木成陰處　　新起團茅剩掛詩

---

891) 同治本에는 이 '以'가 '似'로 되어 있다.

[098]   새벽에 일어나다(曉起)

중동(仲冬)892)인데도 날씨가 깊은 봄인 듯하여
새벽에 일어나 창을 열어도 찬 기운이 스미지 않네.
나무 위에는 새소리가 비로소 요란한데
담장 머리의 산 빛은 아직 침침하네.

仲冬天氣似春深   曉起開窓893)冷不侵
樹上鳥894)聲初聒聒   墻頭山色尙沈沈895)

---

892) 仲冬은 음력 11월을 가리킨다.
893) 강경훈 所藏本에는 이 '窓'이 '片怱'으로 되어 있다.
894) 同治本에는 이 '鳥'가 '鳳'으로 되어 있다.
895) 同治本에는 이 '沈沈'이 '沉沉'으로 되어 있다.

[099]　　편지를 대신하여 경상도안렴사[896) 백지[897) 계우에게 부치다
　　　　(代書寄慶尙道按廉伯至契友)

영남의 강산은 뒤흔들린[898) 뒤이니
안렴사(按廉使)로 떠난 재미가 과연 어떠하신가?
안부를 듣지 못하여 마음이 매우 불안하더니[899)
기쁘게 지금 보내 온 두 폭의 글을 보네.

　　嶺外江山震蕩餘　　　按行風味果何如
　　未聞安否懸懸極　　　喜見今來兩幅書

---

896) 按廉使는 고려시대의 지방 장관이다. 초기에는 節度使가 있었는데 顯宗 3년(1012)
　　에 없애고 按察使를 두었다. 文宗 18년(1064) 都部署로 개칭하였다가 睿宗 8년
　　(1113)에 다시 按察使로 환원했다. 忠烈王 2년(1276) 按察使를 按廉使로 고치고,
　　1298년에는 경상·전라·충청의 3도에 按廉副使를 두고 東界의 按集使를 없애어
　　交州의 按廉使가 겸하게 했다.
897) 伯至는 全五倫의 字이다. 全五倫은 고려 말의 문신으로 字가 伯至, 號가 採薇軒,
　　본관이 旌善이다. 恭讓王 3년(1391) 左散騎常侍·刑曹判書를 지내고 1392년 고려가
　　망하자 杜門洞에 들어갔으나, 조선 태조에 의해 本鄕 安置의 처벌을 받았다. 후에
　　풀려나 瑞雲山에 은거했다. 安義의 西山書院에 제향되었다. 李行의 『騎牛集』 권2
　　에 附錄된 「九貞忠錄」에 의하면, 그는 고려가 망한 후 旌善에 은거하면서, 伯夷의
　　절의를 본받아 산에서 採薇하면서, 朔望에는 朝服을 갖추고 松京을 바라보면서 통
　　곡했다고 한다.
898) 震蕩은 뒤흔들려 움직이는 것인데, 여기에서는 倭寇의 침입을 말하는 듯하다.
899) 懸懸, 또는 縣縣은 마음이 안정되지 못하는 모양, 또는 동요되는 모양을 나타낸다.

[100]　　왜적을 격파한 이찬성[900]을 받들어 축하드리며 한산군의 시
에 차운하다(奉賀李贊成擊破倭賊 次韓山君韻)

젊은 사람[901]처럼 시체를 지는[902] 일을 함께 할 수는 없는데
근심 없는 사람으로 지금 공을 뵙네.
어찌 다만 적을 깨뜨리는 데만 기이한 책략이 많으리요?
모든 군대 일을 행함에 옛날의 풍도(風度)가 있네.
만백성은 모두 사명(司命)[903]을 얻음을 기꺼워하는데
사방에서 어찌 감히 영웅을 다투리요?
도량이 참으로 바다와 같음을 알려고 하는데
세상을 뒤덮는 공을 이루고도 그 공을 자랑하지[904] 않네.

弟子輿[905]尸靡所同　　丈人無咎見今公
豈惟破賊多奇策　　全是行師有古風
萬姓皆欣得司命　　四方何敢望爭雄
欲知度量眞如海　　盖世功成不伐功

---

900) 李贊成은 李成桂(1335~1408)를 가리킨다. 그는 禑王 10년(1384) 東北面都元帥·門
下贊成事가 되고, 이듬해 咸州[현재의 咸興]에 쳐들어 온 倭寇를 격파하였다.
901) 弟子는 나이 어린 사람을 가리킨다.
902) 輿尸는 전쟁에 져서 시체를 지고 돌아오는 것으로 輿死 또는 擧死라고도 한다.
903) 司命은 軍事를 맡은 벼슬이다. 원래는 사람의 목숨을 장악한 神이었다. 司命旗는
軍營의 大將·留守·巡察使·統制使 등이 휘하의 군대를 지휘하는 깃발이다.
904) 不伐은 功을 자랑하지 않는 것이다. 『論語』「雍也」에 "孟之反은 공을 자랑하지 않
는구나. 패전하여 도망하여 올 때에 돌이켜 적과 싸워 막았는데, 성문을 들어갈 때
에는 그 말을 채찍질하며 말하기를, '내가 감히 뒤에서 싸우려 한 것이 아니라 말
이 나가지 않은 까닭이다.'라고 하였다(子曰 孟之反不伐 奔而殿 將入門 策其馬曰
非敢後也 馬不進也)."는 孔子의 말이 있다.
905) 同治本에는 이 '輿'가 '轝'로 되어 있다.

[101]   상경906)의 <적전907)도중> 시에 차운하다(次韻尙敬908)藉909)
田途中)

성 남쪽의 지척인데도 오랫동안 돌아가지 않은 것은
다만 병골(病骨)이라 피로를 견디지 못하기 때문이네.
힘들게 일한 것910)은 본디 네가 어린 시절911)이 지난 뒤인데
일을 처리하는 것912)은 내가 어버이를 섬길 때와 같네.
밭에 장차 일이 있을 것을 먼 데서 생각하는데
보이는 모습을 모두 시로 지으려니 가련하네.

---

906) 尙敬은 韓脩의 셋째 아들이다. 한수의 아들은 尙桓·尙質·尙敬·尙德이 있었다.
　　韓尙敬(1360~1423)은 고려말, 조선 초의 文臣으로 字가 叔敬·敬仲, 號가 信齋, 본
　　관이 淸州이다. 判厚德府事 脩의 셋째 아들로 司膳署令을 지내고 禑王 8년(1382)
　　文科에 급제한 뒤 禮儀佐郎이 되었으며, 이어 右正言·應敎·宗簿令 등을 역임하
　　고 恭讓王 4년(1392) 密直司右副代言이 되었다. 이 해 李成桂를 도와 조선 건국에
　　공헌하여 開國功臣 3등에 책록되고 都承旨에 올랐다. 太祖 5년(1396) 簽書中樞院
　　事·都評議使司使·忠淸道觀察使를 역임하고 西原君에 봉해졌다. 定宗 1년(1399)
　　京畿左道都觀察使에 이어 이듬해 太宗이 즉위하자 參知議政府事가 되고 뒤에 豊
　　海道와 江原道의 都觀察使·工曹判書·知議政府事·大司憲을 역임하고, 太宗 12
　　년(1412) 戶曹判書가 되었다. 그 후 參贊議政府事·吏曹判書를 지냈으며, 1415년
　　西原府院君에 봉해져 右議政이 되고, 이듬해 領議政에 이르렀다. 글씨를 잘 썼다.
　　諡號는 文簡이다.
907) 籍田은 藉田이라고도 하는데, 임금이 몸소 경작하던 토지이다. 이것은 고대 중국에
　　서 시작된 제도로 농업 국가에서는 농업이 모든 산업의 기본이므로 임금이 몸소
　　밭을 갈아 국민에게 모범을 보이기 위한 제도이다. 우리나라에서는 고려 成宗 2년
　　(983)부터 적전이 있었으며, 조선시대에는 法典에 규정하여 임금이 경작하는 것을
　　원칙으로 하되, 부근의 농민들 중에서 差出하여 3명이 1結을 경작케 했다. 동원된
　　농민은 徭役만 면제 받았으며, 제도는 井田法에 따랐고, 곡식을 바쳐 나라의 제사
　　에 사용하게 했다.
908) 同治本에는 이 ‘尙敬’이 본문보다 작은 글자로 되어 있다.
909) 同治本과 강경훈 所藏本에는 이 ‘藉’이 ‘籍’으로 되어 있다.
910) 服勞는 힘드는 일에 부지런히 종사하는 것으로 服勤이라고도 한다.
911) 成童은 8세, 또는 15세 이상의 소년이다.
912) 幹蠱는 아들이 아버지의 실패한 사업을 회복하는 것인데, 轉하여 일을 잘 처리함
　　을 뜻한다.

지난해에 심은 버드나무는 아마 별 탈이 없으리니
지나가며 새 가지가 간드러지게 늘어진 것을 보겠네.

咫尺城南久未歸　　只緣病骨不堪疲[913]
服勞自汝成童後　　幹蠱如吾事父時
遙想田疇將有事　　可憐光景盡供詩
去年種柳應無恙[914]　行見新枝裊裊垂

---

913) 同治本에는 이 ‘疲’가 ‘瘦’로 되어 있다.
914) 同治本에는 이 ‘恙’이 ‘虫恙’으로 되어 있다.

[102]   계림915)부윤916)이 생선을 보내었기에 오언절구 3수를 짓다(鷄
         林府尹寄惠生鮮917) 作五言三絶)

[102-1]

　　바닷가에는 사람 사는 집이 적어
　　인간 세상에는 해산물918)이 드무네.
　　기꺼워라, 공이 사자(使者)919)를 보내서
　　내가 어머니920)를 받들 수 있도록 해 주니.

　　　　海畔人居少　　　　人間海錯稀
　　　　喜公連信使　　　　令我奉921)慈922)闈

[102-2]

　　전쟁923) 때문에 굶주리는데

-----

915) 鷄林은 경상북도 慶州의 옛 이름이다. 雞林이라고도 한다.
916) 府尹은 고려시대 開城府·平壤府·鷄林府·漢陽府의 으뜸 벼슬, 또는 그 벼슬아치
　　로 품계는 종2품 또는 정3품이었다.
917) 同治本에는 이 ‘鮮’이 ‘鮑’로, 강경훈 所藏本에는 ‘鰒’으로 되어 있다. ‘鰒’이라면
　　이는 ‘복어’를 말한 것인 듯하다. ‘복’은 참복科에 속하는 바닷물고기의 총칭이다.
　　고기는 매우 담백하고 맛이 좋으나, 알과 내장, 핏대에는 매우 강한 毒性이 있어
　　서, 요리를 할 때 세심한 주의를 해야 한다. 국을 끓이면 그 국물이 매우 시원해서,
　　바닷가에서는 해장국의 으뜸으로 치며, 종이장처럼 얇게 썬 그 膾는 生鮮膾 중에
　　서도 最高級으로 알려져 있다.
918) 海錯은 海産物이다. ‘錯’은 복잡하다는 뜻으로 海中의 産物은 종류가 많아 복잡하
　　므로 이르는 말이다.
919) 信使는 使者이다.
920) 慈闈는 어머니를 뜻한다.
921) 강경훈 所藏本에서는 이 ‘喜公連信使令我奉’을 ‘公連信使令我奉喜’로 판각하고
　　‘公’의 위에 작은 동그라미를 하고 ‘喜’의 오른쪽에 ∨ 표시를 해서, 이 ‘喜’가 ‘公’
　　의 앞에 놓일 글자임을 표시해 두었다.
922) 강경훈 所藏本에는 이 ‘慈’가 ‘玆’로 되어 있다.

공사(公私) 간에 갈무리한 게 적네.
근심 중에도 도리어 기쁨은 있으니
수천 명의 목숨을 온전하게 함이네.924)

師旅仍饑饉　　　公私少貯儲925)
憂中還有喜　　　全活幾千餘

[102-3]
공은 아마 눈에 꽃이 가득할 테고
나는 벌써 수염에 하얀 눈이 생겨났다네.
서로 만날 날을 헤아려 보면
각기 달라진 풍채에 놀라게 되리.

公應花滿眼　　　我已雪生鬚
料得相逢日　　　各驚風彩殊

---

923) 師旅는 군대로 500명을 旅, 5旅를 師라고 하는데, 轉하여 戰爭의 의미로 쓰인다.
924) 全活은 몸을 온전하게 하여 사는 것, 또는 살려서 목숨을 온전하게 하는 것이다.
925) 강경훈 所藏本에는 이 '貯儲'가 '儲貯'로 되어 있다.

[103]　　　경상도안렴사가 새 차를 부쳐왔기에 다시 앞의 운을 써서 답
　　　　　하다(慶尙按廉寄新茶 復用前韻荅之[926])

　　　지존[927] 이외에 나에게 나누어 줄 줄을 어찌 기약했으리요?
　　　올해에는 작설차(雀舌茶)[928]가 귀하기 그지없네.
　　　봉래산(蓬萊山)[929]으로 돌아가는 것은 바라는 바 아니니
　　　바로 기억해 둔 책[930]을 실컷 얻음이 마땅하겠네.

　　　　　豈期分我至尊餘　　　雀舌今年貴莫如
　　　　　歸去[931]蓬萊非所望　　　正宜澆得腹中書

926) 同治本에는 이 ‘荅之’ 두 글자가 없다.
927) 至尊은 지극히 존엄한 사람, 곧 帝王을 가리킨다.
928) 雀舌茶는 잘게 눈이 터져 나온 차나무의 새싹을 따서 만든 茶이다.
929) 蓬萊山은 三神山의 하나이다.
930) 腹中書는 뱃속에 든 책이라는 뜻으로 읽고 기억해 둔 책을 가리킨다.
931) 同治本에는 이 ‘去’가 ‘來’로 되어 있다.

[104]   정당후[932] 혼[933]의 시에 차운하여 답하다(次韻荅[934]鄭堂後渾)

배운 글씨와 배운 시가 모두 정밀하지 못한데
공연히 헛된 이름을 얻어 사람들을 놀라게 했네.
나는 봉(鳳)과 솟구치는 난(鸞)이 둘 다 매우 기이하니
비로소 공자(孔子)[935]께서 후생(後生)을 두려워하신[936] 것을 믿네.

        學字學詩都不精   虛名猶得世人驚
        鳳騫鸞聳雙奇絶   始信宣尼畏後生

---

932) 堂後는 堂後官의 준말로 고려시대 中樞院·樞密院·密直司의 정7품 벼슬이다.

933) 鄭渾은 고려 말, 조선 초의 문신으로 初名은 從, 본관은 河東으로 之祥의 아들이다.
     典理佐郞으로 있다가 모친이 倭寇에게 살해되자 復讐策을 상소하고 出戰을 자청
     하여 召募別監이 되었다. 昌王 1년(1389) 對馬島를 공격하여 공을 세우고 조선이
     건국되자 典理佐郞이 되었다.

934) 同治本에는 이 '荅'이 '答'으로 되어 있다. 두 글자는 서로 通用되기도 하는 글자이다.

935) 宣尼, 宣尼公, 成宣尼公은 漢나라 平帝 때에 孔子에게 내려진 諡號이다.『漢書』「
     平帝紀」에, 孔子를 追尊하여 成宣尼公으로 諡號했다는 기록이 있다.

936) 畏後生은 後生可畏를 뜻한다.『論語』「子罕」편에 나온 孔子의 말인데, 그 원문은
     다음과 같다.

     後生이 두려운 것이니, 어찌 오는 자가 이제만 못하다는 것을 알겠는가? 사십이나
     오십이 되어도 아직 세상에 들림이 없다면 두려울 것이 없을 것이다(子曰 後生可
     畏 焉知來者之不如今也 四十五十而無聞焉 斯亦不足畏也已).

[105]　　　목은선생의 <희우> 시에 받들어 화답하다. 2수(奉和牧隱先
　　　　　生喜雨 二首937))

[105-1]
　　한밤중에 잠이 없음이 기쁜데
　　텅 빈 섬돌에서 빗소리가 들려 오네.
　　갑자기 더운 기운을 흩어지게 하니
　　자못 병든 몸이 가벼움을 느끼네.
　　단비가 먼 곳과 가까운 곳에 고르고
　　길한 징조938)는 밝은 임금님의 덕이네.
　　가물던 벼는 불어난 물에 자라나리니
　　배를 두드릴939) 가을의 수확940)을 기다리네.

$$
\begin{array}{ll}
中夜喜無寐 & 空階聞雨聲 \\
頓^{941)}令炎氣散 & 頗覺病身輕 \\
甘澍均遐邇 & 休徵賴聖明 \\
旱禾應漲秀 & 鼓腹待西成
\end{array}
$$

[105-2]
　　임금께서는 하늘의 뜻을 두려워하고
　　뭇 승려들은 부처를 부르네.
　　농사철은 방해하지 말아야 하고

937) 同治本에는 이 ‘二首’가 본문보다 작은 글자로 되어 있다.
938) 休徵은 길한 징조[吉兆]로 休兆라고도 한다.
939) 鼓腹은 배불리 먹고 기뻐하여 배를 두드리는 것으로 태평을 즐기는 모습을 형용하
　　는 말이다.
940) 西成은 가을의 수확을 뜻한다.
941) 강경훈 所藏本에는 이 ‘頓’이 ‘須’로 되어 있다.

백성의 일은 진실로 가벼이 여기지 말아야 하네.
삽상(颯爽)한 기운에 이미 하루가 다하는데
질펀한 비에 또 새벽이 환하네.
백낙천(白樂天)942)과 같은 그대를 아끼나니
응당 축하하는 시를 지은 게 있으리.

聖上畏天意　　　衆髦呼佛聲
農時要不害　　　民事固943)無輕
颯爽旣終日　　　滂沱又徹944)明
愛君如白傳　　　應有賀詩成

---

942) 白傳는 白居易(772~846)를 가리킨다. 이것은 그가 太子少傅를 지냈기 때문에 부르
　　는 이름이다. 白居易는 唐나라 때의 시인으로 字는 樂天, 號는 香山居士이다. 젊어
　　서 進士로 급제한 뒤 陝西省 盩厔縣尉로 시작하여 翰林學士·左拾遺를 지내고 忠
　　州·杭州·蘇州 등지의 지방장관을 역임한 뒤, 太子少傅·刑部尙書를 지냈다. 성
　　품이 강직하고 사회시를 많이 지었으며, 대중적 작품인 「長恨歌」, 「琵琶行」 등은
　　문사나 서민들 사이에 널리 애송되었다. 詩風은 평이하고도 명쾌했다.

943) 同治本에는 이 '固'가 '同'으로 되어 있다.

944) 同治本과 강경훈 所藏本에는 이 '徹'이 '澈'로 되어 있다.

[106]　유우사를 곡하다(哭柳右使)

넓은 이마와 큰 키는 바라보기에 엄숙하고
남을 감동시키는 말솜씨는 샘처럼 솟아났네.
사람의 목숨945)을 누가 맡고 있는지 알지 못하지만
낭묘(廊廟)946)에 등용(登庸)된947) 지 단지 여섯 해뿐이었네.

　　巨額長身望儼然　　動人談辯湧如泉
　　未知壽夭948)誰司柄　　廊廟登庸只六年

─────────────────

945) 壽夭는 長壽와 短命을 뜻한다.
946) 廊廟는 나라의 정치를 하는 궁전으로 正殿, 廟堂이라고도 한다.
947) 登庸은 登用과 같다. 후세에는 宰相이 되는 것을 가리킨다.
948) 同治本에는 이 '夭'가 '夫'로 되어 있다.

[107]   권소윤의 수묘949) 시권에 짓다(題權小950)尹守墓詩卷951))

글 속에 늘 부모에 대한 효(孝)가 드러나니
천년(千年) 전의 사람과 사귀는 듯 근심스럽네.
잠시도 잊지 않고952) 지극히 받들고 그리워하지 않으랴?
같은 시대에 이 같은 이가 있으니 한평생 사모하리.

　　書中每見孝於親　　慽慽神交千載人
　　得不服膺欣慕極　　同時有此慕終身

---

949) 守墓는 侍墓라고도 하는데, 부모의 居喪 중에 무덤 옆에 막을 짓고 3년 동안 지내
　　는 것을 말한다.
950) 同治本에는 이 '小'가 '少'로 되어 있다.
951) 同治本에는 이 '卷'이 '軸'으로 되어 있다.
952) 服膺은 잘 지켜서 잠시도 잊지 않는 것이다.

[108]   엄광사953)의 대선사가 새 차를 부쳐 보내다(嚴光大禪師寄惠
芽茶)

차를 따는 일이 바닷가에서 다 회복되었다고 하지만
오직 엄광사(嚴光寺)의 물건이 가장 아름답네.
나는 묘련사(妙蓮寺)954)에 있을 적부터 이 맛을 알았는데955)
번거롭게 스님이 멀리 보내어 나의 회포를 달래 주네.

採茶雖956)復海邊皆   唯957)有嚴光品最佳
我自妙蓮知此味   煩師遠寄慰予958)懷

---

953) 嚴光寺는 밀양 동쪽의 實惠山에 있던 절이다.

954) 妙蓮寺는 경기도 開城의 三峴里에 있던 절로, 忠烈王 9년(1282)에 洪恕가 開山했다.

955) 韓脩가 어릴 때에 妙蓮寺에 있었다는 사실은 李穡의 <韓文敬公墓誌銘並書>에 실
린 다음 언급을 통해서 확인할 수 있다.

내 나이 16·7세에 詩僧을 따라 놀기를 좋아하였다. 한번은 妙蓮寺에 이르러 선비
와 중들이 섞여 앉아서 차를 마시면서 聯句를 지었는데, 그 때에 文敬公은 아직 1
2·3세의 동자로 매양 척척 對句하여 여러 사람들이 모두 경탄하였으며, 비록 文
墨에 늙은 자라도 그에게 자리를 양보하고 감히 같은 서열에 낄 생각을 못하므로
나는 참으로 그를 이상하게 여겼다(予年十六七 喜從詩僧遊 至蓮寺 儒釋雜坐 啜茶
聯句 文敬公年纔十二三 每有的對 衆皆驚嘆 雖老於文墨者 推讓不敢齒 予固心異之).

956) 同治本에는 이 ‘雖’가 ‘誰’로 되어 있다.

957) 同治本과 강경훈 所藏本에는 이 ‘唯’가 ‘惟’로 되어 있다.

958) 강경훈 所藏本에는 이 ‘予’가 ‘子’로 되어 있다.

[109]　　최시중이 영덕에 있을 때 박서생에게 답한 시에 차운하다. 2
수(奉次崔侍中在盈德時荅959)朴書生詩韻 二首960))

[109-1]

전후(前後)의 큰 공은 마치 태산961)과 같은데
중년에는 몸을 물과 구름 가에 붙였네.
주민들은 지금도 오히려 붉은 겹신962)을 생각하고
거닐던 자취가 오래 되었으니 아마 푸른 이끼963)가 돋았으리.
우아한 뜻은 일찍이 거(莒)964)에 있음을 잊지 않았고
이 마음은 능연각(凌烟閣)965)의 그림으로도 아우르기 어렵네.
시를 이야기하며 당시의 일을 생각해 보면
백세가 지나도록 공이 하늘을 잘 섬겼음을 알리라.

前後膚功若泰山　　　中年身寄水雲邊
居民今尙思赤舃　　　行966)跡久應生綠錢
雅意未嘗忘在莒　　　此心難倂畵凌烟
談詩967)想見當時事　　　百世知公善事天

---

959) 同治本에는 이 ‘荅’이 ‘答’으로 되어 있다. 두 글자는 서로 通用되기도 하는 글자이다.
960) 同治本에는 이 ‘二首’가 본문보다 작은 글자로 되어 있다.
961) 泰山은 중국 山東省 奉安縣에 있는 산으로 五嶽의 하나이다.
962) 舃은 바닥이 두 겹으로 된 신이다.
963) 綠錢은 綠苔, 즉 푸른 이끼이다.
964) 莒는 山東省 沂水縣의 동남쪽에 있는 지명으로 齊나라의 땅이었다. 燕의 樂毅가
　　齊를 정벌하여 70여 城을 함락시키고 莒와 卽墨만 남았을 때, 田單이 莒와 卽墨의
　　소 천여 마리를 모아 오색의 용무늬를 그린 붉은 비단을 입히고, 그 꼬리에는 횃불
　　을 달아 연나라 군대를 쳐부수고 다시 70여 성을 빼앗은 일이 있다.
965) 凌烟閣은 唐나라 때 西安府의 성안에 있던 殿閣이다. 唐 玄宗이 나라에 공로가 있
　　는 신하 24명의 肖像을 그려서 그 곳에 걸어 놓게 하였다.
966) 同治本에는 이 ‘行’이 ‘生’으로 되어 있다.
967) 同治本에는 이 ‘詩’가 ‘得’으로 되어 있다.

겉과 속이 맑은 얼음968) 같음을 일찍이 알았는데
음빙식벽(飮氷食蘗)969) 속에도 겉과 속이 다르게 대응하지 않았네.
이보(夷甫)970)처럼 세 굴971)을 파지 않거늘
어찌 하증(何曾)972)을 본받아 만 냥의 음식을 먹으리요?

---

968) 氷淸은 마음이 얼음 같이 맑고 깨끗한 것을 뜻한다.

969) 蘗苦는 飮氷食蘗의 고통을 나타낸다. 飮氷食蘗은 얼음을 마시고 황벽나무를 먹는 것인데, 추위로 괴로워도 마음을 굳게 지켜 변함이 없는 것을 말한다.

970) 夷甫는 王衍의 字이다. 王衍은 晉나라 때의 인물로 정신이 밝고 빼어났으며 풍채와 자태가 우아하였다. 그는 조정과 재야에서 一世의 龍門으로 칭송되었고, 벼슬도 尙書令에 이르렀다. 그는 老莊思想이 번성했던 당시에 평판이 좋아서, 그의 사촌인 王戎은 "정신과 외모가 모두 높고 밝아 아름다운 구슬로 만들어진 숲에서 자란 구슬나무와 같아, 저절로 풍진 세상에서 밝게 드러나게 되었다."고 했다. 李漢의 『蒙求』에서는 <王衍風鑒>이라 했다.

971) 三窟은 세 굴이라는 뜻인데, 교활한 사람이 많은 은닉처를 가지고 있음을 비유하는 말이다. 戰國時代 齊나라의 馮諼이, 『戰國策』「齊策」에서 "교활한 토끼는 세 굴을 가짐으로써 겨우 그 죽음을 면한다(狡兔有三窟 僅得免其死耳)."고 한 故事에서 나온 말이다.

972) 何曾은 晉나라의 宰相으로 食道樂을 즐겨 하루 식사에 萬錢을 소비하였다고 한다. 李漢의 『蒙求』에는 <何曾食萬>이라고 하여 다음과 같이 기록되어 있다.

『晉書』에 실려 있기를, 何曾은 字가 潁考이고 陳留의 陽夏 사람이다. 어려서 배우기를 좋아하여 널리 들었다. 魏나라에 벼슬하여 司徒가 되었고, 武帝가 즉위하여 太尉에 임명하였다. 일찍이 성품이 지극히 효성스러웠고, 집안에서는 整肅하여 어려서부터 성장할 때까지 음란한 음악이나 첩을 두어 사랑하는 따위의 일은 전혀 없었다. 나이가 들어 아내와 마주보는 경우에도 모두 의관을 바로하고 서로 대하기를 손님처럼 하였다. 그러나 성품이 사치스럽고 호사하여 화려하고 사치스럽게 꾸미기에 힘썼다. 장막과 수레, 의복은 화려함이 극에 달하였고, 밥과 반찬은 왕보다 지나쳤다. 늘 천자가 잔치에서 太官[천자의 요리를 맡은 관리]이 만든 음식이라 해도 먹지 않다가, 문득 그의 음식을 가져오도록 명하기도 하였다. 떡을 쪄도 위쪽이 열 십(十)자로 갈라진 것이 아니면 먹지 않았다. 먹는 것이 하루에 萬錢이었다. 오히려 말하기를, "젓가락 놓을 데가 없네." 했다. 劉毅 등이 그의 사치가 한도가 없다고 여러 번 탄핵하는 상소를 올렸으나, 황제는 그를 重臣이라고 생각하여 한 번도 문책하지 않았다(晉書 何曾字潁考 陳留陽夏人 少好學博聞 仕魏爲司徒 武帝踐阼 拜太尉 曾性至孝 閨門整肅 自少及長 無聲樂嬖幸之好 年老與妻相見 皆正衣冠 相待如賓 然性奢豪 務在華侈 帷帳車服 窮極綺麗 廚膳滋味 過於王者 每燕見不食太

여섯 도(道)에서 모두 새 은혜973)를 입는데
외로운 배에서는 아직 옛날의 풍연(風烟)을 기록하네.
모래에 쓴 글씨의 뜻과 맛을 누가 알 수 있으랴?
강양(江陽)974)에서 날마다 하늘을 바라보던 일이 생각나네.

早識氷淸同表裏975)　　未應976)藥苦異中邊

不爲夷甫開三窟　　寧効977)何曾食萬錢

六道共承新雨露　　孤舟猶記舊風烟978)

書沙情味誰知得　　憶在江陽日望天

官所設 帝輒命取其食 蒸餠上不坼作十字不食 食日萬錢 猶曰 無下箸處 劉毅等數劾
奏 曾侈忕無度 帝以其重臣 一無所問).

973) 雨露는 雨露恩을 가리킨다. 雨露恩은 비와 이슬이 만물을 化育하는 것 같은 큰 은
혜를 가리킨다.

974) 江陽은 경상남도 陜川郡의 옛 이름이다.

975) 강경훈 所藏本에는 이 ‘裏’가 ‘裡’로 되어 있다.

976) 同治本에는 이 ‘應’이 ‘直’으로 되어 있다.

977) 同治本에는 이 ‘効’가 ‘效’로 되어 있다.

978) 同治本에는 이 ‘烟’이 ‘煙’으로 되어 있다.

[110]　　목은979)선생께 차운하여 받들어 답하다(次韻奉答980)牧隱先生)

[110-1]

책상에 한창 서적981)을 펼쳐놓고 있는데
수레를 탄 온화한 모습982)으로 나의 뜰로 들어오네.
유항(柳巷)983)이 어찌하여 누추하지 아니한가?
동쪽 이웃이 곧 자운(子雲)984)의 정자이기 때문이네.

---

979) 牧隱은 李穡(1328~1396)의 號이다. 李穡은 고려 말의 문신·학자로 字가 穎叔, 號가 牧隱, 본관이 韓山, 贊成事 穀의 아들, 李齊賢의 門人이다. 忠惠王 복위 2년 (1341) 進士가 되고 忠穆王 4년(1348) 元나라에 가서 國子監의 生員이 되어 性理學을 연구했다. 忠定王 3년(1351) 귀국하여 恭愍王에게 국책의 시정과 개혁을 건의하였고, 同王 2년(1353) 鄕試와 征東行省의 鄕試에 합격, 書狀官이 되어 元나라에 들어가 會試·殿試에 합격하여 원나라에서 應奉翰林文字承事郎·同知製誥兼國史院編修官을 지내고, 同王 5년에 귀국하여 吏部侍郎·翰林直學士兼史館編修官·知製敎兼兵部郎中이 되어 인사행정을 주관하고 개혁을 건의하여 政房을 폐지하게 하였으며, 右諫議大夫·樞密院右副承宣·知工部事·知禮部事 등을 지내고 同王 10년 紅巾賊의 침입으로 왕이 南幸할 때 扈從하여 1등공신이 되었다. 그 후 左承宣·知兵部事·右代言·同知春秋館事·寶文閣 및 藝文館大提學·判開城府使 등을 역임하고 韓山君에 봉해지고, 禑王 때 功臣의 호를 받고 師傅가 되었다. 恭讓王 때 判門下府事로 있다가 유배되었고, 朝鮮 太祖 4년(1395)에 韓山伯이 되었다. 門下에 權近·河崙·卞季良·吉再 등 많은 제자를 배출하여 조선 性理學의 주류를 이루게 하였다. 韓山의 文獻書院에 奉享되었다. 저서로는 『牧隱詩藁』와 『牧隱文藁』가 있다.

980) 강경훈 所藏本에는 이 ‘答’이 ‘荅’으로 되어 있다. 두 글자는 서로 通用되기도 하는 글자이다.

981) 簡篇靑은 靑簡篇, 또는 靑簡을 말한다. 簡篇은 문서, 책이다. 靑簡은 옛날 종이가 없을 때 푸른 대껍질을 불에 쬐어 기름기를 빼고 글씨를 썼기 때문에 부르는 말이다.

982) 雍容은 온화한 용모를 뜻한다.

983) 여기에서의 柳巷은 韓脩가 사는 집을 가리킨다.

984) 子雲은 揚雄의 字이다. 揚雄은 前漢의 유학자로 字가 子雲, 蜀郡 成都 사람이다. 어릴 때부터 공부하기를 좋아하여 많은 책을 널리 읽었다. 詞賦에 능했으나, 晩年에는 오직 經學에만 뜻을 기울였다. 『太玄經』·『揚子法言』·『方言』·『訓纂』·『州箴』 등 많은 책을 저술했다. 그의 子雲亭이 쓰인 예로는 劉禹錫의 <陋室銘>이 있는데, 거기에서는 “南陽諸葛廬 西蜀子雲亭 孔子云 何陋之有”라는 구절이 있다.

案頭方展簡篇靑　　車騎雍容入我庭
柳巷何爲不爲陋　　東隣985)便是986)子雲亭

[110-2]

초가을의 비가 연기에 둘리어 푸른데
마루 위의 서생은 뜰을 나가지 않네.
문득 몇 해 전의 이 시절이 생각나는데
몇 군데의 연못에서 아름다운 연꽃987)을 감상했던가?

新秋雨色帶烟靑　　堂上書生不出庭
却憶年前此時節　　蓮池幾處賞亭亭

---

985) 同治本과 강경훈 所藏本에는 이 '隣'이 '鄰'으로 되어 있다.

986) 同治本에는 이 '是'가 '尋'으로 되어 있다.

987) 亭亭은 연꽃의 아름다운 모습이다. 周敦頤의 <愛蓮說>에 "中通外直 不蔓不枝 香
遠益淸 亭亭淨植 可遠觀而不可褻翫焉"이라는 표현이 있다.

[111]　　앞의 운을 써서 염동정988)께 부쳐 드리다. 2수(用前韻寄呈廉
　　　　東亭 二首989))

[111-1]

십년(十年) 재상인데도 살쩍이 아직 검은데
다시 유풍(儒風)을 떨쳐 묘정(廟庭)을 빛내네.
세상에 누가 안식(眼識)을 갖추었는지 물으면
당시의 초은(樵隱)990)과 사정(思亭)991)이라고 하리.

---

988) 東亭은 廉興邦(?~1398)이 號이다. 廉興邦은 고려 말의 文臣으로 字가 仲昌, 號가
東亭, 본관이 瑞原으로 曲城府院君 廉悌臣의 아들이다. 恭愍王 6년(1357) 문과에
壯元, 左代言을 거쳐 恭愍王 11년(1362)에는 知申事로 紅巾賊을 대파하여 2등공신
으로 密直副使를 거쳐 提學이 되었다. 1374년 耽羅 牧胡의 난에는 崔瑩 등과 함께
출전하여 이를 진압했다. 禑王 때 權臣 李仁任의 뜻에 거슬려 한때 유배되었으나
이어 瑞城君에 봉해지고 三司左使가 되었다. 이인임의 심복 林堅味와 함께 專橫하
였을 뿐 아니라 前密直副使 趙胖을 무고하였다가 王의 미움을 사서 崔瑩과 李成桂
에 의하여 죽고 가산도 몰수되었다. 학문에 뛰어나 여러 번 知貢擧와 同知貢擧가
되었다. 廉興邦은 禑王 6년(1380) 5월에 知貢擧가 되고 密直司 朴形이 同知貢擧가
되어 李文和 등 33인을 급제시켰다는 기록이『高麗史』권73,「志」권27, '選擧 1'에
있다. 따라서 廉興邦은 李文和의 座主가 된다. 개인적으로는 廉興邦과 韓脩는 처
남·매부 사이이다. 한수의 父인 公義에게는 세 딸이 있었는데, 셋째 딸이 廉興邦
과 혼인하였음이 李穡이 쓴 公義의 墓誌銘「高麗國重大匡淸城君贈諡平簡韓公墓誌
銘」에 나와 있다(『淸州韓氏大同族譜(上世篇)』(六校本) 193면 참조).

989) 同治本에는 이 '二首'라는 단어가 없다.

990) 樵隱은 李仁復(1308~1374)의 號이다. 李仁復은 고려 恭愍王 때의 文臣으로 字가
克禮, 號가 樵隱, 본관이 星州, 兆年의 손자이다. 白頤正의 門人으로 문과에 급제하
여 忠惠王 복위 3년(1342)에 起居舍人을 거쳐 征東行省都事 등을 지냈고, 恭愍王
원년(1352)에 趙日新의 난을 토평하였으며, 뒤에 星山君이 되었다.『古今錄』을 편
수하였고, 贊成事에 올라 端誠佐理功臣이 되었으며, 뒤에 興安府院君에 進奉되었
다. 동왕 10년 監春秋館事로『金鏡錄』을 增修하였고, 동왕 22년 檢校侍中에 이르렀
다. 저서에『樵隱集』이 있다. 諡號는 文忠이다.

991) 思亭은 金希祖의 號이다. 金希祖는 고려의 문신으로 道康 金氏의 시조이고, 彦陽府
院君 倫의 아들이다. 문과에 급제한 후 여러 벼슬을 거치고, 恭愍王 2년(1353)에 軍
簿判書로 太子의 冊封을 進賀하러 元나라에 다녀왔고 이듬해에는 軍簿判書, 동왕
5년에는 簽書樞密院事, 동왕 8년에는 樞密院事에 올랐다. 紅巾賊이 쳐들어왔을 때

十年宰相鬓992)猶青　　再振儒風奐993)廟庭
若問世間誰具眼　　當年樵隱與思亭

[111-2]

제멋대로 푸른 풀과 잔디가 보기 싫어
어린 아이에게 뜰을 정리하도록 하고 싶네.
듣자니 공에게는 고기에 못지 않은 채소가 있다 하니
좋은 종자를 시골집994)에 보내준들 어찌 해가 되리요?

厭見草茅隨意靑　　欲敎童稚理園庭
聞公有菜可當肉　　嘉種何防995)寄野亭

왕의 南行에 扈從, 수복 후 平章事 李公遂, 參政 黃裳과 함께 首都를 지켰다. 왕을
호종한 공으로 1등공신이 되었으나, 얼마 후 順天으로 유배되었다.
992) 同治本에는 이 '鬓'이 '鬓'으로 되어 있다.
993) 同治本에는 이 '奐'이 '煥'으로 되어 있다.
994) 野亭은 시골의 정자, 시골의 숙소라는 뜻이다.
995) 同治本에는 이 '防'이 '妨'으로 되어 있다. 여기에서는 '妨'으로 번역하였다.

[112]   충주의 용두사996)로 돌아가는 평원선사를 보내며 차운하다
(送□□997)師歸忠州龍頭寺 次韻)

내가 한강의 뗏목 위에서 낚시하려고 하면서
용두사(龍頭寺)의 침상에서 노닒을 들었네.
지금 도하(都下)998)에서 비석(飛錫)999)을 보내는데
어느 날이나 절 앞에 지나가는 배를 매리요?
명주 수건과 실로 짠 신발을 스님은 아마 소비하련만
빗속의 삿갓과 안개 속의 도롱이를 내가 어찌 근심하리요?
오랜 약속1000)대로 최씨(崔氏)와 곽씨(郭氏)와는
장차 만나 한바탕 웃으며 함께 누각에 오르리.

漢江吾欲釣槎頭　　　聞說龍頭枕上遊
都下如今送飛錫　　　寺前何日繫1001)行舟
甁巾絲履師應費　　　雨笠烟簑我豈愁
久要1002)平生崔與郭　　　會將一笑共登樓

---

996) 龍頭寺는 충북 忠州의 末訖山 밑에 있던 절로 淨土寺라고도 한다. 삼국시대에 북
　　쪽 오랑캐가 자주 침노하므로 이 절을 짓고 탑을 세워 祈讓하였다고 한다.
997) 萬曆本에는 두 글자가 빠져 있으나 同治本에는 그냥 '禪'으로 되어 있어서 '□禪
　　師'인 듯하나 누구인지 알 수 없다. 강경훈 所藏本에는 萬曆本에 빠진 이 두 글자
　　가 '平原'으로 되어 있는데, 강경훈 所藏本의 이 '平原'이 맞다면 작품번호 088에서
　　말한 '平源上人'이 이 사람과 동일인물인 듯하다. 작품번호 088의 제목이 萬曆本과
　　同治本에는 '題平源上人詩卷'으로 되어 있으나, 강경훈 所藏本에는 '題平原上人詩
　　卷'으로 되어 있기 때문이다.
998) 都下는 都城 안, 都城지방을 가리킨다.
999) 飛錫은 飛錫羅漢에서 온 말로 西天[인도]의 道僧이 흔히 錫杖을 날려 왕래했다고
　　하는 사실을 가리킨다. 중국의 고승 隱峯도 五臺에 놀 때에 淮西에 나와 석장을 던
　　지고 공중으로 날아갔다 하며, 新羅 때에도 良志가 만든 석장이 절로 날아 檀越의
　　집마다 다니며 쩔렁쩔렁 했다고 한다.
1000) 久要는 오랜 약속, 옛날의 약속[舊約]을 가리킨다.
1001) 同治本에는 이 '繫'가 '係'로 되어 있다.
1002) 同治本에는 이 '要'가 '與'로 되어 있다.

[113]　　팔월 초아흐렛날 밤에 앉다(八月初九日夜坐)[1003]

하늘이 사시(四時)를 나누어서
춥고 더운 데는 각기 절후가 있네.
축융(祝融)[1004]이 어찌하여 살피지 않았기에
팔월인데도 아직 불꽃처럼 더운가?
오늘밤에 가을 기운[1005]이 이니
부채 흔들기를 비로소 멈출 수 있네.
느긋하게 남쪽 처마 밑에 앉아
뜨거운 하늘의 문양[1006]을 우러러보네.
달이 석목진(析木津)[1007]에 있어서
서쪽 두병(斗柄)[1008]의 푯말은 보이지 않네.

皇天分四時　　　　寒暑各有節
祝融[1009]何不廉　　　八月尙炎熱
今宵金氣應[1010]　　揮扇始得輟
悠然坐南榮　　　　仰視乾[1011]文烈
月在石[1012]木津　　不見西柄楬[1013]

1003) 이 시는 『東文選』 권5에도 실려 있다.
1004) 祝融은 불을 맡은 신, 또는 여름을 맡은 신을 가리키는데, 여기에서는 후자를 가
　　리킨다.
1005) 金氣는 가을 기운이라는 뜻이다. 金은 五行에서 가을을 뜻한다.
1006) 乾文은 하늘의 文樣으로 달과 별을 가리킨다.
1007) 析木津은 箕星[龍尾星]과 斗星[南斗星] 사이의 은하수[天漢]에 있는 津梁이다.
1008) 斗柄은 北斗七星의 자루쪽의 세 별이다.
1009) 강경훈 所藏本에는 이 '融'이 '瀜'으로 되어 있다.
1010) 同治本에는 이 '應'이 '望'으로 되어 있다.
1011) 同治本에는 이 '乾'이 '緣'으로 되어 있다.
1012) 『東文選』에는 이 '石'이 '析'으로 되어 있다. 여기에서는 '析'으로 번역하였다.
1013) 강경훈 所藏本에는 이 '楬'이 '揭'로 되어 있다.

[114]　　　내원당[1014] 각운의 만사(覺雲內願堂挽詞)

[114-1]

　　의관지족(衣冠之族)[1015]의 후예요 불법(佛法)의 왕으로
　　물망으로 거듭 내원당(內願堂)에 계셨네.
　　흐린 세상의 어지러움은 관계할 바 아닌데
　　수성(壽城)[1016]에 오르지 못하고 무상함을 보여주네.

　　　　衣冠世冑法中王　　　　物望重爲內願堂
　　　　濁世紛紛非所屑　　　　未登壽城[1017]示無常

[114-2]

　　마음으로 불인(佛印)[1018]을 전하여 하늘과 사람을 이롭게 하고
　　사문(斯文)[1019]을 즐겨 기예가 절륜하였네.
　　불법을 묻고 시를 구하는 게 나의 바람이었는데
　　다시는 꿈속에서도 만날 인연이 없네.

　　　　心傳佛印利天人　　　　遊戱斯文藝絶倫
　　　　問法求詩吾有望　　　　無緣更見夢中身

1014) 內願堂은 대궐 안에 있던 佛堂으로 內佛堂이라고도 한다. 고려시대에는 開城의
　　　宮中에 있었고, 조선시대에는 太宗 9년(1409)에 昌德宮 내의 文昭殿 곁에 지었는
　　　데 世宗 초에 폐하였다가 同王 30년(1448)에 景福宮의 文昭殿 서북쪽에 새로 지
　　　었다.
1015) 衣冠之族은 衣冠을 차린 사람, 곧 벼슬아치를 말한다.
1016) 壽城은 오래 사는 것을 의미하는 듯하다.
1017) 강경훈 所藏本에는 이 '城'이 '域'으로 되어 있다.
1018) 佛印은 변치 않는 부처님의 大道이다. 모든 法의 實相은 모든 부처님의 大道로
　　　변치 않는 것이기 때문에 佛印이라 한다. 印은 결코 변치 않는다는 뜻이다.
1019) 斯文은 儒學者들이 儒學을 부를 때 쓰는 말로 '이 學問, 이 글'이라는 뜻이다.

[115]   초아흐렛날에 목은선생과 여러 사람을 모시고 숭문관1020) 뒤쪽 감로사1021) 남쪽 봉우리에 올라 목은의 시에 차운하다(九

<hr>

1020) 崇文館은 고려시대에 경서의 강론과 임금의 자문에 응하는 일을 맡았던 관아이다. 국초부터 才學이 있는 文臣을 뽑아 이 관아의 직임을 겸대하게 하였다가, 成宗 14년(995)에 弘文館으로 고쳤고, 忠烈王 24년(1298)에 다시 환원하여 學士를 두었으며, 충렬왕 29년에 폐지하였다.

1021) 甘露寺는 경기도 開城의 五鳳峰 아래에 있던 절이다. 李子淵이 중국 潤州의 甘露寺에 갔다가 그 아름다움에 매혹되어 그것을 모방하여 지었다고 한다. 이름도 중국의 것과 같다. 李仁老의『破閑集』에는 그 자세한 내막이 다음과 같이 기록되어 있다.

昌華公 李子淵이 南宋에 사신으로 갔을 때, 潤州 甘露寺에 올라가서 강산의 좋은 경치를 사랑하여 따라간 뱃사공에게 일러 말하기를, "너는 이 산천 누각의 형세를 자세히 살펴보고 털끝만큼도 틀림이 없이 가슴속에 새겨 두어라." 하니 사공이, "명령대로 하겠나이다." 하였다. 還朝한 뒤에 사공과 약속하기를 "대개 천지간에 무릇 형체가 있는 것은 서로 비슷한 것이 있지 아니한 것이 없으므로 瀟湘江 가에 九山이 서로 비슷한 것이 있어 길가는 사람들이 의심하게 되었고[九疑山], 황하의 흐르는 물이 아홉 번 굽이치는데 남해에는 아홉 번 꺾인 물굽이가 있으니, 이것으로 보건대 山形 水勢의 서로 타고난 것이 사람의 면목과 같아서 천만 가지로 다를지라도 그 중에 반드시 비슷한 것이 있거든 하물며 우리나라는 蓬萊山에 가기가 머지 않아서 산천이 많고 빼어나기 중국보다 나은 것이 만 배나 되니, 그 형세가 어찌 京口[潤州]와 서로 비슷한 것이 없겠느냐? 너희는 마땅히 한 조각배와 짧은 돛배로써 떠돌아다니어 물오리와 서로 浮沈하여 아무리 그윽한 곳이나 먼 곳이라도 찾아가서 나를 위하여 알아 오되, 마땅히 10년을 기약하고 바쁘게 서둘지 말아야 할 것이다." 하였다. 사공은 그렇게 하기로 하고 무릇 6년이 지난 뒤에 비로소 서울 서호 가에서 그런 땅을 찾아 가지고 빨리 공에게 보고하기를 "이미 그런 땅을 얻었습니다. 하루 동안이면 왕래할 만하오니 한 번 가 보심이 좋을까 합니다." 하였다. 드디어 함께 그곳에 登臨하자, 기쁨이 형용에 나타나며 "중국 감로사가 비록 기이하고 아름다움이 비할 데 없으나 다만 누각의 웅장함과 단청의 장식이 특히 승할 따름이다. 天生地作의 자연한 형세에 이르러서는 이와의 거리가 참으로 九牛에 한 터럭이로다." 하고 곧 돈과 비단을 들여서 재목과 기와를 갖추어 무릇 누각과 池臺의 制度는 한결같이 중국 甘露寺를 모방하였다. 일을 마침에 이르러 扁額에 題하기를 또한 甘露라 하였다. 지휘하고 계획함과 경영함이 이미 마땅하게 되었으니 1만 가지 경치가 채찍질하지 않고도 절로 이르러 왔다. 뒤에 詩僧 惠素가 처음 시를 짓고 또 시중 金富軾이 끝을 맺으니 듣는 사람들의 화답한 것이 幾千餘 篇이었으므로 드디어 큰 시집을 만들었다(李仁老 저, 成樂薰 역,『破閑集』卷中,『韓國의 思想大全集』3, 同和出版公社, 1985).

日 陪牧隱先生及諸公 登崇文館後甘露寺南峯[1022] 次牧隱詩韻)

한 시대의 가장 멋스러운 인물들이
감로사(甘露寺) 남쪽 산의 꼭대기에 모였네.
소나무에 불어드는 서늘한 바람에서 미묘한 소리가 생기고
국화처럼 그윽한 꽃에서는 그윽한 향기가 떠도네.
먼 곳은 짙고 가까운 곳은 엷게 뭇 산이 저물고
마음은 밝고 정신은 기쁘게 눈 닿는 데까지 가을이네.
늙은 나는 근래에 좋은 정취가 없었는데
오늘의 이 놀이를 하늘이 막지 않네.

一時人物最風流　　甘露南岡會上頭
凉吹入松微韻作　　幽花如菊暗香浮
遠濃近淡群[1023]山晩　　心廣[1024]神怡極目秋
老我爾來無可意　　斯辰天不阻斯[1025]遊

1022) 강경훈 所藏本에는 이 '峯'이 '峰'으로 되어 있다.
1023) 同治本과 강경훈 所藏本에는 이 '群'이 '羣'으로 되어 있다.
1024) 同治本에는 이 '廣'이 '曠'으로 되어 있다.
1025) 同治本에는 이 '斯'가 '我'로 되어 있다.

[116]   구월 보름날 밤에 목은선생을 맞이하여 누각에 올라 달을 구
경하며 선생의 시에 차운하다(九月十五夜 邀牧隱先生 登樓
翫[1026]月 次先生韻)[1027]

[116-1]

높은 하늘에 구름 걷히고 이슬 내리는 가을인데
소리 없는 은하수가 사람 가까이 흐르네.
탁한 술로도 족히 맑은 경치 구경할 만한데
어찌 노란 국화를 흰머리에 꽂으랴?
땅은 금빛 물결을 솟구쳐 손님의 자리를 맑게 하고
하늘은 옥 같은 거울을 닦아 내 누각에 걸었네.
공에게 싫증내지 말고 밤새껏 머물기를 바라나니
옛 어진 이도 촛불 잡고 놀았음[1028]을 보지 않았는가?

> 雲卷[1029]長空露洗秋　無聲河漢近人流
> 濁醪亦足償[1030]淸景　黃菊寧須[1031]上白頭
> 地[1032]湧金波澄客位　天修玉鏡掛吾樓
> 請公莫厭留連夜　不見前賢秉燭遊

1026) 同治本과 강경훈 所藏本에는 이 ‘翫’이 ‘玩’으로 되어 있다.

1027) 이 시의 첫째 수는『東文選』권16에 <九月十五日 邀牧隱先生 登樓翫月>이라는
제목으로 실려 있다.

1028) 秉燭遊는 秉燭夜遊를 가리킨다. 이 말은『樂府詩集』「相和歌辭」<西門行>에 “晝
短而夜長 何不秉燭遊”, <古詩十九首> 제15수에 “生年不滿百 常懷千歲憂 晝短苦
夜長 何不秉燭遊”라고 나오고, 李白의 <春夜宴桃李園序>에도 “古人秉燭夜遊 良
有以也”라고 나온다.

1029) 同治本과『東文選』에는 이 ‘卷’이 ‘捲’으로 되어 있다.

1030) 강경훈 所藏本에는 이 ‘償’이 ‘賞’으로 되어 있다.

1031)『東文選』에는 이 ‘須’가 ‘羞’로 되어 있다.

1032) 同治本에는 이 ‘地’가 ‘池’로 되어 있다.

[116-2]

마흔 아홉 살에 올해도 벌써 가을인데
나는 거의 동쪽으로 흐르는 물을 좇은 게 아니었던가?[1033]
꺾이고 무너져도 봉(鳳)의 날개에 붙으려 하지 않고
읊조리며 잠시 학(鶴)의 머리를 기울게 하려고 하였네.
붉은 잎과 푸른 이끼가 있는 땅은 소제하지 못하게 하고
맑은 바람과 밝은 달이 있는 누각에는 오르기를 권하였네.
한가로이 사물과 내가 서로 잊고 있는 곳에서
억지로 노는 것을 끊은 도잠(陶潛)[1034]이 우습네.[1035]

四十九年今已秋　　吾非幾逐水東流
催頹不擬[1036]附鳳翼　　吟詠聊爲側鶴[1037]頭
紅葉蒼苔防掃地　　淸風明月勸登樓
悠然物我相忘[1038]處　　笑殺陶潛强絶遊

1033) 水東流는 중국의 강물이 반드시 동쪽으로 흐른다는 말로 事必歸正을 비유한다.

1034) 陶潛(365~427)은 晉의 尋陽 柴桑 사람으로, 字가 淵明이다. 志趣가 고결하여 榮利를 사모하지 않았고, 그의 詩는 忠穆淡雅하며, 文은 超越高古하였다. 일찍이 405년 彭澤令으로 나갔다가 督郵가 오게 되자 80여일만에 印綬를 풀어 놓고 떠나면서 <歸去來辭>를 지어 그 뜻을 밝혔다. 또 <五柳先生傳>을 지었으니, 그 안에 자기의 행동과 뜻을 자세히 밝혔다. 세상에서는 靖節先生이라 일컫는다. 自然美를 노래한 시가 많으며, 중국의 敍景詩는 이때부터 발달한 것으로 알려져 있다. 또한 그는 중국 역사에서 가장 菊花를 사랑한 사람으로 널리 알려져 있어서 국화가 등장하기만 하면 그의 이름이 언급되는 경우가 많다. 『陶淵明集』이 있다.

1035) 笑殺은 매우 웃는 것을 말한다. 이 때 '殺'은 강세를 나타내는 助字이다.

1036) 강경훈 所藏本에는 이 '擬'가 '觀'으로 되어 있다.

1037) 同治本에는 이 '鶴'이 '鷄'로 되어 있다.

1038) 同治本에는 이 '忘'이 '望'으로 되어 있다.

[117]   윤소종[1039] 대제[1040] 어머니 최씨의 만사. 2수(尹紹宗待制母
崔氏挽詞 二首[1041])

[117-1]

인간 세상에서 오기(五紀)[1042]하고도 또 다섯 해 동안
두 구슬이 계수나무 가지에 이어짐을 눈으로 보았네.[1043]

1039) 尹紹宗(1345~1393)은 고려 말, 조선 초의 문인으로 본관 茂松, 자 憲叔, 호 桐亭
이다. 李穡의 문인. 恭愍王 14년(1365년) 문과에 장원하고 修撰을 지낸 뒤, 正言이
되어 환관과 궁녀 등의 잘못된 행실 등을 논한 소를 올렸다가 파직되었다. 禑王
초에 典校寺丞·副令 등을 지내고, 1386년 成均館司藝로 기용되었다. 1388년 李
成桂의 위화도회군 때 東門 밖에 나가 <霍光傳>을 바쳐서 禑王을 폐하고 다른
왕씨를 왕으로 추대할 것을 암시하였다. 昌王 때 典校令을 거쳐 大司成에 이르렀
고, 恭讓王 초 左常侍·經筵講讀官이 되었다. 공양왕이 중 粲英을 王師로 맞으려
는 것을 반대하였다. 남을 헐뜯기를 잘하여 왕의 미움을 받았으며, 鄭夢周 일파의
諫官에게 탄핵 유배되었다. 1392년 조선이 개국되자 兵曹典書로서『高麗史』修撰
에 참여하였다. 1393년 回軍功臣 3등에 책록되고, 修文殿學士 등을 지냈다. 문집
에『桐亭集』이 있다.
1040) 待制는 고려시대에 두었던 벼슬의 이름이다. ① 寶文閣·寶文署에 두었던 벼슬로
睿宗 때에 처음으로 보문각에 두고 位階를 給舍直에 해당하게 하였다가 忠烈王
원년(1275)에 보문서에 두었다. ② 忠宣王 때에 둔 詞林院의 정4품 벼슬이다. ③
恭愍王 5년(1356)에 두었던 翰林院의 정5품 벼슬이다.
1041) 同治本에는 이 '二首'가 본문보다 작은 글자로 되어 있다.
1042) 1紀는 12년이다.
1043) 桂枝連은 두 아들이 科擧에 합격한 것을 뜻하는 듯하다. 문맥상으로 보아 '桂枝'
가 '桂林一枝'를 말한 것으로 판단되기 때문이다. 桂林一枝라는 말은 晉나라 사
람인 郤詵(郤詵이라고 한 책도 있다 : 인용자 註)이 賢良第一로 천거되었을 때, 겨
우 계림에서 한 가지를 얻었을 뿐이라고 했다는 고사에서 유래한 말로 출전은『
晉書』<郤詵傳>이다.

(치선의) 對策이 높은 등수로 급제하니 議郎의 벼슬을 주고 옹주자사로 천거했다.
武帝가 東堂에서 송별회를 하면서 詵에게 물어 말하기를, "卿은 스스로 어떻게
생각하는가?"라고 했다. 詵이 대답해 말하기를, "제가 賢良科에 합격하고 대책이
천하의 제일이 된 것은 계수나무 숲의 하나의 가지이요, 곤륜산의 玉 중에 한 조
각일 뿐입니다."라고 하니, 임금께서는 웃으셨다. 侍中이 詵을 면직시킬 것을 아
뢰자, 임금께서 말씀하시기를, "내가 그와 더불어 장난을 해 본 것 뿐이다. 이상하

오늘 신선의 수레가 멀어짐을 탄식하지 마시라.
남은 경사가 응당 장차 수많은 잎새로 전해지리.

五紀人間又五年　　　雙珠眼見桂枝連
莫嗟今日仙軿遠　　　餘慶應將萬葉傳

[117-2]

맏아들1044)은 가장 나를 잘 아는데
담박(淡泊)한 사귐이 끝내 달라지지 않네.
내당(內堂)에 올라가도 다시 바라볼 사람이 없으니
종이를 앞에 두고 다시 놀라서 소리치네.

家督最知吾　　　淡1045)交終不渝
升堂無復望　　　臨紙更驚呼

게 여길 것이 없다."라고 하셨다. 詵이 재임하는 동안 위엄이 있고 일을 밝게 결
단하여 사방에서 큰 명성을 얻었다(對策上第 拜議郎 遷雍州刺史 武帝於東堂會送
問詵曰 卿自以爲何如 詵答曰 臣擧賢良 對策爲天下第一 猶桂林之一枝 崑山之片玉
帝笑 侍中奏免詵官 帝曰 吾與之戲耳 不足怪也 詵在任 威嚴明斷 甚得四方聲譽).
1044) 家督은 한 집안을 감독하는 사람이라는 뜻으로 호주가 될 신분인 맏아들, 즉 適
　　　長子를 가리킨다.
1045) 同治本에는 이 '淡'이 '談'으로 되어 있다.

[118]   한산군1046)이 보여주는 시에 받들어 차운하다. 4수(奉和韓山
         君所示 四首1047))1048)

[118-1]
    옛날부터 의지하다가1049) 늘그막에 이웃이 되었는데
    뒤쫓아 다님에 어찌 일찍이 다시 날짜를 가렸으리요?
    서로 만남이 어떤 때는 사흘 밤 동안의 달빛 속이었고
    모시고 놂이 때로는 아홉 거리의 먼지 길이었네.
    본래 천지에 참여하는 도기(道氣)를 아는데
    어찌 귀신을 울릴 수 있는 시편만을 오로지 하랴?
    보고 느껴 마침내 얻은 바가 많은데도
    아직 시골 사람1050)을 면하지 못함이 문득 부끄럽네.

        依歸自昔晚爲隣1051)   追逐何曾更擇辰
        相逢或當三夜1052)月   陪1053)遊時路九街塵
        故知道氣叅天地   豈獨詩篇泣鬼神
        觀感終然多所得   却慙猶未1054)免鄕人

____

1046) 牧隱 李穡을 말한다. 그가 韓山君에 봉해졌기 때문에 이렇게 말한 것이다.
1047) 同治本에는 이 '首'가 '韻'으로 되어 있다.
1048) 同治本에는 이 작품의 제1수는 독립되어 있으나, 제2수~제4수는 구분되어 있지
     않고, 마치 한 首처럼 되어 있다. 이 시의 제2수는 『東文選』 권10에도 실려 있다.
1049) 依歸는 依賴, 依支의 뜻이다.
1050) 鄕人은 시골 사람, 시골의 평범한 사람을 가리킨다.
1051) 同治本에는 이 '隣'이 '鄰'으로 되어 있다.
1052) 同治本에는 이 '夜'가 '五'로 되어 있다.
1053) 강경훈 所藏本에는 앞의 句의 마지막 글자인 '月'과 이 '陪'가 순서가 뒤바꾸어,
     '陪月'로 되어 있다.
1054) 강경훈 所藏本에는 이 '未'가 '末'로 되어 있다. 그러나 문맥상으로 보아 여기서는
     '未'가 맞는 것으로 판단된다.

[118-2]

세모(歲暮)에 찬바람이 쌓이는데
궁핍한 집이라 술잔이 드무네.
근심스러운 구름은 휑한 들판에 나직하고
언 참새는 빈 처마 곁에 있네.
졸렬하기에 나의 도를 보존할 수 있고
한적하기에 오직 내 집을 사랑하네.
남쪽 창에서 임금께 올릴 과제를 글씨로 쓰며
차츰 햇빛이 피어남을 깨닫네.

殘歲寒風積　　　窮居酒盞疎
愁1055)雲低野逈　　凍1056)雀傍簷虛
拙可存吾1057)道　　閑唯1058)愛我廬
南窓1059)書課進　　漸覺日行舒

[118-3]1060)

바람이 높은 하늘을 휘저으니 기운이 마루에 들어오고
나무 소리는 밤새도록 탕약을 달이는 듯하네.
창을 여니 이미 장대 세 개만큼 해가 솟았는데
수많은 기와에 아직 남아 있는 서리에 눈이 부시네.1061)

1055) 同治本에는 이 ‘愁’가 없다.
1056) 강경훈 所藏本에는 이 ‘凍’이 ‘東’으로 되어 있다. 그러나 문맥상으로 보아 여기서
　　　는 ‘凍’이 맞는 것으로 판단된다.
1057) 同治本에는 이 ‘吾’가 없다.
1058) 同治本에는 이 ‘閑唯’가 ‘開惟’로, 강경훈 所藏本에는 ‘閑惟’로 되어 있다.
1059) 강경훈 所藏本에는 이 ‘窓’이 ‘片忽’으로 되어 있다.
1060) 同治本에서는 이 首와 위의 작품인 작품번호 118-2 사이에 行 구분을 하지 않고
　　　달아서 썼기 때문에, 이 首가 작품번호 118-2와 연결된 하나의 작품인 것처럼 되
　　　어 있다.
1061) 奪目은 강렬한 빛 때문에 눈이 부시다는 뜻이다.

風攪長空氣入堂　　樹聲終夜若煎湯
開窓已是三竿1062)日　奪目猶存萬瓦霜

[118-4]1063)

나뭇잎이 모두 마르고 곡식 낱알은 드문데
오고 가는 겨울 참새가 참으로 아련하네.
먼 산의 소나무와 잣나무에 그늘이 없지는 않지만
송골매가 뒤에서 좇아서 날까 또한 두렵네.

木葉皆彫粟1064)粒稀　　去來寒雀正依依
遠山松栢1065)非無蔭1066)　亦恐鷹1067)鸇趁1068)後飛

1062) 강경훈 所藏本에는 이 '竿'이 '等'으로 되어 있다.
1063) 同治本에서는 이 首와 위의 작품인 작품번호 118-3 사이에 行 구분을 하지 않고
　　달아서 썼기 때문에, 이 首와 작품번호 118-3이 모두 작품번호 118-2와 연결된 하
　　나의 작품인 것처럼 되어 있다.
1064) 강경훈 所藏本에는 이 '粟'이 '栗'로 되어 있다.
1065) 강경훈 所藏本에는 이 '栢'이 '桕'으로 되어 있다. 그러나 문맥상으로 보아 여기서
　　는 '栢'이 맞는 것으로 판단된다.
1066) 同治本에는 이 '蔭'이 '陰'으로 되어 있다.
1067) 同治本에는 이 '鷹'이 '鸞'으로 되어 있다.
1068) 강경훈 所藏本에는 이 '趁'이 '超'로 되어 있다.

[119]   설곡1069)의 두루마리1070)에 짓다(題雪谷卷子)

강과 골짜기에 천 년의 눈이 아직 남았지만
인간 세상의 뜨거운 고뇌를 감히 서로 막겠는가?
비구승이 마땅한 곳1071)을 얻어 사니
얼음 절벽을 내버려두어 지나는 길이 험난하네.

江谷千年雪未殘　　　人間熱惱敢相干
比丘1072)棲息得其所　　遮莫氷崖道路難

1069) 雪谷은 鄭誧(1309~1345)의 號이다. 그는 자가 仲孚이고 鄭樞의 부친이다. 충숙왕
　　　때 급제하여 修撰이 되고, 충혜왕 때에 左司議大夫로 시정을 간언했다가 파면당
　　　하고, 元에 망명하려 한다는 참소로 蔚州에 유배되었다. 해배 후 원에 가서 벼슬
　　　하려 하였으나 병사하였으며, 『雪谷集』을 남겼다.

1070) 卷子는 두루마리이다.

1071) 得其所는 『孟子』「萬章章句 上」에 나오는 말로 알맞거나 어울리는 자리를 얻는
　　　다는 뜻이다. 따라서 능력이나 뜻에 걸맞아서 만족스러운 상태에 놓여 있는 것을
　　　가리킨다. 春秋時代 鄭나라에 子產이라는 훌륭한 정치가가 있었다. 그는 20여 년
　　　간 재상자리에 있으면서 나라의 紀綱을 바로잡는 데 힘썼으며 외교능력도 뛰어
　　　나 주변 강대국들의 침략 의도를 번번이 挫折시키는 등 많은 治績을 쌓았다. 어
　　　느 날 어떤 사람이 자산에게 살아있는 물고기 한 마리를 膳物로 보내왔다. 자산
　　　은 연못을 관리하는 하인에게 물고기를 건네주면서 그것을 연못에 놓아 기르도
　　　록 했다. 그러나 하인은 자산의 분부를 어기고 그 물고기를 끓여먹고 와서는 이
　　　렇게 復命했다. "물고기를 연못에 놓아주니까 처음에는 어릿거리고 비실비실하
　　　더니 조금 있다가 기운을 차리고는 꼬리를 치면서 연못 한가운데로 들어가 버렸
　　　습니다." 하인의 그럴듯한 거짓말을 곧이 들은 자산은 흐뭇한 표정을 지으면서,
　　　"마땅한 자리를 얻었구나! 마땅한 자리를 얻었어(得其所哉 得其所哉)."라고 했다.
　　　자산을 감쪽같이 속인 하인은 다른 사람에게 자랑하듯 말했다. "누가 자산을 지
　　　혜롭다고 말하는가? 그도 별 수 없더군. 내가 물고기를 끓여 먹은 줄도 모르고 자
　　　산은 그 물고기가 '마땅한 자리를 얻었구나! 마땅한 자리를 얻었어.' 하고 좋아하
　　　니 말이야." 자산의 말을 딴 得其所는 물고기가 물에서 놀아야 하듯이 능력과 적
　　　성에 맞는 자리에 앉혀지는 것을 비유하는 말이 되었다.

1072) 同治本에는 이 '比丘'가 '北邱'으로 되어 있다.

[120]　　　문생1073) 강회백1074)이 대언1075)이 되었기에 지어서 보내다. 2
　　　　수(門生姜淮伯拜代言 寄題 二首1076))

[120-1]

봉액(縫掖)1077)으로 꽃다운 나이에 대언(代言)이 되니
고금을 헤아려 봐도 그대 같은 경우가 적었네.
노련한 기운1078)이 여러 사람을 압도할 줄 일찍이 아나니
우리 임금님이 문채를 잘 지키도록 빛나게 보좌하리.

　　　縫掖芳年拜代言　　　篲來今古少如君
　　　早知老氣盖諸子　　　光輔吾王好守文

[120-2]

의발(衣鉢)을 서로 전하는 일은 옛 말에 있으니
양천(陽川)1079)은 나를 알고 나는 그대를 알았네.

1073) 門生은 옛날 科擧를 주재하던 知貢擧가 그 榜에서 뽑은 及第者이다. 지공거에 대
　　하여 급제자는 恩門 또는 座主라 하여 평생 부모처럼 모시며 門生의 예를 지켰다.
1074) 姜淮伯(1357~1402)은 고려 말, 조선 초기의 문신으로 字가 伯父, 號가 通亭, 본관
　　이 晉州이다. 門下贊成事 蓍의 아들로 禑王 2년(1376) 문과에 급제하여 成均祭
　　酒・密直司의 提學・副使・簽書司事를 역임하고 推忠協輔功臣이 되었다. 恭讓王
　　1년(1389) 世子師에 임명되었으나 사퇴하고 이어서 判密直司事에 吏曹判書를 겸
　　임한 후, 交州道都觀察黜陟使를 거쳐 政堂文學 겸 大司憲이 되었다. 이 때 金震陽
　　의 趙浚・鄭道傳 등에 대한 탄핵에 동조, 1392년 정몽주가 살해된 뒤 晉陽으로
　　유배되었다가 조선 건국 후 太祖 7년(1398) 東北面都巡問使가 되었다.
1075) 代言은 고려시대의 관직으로 忠宣王 2년(1310) 承旨를 代言으로 개칭하였다. 恭愍王
　　이 한 때 代言을 承宣이라 고쳤으나 얼마 지나지 않아 다시 代言으로 還元하였다.
1076) 同治本에는 이 '二首'가 본문보다 작은 글자로 되어 있다.
1077) 縫掖은 縫腋이라고도 하는데, 縫掖之衣를 가리킨다. 縫掖之衣는 선비가 입는 도
　　포로 겨드랑이를 터놓지 않은 옷이다.
1078) 老氣는 老練한 기운이다. 杜甫의 <送韋十六評事> 시에 "子雖軀幹小 老氣橫九州
　　"라는 구절이 있다.

지금 누가 나에게 안목이 없다고 하랴?
다시 춘위(春闈)[1080]에서 시관(試官)이 되기[1081]를 기다리네.

衣鉢相傳古有言　　陽川知我我知君
如今孰謂吾無眼　　更待春闈見主文

1079) 陽川은 韓脩가 禮部試에 급제할 때의 知貢擧였던 許伯을 가리킨다. 그의 본관이
　　　陽川이기 때문에 이렇게 표현한 것이다. 許伯은 忠穆王 3년(1347)에 知貢擧가 되
　　　어, 同知貢擧인 李穀과 함께 예부시에서 金仁琯·韓脩·李岡·朴形 등 33인을 뽑
　　　았다.
1080) 春闈는 春試·春圍·春場試라고도 하는데, 봄철에 보이는 會試를 말한다.
1081) 主文은 글을 맡았다는 뜻으로 科擧의 試官을 가리킨다. 조선시대에는 大提學의
　　　別稱으로 쓰였다.

[121]   상천 장로¹⁰⁸²⁾를 보내다(送霜泉長老)

나옹(懶翁)¹⁰⁸³⁾의 고제(高弟)¹⁰⁸⁴⁾는 상천(霜泉)이라 불리는데
환한 눈동자에 빙설(氷雪) 같은 얼굴이네.
돌부리에서도 일찍이 넘어지지 않았으니
짚신으로 거리낌없이 만 겹의 산을 다니리.

    懶翁高弟號霜泉   眸子瞭¹⁰⁸⁵⁾然氷雪顔
    未向石頭曾踢倒   草鞋遮莫萬重山

1082) 長老는 지혜와 덕이 높고 법랍이 많은 비구를 높여 부르는 말로 尊者, 具壽라고
　　 도 한다. 長老에는 耆年長老・法長老・作長老가 있다고 한다.
1083) 懶翁和尙은 고려 말의 승려 惠勤의 號이다. 惠勤은 初名이 元惠, 號 懶翁, 堂號 江
　　 月軒, 俗姓이 牙이다. 寧海 사람으로 20세 때 이웃 친구가 죽는 것을 보고, 죽으면
　　 어디로 가느냐고 어른들에게 물었으나 아는 이가 없으므로 비통한 생각을 품고
　　 공덕산 묘적암 요연스님에게 가서 중이 되었다. 그 후 그는 그 곳을 떠나 여러 곳
　　 으로 다니다가 1344년 楊州 檜巖寺에서 4년 동안 좌선하여 깨달은 바가 있었다.
　　 元나라 北京에서 指空을 뵙고 契悟한 바 있었고, 2년 동안 공부하다가 다시 남쪽
　　 으로 가서 平山 處林에게서 法衣와 拂子를 받았다. 복룡산에서 千巖의 禪室에 들
　　 어갔고, 사방으로 다니면서 선지식을 찾은 뒤에, 다시 북경으로 돌아와 지공의 법
　　 의와 불자를 전해 받았다. 1355년 燕京에 가서 順帝의 명으로 廣濟寺에 머물다가
　　 1358년에 귀국하였다. 가는 곳마다 법을 설하고 1360년 五臺山으로 들어갔다. 이
　　 듬해 恭愍王이 청하여 내전에서 설법하였고, 指空의 袈裟와 靈骨을 전해 받아 회
　　 암사에 모셨다. 1371년 王師가 되고, 大曹溪善交都總攝根修本智中興祖風福國祐世
　　 普濟尊者의 시호를 받았다. 뒤에 회암사를 크게 중건하여 文殊會를 열어 落成하
　　 였다. 1376년 왕명으로 密陽의 瑩原寺로 가다가 여주의 신륵사에서 입적하였다.
　　 諡號는 禪覺이다. 문하에 幻菴・無學 등이 있었으며, 『懶翁和尙語錄』과 『懶翁和尙
　　 歌頌』을 남겼다. 李穡이 글을 지어 세운 碑와 浮屠가 회암사에 있다.
1084) 高弟는 뛰어난 제자를 가리킨다. 高弟子 또는 高足弟子라고도 한다.
1085) 同治本에는 이 ‘瞭’가 ‘暸’로 되어 있다.

달존(達尊)[1088] 셋을 겸했으니 해동(海東)[1089]의 으뜸이요
청명한 기질은 세상에 같은 이가 없네.
두 왕조의 예악을 모두 지극히 궁구하였으니
한 시대의 공명은 누구와 풍성함을 비기리요?
나이가 팔순에 가까워도 오히려 경계하였고
경사는 여러 아들에게 흘러 모두 영웅이네.
공(公)은 오늘 남은 한이 없으리라는 것을 아나니
어찌 곽분양(郭汾陽)[1090]에게만 시종여일(始終如一)함이 있을 뿐이랴?

1086) 廉忠敬公은 廉悌臣을 가리킨다. 廉悌臣(1304~1382)은 고려의 문신으로 兒名이 佛奴, 字가 愷叔, 본관은 瑞原, 中贊 承益의 손자이다. 일찍이 아버지를 여의고 元나라에 가서 平章事로 있는 고모부 末吉의 집에서 자랐다. 泰定皇帝를 수년간 시종하며 총애를 받았고, 어머니를 만나러 귀국하였다가 다시 돌아가 尙衣使로 근무하다가 다시 어머니를 봉양하기 위해 귀국을 청하여 征東省郎中에 임명되어 돌아왔다. 忠肅王의 신임을 받았으며, 忠穆王 때에 三司右使·都僉議評理를 거쳐 忠定王 1년(1349) 贊成事가 되었다. 恭愍王 3년(1354)에 左政丞·右政丞을 지내고 이 해 7월 원나라의 요청으로 내란의 평정을 돕기 위해 柳濯 등과 함께 군사 2천 명을 이끌고 갔다가 10월 공민왕의 부름을 받고 귀국, 뒤에 曲城伯에 봉해졌다. 1356년 奇轍 일파를 숙청한 후 원나라의 공격에 대비하기 위해 西北面都元帥로 나갔으며, 守門下侍中을 겸하였다. 權臣 辛旽에게 아부하지 않아 한때 파직되었다가 1364년 領都僉議를 거쳐 1371년 西北面都統使가 되었고, 이 해에 딸이 愼妃로 책봉되었다. 禑王 때 領三司事·領門下府事를 거쳐 曲城府院君에 진봉되었다. 諡號는 忠敬이다. 개인적으로는 廉悌臣이 廉興邦의 아버지이기 때문에 韓脩의 아버지인 公義와 사돈 사이이다. 한수의 父인 公義에게는 세 딸이 있었는데, 셋째 딸이 廉興邦과 혼인하였음이 李穡이 쓴 公義의 墓誌銘「高麗國重大匡淸城君贈諡平簡韓公墓誌銘」에 나와 있다(『淸州韓氏大同族譜(上世篇)』(六校本) 193면 참조).

1087) 同治本에는 이 '廉忠敬公'의 뒤에 '悌臣'이라고 이름이 밝혀져 있다.

1088) 達尊은 천하에 통하는 높은 것을 뜻한다.『孟子』「公孫丑 下」에 "천하에 통하는 높은 것이 셋이 있으니 벼슬이 그 하나요, 나이가 그 하나이며, 덕이 그 하나이다. 조정에서는 벼슬 만한 것이 없고, 鄕黨에서는 나이 만한 것이 없고, 세상을 돕고 백성을 교양하는 데는 덕 만한 것이 없다.(天下有達尊三 爵一齒一德一 朝廷莫如爵 鄕黨莫如齒 輔世長民莫如德)"는 글에서 유래한다.

1089) 海東은 渤海의 동쪽에 있는 나라라는 뜻으로 우리나라를 가리킨다.

兼達尊三冠海東　　清明氣質世無同
兩朝禮樂皆硏[1091]極　一代功名孰比豊
年近八旬猶儆戒　　慶流諸子[1092]摠[1093]英雄
知公此日無遺恨　　何翅汾陽有始終

1090) 郭汾陽은 汾陽王에 봉해졌던 郭子儀를 가리킨다. 郭子儀는 唐의 명장으로 玄宗
　　　때에 朔方節度右兵馬使가 되고, 安史의 亂을 평정하였다. 또 回紇과 손잡고 吐蕃
　　　을 정벌하였다. 벼슬이 太尉, 中書令에 이르고, 汾陽郡王에 봉해졌다.
1091) 강경훈 所藏本에는 이 '硏'이 '石刀'으로 되어 있다.
1092) 同治本에는 이 '諸子'가 '子弟'로 되어 있다.
1093) 同治本에는 이 '摠'이 '摠'으로 되어 있다.

[123]   초여름(初夏)

맑은 물가에서 앉아 쉬다가
푸른 그늘 속을 뚫고 지나가네.
꽃피는 시절은 비록 벌써 지나갔지만
감상하고 싶은 마음은 아직 다하지 않았네.

坐歇淸漣際   行穿綠暗1094)中
花時雖已過   心賞未曾窮

1094) 同治本에는 이 '暗'이 '晴'으로 되어 있다.

[124]　　　한산군이 신륵사에 놀러가기에 절구 2수를 지어 부쳐 드리다
(韓山君出遊[1095]神勒寺 作二絶句[1096]寄呈)

[124-1]

공(公)은 탁발승[1097]과 노닐며 불교[1098]에 의지하는데
나는 풍진(風塵) 속에서 어머니[1099]를 위하네.
다만 이 마음을 머물지[1100] 않도록 할 수 있다면
인간 세상 어디인들 청량(淸凉)하지 않으랴?

　　　公遊雲水憑[1101]西敎　　我在風塵爲北[1102]堂

　　　但使此心無住[1103]著　　人間何處不淸凉

[124-2]

황려(黃驪)[1104]가 비록 좋은 강산이지만
혹시 가족을 데리고 가서[1105] 돌아오지 않지는 마시라.
『춘추(春秋)』[1106]를 필삭(筆削)[1107]한 가르침이 책 속에 있으니

1095) 同治本에는 이 ‘遊’가 없다.

1096) 강경훈 所藏本에는 이 ‘句’가 없다.

1097) 雲水는 雲水衲子 또는 雲水僧의 준말로서, 托鉢僧을 가리킨다.

1098) 西敎는 佛敎를 가리킨다. 불교의 발상지인 印度가 중국에서 보면 서쪽에 해당되기 때문에 붙은 이름이다.

1099) 北堂은 옛날 士大夫 집안의 동쪽 집채의 北半部에 해당하는 곳으로 이곳에는 主婦가 거처하였기 때문에 主婦, 또는 어머니라는 의미로 쓰인다. 또 이곳 뜰에는 원추리[萱草]를 심었기 때문에 萱堂이라고도 부른다.

1100) 住著은 머물러 사는 것이다.

1101) 同治本에는 이 ‘憑’이 ‘馮’으로 되어 있다.

1102) 同治本에는 이 ‘北’이 ‘此’로 되어 있다.

1103) 同治本에는 이 ‘住’가 ‘任’으로 되어 있다.

1104) 黃驪는 경기도 驪州의 옛 이름이다.

1105) 携家는 가족을 데리고 가는 것이다.

선니(宣尼)[1108]께서 어찌 수사(洙泗)[1109]를 버리겠는가?

黃驪雖是好江山   莫或携家去不還
筆削春秋敎在簡   宣尼豈舍洙泗間

1106) 『春秋』는 周代의 魯나라의 年代記를 바탕으로 孔子가 저술한 역사서이다. 隱公으
    로부터 哀公에 이르기까지 242년간(722~481 B.C.)의 역사이다. 異本으로 左氏
    傳·公羊傳·穀梁傳이 있다.
1107) 筆削은 쓸 만한 것은 쓰고 삭제할 것은 삭제하는 것이다.
1108) 宣尼, 宣尼公, 成宣尼公은 漢나라 平帝 때에 孔子에게 내려진 諡號이다.『漢書』「
    平帝紀」에, 孔子를 追尊하여 成宣尼公으로 諡號했다는 기록이 있다.
1109) 洙泗는 洙水와 泗水를 가리킨다. 孔子가 이 근처에서 제자들을 가르쳤기 때문에
    孔子의 門下를 뜻한다. 洙泗學은 孔子와 孟子의 學問을 일컫는 말이다.

[125]   서해도1110)를 안렴1111)하러 가는 대호군 직문하1112) 이무1113)
를 보내다(送大護軍直門下李茂廉按1114)西1115)海)

장군의 자손1116)을 세상이 모두 헤아리는데
관리의 재목으로 그대가 또한 뛰어나네.
밝은 시절에 안부(按部)1117)에 뽑히니
좋은 명망1118)이 중방(重房)1119)에서 으뜸이네.

1110) 西海는 황해도 海州의 다른 이름이다. 때로는 황해도의 고려시대 이름이었던 西
海道를 가리키기도 한다. 여기에서는 西海道를 뜻한다.

1111) 按廉使는 고려시대의 지방 장관이다. 초기에는 節度使가 있었는데 顯宗 3년(1012)
에 없애고 按察使를 두었다. 文宗 18년(1064) 都部署로 개칭하였다가 睿宗 8년
(1113)에 다시 按察使로 환원했다. 忠烈王 2년(1276) 按察使를 按廉使로 고치고,
1298년에는 경상·전라·충청의 3도에 按廉副使를 두고 東界의 按集使를 없애어
交州의 按廉使가 겸하게 했다.

1112) 直門下는 고려시대 門下府의 종3품 벼슬이다. 文宗 때 제정하여 忠烈王 24년
(1598)에 폐지하였다가, 恭愍王 1년(1352) 直都僉議로 부르고 1356년 다시 直門下로
환원하였다. 1362년 다시 直都僉議로 부르다가 그 뒤 다시 直門下로 개칭하였다.

1113) 李茂(1355~1409)는 고려 말, 조선 초의 문신으로 字가 敦夫, 본관이 丹陽, 判書
李居敬의 아들이다. 恭愍王 때 文科에 급제, 禑王 때 知密直司事로 있으면서, 유
배된 趙英吉이 도망한 것을 알고도 고하지 않아 한때 파직되었고, 恭讓王 때는
李仁任의 일파라 하여 谷州에 유배되었다. 조선 개국 후 太祖 2년(1393) 開城尹을
거쳐 中樞院使가 되어 西江[禮成江] 및 江華島의 兵船을 점검하였으며, 이 해 謝
恩使로 明나라에 갔다가 이듬해 귀국하여 倭寇의 침입에 대비하였고, 1396년 都
體察使가 되어 一岐島 및 對馬島의 倭寇를 토벌했다. 太祖 7년 參贊門下府事로
제1차 王子의 亂에 芳遠을 도와 定社功臣 1등으로 丹山府院君에 봉해졌다. 定宗
2년(1400) 東北面都巡問使로 永興府尹을 겸임하였고, 太宗 1년(1401) 判三軍府事
가 되고, 佐命功臣 1등으로 右政丞에 승진하였고, 이어서 領承樞府事·右政丞兼
判兵曹事를 역임하고, 1406년 金士衡·李薈 등과 『歷代帝王混一彊理圖』를 편찬
하였다. 1408년 病으로 사직하고, 이듬해 閔無咎의 獄事에 연루되어 昌原에 유배
되었다가 竹州에서 사형당하였다. 뒤에 伸寃되었고, 諡號는 翼平이다.

1114) 同治本에는 이 '廉按'이 '按廉'으로 되어 있다. 여기에서는 '按廉'으로 번역하였다.

1115) 同治本에는 이 '西'가 '四'로 되어 있다.

1116) 將種은 장수 집안의 자손이다.

1117) 按部는 관할 지역을 다스린다는 뜻으로, 按廉使 등의 道臣을 일컫는 말이다.

배나무 곁1120)에서는 의논이 그치고
팥배나무 그늘1121)에서는 교화가 드날리네.
이 지방에서 누가 우러러보지 않으리요?
봄비인 양하고 혹은 가을 서리인 듯하네.

將種世皆數　　　吏材1122)君又良
明時選按部　　　令望最重房
梨掖議論輟　　　棠陰敎化揚
一方誰不仰　　　春雨或秋霜

1118) 令望은 좋은 名望이다.

1119) 重房은 고려 顯宗 때 二軍·六衛의 上將軍과 大將軍 등이 한 자리에 모여 軍事에
대한 일을 의논하던 기관이다. 重房은 武臣에 의한 일종의 권력기관으로 文臣들
의 都堂과 대조가 되는 곳이지만, 문신이 정권을 잡고 있을 때에는 별다른 영향
력이 없었다. 그러나 毅宗 24년(1170) 鄭仲夫의 난이 일어나서 무신들이 정권을 잡
은 뒤로는 그 기능이 확대되어 武人政治의 핵심체로 한때는 최고의 행정기관이
되어 군사는 물론 警察·刑獄·百官의 任免 및 褒貶, 기타 여러 가지 규례의 판정
등을 주관하여 처리하였으며, 아울러 重房을 대궐 안 왕이 거처하는 근처에 두어
늘 왕의 動靜을 감시하고 또 왕과의 연락을 긴밀히 하였다. 忠宣王 초에 잠시 폐
지된 적이 있었으나 곧 다시 설치하여 고려 말기까지 그 명맥을 유지하였다.

1120) 梨掖은 대궐을 가리키는 듯하다. 唐 玄宗이 만든 梨園이 궁중의 禁苑이었기에
일컫는 말인 듯하다.

1121) 棠陰은 甘棠은 棠梨, 즉 팥배나무의 그늘이다. 周의 召公이 이 나무 밑에서 재판
과 政事를 잘 처리하였으므로 소공이 죽은 뒤에 백성들이 나무를 베지 못하고 노
래를 불렀다는 데서 연유하여 백성이 施政者의 덕을 앙모함을 비유하는 말로 쓰
였다.

1122) 강경훈 所藏本에는 이 '材'가 '村'으로 되어 있다. 그러나 문맥상으로 보아 여기서
는 '材'가 맞는 것으로 판단된다.

[126] 　서원1123)으로 부모를 뵈러 가는 새 진사 한유문을 보내다(送
　　　　　新進士韓有文歸覲西原)

도은(陶隱)1124) 문사(文士)가 구름처럼 머무는 곳에
한씨(韓氏)의 아들이 있으니 어질고 온순하네.
기예와 문장을 다툼에는 병에 든 물이 뒤집히는 듯했는데
과거에 떨어짐은 하늘이 그 근원을 뒤로 돌리고자 함이네.
이제 일승(一勝)을 지니고 고향으로 돌아가니
장차 양친에게 헌수(獻壽)하고 임금의 은혜를 펼치리.
사람들은 같은 성씨가 옛날부터 돈독하다고 말하는데
또 나와 그대는 모두 서원(西原)이 관향(貫鄕)이라네.
평소에 그대의 가존(家尊)1125)께 마음속으로 탄복하였는데

1123) 西原은 충청북도 淸州의 옛 이름이다.

1124) 陶隱은 李崇仁(1349~1392)의 號이다. 李崇仁은 고려 말의 문신으로 字가 子安,
號가 陶隱, 본관이 星州, 星山君 元具의 아들이다. 恭愍王 때 문과에 급제하여 肅
雍府丞이 되고, 이어 長興庫使로 進德博士를 겸하였고, 明나라의 과거에 응시할
고려의 文士를 뽑을 때 首席으로 뽑혔으나 나이가 25세에 미치지 못하여 나아가
지 못하였다. 禮儀散郎・藝文應敎・門下舍人을 역임하였다. 恭愍王이 成均館을
開創한 뒤 鄭夢周・金九容・朴宜中 등과 함께 學官을 겸하였다. 禑王 때 典理摠
郎이 되어 金九容・鄭道傳 등과 함께 北元의 사신을 돌려 보낼 것을 청하다가 한
때 유배되었고, 그 후 成均司成을 거쳐 密直提學으로 政堂文學 정몽주와 함께 實
錄을 편수하고, 禑王 12년(1386) 門下評理 金湊와 함께 正朝使로 明나라에 다녀와
서 간신 李仁任의 姻族이라 하여 通州로 유배되었다가 풀려서 簽書密直司事가
되었다. 昌王 1년(1389) 李穡・金士安과 재차 명나라에 正朝使로 다녀와 藝文館
提學에 오르고 朴天祥・河崙 등과 함께 永興君 環의 眞僞를 가리다가 무고로 극
형을 받게 되었으나 侍中 李成桂・李琳 등에 의해 풀려났다. 이어서 書筵官이 되
었으나 수차 司憲府의 탄핵으로 京山府에 유배되었다. 恭讓王 2년(1390) 彝初의
獄事에 연루되어 李穡・權近과 함께 淸州의 獄에 갇혔다가 풀려나오고 知密直司
事・同知春秋館事가 되었다. 1392년 정몽주가 살해된 후 그의 일당으로 몰려 유
배되고, 조선이 개국되자 鄭道傳이 보낸 黃居正에게 配所에서 살해당하였다. 性
理學에 조예가 깊었고, 특히 詩文에 이름이 높았다. 元나라와 明나라와의 복잡한
외교관계 문서를 도맡아 썼으며, 그의 문장은 明 太祖를 탄복시켰다고 한다.

1125) 家尊은 남의 아버지, 또는 자기 아버지에 대한 尊稱이다.

재주와 도를 품고 안개 낀 시골에 누워 계시네.
한 마리 물수리를 추천하려는 뜻이 비록 있었으되
스스로 높은 누각을 엮었으니 말하기가 어려웠네.
우공(于公)[1126]이 뒷날의 높은 문을 기필(期必)하더니
그대가 학업을 연마하여 장원(壯元)에 발탁됨을 기약함이었네.

陶隱文士靄雲屯　　　　　有韓氏子良而溫
戰藝文如甁水飜[1127]　　　落第天遣[1128]後[1129]其源
今持一勝歸故園　　　　　將獻親壽宣上恩
人言同姓古所敦　　　　　而我與爾皆西原
平生心服爾家尊　　　　　懷才抱道臥烟[1130]村
欲薦一鶚[1131]雖所存　　　自來[1132]高閣難爲言
于公他[1133]年[1134]必高門　　期爾鍊業擢壯元

1126) 于公은 漢나라의 東海 사람으로 공평하고 자비로운 判官이었다. 일찍이 대문을 높고 크게 하여 車馬의 통행에 지장이 없도록 하여 이르기를, "내 후손 중에 반드시 興하는 자 나오리라." 하더니 과연 그 아들 定國이 크게 되어 승상이 되었다.

1127) 同治本에는 이 '飜'이 '翻'으로 되어 있다.

1128) 同治本에는 이 '遣'이 '敎'로 되어 있다.

1129) 강경훈 所藏本에는 이 '後'가 '浚'으로 되어 있다.

1130) 同治本에는 이 '烟'이 '煙'으로 되어 있다.

1131) 同治本에는 이 '鶚'이 '鶡'으로 되어 있다.

1132) 同治本에는 이 '來'가 '束'으로 되어 있다. 여기에서는 '束'으로 해석하였다.

1133) 강경훈 所藏本에는 이 '他'가 '佗'로 되어 있다. 두 글자는 通用되기도 하는 글자이다.

1134) 同治本에는 이 '年'이 '日'로 되어 있다.

[127]　권희안[1135) 외고[1136) 홍씨의 만사(權希顔外姑洪氏挽詞)

가문(家門)이 본디 선업(善業)을 쌓아
부도(婦道)에 절로 치우침이 없었네.
사위[1137)들은 모두 호걸과 준걸이요
외손들은 어찌 그리 많은가?
중년에 훌륭한 배우자를 잃고
몇 년이나 고질[1138)을 앓았던가?
오늘은 아마 기꺼워하리라.
쌍분(雙墳)이 높은 산을 마주하게 되었으니.

家門本積善　　　　　婦道自無頗
半子皆豪俊　　　　　外孫何衆多
中年喪嘉[1139)瑪[1140)　　幾歲患沉[1141)痾[1142)
此[1143)日應歡[1144)喜[1145)　　雙墳對嶪嵯[1146)

1135) 權希顔은 고려 말의 文臣이다. 그의 생평은 확실하지 않으나, 李穡의 <葵軒記>
　　　에 "(權希顔의) 조부인 昌和公 權準(1280~1352)은 功名과 부귀가 여러 사람 가운
　　　데 으뜸이었는데, 그 居所를 松齋라 불렀다. 그리고 그의 부친인 權廉은 萬戶의
　　　符를 허리에 차고 外戚의 權勢를 누리며, 崇敎里의 연못 가에 누각을 세워 雲錦
　　　이라는 편액을 붙이고 그의 어버이와 宗族들을 즐겁게 하였다(大父昌和公功名富
　　　貴冠諸君　號其所居曰松齋　而尊公腰萬戶之符　踞外戚之勢　作樓于崇敎里蓮池之傍
　　　額曰雲錦　樂其親以及宗族　益齋文忠公爲之記　吁盛矣."(李穡, <葵軒記>, 『牧隱文
　　　藁』 권3)라는 기록이 있다.

1136) 外姑는 아내의 친어머니, 즉 丈母를 가리킨다.

1137) 半子는 '반 아들'이란 뜻으로 사위, 女壻를 가리킨다.

1138) 沈痾는 痼疾로 沈痼라고도 한다.

1139) 강경훈 所藏本에는 이 '嘉'가 '佳'로 되어 있다.

1140) 同治本과 강경훈 所藏本에는 이 '瑪'가 '耦'로 되어 있다. 문맥상으로 보아 여기서
　　　는 '耦'가 맞는 것으로 판단된다.

1141) 강경훈 所藏本에는 이 '沉'이 '沈'으로 되어 있다.

1142) 同治本에는 이 '痾'가 '疴'로 되어 있다.

[128]　　　한산군이 <상련> 세 수를 보여주기에 차운하여 받들어 답하
　　　　다(韓山君示賞蓮三首 次韻奉荅[1147])

[128-1]

　　　세상과 내가 서로 버린다는 말을 백 번에 한 번도 못 들었는데
　　　마음대로 술을 담으려고 질그릇 동이를 만들었네.
　　　가련하게도 눈을 보호하려 해도[1148] 마음이 아직 남아 있어
　　　연꽃이 물결 무늬를 덮고 있음을 생각해 보네.

　　　　　世我相遺百不聞　　　任敎盛酒瓦爲盆
　　　　　可憐養目心猶在　　　思見荷花蔽浪紋

[128-2]

　　　연꽃은 감상하기도 좋고 또 향기를 맡기도 좋더니
　　　허물어진 집에 지금은 수많은 줄기의 화분이 없네.
　　　나란히 말을 타고 노닐며 보는 것이 나의 바람인데
　　　하늘의 조화[1149]로 어느 곳에서 비단 무늬를 이루었는가?

　　　　　荷花宜賞復宜聞　　　樊宇今無千葉盆
　　　　　聯騎遊觀[1150]吾所願　　　天機何處錦成紋[1151]

1143) 同治本에는 이 ‘此’가 ‘比’로 되어 있다.

1144) 강경훈 所藏本에는 이 ‘歡’가 ‘還’으로 되어 있다.

1145) 同治本에는 이 ‘喜’가 ‘善’으로 되어 있다.

1146) 강경훈 所藏本에는 이 ‘嶪嶮’가 ‘山業峨’로 되어 있다.

1147) 同治本에는 이 ‘荅’이 ‘答’으로 되어 있다. 두 글자는 서로 通用되기도 하는 글자
　　　이다.

1148) 養目은 眼力을 보호하는 것이다.

1149) 天機는 天地造化의 심오한 비밀이다.

1150) 同治本에는 이 ‘觀’이 ‘賞’으로 되어 있다.

[128-3]

    지난 날 광제사(廣濟寺)[1152]에서는 흥이 끝없이 일어

저녁때까지 못 가에서 술 마시고 읊었네.

이제 연꽃과 나잔자(懶殘子)[1153]가 있지 않으니

어찌 모든 것이 분화(紛華)함을 피함이 아니랴?

    往時廣濟興無涯   觴詠池邊至日斜

    蓮與懶殘今不在   豈非俱是避紛華

[128-4]

    사물의 변화[1154]에도 끝이 있음을 이제 알겠는데

옛날처럼 하나의 길이 못 가에 비껴 있네.

오가는 말 위에서 슬픔이 더해짐은

물에 비친 연꽃이 보이지 않기 때문이네.

    物化[1155]今知亦有涯   依然一逕傍也[1156]斜

    往來馬上增悲慨   不見荷花見水華

1151) 同治本에는 한 行이 탈락되어 있다. 탈락된 부분은 轉句의 끝 글자인 '願'과, 結句 전체인 '天機何處錦成紋'이다.

1152) 廣濟寺는 경기도 開城에 있던 절이다. 이곳의 蓮池는 상당히 유명했던 듯한데 李 穡도 <再賦廣濟蓮池>(『牧隱詩藁』 권18)를 남기고 있다.

1153) 懶殘子는 고려 후기에 상당히 유명했던 승려이자 詩僧이었던 것으로 여겨진다. 牧隱 李穡은 懶殘子와 관련된 시 20여 편을 남기고 있다. 또한 李穡은 <贈休上 人序>(『牧隱文藁』 권8)에서, 懶殘子가 (자신이 16, 17세 무렵) 天台宗의 判事라고 했다.

1154) 物化는 사물의 변화를 뜻한다.

1155) 同治本에는 이 '化'가 '華'로 되어 있다.

1156) 同治本과 강경훈 所藏本에는 이 '也'가 '池'로 되어 있다. 여기에서는 '池'로 번역 하였다.

[128-5]

누가 우리 장인(丈人)만큼 어지실까?
별장1157)에 못을 파고 연꽃을 심었네.
올해는 가문 뒤라 아직 피지 않았으니
공(公)을 모시고 모름지기 적전(籍田)1158) 옆으로 가야겠네.

何人似我舅翁賢　　別野開池爲種蓮
今歲旱餘猶未發　　陪公須往籍田邊

[128-6]

늘 도연명(陶淵明)1159)이 어질지 못하다고 비웃나니
술을 마시고 국화를 알았으나 연꽃은 몰랐다네.
선생은 완연히 염계(濂溪)1160)의 후신(後身)인데

1157) 別野는 別墅, 別業, 別莊이다.

1158) 籍田은 藉田이라고도 하는데, 임금이 몸소 경작하던 토지이다. 이것은 고대 중국
　　 에서 시작된 제도로 농업 국가에서는 농업이 모든 산업의 기본이므로 임금이 몸
　　 소 밭을 갈아 국민에게 모범을 보이기 위한 제도이다. 우리나라에서는 고려 成宗
　　 2년(983)부터 적전이 있었으며, 조선시대에는 法典에 규정하여 임금이 경작하는
　　 것을 원칙으로 하되, 부근의 농민들 중에서 差出하여 3명이 1結을 경작케 했다.
　　 동원된 농민은 徭役만 면제 받았으며, 제도는 井田法에 따랐고, 곡식을 바쳐 나라
　　 의 제사에 사용하게 했다.

1159) 陶淵明은 陶潛(365~427)이다. 도잠은 晉의 尋陽 柴桑 사람으로, 字가 淵明이다.
　　 志趣가 고결하여 榮利를 사모하지 않았고, 그의 詩는 忠穆淡雅하며, 文은 超越高
　　 古하였다. 일찍이 405년 彭澤令으로 나갔다가 督郵가 오게 되자 80여일만에 印綬
　　 를 풀어 놓고 떠나면서 <歸去來辭>를 지어 그 뜻을 밝혔다. 또 <五柳先生傳>
　　 을 지었으니, 그 안에 자기의 행동과 뜻을 자세히 밝혔다. 세상에서는 靖節先生
　　 이라 일컫는다. 自然美를 노래한 시가 많으며, 중국의 敍景詩는 이때부터 발달한
　　 것으로 알려져 있다. 또한 그는 중국 역사에서 가장 菊花를 사랑한 사람으로 널
　　 리 알려져 있어서 국화가 등장하기만 하면 그의 이름이 언급되는 경우가 많다.『
　　 陶淵明集』이 있다.

1160) 濂溪는 周敦頤를 가리킨다. 周敦頤는 宋나라의 儒學者로 字가 茂叔이다. 그는 營
　　 道縣 濂溪 가에서 世居하였으므로 세상에서는 濂溪先生이라 부른다.『太極圖說

속물이어서 눈가에 닿을 길이 없었네.

每笑淵明未若[1161]賢　　飮中知菊不知蓮
先生宛在濂溪後　　俗物無由到眼邊

』・『通書』 등을 지어 理氣學의 開祖가 되었다. 諡號는 元公이다. 程顥・程頤 형
제는 그의 제자이다. 여기서 周敦頤를 언급한 것은 그가 중국에서 연꽃을 가장
사랑한 사람으로 알려져 있기 때문이다. 그의 「愛蓮說」은 고결한 인품을 연꽃의
생태를 빌어 잘 표현한 것으로 평가된다. 『古文眞寶』에 실린 그의 「愛蓮說」의 全
文은 다음과 같다.

물과 뭍의 풀과 나무의 꽃에 가히 사랑할 만한 것이 매우 많다. 晋나라 陶淵明은
유독 국화를 사랑했다. 李氏의 唐나라 이래로 세상 사람들은 모란을 매우 사랑했
다. 나는 유독 연꽃을 사랑한다. 진흙에서 났으나 물들지 않고, 맑은 물결에 씻겼
으나 妖艶하지 않고, 가운데는 비었으나 겉은 곧으며, 넝쿨도 없고 가지도 없으
며, 향기는 멀수록 맑고, 亭亭하면서도 고요히 서있고, 가히 멀리서 바라볼 수는
있어도 가까이 두고 翫賞할 수는 없다. 나는 菊花는 꽃의 隱逸者라 부른다. 모란
은 꽃의 富貴者이다. 연꽃은 꽃의 君子者이다. 슬프다. 국화를 사랑한다는 말을
도연명 이후에 들은 적이 거의 없다. 연꽃을 사랑함에는 나와 같은 사람이 어느
사람일까? 모란을 사랑하는 사람이 응당 많으리라(水陸艸木之花 可愛者甚蕃 晋陶
淵明獨愛菊 自李唐來 世人甚愛牧丹 予獨愛蓮 之出淤泥而不染 濯靑漣而不妖 中通
外直 不蔓不枝 香遠益淸 亭亭淨植 可遠觀而不可褻翫焉 予謂菊花之隱逸者也 牧丹
花之富貴者也 蓮花之君子者也 噫 菊之愛 陶後鮮有聞 蓮之愛 同予者何人 牧丹之
愛 宜乎衆矣).

1161) 강경훈 所藏本에는 이 ‘若’이 ‘苦’로 되어 있다. 그러나 이는 문맥상으로 보아 착
　　오인 듯하다.

[129]　　　정원재 공권¹¹⁶²⁾을 곡하다(哭鄭圓齋公權¹¹⁶³⁾)

[129-1]

젊은 시절부터 고고(高孤)하여 사림(士林)¹¹⁶⁴⁾에 우뚝하더니
현릉(玄陵)¹¹⁶⁵⁾께서 지성스런 마음에 감탄하셨네.
붉은 난간을 꺾어지게 하였으니¹¹⁶⁶⁾ 충언(忠言)이 간절하고
동궁¹¹⁶⁷⁾에서 도를 가르쳤으니 성의(聖意)가 깊었네.
만약 수명을 빌려 재주를 펼치게 한다면
어찌 시사(時事)를 맡기기 어려움을 근심하리요?
옥루기(玉樓記)¹¹⁶⁸⁾를 쓰고도 돌아오지 아니하니
백발의 어머니¹¹⁶⁹⁾는 눈물이 옷깃에 가득하네.

1162) 鄭公權(1333~1382)은 고려 말의 武臣으로 初名이 樞, 字가 公權, 號가 圓齋, 본관
이 淸州이다. 左司議大夫 㵾의 아들로 뒤에 字를 이름으로 썼다. 恭愍王 초에 文
科에 급제하여 藝文檢閱로 등용, 左司議大夫가 되었다. 恭愍王 15년(1366) 正言
李存吾와 함께 辛旽을 탄핵하다가 살해당할 뻔했으나 李穡의 도움으로 모면되어
東萊縣令으로 좌천되었다. 1371년 신돈이 처형된 후 左諫議大夫로 기용되고, 이
어서 成均館大司成・左代言・簽書密直事・政堂文學을 거쳐 輸誠翊祚功臣이 되
었다. 諡號는 文簡이고, 문집으로 『圓齋槀』가 있다. 개인적으로 보면 鄭公權은 韓
脩의 四寸妹夫가 된다. 『淸州韓氏大同族譜(上世篇)』(六校本) 「上世略系」에 의하
면, 韓脩의 할아버지인 渥에게는 두 아들이 있었는데, 長子가 大淳이고 次子가 公
義였으며, 한수는 公義의 長男이고, 鄭公權은 大淳의 맏사위로 되어 있다.
1163) 同治本에는 이 '公權'이 본문과 같은 크기의 글자로 되어 있다.
1164) 士林은 儒學을 공부하는 선비들을 가리킨다.
1165) 玄陵은 고려 恭愍王의 陵號이다.
1166) 折檻은 漢나라의 朱雲이 孝成帝를 억지로 간하다가 孝成帝의 激怒를 사서 殿上
에서 끌려 내릴 때 御殿의 난간을 잡고 버티며 諫하다가 欄干이 부러진 故事에서
나온 말로, 억지로 간하는 것을 뜻한다.
1167) 靑宮은 東宮을 가리킨다.
1168) 玉樓記는 玉樓修記 또는 玉樓赴召라고도 하는데, 나이 젊은 문인의 죽음을 뜻한
다. 唐나라의 李賀(791~817)가 장차 죽으려 할 때 붉은 명주옷을 입고 붉은 虬龍
을 탄 사람이 와서 玉皇上帝가 白玉樓를 지었으니 記를 지으라고 불렀다는 故事
에서 나온 말이다.
1169) 阿彌는 어머니, 또는 유모를 가리킨다.

自少高孤聳士[1170]林　　玄陵感我至誠心
折殘丹檻忠言苦　　訓道靑宮聖意深
若假天年才得展　　豈憂時事力[1171]難任
玉樓記罷歸來未　　白首阿彌淚滿襟

[129-2]

그대와 나는 모두 계유년(癸酉年)[1172] 태생인데
날과 달은 나보다 늦었네.[1173]
재종(再從) 표형제(表兄弟)[1174]로
다시 당매부(堂妹夫)[1175]가 되네.
서연(書筵)[1176]에서 함께 모시던 일이 생각나고
장전(帳殿)[1177]에서 함께 달리던 일이 기억나네.
이 길을 어찌하여 먼저 가는가?
황천(黃泉)에서 만날 수 있을지?

與君皆癸酉　　日月後於吾
再從表兄弟　　更爲堂妹夫

1170) 同治本에는 이 ‘士’가 ‘山’으로 되어 있다.

1171) 同治本에는 이 ‘力’이 ‘亦’으로 되어 있다.

1172) 癸酉年은 忠肅王 복위 2년(1333)이다.

1173) 이로 보아 鄭公權은 韓脩와 同甲이지만 태어난 月日은 韓脩보다 늦었음을 알 수
있다.

1174) 表兄弟는 어머니의 형제 자매의 아들, 곧 外四寸이나 姨從四寸을 일컫는 말이다.

1175) 堂妹夫는 堂內寸인 누이의 남편을 말한다. 堂內寸은 八寸까지의 父系親族을 가리
키는 말이다. 여기서는 구체적으로 사촌 누이의 남편을 말한 것이다. 再從은 四寸
兄弟 사이를 말한다. 鄭公權이 韓脩의 큰아버지의 사위였기 때문에 이렇게 말한
것이다.

1176) 書筵은 王世子가 講論하던 곳이다.

1177) 帳殿은 임시로 꾸민 임금이 앉는 자리이다. 구름 차일을 치고 휘장으로 사방을
둘러막고 바닥을 높이고 別紋席·綵花席 등으로 자리를 펴고, 가운데에 자리를
꾸몄다.

書筵思共侍　　　帳殿[1178]憶同趨
此路何先去　　　黃泉得見無

---

[130]　　닭 울음소리를 듣고 느낌이 있어(聞鷄有感)

평소에 잠을 즐겨 밤이 긴 것을 아름답게 여겼는데
뜨는 해가 창에 환하게 비쳐 몇 번이나 놀랐던가?
이제 쉰 살이 다 되어 가니
늘 이웃집 첫닭 울음소리를 듣네.

　　嗜睡平生美夜長　　　幾驚初日[1179]入窓明
　　如今五十年將至　　　每聽[1180]隣[1181]鷄第一聲

1179) 同治本과 강경훈 所藏本에는 이 '日'이 '月'로 되어 있다.
1180) 강경훈 所藏本에는 이 '聽'이 '敢'으로 되어 있다.
1181) 同治本에는 이 '隣'이 '鄰'으로 되어 있다.

[131]　　강회백1182)이 선온1183)을 가지고 초계1184)로 가서 양친을 맞
이하여 오니 여러 사람이 시를 지어 그를 아름답게 여기기에
나중에 그 시에 차운하다(姜淮伯賮1185)宣醞 往草溪迎兩親以
來 諸公作詩美之 追次其韻)

그대의 효성이 천의(天意)를 움직이고
임금의 밝음이 우리의 거동을 비추어 주네.
아름다운 이야기가 중외(中外)1186)에 퍼지고
성대한 일은 고금에 드무네.
궁중의 선온(宣醞)으로 신선의 술1187)을 기울이고
고향의 산에는 비단옷이 비치네.
나의 문하에 다행히 이 같은 일이 있으니1188)
감히 자운(子雲)1189)처럼 떨쳐 보네.

1182) 姜淮伯(1357~1402)은 고려 말, 조선 초기의 문신으로 字가 伯父, 號가 通亭, 본관
이 晉州이다. 門下贊成事 著의 아들로 禑王 2년(1376) 문과에 급제하여 成均祭
酒·密直司의 提學·副使·簽書司事를 역임하고 推忠協輔功臣이 되었다. 恭讓王
1년(1389) 世子師에 임명되었으나 사퇴하고 이어서 判密直司事에 吏曹判書를 겸
임한 후, 交州道都觀察黜陟使를 거쳐 政堂文學 겸 大司憲이 되었다. 이 때 金震陽
의 趙浚·鄭道傳 등에 대한 탄핵에 동조, 1392년 정몽주가 살해된 뒤 晉陽으로
유배되었다가 조선 건국 후 太祖 7년(1398) 東北面都巡問使가 되었다.
1183) 宣醞은 임금이 신하에게 내려주는 술이다. 이 술은 宣醞署에서 만들었다.
1184) 草溪는 경상남도 陜川郡 草溪面이다.
1185) 萬曆本, 同治本, 강경훈 所藏本에서 다 같이 이 '賮'의 뒤에 글자 한 자 들어간 만
한 공간을 비워두었다. 이는 바로 뒤에 나온 단어가 '宣醞'으로 '임금과 관계있는
말'이었기 때문인데, 이렇게 하는 것을 '闕字'라고 한다. 闕字는 闕畫과도 같은 뜻
이다. 문장이나 단어를 써가다가 임금이나 귀한 사람의 이름 위에 경의를 표하기
위해서 한두 칸을 비워두는 것을 궐자라고 하고, 같은 의미로 그 글자의 획 가운데
어느 부분(대개는 마지막 획이다)을 일부러 빠뜨려 적는 것을 궐획이라고 한다.
1186) 中外는 안과 밖, 국내와 국외, 조정과 민간[朝野]의 의미로 쓰인다.
1187) 霞液은 流霞酒를 가리킨다. 流霞酒는 신선이 마시는 술이다.
1188) 姜淮伯이 韓脩의 門生이었기 때문에 이렇게 말한 것이다. 姜淮伯이 韓脩의 門生
이었음은 작품번호 120 '門生姜淮伯拜代言 寄題 二首'를 통해서 확인할 수 있다.

子孝動天意　　　王明照我儀
美談中外播　　　盛事古今稀
宮醞傾霞液　　　鄕山映¹¹⁹⁰⁾錦衣
吾門幸有此　　　敢作子雲揮

1189) 子雲은 揚雄의 字이다. 揚雄은 前漢의 유학자로 字가 子雲, 蜀郡 成都 사람이다. 어릴 때부터 공부하기를 좋아하여 많은 책을 널리 읽었다. 詞賦에 능했으나, 晩年에는 오직 經學에만 뜻을 기울였다. 『太玄經』·『揚子法言』·『方言』·『訓纂』·『州箴』등 많은 책을 저술했다. 그의 子雲亭이 쓰인 예로는 劉禹錫의 <陋室銘>이 있는데, 거기에서는 "南陽諸葛廬 西蜀子雲亭 孔子云 何陋之有"라는 구절이 있다.
1190) 同治本과 강경훈 所藏本에는 이 '映'이 '暎'으로 되어 있다.

[132]   치당1191)에서 받들어 짓다(奉題致堂)

둔재(鈍齋)1192)의 어진 후손인 치당공(致堂公)은
마음1193)이 허령(虛靈)하여 사물의 이치1194)를 궁구하네.
지식이 이미 이르니 마음은 절로 평정되고
곡진함이 능히 처소를 정성스러이 하니 이치가 모두 통하네.
선조를 받들고 효도를 생각하여 근본을 잊지 않고
아랫사람으로서 지극히 충성하니1195) 어찌 몸이 있을쏘냐?
마침 중화(中和)1196)가 천지에 자리하는 것이 보이는데
남아가 이런 곳에 이르면 곧 호걸스런 영웅이네.

鈍齋1197)賢嗣致堂公　　方寸1198)虛靈卽物窮
知旣至來心自定　　　曲能誠處理皆通
奉先思孝不忘本　　　爲下克忠1199)寧有躳
會見中和天地位　　　男兒到此乃豪雄

1191) 致堂은 金懷祖의 堂號이다. 金懷祖는 李穡의 <致堂銘 爲金敬先作>(『牧隱文藁』 권12)으로 보아 그의 字가 敬先임을 알 수 있고, <坡平君尹公墓誌銘幷序>(같은 책, 권18)에서 坡平君 尹侅1)(1307~1376)의 사위임을 알 수 있다.

1192) 鈍齋는 金光轍(?~1349)의 號이다. 金光轍(?~1349)은 고려의 문신으로 號가 鈍齋, 본관이 光州이다. 中贊 台鉉의 아들로 문과에 급제하여 忠穆王 1년(1345) 書筵이 설치되자 그 侍讀官이 되었고, 判密直司事를 거쳐 1347년 整治都監이 설치될 때 그 判事가 되었다. 뒤에 化平君에 봉해졌다.

1193) 方寸은 마음이다.

1194) 卽物은 사물의 이치를 궁구하는 것이다.

1195) 爲下克忠은 아랫사람으로 충성을 다하는 것이다. 『書經』「伊訓」에 "윗자리에 있어서는 지극히 밝고, 아랫자리에 있어서는 지극히 충성하셨다(居上克明 爲下克忠)."라고 나온다.

1196) 中和는 치우치지 않고 過不及이 없는 것, 또는 그와 같은 바른 性情이다.

1197) 同治本에는 이 '齋'가 '齊'로 되어 있다.

1198) 강경훈 所藏本에는 이 '寸'이 '村'으로 되어 있다.

1199) 강경훈 所藏本에서는 이 '孝不忘本爲下克忠'을 '不忘本爲下克忠孝'로 판각하고 '不'의 위에 작은 동그라미를 하고 '孝'의 오른쪽에 ∨ 표시를 해서, 이 '孝'가 '不'의 앞에 놓일 글자임을 표시해 두었다.

[133]　　황회산군 상[1200]의 만사(黃檜山君裳挽詞)

중화(中華)의 나라에서 생장하여
영특하고 젊은 나이에 등용(登庸)[1201]되었네.
어연(御筵)[1202]에서는 예법에 통하였고
빈관(賓館)[1203]에서는 언사에 능하였네.
활을 멀리 쏘아 오랫동안 적수가 없었고
술을 많이 마셔도 끝까지 예의가 있었네.
재상[1204]을 몇 번이나 지냈던가?
다시는 따르는 무리들을 보지 못하겠네.

　　　生長中華國　　　　　登庸英妙時

1200) 黃裳은 고려의 문신으로 본관은 義昌(현재의 昌原)이다. 平章事 石奇의 아들로 忠惠王 때 護軍이 되고, 恭愍王 초 密直副使에 올라 推忠翊贊功臣의 호를 받았다. 恭愍王 3년(1354) 柳濯과 함께 중국에 가서 張士誠을 토벌하는 데 공을 세우고 知樞密院事가 되었으며, 1356년 奇轍 일파를 숙청하는 데 가담, 그 공으로 1358년 判樞密院事에 올라 1등공신이 되었다. 그 후 判密直 辛貴의 처와 간통하여 御史臺의 탄핵을 받았으나, 용맹과 전공을 높이 평가한 왕의 두둔으로 免職 처분만 당하였다. 1362년 紅巾賊의 침입으로 왕이 피란할 때 호종한 뒤 交州江陵道都萬戶가 되어 아우 安祐와 함께 서울을 수복, 그 공으로 이듬해에 贊成事商議에 올라 扈聖收復의 1등공신이 되고 參知門下省事에 승진한 후 推忠奮義翊贊功臣이 되었다. 이어 門下贊成事를 지내다 사직하고 檜山府院君에 봉해졌으며, 1364년 東北面都巡討使로 德興君 譓를 왕으로 추대하고 元나라에서 침입해 온 崔濡를 李成桂와 함께 무찔렀다. 이듬해 紅巾賊의 침입을 격퇴한 공으로 元나라로부터 奉訓大夫經正監丞을 받고 다시 門下贊成事가 되어 推忠奮義補理翊贊功臣이 되었고, 禑王 3년(1377) 義昌君으로 西江都元帥가 되어 倭寇 방어에 공을 세웠다. 무예에 능하고 용맹이 있어 역대 왕의 총애를 받았으며, 특히 弓術로 이름을 떨쳐 元나라 順帝도 그의 궁술을 관람했다. 시호는 恭靖이다.

1201) 登庸은 登用과 같다. 후세에는 宰相이 되는 것을 가리킨다.

1202) 御筵은 임금이 있는 자리이다. 轉하여 擧動, 또는 거동하는 장소의 뜻으로 쓰이기도 한다.

1203) 賓館은 손님이 머물러 자는 곳이다.

1204) 黃扉는 宰相을 뜻한다.

御筵[1205]通禮法　　　　賓館善言辭
射遠久無敵[1206]　　　　酌多終有儀
黃扉幾出入　　　　無復見曺隨

1205) 同治本에는 이 '筵'이 '庭'으로 되어 있다.
1206) 同治本에는 이 '敵'이 '適'으로 되어 있다.

[134]　　칠월 초유일[1207])에 적전[1208])의 시골집에 가니 연꽃이 처음 피었기에 사람을 시켜 목은[1209])선생을 받들어 모셔 오라 하였는데, 선생은 병으로 오지 못하고 그 아들 부사를 시켜 좋은 작품을 보여주었다. 그 운에 따라 받들어 답하다. 2수(七月[1210]) 初有日 往藉[1211])田田舍 荷花始開 使人奉邀牧隱先生 先生以疾不至 使其子副使垂示佳作 依韻奉答[1212]) 二首[1213]))

1207) 初有日은 달 초의 어떤 날인 듯하다.

1208) 籍田은 藉田이라고도 하는데, 임금이 몸소 경작하던 토지이다. 이것은 고대 중국에서 시작된 제도로 농업 국가에서는 농업이 모든 산업의 기본이므로 임금이 몸소 밭을 갈아 국민에게 모범을 보이기 위한 제도이다. 우리나라에서는 고려 成宗 2년(983)부터 적전이 있었으며, 조선시대에는 法典에 규정하여 임금이 경작하는 것을 원칙으로 하되, 부근의 농민들 중에서 差出하여 3명이 1結을 경작케 했다. 동원된 농민은 徭役만 면제 받았으며, 제도는 井田法에 따랐고, 곡식을 바쳐 나라의 제사에 사용하게 했다.

1209) 牧隱은 李穡(1328~1396)의 號이다. 李穡은 고려 말의 문신·학자로 字가 穎叔, 號가 牧隱, 본관이 韓山, 贊成事 穀의 아들, 李齊賢의 門人이다. 忠惠王 복위 2년(1341) 進士가 되고 忠穆王 4년(1348) 元나라에 가서 國子監의 生員이 되어 性理學을 연구했다. 忠定王 3년(1351) 귀국하여 恭愍王에게 국책의 시정과 개혁을 건의하였고, 同王 2년(1353) 鄕試와 征東行省의 鄕試에 합격, 書狀官이 되어 元나라에 들어가 會試·殿試에 합격하여 원나라에서 應奉翰林文字承事郎·同知製誥兼國史院編修官을 지내고, 同王 5년에 귀국하여 吏部侍郎·翰林直學士兼史館編修官·知製敎兼兵部郎中이 되어 인사행정을 주관하고 개혁을 건의하여 政房을 폐지하게 하였으며, 右諫議大夫·樞密院右副承宣·知工部事·知禮部事 등을 지내고 同王 10년 紅巾賊의 침입으로 왕이 南幸할 때 扈從하여 1등공신이 되었다. 그 후 左承宣·知兵部事·右代言·同知春秋館事·寶文閣 및 藝文館大提學·判開城府使 등을 역임하고 韓山君에 봉해지고, 禑王 때 功臣의 호를 받고 師傅가 되었다. 恭讓王 때 判門下府事로 있다가 유배되었고, 朝鮮 太祖 4년(1395)에 韓山伯이 되었다. 門下에 權近·河崙·卞季良·吉再 등 많은 제자를 배출하여 조선 性理學의 주류를 이루게 하였다. 韓山의 文獻書院에 奉享되었다. 저서로는 『牧隱詩藁』와 『牧隱文藁』가 있다.

1210) 강경훈 所藏本에는 이 ‘月’이 ‘日’로 되어 있다. 그러나 문맥상으로 보아 여기서는 ‘月’이 맞는 것으로 판단된다.

1211) 同治本에는 이 ‘藉’이 ‘籍’으로 되어 있다.

1212) 강경훈 所藏本에는 이 ‘答’이 ‘荅’으로 되어 있다. 두 글자는 서로 通用되기도 하

[134-1]

황폐해진 못에 연꽃이 아직 남아
거친 시골에 낮이 더욱 그윽하네.
이웃 늙은이가 홀로 가서
사백(詞伯)1214)이 놀러 오기를 기다리네.
넓은 들판이라 뜻이 탁 트이고
쇄락(灑落)1215)한 가을이라 몸이 가볍네.
붉은 연꽃1216)은 이르지 않음을 원망하여
맥맥(脉脉)히 모두 수심을 머금고 있네.

廢沼蓮猶在   荒村日更幽
隣1217)翁成獨往   詞伯望來游1218)
意豁1219)寬閑1220)野 身輕洒1221)落秋
紅粧怨不至   脉脉揔1222)含愁

[134-2]

해마다 벽통(碧筒)1223)으로 마셨는데

　　는 글자이다.
1213) 同治本에는 이 '二首'가 본문보다 작은 글자로 되어 있다.
1214) 詞伯은 걸출한 文人, 문장의 大家라는 뜻인데, 여기에서는 李穡을 가리킨다.
1215) 灑落은 기분이 상쾌하고 시원함, 또는 人品이 깨끗하고 俗氣가 없는 모양을 나타
　　　낸다.
1216) 紅粧은 紅妝이라고도 하는데, 연지를 찍어 붉게 하는 여자의 화장을 뜻한다. 여기
　　　에서는 붉은 연꽃을 가리킨다.
1217) 同治本에는 이 '隣'이 '鄰'으로 되어 있다.
1218) 同治本에는 이 '游'가 '遊'로 되어 있다.
1219) 同治本에는 이 '豁'이 '濶'로 되어 있다.
1220) 同治本에는 이 '閑'이 '閒'으로 되어 있다.
1221) 同治本과 강경훈 所藏本에는 이 '洒'가 '灑'로 되어 있다.
1222) 同治本에는 이 '揔'이 '摠'으로 되어 있다.

지난 일이 모두 아득하네.
어른[1224]과 함께 감상할 것을 생각했는데
아융(阿戎)[1225]이 지금 함께 노니네.
연잎은 중하(仲夏)[1226]부터 돋아나서
꽃은 초가을이 되어야 피네.

年年碧筒[1227]飮　　往事儘[1228]悠悠
長者思同賞　　阿戎今共游[1229]
荷生自仲夏　　花發及新秋[1230]

1223) 碧筒 또는 碧筩은 큰 연잎에 술을 가득 부어 줄기의 구멍으로 빨아먹는 것을 말
    한다. 三國時代 魏나라의 鄭懿이 三伏에 손님들과 避暑하면서 그렇게 하고는 그
    것을 碧筩酒라고 하였다고 한다.
1224) 작품의 제목으로 보아 牧隱 李穡을 가리킨 것으로 이해된다.
1225) 阿戎은 從弟, 또는 남의 아들을 가리키는 말이다. 여기에서는 李穡의 아들을 가리
    킨다.
1226) 仲夏는 陰曆 5월이다.
1227) 同治本에는 이 ‘筒’이 ‘筩’으로 되어 있다.
1228) 同治本에는 이 ‘儘’이 ‘盡’으로 되어 있다.
1229) 同治本에는 이 ‘游’가 ‘遊’로 되어 있다.
1230) 이 뒤에 2구가 있었던 것이 분명하지만 없어져서 확인할 길이 없다.

[135]　　　칠월 그믐날에 목은선생을 모시고 함께 연꽃을 감상하러 가
고 싶었으나 선생은 또 병 때문에 사양하였기에 이튿날 절구
1수를 받들어 드리다(七月晦日 欲陪牧隱先生同往賞蓮 先生又
辭以疾 明日奉呈一絶)

팔월이라 하늘이 높고 이슬은 차가워지는데
연꽃은 며칠이나 꺾이지 않고 남으려나?
성 남쪽의 가까운 곳1231)에 한번 가기를 아끼는데
연꽃을 사랑하는 정이 이미 다함을 어찌할 수 없네.

　　　　八月天高露欲寒　　　荷花幾日不摧殘
　　　　城南尺五惜一往　　　無奈愛蓮情已闌

1231) 尺五는 一尺五寸의 略稱이다. 지극히 가까운 곳을 비유하는 말이다.

[136]　　옥봉상인의 두루마리[1232]에 짓다(題玉峰[1233]上人卷子)

좇아가 쪼고 갈지[1234] 않아도
눈 같이 흰 피부 빛과 얼음 같은 얼굴이 푸른 하늘에 비치네.
몇 점의 나는 먼지가 일어나려 하는가?
모름지기 주인이 떨쳐내고 훔쳐낼[1235] 줄을 알리라.

　　不因追琢與磨礱[1236]　　雪色氷容映[1237]碧空
　　幾點飛塵來欲惹　　　須知拂拭主人翁

1232) 卷子는 두루마리이다.
1233) 同治本에는 이 '峰'이 '峯'으로 되어 있다.
1234) 磨礱은 숫돌에 가는 것이다.
1235) 拂拭은 깨끗이 털어내고 훔치는 것, 또는 임금의 은총을 받는 것이다.
1236) 同治本에는 이 '礱'이 '石龍'으로 되어 있다.
1237) 同治本과 강경훈 所藏本에는 이 '映'이 '暎'으로 되어 있다.

[137]　　　죽은 유대언 처 원씨의 만사. 2수(卒.1238)柳代言妻元氏挽1239)
　　　　　詞 二首1240))

[137-1]

　　꽃다운 나이에 남편1241)이 구원(九原)1242)으로 떠나가서
　　풀잎의 이슬1243)에 마음 상하여 기원(祇園)1244)에 의탁하였네.
　　눈으로 장상(將相)이 문호를 지키는 것을 보고
　　또 친손자와 외손자의 등과(登科)도 있었네.

　　　　君子芳年隔九原　　　心傷草露托祇園
　　　　眼看將相當門戶　　　更有登科內外孫

[137-2]

　　늘그막에 벽사(甓寺)1245) 근처의 시골집에서
　　비석에 글씨 쓰며 반 달 동안 받은 은혜가 안타깝네.

1238) 同治本에는 이 ‘卒’이 없다.

1239) 同治本에는 이 ‘挽’이 ‘輓’으로 되어 있다.

1240) 同治本에는 이 ‘二首’가 본문보다 작은 글자로 되어 있다.

1241) 君子는 남편이다.

1242) 九原은 戰國時代 晉나라 卿大夫의 墓地인데, 轉하여 墓地, 黃泉의 뜻으로 쓰인다.

1243) 草露는 풀잎에 맺힌 이슬인데, 轉하여 덧없다는 뜻으로 쓰인다.

1244) 祇園은 祇樹園・祇陀園・祇樹給孤獨園의 약칭으로, 古印度의 祇陀太子가 소유했
　　　던 園林을 須達長者[給孤獨]이 구입하여 釋尊께 바친 것으로 祇洹 또는 祇桓이라
　　　고도 한다. 轉하여 寺院이라는 뜻으로 쓰인다.

1245) 甓寺는 神勒寺를 가리킨다. 神勒寺는 경기도 여주군 북내면 상교동 鳳尾山에 있
　　　는 절로 報恩寺라고도 하고, 이곳에 벽돌탑이 있기 때문에 甓寺라고도 불렸다. 신
　　　라 때 창건된 것으로 추정되는데, 禑王 2년(1376) 懶翁王師가 여기서 입적하였고,
　　　1379년 覺信・覺珠 등이 절을 大創하였다. 世宗 22년(1440)에 중수, 成宗 4년
　　　(1473) 나라에서 확창하여 英陵願刹을 삼았는데, 당시의 건물은 200여 간이었다.
　　　肅宗 28년(1702)에는 偉學・天心 등이 중수하였고, 哲宗 9년(1858)에 金炳冀를 시
　　　켜 중수하였고, 1929년에 주지 性仁이 명부전을 중건하였다.

가을바람에 장사 지내러 성 동쪽 길로 돌아가며
덧없이 얼굴과 거동을 생각하며 눈물 뿌리네.

晚歲田廬甓寺邊　　　書碑半月荷恩[1246]憐
秋風歸葬城東路　　　空想容儀淚洒[1247]天

1246) 강경훈 所藏本에는 이 '恩'이 '憨'으로 되어 있다.
1247) 同治本에는 이 '淚洒'가 '灑淚'로, 강경훈 所藏本에는 '淚灑'로 되어 있다.

[138]   중영상인을 보내다(送仲英上人)

부질없는 생각1248)은 겁(劫)1249)을 지나야 재가 되지만
우발담화(優鉢曇華)1250)는 금방 피어나네.
스님과 함께 이 이치를 평하고 싶은데
스님은 이번에 가면 언제나 돌아오랴?

空花可待劫1251)成灰   優鉢曇華頃刻開
欲與上人評此1252)理   上人此去幾時回

1248) 空花는 불교용어로 헛된 생각, 妄想이다. 空華라고도 한다.
1249) 劫은 불교용어로 천지가 한 번 개벽한 때로부터 다음 개벽할 때까지의 오랜 시간
　　　이다.
1250) 優鉢曇華는 優鉢羅花라고도 하는데, 水蓮을 가리킨다. 梵語 utpala의 音譯이다. 根
　　　莖은 물밑에 벋고, 잎만 수면에 뜬다. 그 꽃은 반드시 4월 8일에 피고 겨울에 열
　　　매를 맺는다고 한다. 보통 靑蓮花라고 하는데, 이것은 尼羅烏鉢羅의 번역으로 보
　　　통 줄여서 優鉢羅라고 하며, 經典에서는 佛眼에 비유하고 있다. 蘇軾의 <贈蒲澗
　　　長老> 시에 "優鉢曇花豈有花 問師此曲唱誰家"라는 구절이 있다.
1251) '劫'은 '刦'과 같은 글자이다.
1252) 同治本에는 이 '此'가 '比'로 되어 있다.

[139]　　초곡상인의 두루마리에 짓다(題楚谷上人卷子)

초(楚)나라의 산골짜기에
지극한 보배가 숨어 있네.
돌 속에 깊이 감추어져 있어도
윤기가 초목에 미치네.
세상에는 아는 사람이 없는데
나 홀로 눈이 있네.
쪼개어 열 수 없어서
옥덩이를 안고[1253] 우네.

1253) 抱璞은 玉덩이를 안는다는 뜻으로 和氏璧 고사에 나오는 말이다. 和氏璧은 楚나라의 卞和가 荊山 아래에서 玉덩이를 얻어서 왕에게 바쳤으나 玉으로 인정받지 못하고 오히려 왕을 속였다는 죄명으로 左右 刖刑(발뒤꿈치를 자르는 형벌이다)을 당하였으나, 결국 그 眞價를 인정받게 된 유명한 玉이다. 李漢의 『蒙求』＜卞和泣玉＞에는 다음과 같이 기록되어 있다.

『韓非子』에 이르기를, 楚나라 사람인 和氏가 楚山 가운데에서 玉덩이를 얻어 厲王에게 받들어 바쳤다. 王이 玉쟁이로 하여금 그것을 감정하게 했더니, (옥쟁이가) 말하기를 "돌입니다."라고 했다. 왕이 和가 속였다고 생각해서 그 왼쪽발에 刖刑을 가했다. 武王이 즉위함에 이르러 和가 또 그것을 바쳤더니, 王이 玉쟁이에게 그것을 감정하게 했는데, (옥쟁이가) 또한 말하기를 "돌입니다."라고 했다. 王이 和가 속였다고 생각해서 그 오른쪽발에 刖刑을 가했다. 文王이 즉위하자 和가 이에 그 玉덩이를 안고 楚山 아래에서 사흘 밤낮을 울어, 눈물이 다해 피가 이어졌다. 王이 그것을 듣고 사람으로 하여금 그 까닭을 물어 말하기를, "天下에 刖刑을 받은 사람이 많은데 그대는 어찌해서 그것을 슬퍼해서 우는가?"하고 했다. 和가 말하기를, "나는 刖刑을 받은 것을 슬퍼하는 것이 아닙니다. 무릇 보배로운 玉이 돌로 이름 붙여지고, 곧은 선비가 거짓말장이로 불리는 것, 이것이 내가 슬퍼하는 까닭입니다."라고 했다. 王이 이에 玉쟁이로 하여금 그 玉을 다듬어보게 해서 보배를 얻자 마침내 和氏의 玉이라고 부르게 했다(韓非子曰 楚人和氏得玉璞楚山中 奉獻厲王 王使玉人相之曰 石也 王以和爲詐而刖其左足 及武王卽位 和又獻之 王使玉人相之 又曰石也 王又以和爲詐而刖其右足 文王卽位 和乃抱其璞而哭於楚山之下三日三夜 泣盡而繼之以血 王聞之 使人問其故曰 天下刖者多矣 子奚哭之悲 和曰 吾非庇刖也 悲夫寶玉而題之以石 貞士而名之以詐 此吾所以悲也 王乃使玉人理其璞而得寶焉 遂命曰和氏之璧).

누가 옥장이가 되어서

나에게 조탁(雕琢)[1254]을 가르쳐 주랴?

옥장이가 가르쳐 주면

먼저 그것을 이로운 그릇으로 만들겠네.

그 바깥의 거친 것은 없애

오직 이치만을 보리.

그것을 새기고 쪼면

둘도 없는 정밀한 하나가 되리.

장차 광명이

하늘과 땅을 비추어 주리.

그대는 더욱 힘써서

혹시라도 도중에 그만두지 마시라.

楚山之谷　　　　至寶攸伏

深藏石中　　　　潤及草木

世無識者　　　　我獨有目

未能剖[1255]開　　　抱璞以哭

誰爲玉人　　　　敎我雕琢

玉人敎之　　　　先利其器

去其外麤　　　　惟理是視[1256]

彫[1257]之琢之　　　精一無二

將見光明[1258]　　　照天燭地

爾其勖哉　　　　毋或中止

1254) 雕琢은 玉을 새기고 쪼는 것인데, 轉하여 文章을 갈고 다듬는다는 뜻으로 쓰인다.

1255) 강경훈 所藏本에는 이 '剖'가 '部'로 되어 있다.

1256) 강경훈 所藏本에서는 이 '器去其外麤惟理是視'를 '去其外麤惟理是視器'로 판각하고 '去'의 위에 작은 동그라미를 하고 '器'의 오른쪽에 ∨ 표시를 해서, 이 '器'가 '去'의 앞에 놓일 글자임을 표시해 두었다.

1257) 同治本과 강경훈 所藏本에는 이 '彫'가 '雕'로 되어 있다.

1258) 同治本에는 이 '光明'이 '其光'으로 되어 있다.

[140]　호가[1259]가 남경[1260]에 이르자 한산군이 신륵사[1261]에서 절구
를 부쳐 보여주므로 차운하여 받들어 답하다(扈駕至南京 韓
山君在神勒寺 寄示絶句 次韻奉荅[1262])

[140-1]

군왕이 여기에 이르러 삼풍(三風)[1263]을 경계하고
손을 맞잡고[1264] 하는 일 없이 정전(正殿)[1265]에 앉으시네.
지덕(地德)이 어찌 성덕(聖德)을 돕는 게 아니리요?
가무를 돌려보내고 완동(頑童)[1266]을 멀리하시네.
공은 "어가를 따르는 관기 10명을 모두 내쳐서 멀리하였다."고 자주(自註)하였다.

君王到此戒三風　　　端拱無爲坐法宮
地德豈非裨[1267]聖德　　放歸歌舞遠頑童
公自註[1268] 官妓隨駕者十人 皆放遠之[1269]

1259) 扈駕는 군주가 탄 수레를 扈從하는 것, 또는 그 사람을 가리킨다.

1260) 南京은 漢陽을 가리킨다.

1261) 神勒寺는 경기도 여주군 북내면 상교동 鳳尾山에 있는 절로 報恩寺라고도 하고,
이곳에 벽돌탑이 있기 때문에 甓寺라고도 불렸다. 신라 때 창건된 것으로 추정되
는데, 禑王 2년(1376) 懶翁王師가 여기서 입적하였고, 1379년 覺信·覺珠 등이 절
을 大創하였다. 世宗 22년(1440)에 중수, 成宗 4년(1473) 나라에서 확창하여 英陵
願刹을 삼았는데, 당시의 건물은 200여 간이었다. 肅宗 28년(1702)에는 偉學·天
心 등이 중수하였고, 哲宗 9년(1858)에 金炳冀를 시켜 중수하였고, 1929년에 주지
性仁이 명부전을 중건하였다.

1262) 同治本에는 이 '荅'이 '答'으로 되어 있다. 두 글자는 서로 通用되기도 하는 글자
이다.

1263) 三風[1]은 巫風·淫風·亂風[1]의 세 가지 나쁜 풍습이다.

1264) 端拱[1]은 손을 단정히 꽂고 있는 것인데, 이것은 임금이나 宰相이 無爲로써 천하
를 다스리는 뜻으로 쓰인다. 垂拱[1]이라고도 한다.

1265) 法宮[1]은 正殿이다.

1266) 頑童[1]은 의리를 모르는 頑惡한 아이이다.

1267) 강경훈 所藏本에는 이 '裨'가 '神'으로 되어 있다.

[140-2]
    병든 몸으로 서리와 바람을 무릅쓰고 호가(扈駕)하여
    성 동쪽의 한 곳의 집을 차지하였네.
    바쁜 일이 있어 머물 수 없으니
    집안에 아이들이 많기 때문이라네.

    病身扈駕冒霜風　　　來占城東一畝宮
    有故匆匆1270)留不得　　爲緣1271)家內富兒童

1268) 강경훈 所藏本에는 이 '註'가 '許'로 되어 있다. 그러나 이는 문맥상으로 보아 착
　　　오인 듯하다.
1269) 同治本에는 이 '公自註 官妓隨駕者十人 皆放遠之'라는 주석이 없다.
1270) 同治本에는 이 '匆匆'이 '忽忽'으로 되어 있다.
1271) 同治本에는 이 '緣'이 '憐'으로 되어 있다.

[141] 남경에서 송도로 돌아오며 말 위에서 구호[1272]하다(自南京歸
松都 馬上口号[1273])

남도(南都)[1274]에서 고가(告暇)[1275]하고 송경(松京)으로 가는데
길을 떠나[1276] 동쪽으로 삼봉(三峰)[1277]을 마주하고 가네.
구름은 옅었다 짙어져 남의 뜻을 괴롭히고
산은 밝았다 어두워져 시정(詩情)을 일으키네.
아름다운 재목은 응당 공후(公侯)의 집에 들어가 쓰일 테지만
비옥한 땅을 어찌 농부가 경작할 수 있으리요?
지덕(地德)이 과연 능히 국운(國運)[1278]을 연장해 줄는지?
일관(日官)[1279]은 마땅히 민생을 생각해야 하지 않으랴?

南都告暇往松京	首路三峰[1280]東面行
雲淡雲濃惱人意	山明山暗起詩情
美材應入[1281]侯[1282]家用	沃壤寧容野老[1283]耕
地德果能延國祚	日官宜不念民生

1272) 口號는 앉은 자리에서 곧 지어서 부르는 시로 口占이라고도 한다.

1273) 同治本과 강경훈 所藏本에는 이 '号'가 '號'로 되어 있다.

1274) 南都는 南京, 곧 漢陽을 가리킨다.

1275) 告暇, 또는 告假는 휴가를 청하는 것이다.

1276) 首路는 首途라고도 하는데 여행을 떠나는 것이다.

1277) 三峰은 三角山이다. 三角山은 北漢山을 가리킨다. 북한산은 경기도 高陽郡 神道
面에 있는 서울의 鎭山으로 白雲臺·仁秀峯·萬景臺의 세 봉우리가 있어서 三角
山이라 부른다. 華山·華嶽이라고도 한다.

1278) 國祚는 國運이라는 뜻이다.

1279) 日官은 日者, 또는 諏吉官이라고도 하는데, 觀象監에서 吉日을 택하는 일을 맡았
던 사람이다.

1280) 同治本에는 이 '峰'이 '峯'으로 되어 있다.

1281) 강경훈 所藏本에는 이 '入'이 '人'으로 되어 있다.

1282) 강경훈 所藏本에는 이 '侯'가 '候'로 되어 있다.

1283) 강경훈 所藏本에는 이 '老'가 없다. 대신 글자 한 자 들어갈 만한 공간이 비어 있다.

[142]　　장단[1284) 원의 누각에 짓다(題長湍院樓)

눈 속에 지나가니 사람과 말이 수고로워
누각에 올라 조금 쉬며 강 언덕을 굽어보네.
급한 돌 여울물 소리에 물에 부는 바람은 미미하고
바위 골짜기의 기운이 침침한데 산의 해는 높네.

　　　雪□經[1285)過人馬勞　　登樓小憩俯江皐
　　　石灘聲急水風細　　　　巖谷氣沈[1286)山日高

1284) 長湍은 경기도 개성 남쪽에 있는 고을이다.

1285) 同治本에는 이 ‘□經’이 없다. 대신 글자 두 자 들어갈 공간이 비어 있다. 강경훈
　　　所藏本에는 萬曆本의 이 빈 곳에 들어갈 글자가 ‘中’으로 되어 있다.

1286) 同治本에는 이 ‘沈’이 ‘沉’으로 되어 있다.

[143] 척산군 박원경1287)의 만사. 절구 2수(陟山君朴元鏡1288)挽詞
  —1289)絶)

[143-1]

타고난 자질이 공경스럽고 남에게 진실하여
조정의 의식1290)에 익숙하지 않음이 없었네.
옛날부터 신하를 앎은 임금 만한 사람이 없다고 하였으니
현릉(玄陵)1291)께서 돌보아주심1292)이 뭇 사람들과 달랐네.

天姿恭敬與人忠　　　諳練1293)朝儀靡不窮
自古知臣莫君1294)若　　玄陵眷顧異群1295)公

[143-2]

특별히 입은 지우(知遇)를 갚자고 해도 갚을 길이 없다가
원릉(園陵)1296)의 일을 처리하며1297) 오래도록 더욱 정성을 다하였네.
선왕(先王)을 만나게 되어 아마 스스로 기뻐하련만

1287) 朴元鏡(또는 朴原鏡)(?~1377)은 생애가 불분명하다. 그러나『高麗史』에 따르면 그
　　는 恭愍王 때 주로 활동한 사람으로, 開城尹·密直副使를 지냈고, 陟城君(또는 陟
　　山君)에 봉해졌음을 알 수 있다.
1288) 同治本에는 이 '元鏡'이 본문과 같은 크기의 글자로 되어 있다.
1289) 同治本에는 이 '一'이 '二'로 되어 있다. 여기서는 작품이 2수이므로 '二'가 맞는
　　것으로 판단된다.
1290) 朝儀는 조정의 儀式이다.
1291) 玄陵은 고려 恭愍王의 陵號이다.
1292) 眷顧는 돌아보는 것, 또는 돌보아 주는 것이다.
1293) 同治本에는 이 '練'이 '鍊'으로 되어 있다.
1294) 同治本과 강경훈 所藏本에는 이 '莫君'이 '君莫'으로 되어 있다.
1295) 同治本과 강경훈 所藏本에는 이 '群'이 '羣'으로 되어 있다.
1296) 園陵은 陵寢, 王陵이다.
1297) 視事는 일을 맡아 처리하는 것이다.

인정이 깊은1298) 우리들은 덧없이 눈물을 뿌리네.

欲追殊遇報無緣　　視事園陵久愈虔
得見先王應自喜　　情鍾我輩枉1299)潸然

1298) 情鍾은 인정이 모이는 것을 말한다. 晉의 王衍이 어린 자식을 잃고 매우 슬퍼했
　　다. 山簡이 그렇게 슬퍼할 필요가 있느냐고 弔問하자, 왕연이 말하기를 "聖人은
　　情을 잊는다. 가장 낮은 사람들은 情에 미치지를 못한다. 그렇다면 情이 모이는
　　곳은 참으로 우리들에게 있는 것이다."라고 했다는 故事에서 온 말이다. 『晉書』
　　<王衍傳>에는 "王衍嘗喪幼子 山簡弔之 衍悲不自勝 簡曰 孩抱中物 何至於此 衍
　　曰 聖人忘情 最下不及於情 然則情之所鍾 正在我輩."라고 기록되어 있다.
1299) 同治本에는 이 '枉'이 '任'으로 되어 있다.

[144]   한산군의 <초하> 시에 차운하다(次韓山君初夏詩韻)

[144-1]

창룡(蒼龍)[1300]이 떠난 지 구순(九旬)이 넘어
서리[1301]가 내리니 마치 시월 초인 듯하네.
빗방울[1302]이 근래에 또 드물고 적으니
사관(史官)은 어떻게 기록할지 모르겠네.

　　蒼龍行已九旬餘　　　青女來如十月初
　　雨點年來又稀少[1303]　　未知史氏若何書

[144-2]

사백 육십 오 년 남짓한데[1304]
성스러운 신[1305]께서 개국한 처음을 멀리 생각하네.
대대로 이어와서 오늘에 이르렀으니
밝구나, 빛나는 가르침이 책에 실려 있나니.

　　四百六十五年餘　　　遙憶聖神開國初
　　繼繼承承到今日　　　昭哉光訓載於書

1300) 蒼龍은 青龍으로 東方을 맡은 神이다. 歲星[太歲, 木星]이 1년에 1次를 가서 12년
　　만에 하늘을 一周하는 것으로 보고 옛 사람들은 그것이 經行하는 躔次로써 年을
　　기록하였는데, 이에 해당하는 방위를 犯하는 것을 피하려고 하였다. 여기에서는
　　봄을 나타내는 듯하다.
1301) 青女는 서리와 눈을 맡은 神, 또는 서리의 異稱이다.
1302) 雨點은 빗방울로 雨滴이라고도 한다.
1303) 同治本에는 이 '少'가 '小'로 되어 있다.
1304) 高麗가 건국한 918년으로부터 465년 남짓이므로 이 시를 지은 해는 禑王 8년
　　(1382) 무렵임을 알 수 있다.
1305) 聖神은 성스러운 神으로 여기에서는 高麗의 太祖 王建을 가리킨다.

[145]　　　향을 받들고 홍경사1306)에 가서 축리1307)하고 나서 벽란
　　　도1308)에 이르러 누각1309)에 올라 사암1310) 상국이 정유년1311)
　　　에 지은 것을 우러러보고 감탄을 이기지 못해 운자에 따라 받
　　　들어 화답하다. 5수(奉香赴弘慶寺 祝釐之餘 到碧瀾渡1312) 登
　　　樓仰觀思菴相國1313)丁酉年所題 不勝感嘆1314) 依韻奉和 五首)

[145-1]

1306) 弘慶寺는 충청남도 天安市 成歡面 대흥리에 있는 절이다. 원래는 弘慶院 내에 있
　　　던 절이었다. 弘慶院은 충청도 稷山縣에 있었는데, 고려 顯宗이 이곳은 갈래 길의
　　　요충인데다가 사람 사는 곳이 멀리 떨어져 있고, 무성한 갈대 숲이 들판에 가득
　　　해서 행인이 자주 약탈하는 강도를 만나므로, 중 逈兢에게 명하여 절을 세우게
　　　하고, 병부상서 姜民瞻 등이 일을 감독해서 丙辰年(1016)부터 辛酉年(1021)에 와서
　　　집 200여 간을 세우고, 奉先弘慶寺라고 賜名했다. 또 절 서쪽에 객관 80 간을 세
　　　우고 이름하여 廣緣通化院이라 하고, 양식을 쌓고 馬草를 저장해서 행인들에게
　　　제공했다. 이에 비석을 세우고 한림학사 崔冲에게 명하여 비문을 짓도록 했는데,
　　　절은 없어지고 院과 비석만 남아 있으므로 드디어 절 이름을 따서 弘慶院이라 불
　　　렀다고 한다(『新增東國輿地勝覽』 권16,「稷山縣」 참조). 여기에는 國寶 28호인 奉
　　　先弘慶寺碣이 있다.

1307) 祝釐는 신에게 제사를 드리고 복을 비는 것이다.

1308) 碧瀾渡는 경기도 開城 서쪽 禮成江 하류에 있던 浦口이다. 고려시대의 국제 무역
　　　항으로 비교적 물이 깊어 선박이 자유로이 출입할 수 있는 좋은 河港이었다. 중
　　　국과 일본, 남양과 서역 등의 海商들이 자주 드나들며 교역하였다. 고려의 國都였
　　　던 開京이 황해 연안의 내륙에 위치하고 있어서 황해 연안의 여러 지방과 중국과
　　　는 이 벽란도를 통하여 연락하였다고 한다.

1309) 碧瀾渡에는 息波亭이 있었다고 한다(『新增東國輿地勝覽』 권4,「開城府 上」 참조).

1310) 思菴은 柳淑(?〜1368)의 號이다. 柳淑은 고려 말의 문신으로 字가 純夫, 號가 思
　　　菴, 본관이 瑞山이다. 代言・樞密院直學士 등을 역임하고, 恭愍王 5년(1356) 奇轍
　　　일당을 처형하는 데 공을 세워 安社功臣이 되었다. 후에 辛旽의 무고로 絞殺당하
　　　였다. 諡號는 文僖이다.

1311) 丁酉年은 恭愍王 6년(1357)이다.

1312) 同治本에는 이 ‘渡’가 없다.

1313) 同治本에는 이 ‘相國’이 ‘朴相公’으로 되어 있다.

1314) 同治本에는 이 ‘嘆’이 ‘歎’으로 되어 있다.

벽란도(碧瀾渡)를 모르고서
지금 지명(知命)[1315]의 나이를 넘기네.
지금 다행히 눈으로 보며
보화(寶華)[1316] 앞에 이르렀네.

> 不識碧瀾渡　　　今踰知命年
> 如今幸寓目　　　爲[1317]到寶華前

[145-2]

예불을 드릴 여가가 적은데
임금께서 오래 계시기를 축원하네.
잠시 여기에 이르기를 기다리는데
훌륭한 경치[1318]가 앞에 닿아 있네.

> 禮佛少餘暇　　　祝君多歷年
> 暫時須到此[1319]　勝槩要當前

[145-3]

1315) 知命은 知天命이라고도 하며, 나이 50세를 뜻한다. 『論語』「爲政」에 나온 말로 그
　　　원문은 다음과 같다.

　　　孔子께서 말씀하시기를, "나는 15세에 학문에 뜻을 두었고, 30세에는 기초를 세웠
　　　고, 40세에는 미혹됨이 없어졌고, 50세에는 天命을 알았고, 60세가 되자 귀[耳]가
　　　순해졌고, 70세가 되어서는 마음이 하고자 하는 바에 따라도 道에 어긋나지 않았
　　　느니라."라고 하셨다(子曰 吾十有五而志于學 三十而立 四十而不惑 五十而知天命
　　　六十而耳順 七十而從心所慾不踰矩).

1316) 寶華 또는 寶花는 佛弟子가 佛蓮花를 가리킨다.

1317) 강경훈 所藏本에는 이 '爲'가 '仍'으로 되어 있다.

1318) 勝槩는 훌륭한 경치이다.

1319) 同治本에는 이 '到此'가 '此休'로 되어 있다.

팔월 열엿샛날에
조수(潮水) 위에서 풍년[1320] 소식을 들었네.
영서(靈胥)[1321]가 미치지 못하는 곳인데
강물의 형세는 절로 전과 같네.

八月十六日　　　　　潮頭聞有年
靈胥[1322]所不及　　　　江勢自如前

[145-4]

정유년에 지은 사암(思菴)의 시 구절[1323]를
나는 계해년[1324]에 읊네.
유악(帷幄)[1325]에 있던 날을 추억하는데
마치 눈앞에 바라보이는 듯하네.

丁酉思菴句　　　　　吾吟癸亥年
追[1326]懷帷幄日　　　　彷彿若瞻前

1320) 有年은 풍년이다.

1321) 靈胥는 伍子胥를 제사지낸 水神의 이름이라고 한다.

1322) 同治本에는 이 '胥'가 '犀'로 되어 있다. 靈犀는 영험한 물소라는 뜻이다. 이 물소
　　　는 그 뿔의 중심에 가느다란 구멍이 있어서 두 뿔이 서로 통해 있다고 한다. 그래
　　　서 두 사람의 마음이 서로 잘 통하는 것을 비유하는 말로 사용된다. 唐나라 시대
　　　의 유명한 시인인 李商隱(812년~858년)의 「無題」라는 시에, "몸은 아름다운 봉새
　　　나 쌍을 지어야 나는 비익조가 아니지만/ 마음은 영험한 물소의 한 점으로 통하
　　　는 바가 있네(身無綵鳳雙飛翼 心有靈犀一點通)"라는 구절이 있다고 한다.

1323) 柳淑의 <碧瀾渡> 시는 "久負江湖約 紅塵二十年 白鷗如欲笑 故故近樓前"(『東文
　　　選』 권19)이다.

1324) 癸亥年은 禑王 9년(1383)이다.

1325) 帷幄은 帷와 幄인데, 모두 陣營에 쓰이는 장막이다. 轉하여 大將이 작전 계획을
　　　세우는 곳이다. 때로는 謀臣의 의미로도 쓰인다.

1326) 同治本에는 이 '追'가 '將'으로 되어 있다.

[145-5]

세월은 흐르는 물과 같은데
강산은 지난해인 듯하네.
누가 장차 향기로운 자취를 이어
한 사람1327) 앞에 착한 일을 펼치겠는가?

　　　歲月若流水　　　　江山如昔年
　　　誰將繼芳躅　　　　陳善一人前

1327) 一人은 한 사람, 곧 至尊, 임금을 뜻한다.

[146]　　목암상인이 두루마리를 가지고 와서 시를 구하다(目菴上人携
卷子 求詩)

천지 사이에 가득한 물건은 다함이 없어도
분별은 모두 눈동자1328)에 달려 있네.
사방의 티끌이 어릴 시절의 바탕에서 이루어졌다고 말하지 말라.
늙은이의 견해가 아이와 어찌 일찍이 달랐으리요?
유생(儒生)은 늘 예의가 아닌 것을 볼까 염려하는데
불자(佛者)는 항상 색(色)이 곧 공(空)임1329)을 보네.
대천세계(大千世界)1330)를 비출 방법이 있다면
나에게 신통함을 얻을 방편을 가르쳐 주시게.

　　　　盈天地內物無窮　　　分別皆由阿堵1331)中
　　　　莫謂四塵1332)成幼質　　何曾老見異孩童
　　　　儒生每慮視非禮　　　佛者常觀色卽空
　　　　照了大千如有術　　　敎吾方便得神通

1328) 阿堵는 눈동자이다.

1329) 色卽空은 色卽是空의 준말이다. 般若心經에는 "色不異空 空不異色 色卽是空 空卽
是色"이라는 구절이 있는데, 이것은 色에 의해 표현된 온갖 현상은 평등 무차별
한 空, 곧 實相과 相卽하여 둘이 없다는 뜻이다. 色空不異·眞空妙有의 뜻을 의미
한다.

1330) 大千世界는 불교에서 三千世界의 셋째로, 中千世界의 천 배가 되는 세계이다. 小千
世界[四洲世界의 천 배]를 천 개 합한 것을 中千世界라 하고, 중천세계를 천 개 합
한 것을 大千世界라 한다. 이 一大千世界를 三千大千世界, 또는 三千世界라 한다.

1331) 同治本에는 이 '堵'가 '睹'로 되어 있다.

1332) 同治本에는 이 '塵'이 '庄'으로 되어 있다.

[147]　　안제학 중온[1333])의 만사. 육언(安提學仲溫挽詞 六言)

　　강굉(姜肱)처럼 함께 이불을 덮은 은혜[1334])가 아우들에게 깊었고
　　노래자(老萊子)의 옷을 입은 효도[1335])는 어버이께 두터웠네.

1333) 安仲溫은 安宗源의 長子이다. 李穡의 <竹溪安氏三子登科詩序>(『牧隱詩藁』권8)
　　에는 軍簿判書로 나온다. 그는 恭愍王 11년(1362)에 禮部試에 급제하였는데, 初名
　　은 景溫인 듯하다.

1334) 姜被는 姜肱共被를 가리키는데, 이 말은 형제간의 우의가 좋아 이불을 함께 덮고
　　잔다는 뜻이다. 李漢의 『蒙求』에는 <姜肱共被>라는 제목으로 다음과 같이 실려
　　있다.

　　後漢의 姜肱은 字가 伯淮인데, 彭城의 廣戚 사람이다. 동생인 仲海·季江과 함께
　　모두 효성스런 행동으로 소문이 났다. 그 우애는 하늘이 낸 듯이 지극해서 늘 함
　　께 자고 일어났다. 강굉은 五經에 널리 통했고 겸하여 천문학에도 밝아서, 선비들
　　중 그에게 배우러 온 사람이 삼천여 명이었다. 두 아우도 명성이 서로 버금갈 정
　　도였다. 모두가 벼슬길에 나아가지 않았다. 한 번은 강굉이 계강과 함께 밤에 도
　　적을 만나, 그들을 죽이려 하자 형제가 다시 서로 죽기를 다투니 드디어 둘다 풀
　　어 주었다. 桓帝가 불렀으나 나아가지 않으니, 畵工으로 하여금 그 형상을 그리도
　　록 하였으나 강굉은 이불을 덮고 누워 얼굴을 가렸기 때문에 끝내 그를 보지 못
　　하였다. 후에 은둔하여 멀리 바닷가로 가서 숨어 살며 점을 쳐서 먹고 살다가 고
　　향으로 돌아와 죽었다. 그의 제자 劉操가 덕을 기렸다. 謝承이 기록하기를, "강굉
　　은 성품이 독실하고 효성스러워 계모를 섬겼다. 계모는 젊고 엄격하고 모질었으
　　나 강굉은 『詩經』<凱風>의 孝에 감복하여, 형제가 같은 이불을 덮고 자며 아내
　　의 방으로 들어가지 않음으로써 어머니의 마음을 위로하였다."라고 하였다(後漢
　　姜肱字伯淮 彭城廣戚人 與弟仲海·季江俱以孝行著聞 其友愛天至 常共臥起 肱博通
　　五經 兼明星緯 士之就學者三千餘人 二弟名聲相次 皆不應徵聘 肱嘗與季江夜遇盜
　　欲殺之 兄弟更相爭死 遂兩釋焉 桓帝徵不至 使畵工圖其形狀 肱臥以被韜面 竟不得
　　見之 後隱遯 遠浮海濱竄伏 賣卜給食 還卒於家 弟子劉操頌德 謝承書曰 肱性篤孝
　　事繼母 年少嚴厲 肱感凱風之孝 兄弟同被而寢 不入房室 以慰母心).

1335) 萊衣는 老萊斑衣를 가리키는데, 이 말은 일흔 살이나 된 老萊子가 색동옷을 입고
　　아이들의 재롱을 보여 부모를 기쁘게 해 드리려고 한 사실을 뜻한다. 老萊子는
　　春秋時代 楚나라의 賢人으로 24孝子의 한 사람이다. 난을 피하여 蒙山의 남쪽에
　　서 농사를 지으면서 살았는데, 70세에 색동옷을 입고 어린애 장난을 하여 부모를
　　위안하였고, 『老萊子』15권을 지었다고 한다. 그의 아내는 賢妻로서 남편을 諫하
　　여 벼슬하지 않고 청빈한 생활을 하도록 하였다고 한다. 李漢의 『蒙求』에는 <老
　　萊斑衣>라는 제목으로 다음과 같이 실려 있다.

지위는 일찍이 재추(宰樞)1336)가 되었는데
하늘은 어찌하여 어진 이에게 수(壽)를 주지 않는가?

姜被恩深衆弟　　　萊衣孝篤雙親
位則早爲樞宰　　　天何不壽仁人

『高士傳』에 이르기를, 老萊子는 楚나라 사람으로 젊어서 효성이 지극해서 매우
맛있는 음식으로 부모를 봉양하였다. 나이 칠십이 되어도 부모가 아직 생존해 계
시니 노래자는 얼룩무늬가 있고 아름다운 옷을 입고 부모님 앞에서 어린 아이의
놀이를 하며, 자신을 늙은이라고 일컫지 않았다. 부모님을 위해 밥을 가지고 마루
에 오르며 발을 헛디뎌 넘어져 어린이처럼 울기도 했으니 진실로 지성에서 우러
나온 것이었다. 초나라의 왕실이 바야흐로 어지러워지자 蒙山의 남쪽에서 은거하
여 밭을 갈면서 책을 지어 『老萊子』라 하였다. 언제 어디서 죽었는지는 모른다(高
士傳 老萊子楚人 少以孝行 養親極甘脆 年七十 父母猶存 萊子服荊蘭之衣 爲嬰兒
戲於親前 言不稱老 爲親取食上堂 足跌而偃 因爲嬰兒啼. 誠至發中 楚室方亂 乃隱
耕於蒙山之陽 著書號老萊子 莫知所終).

1336) 宰樞는 고려시대 中書省과 樞密院의 相臣을 일컫는 말이다.

<h1 style="text-align:center">발문(跋文)</h1>

동문하(同門下) 성공(成公)이 전라도 관찰사가 된 다음해 가을에 행부(行部)가 금산(錦山)에 이르게 되자 고을 수령 이통훈(李通訓)에게 말하기를, "나와 그대는 모두 유항선생의 문하에서 나왔습니다. 아, 공이 돌아가신 지 몇 년이 지났지만, 그의 시집은 아직 세상에 간행되지 못하였습니다. 어찌하여 그것을 널리 전하고 무궁하게 드리울 방도를 도모하지 않겠습니까?"라고 하였다. 이후(李侯)가 강개하게 말하기를, "실로 뜻하던 바입니다."라고 하고 드디어 공인(工人)을 모아 나무에 새겨 공업(功業)을 마칠 무렵에 관찰사는 조정으로 옮겨가고, 이후(李侯)도 잘 다스린 까닭에 도관(都官)으로 징배(徵拜)되었다고 한다.

건문(建文)[1337] 경진년(庚辰年)[1338] 춘정월(春正月) 병자(丙子)에 전 호조의랑(戶曹議郞) 윤회종(尹會宗)[1339]은 받들어 쓰다

1337) 建文은 明 惠宗의 연호(1399~1402)이다.

1338) 庚辰年은 定宗 2년(1400)이다.

1339) 尹會宗(?~?)은 고려 말, 조선 초기의 문신으로 본관이 茂松, 同知春秋館事 紹宗의 아우이다. 禑王 때 문과에 급제, 여러 관직을 거쳐 恭讓王 1년(1389) 司宰副令으로 禑王·昌王의 誅殺을 상소하여 실행에 옮기도록 하고, 이듬해 世子侍學·刑曹摠郞을 역임하였다. 李成桂를 도와 조선왕조 개국에 기여하였으나 太祖 4년(1395) 議郞으로서 給田을 잘못하여 삭직, 유배되었다. 太宗 7년(1407) 司藝로서 文科重試에 乙科로 급제하여 成均司成이 되고, 이 해 처음 시행된 仲月賦詩法에 2등으로 합격하였다. 1414년 司諫院右司諫·左司諫, 辨正都監使를 지냈다.

同門下成公觀察全羅之明年秋 行部至于錦[1340) 謂知州[1341)李通訓曰 吾
與子俱出柳巷先生之門 嗚虖[1342) 公之捐館[1343)若丁年矣 而其詩未行於世
盍圖所以廣其傳而垂無窮 李侯慨然曰 固所志也 遂募工鋟[1344)梓 功垂告
訖而使相遷朝 李侯亦以治最 徵拜都官云

　　建文庚辰春正月丙子 前戶曹議郎尹會宗敬書[1345)

1340) 同治本에는 이 ‘錦’의 뒤에 ‘山’이 1자 더 있다. 문맥상으로 보아 ‘山’이 있는 것이
　　　맞는 것으로 판단되기 때문에 여기서는 ‘錦山’으로 번역하였다.

1341) 同治本에는 이 ‘州’가 ‘縣’으로 되어 있다.

1342) 同治本과 강경훈 所藏本에는 이 ‘虖’가 ‘呼’로 되어 있다.

1343) 同治本에는 이 ‘館’이 ‘舘’으로, 강경훈 所藏本에는 ‘官’으로 되어 있다.

1344) 강경훈 所藏本에는 이 ‘鋟’이 ‘取’로 되어 있다.

1345) 이 跋文은 尹會宗이 쓴 것인데, 萬曆本, 同治本, 강경훈 所藏本 다같이 제목은 없
　　　다. 萬曆本에 실린 詩는 31장째의 前葉 두 번째 行에서 끝났는데, 이 발문은 葉을
　　　바꾸어 31장의 後葉 첫 번째 行부터 아홉 行에 걸쳐 실려 있다. 同治本에서는 詩
　　　가 36장째의 後葉 두 번째 行에서 끝났는데, 이 발문은 바로 이어서 다음 行부터
　　　일곱 行에 걸쳐 실려 있다. 강경훈 所藏本에서는 詩가 31장째의 前葉 두 번째 行
　　　에서 끝났는데, 이 발문은 葉을 바꾸어 31장의 後葉 첫 번째 行부터 아홉 行에 걸
　　　쳐 실려 있다.

위 『유항집(柳巷集)』은 동문하 관찰사인 성공(成公)이 처음 금산군(錦山君)에서 간행한 것인데, 자획이 너무 가늘어 보는 사람들이 매우 불편하게 여겼다. 임진란 때 모두 불에 타버려 세상에 남아 있는 이 문집은 얼마 되지 않았다. 기해년(1599)에 우리 숙부인 지금의 함경백 효순공이 호남 관찰사로 계실 때 우연히 한 질을 얻어 널리 베풀 생각을 가지고 있다가 영남 안찰사로 있는 준겸에게 숙부가 그 원본을 주시며 교정하여 다시 간행을 꾀하도록 하였다. 준겸은 선조의 유고를 소중히 여기고 숙부의 지극한 뜻에 감동하여 삼가 받아서 작업을 마치고, 잘못된 것을 바로잡고 빠진 것을 보충하여 정서(淨書)를 이미 마쳤으나 미처 간행을 하지 못하고 파직되어 돌아왔다. 그리고 금년 봄에 다시 호남지방에 임명을 받아 완산(完山)에 머물면서 장인(匠人)을 모아 간행을 끝내었다. 그 글자와 책의 모양을 구본(舊本)보다 훨씬 좋게 하여 본부(本府)에 간직해 놓고 오래 전하려 하고 있다. 그리고 조용히 생각하면 우리 선조의 문장과 학행은 사책(史册)에 소상히 기재되어 있고 그 문자는 비석에 찬란히 빛나고 있으므로 이 문집은 시의 나머지를 수습한 것에 불과하니, 그것의 간행 여부가 몇 사람들과 관련되지는 않은 듯하다. 그러나 고려 말기부터 지금까지 수백 년 사이에 선조의 문생과 후예들이 몇 명인지 모른다. 처음 시작한 사람은 성공(成公)이고, 도중에 그것을 계승한 사람은 사람은 숙부이며, 마지막으로 그것을 이룬 사람은 준겸이다. 그리고 마침 세 사람이 모두 호남을 안찰할 때였으니 그렇다면 이 문집의 간행에도 기회가 있어서 선조의 영혼이 반드시 또 저승에서 묵묵히 도왔을 것이다. 아, 그것이 이상하도다.

만력(萬曆)[1346] 기원(紀元) 용집(龍集)[1347] 임인년(壬寅年)[1348] 8월 상

1346) 萬曆은 明 神宗의 연호(1573~1620)이다.

정(上丁)[1349]에 8대손 가선대부 전라도관찰사 겸 순찰사 병마수군절도사 전주부윤 준겸은 삼가 쓰다

右柳巷集 同門下觀察成公始刊錦山郡者 字畫太細 覽者病之 壬辰之亂 盡爲灰燼 是集之行于世者盖寡 己亥年間 吾叔父 今咸鏡伯孝純[1350]公觀察湖南 偶得一帙 思欲廣布 是時[1351]浚謙[1352]方忝按嶺南 叔父乃以原本遺之 俾令讎[1353]校[1354] 再圖刊行 浚謙[1355]重[1356] 先祖之遺稿 感叔父之至意 謹受而卒業 正訛而補缺 繕寫[1357]旣完 未及入梓而罷歸 今年春 又

1347) 龍集은 歲次를 뜻한다.

1348) 壬寅年은 宣祖 35년(1602)이다.

1349) 上丁은 음력 2월과 8월의 첫 丁日에 행하는 釋奠이다.

1350) 同治本에는 이 '孝純'이 본문과 같은 크기의 글자로 되어 있다. 韓孝純(1543~1621)은 字가 勉叔, 號가 月灘이고, 韓脩의 셋째 아들인 尙敬의 아들로서 韓脩의 손자이다. 宣祖 1년(1568)에 生員이 되고, 1576년 式年文科에 丙科로 급제, 檢閱·修撰을 거쳐 1584년 寧海府使가 되었다. 1592년 임진왜란 때 寧海府使로 왜군을 격파하여 慶尙左道觀察使에 특진하여 巡察使를 겸임했고, 1594년 兵曹參判을 거쳐 1596년 慶尙·全羅·忠淸體察副使가 되었다. 1604년 吏曹判書에 오르고, 다음해 平安道觀察使·判中樞府事 등을 거쳐 1606년에 右贊成이 되었다. 1616년 右議政을 거쳐 左議政에 올랐다.

1351) 同治本에는 이 '是時'가 없다.

1352) 同治本에는 이 '浚謙'이 본문과 같은 크기의 글자로 되어 있다.

1353) 同治本에는 이 '讎'가 '讐'로 되어 있다.

1354) 同治本에는 이 '校'가 '板'으로 되어 있다.

1355) 同治本에는 이 '浚謙'이 본문과 같은 크기의 글자로 되어 있다.

1356) 萬曆本과 강경훈 所藏本에는 이 '重'의 뒤에 글자 한 자 들어간 만한 공간을 비워두었다. 이는 바로 뒤에 나온 단어가 '先祖'로 특별히 존칭해야 할 필요가 있었기 때문인데, 이렇게 하는 것을 '闕字'라고 한다. 闕字는 闕畫과도 같은 뜻이다. 문장이나 단어를 써가다가 임금이나 귀한 사람의 이름 위에 경의를 표하기 위해서 한두 칸을 비워두는 것을 궐자라고 하고, 같은 의미로 그 글자의 획 가운데 어느 부분(대개는 마지막 획이다)을 일부러 빠뜨려 적는 것을 궐획이라고 한다.

1357) 강경훈 所藏本에서는 이 '叔父之至意 謹受而卒業 正訛而補缺 繕寫'를 '父之至意 謹受而卒業 正訛而補缺 繕寫叔'으로 판각하고 '父'의 위에 작은 동그라미를 하고

受湖南之[1358]命 駐節完山 始得鳩匠[1359]斷功 字體書樣 視舊本頗勝 遂藏
諸本府以壽其傳 仍竊伏念吾[1360]先祖文章學行 昭載信[1361]史 銀鉤[1362]玉
索 輝暎金石 是集也 不過收拾咳唾之餘耳 其行與否 若無預於數者 然
而[1363]自麗季至于今[1364] 數百年間[1365] 先祖之[1366]門生後裔 不知其幾人
也 始焉倡之者成公也 中焉繼之者叔父也 終焉成之者浚謙[1367]也 而[1368]
適當三人 俱按湖南之日 然則[1369]是集之行亦[1370]有機會 而[1371]先祖之靈
必且默佑於冥冥之中[1372]矣 吁 其異哉

萬曆紀元龍集壬寅八月上丁 八代孫 嘉善大夫全羅道觀察使兼巡察使兵

　　‘叔’의 오른쪽에 ∨ 표시를 해서, 이 ‘叔’이 ‘父’의 앞에 놓일 글자임을 표시해 두
　　었다.

1358) 萬曆本, 同治本, 강경훈 所藏本에는 다같이 이 ‘之’의 뒤에 글자 한 자 들어간 만
　　한 공간을 비워두었다.

1359) 同治本에는 이 ‘匠’이 ‘紙’로 되어 있다.

1360) 萬曆本과 강경훈 所藏本에는 이 ‘吾’의 뒤에 글자 한 자 들어간 만한 공간을 비워
　　두었다.

1361) 同治本에는 이 ‘信’이 ‘片’으로 되어 있다.

1362) 강경훈 所藏本에는 이 ‘鉤’가 ‘鉤’로 되어 있다.

1363) 강경훈 所藏本에서는 이 ‘耳 其行與否 若無預於數者 然而’를 ‘其行與否 若無預於
　　數者 然而耳’로 판각하고 ‘其’의 위에 작은 동그라미를 하고 ‘耳’의 오른쪽에 ∨
　　표시를 해서, 이 ‘耳’가 ‘其’의 앞에 놓일 글자임을 표시해 두었다.

1364) 同治本에는 이 ‘今’이 없다.

1365) 萬曆本과 강경훈 所藏本에는 이 ‘間’의 뒤에 글자 한 자 들어간 만한 공간을 비워
　　두었다.

1366) 同治本에는 이 ‘之’가 없다.

1367) 同治本에는 이 ‘浚謙’이 본문과 같은 크기의 글자로 되어 있다.

1368) 同治本에는 이 ‘而’가 없다.

1369) 강경훈 所藏本에서는 이 ‘然則’을 ‘然’으로 판각하고 ‘然’과 ‘是’ 사이의 오른쪽
　　行間에 작은 글자로 ‘則’을 새겨 놓았다.

1370) 同治本에는 이 ‘亦’이 없다.

1371) 同治本에서는 이 ‘而’의 뒤에 글자 한 자 들어간 만한 공간을 비워두었다.

1372) 同治本에는 이 ‘之中’이 없다.

馬水軍節度使全州府尹 浚謙[1373]謹識[1374][1375]

1373) 同治本에는 이 '浚謙'이 본문과 같은 크기의 글자로 되어 있다.

1374) 강경훈 所藏本에는 이 뒤에 두 行을 띄우고, '柳巷先生詩集索舊本/ 三當齋府君十
九歲時筆'이라고 두 줄로 나누어 붓으로 써두었다.

1375) 이 跋文은 柳巷의 八代孫인 韓浚謙이 쓴 것인데, 萬曆本, 同治本, 강경훈 所藏本
다같이 제목은 없다. 萬曆本에서 尹會宗의 跋文은 31장째의 後葉 아홉 번째 行에
서 끝났는데, 이 한준겸의 발문은, 윤회종의 발문에 이어서, 장을 바꾸어 32장의
前葉 첫 번째 行부터 32장의 後葉 첫 번째 行에 걸쳐 실려 있다. 同治本에서는 尹
會宗의 跋文이 36장째의 後葉 아홉 번째 行에서 끝났는데, 이 한준겸의 발문은,
윤회종의 발문에 바로 이어서, 장을 바꾸지 않고 36장 後葉의 열번째 行(마지막
行이다)부터 시작해서 37장 後葉 여섯 번째 行에 걸쳐 실려 있다. 본문의 마지막
인 '其異哉'의 뒤에서 行을 바꾸지 않고 '萬曆紀元龍集壬寅八月上丁 八代孫 嘉善
大夫全羅道觀察使兼巡察使兵馬水軍節度使全州府尹 浚謙謹識'를 바로 이어서 썼
다. 강경훈 所藏本에는 萬曆本이나 同治本과는 달리, 윤회종의 발문과 이 발문이
이어져 있지 않다. 강경훈 所藏本에는 윤회종의 발문 바로 뒤에 陽村 權近의 서
문이 있고, 그 뒤에 李穡의「韓文敬公墓誌銘」이 있고, 그 뒤에 敎書가 있고, 敎書
의 뒤에 이 글이 실려 있다. 강경훈 所藏本에서 敎書는 36장의 後葉 두 번째 行에
서 끝났는데, 이 글은 장을 바꾸어 37장 前葉의 첫 번째 行부터 37장 後葉 일곱
번째 行에 걸쳐 실었다.

부록 : 유항 한선생의 네 아들의 이름과 자에 대한 설(柳巷韓先生四子名字說 附錄)[1][2]

한산군 이색 찬(韓山君李穡撰)[3]

한첨서공(韓簽書公)이 그 네 아들의 이름을 짓고 장차 자(字)를 짓게 되매 옛사람이 아들을 서로 바꾸어 가르친 사례를 취하여 친구인 한산의 이색에게 그 뜻을 풀이하도록 하니, 색(穡)은 감히 사양하지 못하였다. 상환(尙桓)이라 한 것은『서경』에 이르기를 "씩씩함을 숭상한다."라고 하였으니, 용기를 내야 한다는 것을 알게 한 것이다. 사람이 학문을 함에 있어서 무엇보다도 용기가 앞서는 것이다.『중용』에서는 지(知)·인(仁)·용(勇)을 세 달덕(達德)이라 하고 용을 그 끝에 두었으나, 지혜와 인을 극치에 도달하게 하며 하늘과 땅이 제자리를 유지하며, 모든 물건을 육성시키게 하는 힘은 용기인 것이다. 지혜는 용기가 아니고서

---

1) 이 附錄은 萬曆本과 강경훈 所藏本에는 없고, 同治本에만 있다. 同治本에서 韓浚謙의 跋文은 37장째의 後葉 여섯 번째 行에서 끝났는데, 이 부록은 장을 바꾸어 38장의 첫 行부터 40장의 前葉 열번째 行(마지막 行이다)까지 실려 있다. '柳巷韓先生四子名字說附錄'이 실린 것은 39장의 前葉 여섯 번째 行까지이고, 다음에 실린 것은 柳巷과 관련된 李穡의 詩이다.

2) 이 글은『淸州韓氏大同族譜(上世篇)』(六校本)에도 실려 있는데, 거기서는 제목을 '韓氏四子名字說'이라고 했다(같은 책, 207면). 本書의 번역은 이『淸州韓氏大同族譜(上世篇)』(六校本) 208~210면의 번역을 참조했다.

3)『淸州韓氏大同族譜(上世篇)』(六校本)에서는 이 부분을 '韓山 李牧隱 穡 說'이라고 했다(같은 책, 207면).

는 선택하지 못할 것이요, 인도 용기가 아니면 지키지 못할 것이다. 그러므로 "굳세도다, 씩씩함이여!"라는 말로 이를 친미하였다. 상환에게는 백환(伯桓)이라는 자를 지으면 좋으니 그 뜻을 생각하지 않겠는가? 상질(尙質)이라 한 것은 근본을 알아야 됨을 강조한 것이다. 『논어』에 이르기를 "문채가 바탕을 이기면 너무 화려하고, 바탕이 문채를 이기면 너무 속되다."고 하였다. 바탕은 꾸밈새의 근본이다. 그런데 꾸밈새가 너무 지나친 지가 오래 되었다. 온화한 미(美)와 충성스럽고도 미더운 진실함이 없어지고 드러나지 아니하여 비록 좋은 바탕이 있어도 다같이 타락하여 유행하는 세속에서 헤어나는 사람이 없으니 꾸밈새의 폐해가 극단에 이르렀다. 그런데도 오직 꾸밈새만을 숭상하여 그 근본을 잃어버리거나 그 지엽적인 것만을 추구하고 있다. 그러므로 이를 바로잡는 방법은 비록 한쪽으로 치우친 듯하더라도 바탕을 중히 여기는 것이 낫다. 상질에게는 중질(仲質)이라는 자를 지으면 좋으니 그 뜻을 생각하지 않겠는가? 상경(尙敬)이라 한 것은 그 마음속에 주장하는 것이 있어야 함을 강조한 것이다. 『예기』에 이르기를 "공경하지 않는 것이 없다." 하여 삼백 가지 예의와 삼천 가지 위의(威儀)에 대하여 공경이라는 말을 첫머리에 두었으니, 곧 「요전(堯典)」에서 먼저 "공경한다"라는 말을 쓴 것과 같은 뜻이다. 도를 배우는 사람은 공경에서 출발하여 뜻을 진실하며 마음을 바르게 하는 데에 이르며, 정치하는 사람은 공경에서 출발하여 나라를 다스리며 천하를 평안하게 하는 것이다. 부부간에 서로 공경한 사실은 역사에서도 기록하였으니4) 농사를 짓는 들판에서도 공경이 없어서는 안될 터인데 하물며 조정과 사회에서이겠는가? 하

---

4) 『春秋左傳』, 「姬公」 33년 조에 晉의 郤缺이 들에서 밭을 매다가 점심을 가져온 아내를 손님처럼 공경스럽게 대하는 것을 본 臼季가 그를 晉 文公에게 추천하여 大夫를 삼았다는 내용이 있다.

물며 실내에서이겠는가? 하늘을 섬기며 하늘에 제사를 지내며 모든 신을 감동하게 하는 것이 모두 여기에서 벗어나지 않는다. 상경에게는 숙경(叔敬)이라는 자를 지으면 좋으니 그 의의를 생각하지 않겠는가? 상덕(尙德)이라는 것은 마음으로 힘써 잃지 않기를 강조하는 것이다.『서경』에 이르기를 "능히 덕을 밝히라."라고 하였다. 사람이 하늘에서 타고나서 모든 이치를 갖추고 모든 일에 대응할 수 있는 것은 본래부터 나고난 선(善)이다. 기질이 이를 구속하기도 하며 물욕이 이를 가리우기도 하여 여기에서 그것을 잃게 된다. 이것을 하늘에서 타고나서 이것을 자기에게서 잃어버리는 것이므로 이를 허위(虛位)라고 한다. 그러나 그 본래의 자체는 없어지는 것이 아니므로 순간적으로 나타난다. 이것을 굳게 지키며 이것을 확충시키면 곧 나에게 있는 것이요 밖에서 오는 것이 아니다. 태어나면서 갖추어진 것이 덕이요, 잃어버리면 회복하는 것이 덕이다. 상덕에게는 계덕(季德)이라는 자를 지으면 좋으니 그 의의를 생각하지 않겠는가? 대저 용(勇)으로 그 본뜻을 전일(專一)하게 하며, 질(質)로 근본을 삼고, 공경으로 주장을 삼으며, 덕으로 그 타고난 것을 지키면 한씨 형제는 곧 그 선조에 대하여 욕됨이 없을 것이다. 부디 노력할지어다. 부디 노력할지어다.

韓簽書公5) 名其四子 且字之 以古者易子而敎 俾友人韓山李穡說其義 穡不敢辭 曰尙桓 書云 尙桓桓 勉其知所勇也 人於學也 勇莫先焉 中庸雖 以知仁勇爲三達德 而勇居其末 然所以致知仁之極 以成天地6)位育之功者 勇也 知非勇不能擇仁 非勇不能守 故以强哉 矯贊美之 尙桓之字 以伯桓

---

5) 『淸州韓氏大同族譜(上世篇)』(六校本)에는 이 '公'의 뒤에 '旣'가 1자 더 있다.
6) 『淸州韓氏大同族譜(上世篇)』(六校本)에는 이 '地'가 '之'로 되어 있다.

可 不思其義乎 曰尙質 勉其知所本也 語云 文勝質則史 質勝文則野 質者
文之本也 文勝久矣 愷悌之美忠信之篤 泯而不彰 雖有美質淪胥 而莫能自
拔於流俗 文之斃7)極矣 於是而惟文之是尙 則或失其本 而趨乎末 故救之
之術 雖若偏焉 莫如重質之8)爲愈也 尙質之字 以9)仲質可 不思其義乎 曰
尙敬 勉其中有主也 禮曰 毋不敬 禮儀三百 威儀三千 冠之以敬 卽堯典先
書欽之義也 學道者 由敬以誠正 出治者 由敬以治平 夫婦之相敬 史又書
之 田野間 亦不可無敬也 況於朝廷乎 況於鄕黨乎 況於屋漏乎 事天享帝
以致四靈 皆不外此 尙敬之字 以叔敬可 不思其義乎 曰尙德 勉中不失也
書曰 克明德 人之得乎天 而具衆理應萬事 本然之善也 氣質或拘之 物
慾10)或蔽之 於是乎失之矣 得之於天 失之於己 故曰 虛位 然其本然之體
未嘗亡焉 發見於俄頃之間 守之固 擴之充 則在我者 非自外至也 生而具
之者 德也 失而復之者 德也 尙德之字 以季德可 不思其義乎 夫勇以一其
志 質以爲之本 敬以爲之主 德以守其天 韓氏兄弟 斯無忝予爾祖矣 尙勉
旃 尙勉旃

---

7) 『淸州韓氏大同族譜(上世篇)』(六校本)에는 이 '斃'가 '弊'로 되어 있다.
8) 『淸州韓氏大同族譜(上世篇)』(六校本)에는 이 '之'가 '地'로 되어 있다.
9) 『淸州韓氏大同族譜(上世篇)』(六校本)에는 이 '以'가 '而'로 되어 있다.
10) 『淸州韓氏大同族譜(上世篇)』(六校本)에는 이 '慾'이 '欲'으로 되어 있다.

이름과 자에 대한 설. 절구(名字說 絶句)

근년에 노필(老筆)[11]을 희롱하여 얻은 것이 많지만
백 편 가운데 정채(精采)[12]를 띤 것이 없으니 어찌 하랴?
땀을 흘리면서도 그대들의 설(說)을 다시 주는데
난삽하여 둑을 터뜨리는 듯 할[13] 길이 없네.

老筆年來弄得多　　百無精采奈吾何
汗流更有郎君說　　疑澁無由似決河

---

11) 老筆은 노인의 글씨나 글을 뜻한다.
12) 精采는 精彩와 같은 말로 빛이나 발랄한 기상을 말한다.
13) 決河는 決河之勢로 둑을 터뜨려 강물이 맹렬히 흐르는 것 같은 형세를 말한다.

한선생이 광암사14)에서 비문을 쓰는데 나는 가서 볼 수 없어 잠시
생각한 것을 적다(韓先生在光嚴書碑 僕不能往觀 聊述所懷)

유항(柳巷)15)의 필봉이 잘 드는 칼과 같은데
운암(雲巖)16)의 비석은 긴 다리처럼 누웠네.
뒷날에 푸른 이끼 흔적에 눈물을 흘릴 때에
아침 저녁으로 절에서는 종과 북이 울리리.

柳巷筆鋒如快劍　　　雲巖碑石臥長橋
他年墮淚苔痕綠　　　鐘鼓叢林自暮朝

병을 앓은 뒤에 문장은 씁쓸하고 떫음17)이 많고
난리 뒤에 신세는 더욱 황량하네.
하늘을 기리고 해를 찬양함에는 마침내 방법이 없어
높은 산으로 머리 돌리니 또 해가 기우네.

病後文章多苦澁　　　亂餘身世轉荒凉
譽天贊日終無術　　　回首喬山又夕陽

____

14) 光嚴寺는 開京의 鳳鳴山에 있던 사찰로 恭愍王 때 廣通普濟禪寺라 불리었으며, 恭
　　愍王을 모신 玄陵의 원찰이 되었다. <廣通普濟禪寺碑銘>은 禑王 3년(1377)에 李穡
　　이 撰하고 韓脩가 글씨를 썼으며, 權仲和가 篆書했다.
15) 柳巷은 韓脩의 號이다.
16) 雲巖寺는 光嚴寺이다.
17) 苦澁은 쓰고 떫은 맛이다.

유항선생이 술과 음식을 가지고 와서 나에게 "오늘 적전[18]의 별서로 놀러간다."고 하다(柳巷先生携酒食來 餉老夫云 今日出遊籍田別墅)

술을 가지고 동쪽 마을로 왔다가
말 고삐를 쥐고 남쪽 교외로 나가네.
시든 풀잎은 소 다니는 거리로 이어지고
성긴 숲에는 새 집이 드러나네.
물에 비추어 보니 정신이 맑고
아교[19]로 거문고 줄을 이으니 곡조가 옛스럽네.
고요함에 도리어 맛이 많은데
어찌 일찍이 <해조부(解嘲賦)>[20]를 지었는가?

携樽向東里　　縱靶出南郊
衰草連牛巷　　疎林露鳥巢
神淸取水鑑　　調古續絃膠
寂寞還多味　　何曾賦解嘲

---

18) 籍田은 藉田이라고도 하는데, 임금이 몸소 경작하던 토지이다. 이것은 고대 중국에서 시작된 제도로 농업 국가에서는 농업이 모든 산업의 기본이므로 임금이 몸소 밭을 갈아 국민에게 모범을 보이기 위한 제도이다. 우리나라에서는 고려 成宗 2년(983)부터 적전이 있었으며, 조선시대에는 法典에 규정하여 임금이 경작하는 것을 원칙으로 하되, 부근의 농민들 중에서 差出하여 3명이 1結을 경작케 했다. 동원된 농민은 徭役만 면제 받았으며, 제도는 井田法에 따랐고, 곡식을 바쳐 나라의 제사에 사용하게 했다.

19) 續絃膠는 전설상의 아교로 봉의 부리와 기린의 뿔을 끓여 만드는데, 끊어진 활시위와 칼로 자른 쇠를 이을 수 있다고 하며, 集弦膠·連金泥라고도 한다.

20) <解嘲賦>는 漢나라 哀帝 때에 揚雄이 太玄經을 지어 淡泊한 마음을 보이자 사람들이 雄을 嘲笑하므로 雄이 그것을 해명하기 위해 지는 篇名이다.

선생을 생각하다(有懷先生)

공은 별서(別墅)에 노닐어 온통 맑은데
늙은 목은(牧隱)21)의 가슴속에는 더럽고 인색함이 생겨나네.
넓은 들판의 매 팔찌는 서리가 온 뒤에 벗겨지고
긴 도랑의 게 잡는 불은 밤이 깊도록 밝네.
바닷가의 산과 내는 동남쪽으로 터지고
하늘에 가득한 북두성은 서북쪽으로 기우네.
상호에 살이도 반드시 사직을 잊은 것은 아니리니
감회의 시를 몇 편이나 지었는가?

公遊別墅十分淸　　老牧胸中鄙吝生
平野鷹韝霜後脫　　長溝蟹火夜深明
山川傍海東南豁　　星斗滿天西北傾
未必江湖忘社稷　　感懷詩句幾篇成

---

21) 牧隱은 李穡(1328~1396)의 號이다. 李穡은 고려 말의 문신·학자로 字가 潁叔, 號가
牧隱, 본관이 韓山, 贊成事 穀의 아들, 李齊賢의 門人이다. 忠惠王 복위 2년(1341) 進
士가 되고 忠穆王 4년(1348) 元나라에 가서 國子監의 生員이 되어 性理學을 연구했
다. 忠定王 3년(1351) 귀국하여 恭愍王에게 국책의 시정과 개혁을 건의하였고, 同王
2년(1353) 鄕試와 征東行省의 鄕試에 합격, 書狀官이 되어 元나라에 들어가 會試·
殿試에 합격하여 원나라에서 應奉翰林文字承事郎·同知製誥兼國史院編修官을 지
내고, 同王 5년에 귀국하여 吏部侍郎·翰林直學士兼史館編修官·知製敎兼兵部郎中
이 되어 인사행정을 주관하고 개혁을 건의하여 政房을 폐지하게 하였으며, 右諫議
大夫·樞密院右副承宣·知工部事·知禮部事 등을 지내고 同王 10년 紅巾賊의 침입
으로 왕이 南幸할 때 扈從하여 1등공신이 되었다. 그 후 左承宣·知兵部事·右代
言·同知春秋館事·寶文閣 및 藝文館大提學·判開城府使 등을 역임하고 韓山君에
봉해지고, 禑王 때 功臣의 호를 받고 師傅가 되었다. 恭讓王 때 判門下府事로 있다
가 유배되었고, 朝鮮 太祖 4년(1395)에 韓山伯이 되었다. 門下에 權近·河崙·卞季
良·吉再 등 많은 제자를 배출하여 조선 性理學의 주류를 이루게 하였다. 韓山의
文獻書院에 奉享되었다. 저서로는 『牧隱詩稿』와 『牧隱文藁』가 있다.

유항의 문생들이 술자리를 열고 다시 첨서에 임명된 공에게 하례를 드렸다. 나는 염동정22)과 함께 초대를 받아 그 자리에 가니 천태판사 나잔자23)도 초청을 받아서 와 있었다. 앉아서 묘련사의 삼장24) 스님을 이야기하니 당시의 일이 쌓이고 쌓여 그치지 않았다. 취중에 듣고 그 옛날 풍속이 즐거워 이미 취하여 기록하다(柳巷門生開酒席 賀公重拜簽書也 僕與廉東亭承招赴席 天台判事懶殘子亦被請而至 坐談妙蓮三藏時事 疊疊不已 醉中聞之 樂其有舊俗遺風旣醉錄之)

정해년(丁亥年)25)의 문생(門生)들은 한 시대에 빼어난데
의발(衣鉢)을 전수받은 것은 한공(韓公)뿐이네.
늙은 우마(牛馬)처럼 분주히 다닌 것이 매우 안타까워

---

22) 東亭은 廉興邦(?~1388)의 호이다. 字는 仲昌, 본관은 瑞原, 廉悌臣의 아들이다. 恭愍王 6년에 장원급제하여 知申事·密直提學을 지낸 뒤, 禑王 때에 瑞城君에 오르고 三司左使로 專橫을 일삼다가 賜死되었으며, 두 차례 同知貢擧를 지냈다.
23) 懶殘子는 天台의 승려이며 李穡이 어렸을 때 結契하고 지냈다. 忠惠王 복위 5년 (1344) 정월에 삼각산에서 李穡, 洪義元, 吳순 등과 놀이를 했으며, 나중에 天台判事를 지냈고 福利君에 봉해졌다.
24) 三藏은 李齊賢의 <妙蓮寺石池竈記>(『東文選』 권69)에 의하면 順菴法師이다. 李穡의 <大司徒 熙菴 공이 三藏을 이어서 黑塔의 高麗僧院에 머물렀다. 천자가 북방을 巡狩할 때 中原의 병사가 성에 들어와 탈주하여 동쪽으로 돌아왔다. 玄陵[恭愍王의 陵號]께서 內庭에서 齋 올리기를 청하니 그 스승 順庵公을 追念하고, 조용히 있은 지가 오래이다. 지금의 왕께서 判天台宗事를 명하였다. 이윽고 남들에게 모함을 받아 산 속에 들어간 지가 몇 년이 되었는데, 은택을 입어 開京으로 돌아와서 병든 나를 찾아왔다. 기쁘게 서로 만나 短律을 읊다(大司徒熙菴公 繼三藏住黑塔高麗僧院 天子北狩 中原兵入城 脫走東歸 玄陵請齋內庭 追念其師順菴公 從容者久之 今上命判天台宗事 旣而爲人所陷 入山中數年矣 蒙恩還京 來訪病夫 喜相逢 吟短律)>(『牧隱詩藁』 권26)라는 시를 통해 그가 恭愍王 때 大司徒·判天台判事를 지낸 熙菴의 스승이었다는 사실을 짐작할 수 있다.
25) 丁亥年은 忠穆王 3년(1347)인데, 이 해에 許伯이 知貢擧, 李穀이 同知貢擧를 맡아 金仁琯·韓脩·李岡·朴形 등 33인을 뽑았다.

늘 술자리에서 두 뺨이 붉어지네.

丁亥門生一世雄　　得傳衣鉢獨韓公
自憐牛馬走哀甚　　每向尊前雙頰紅

큰 잎새의 연꽃은 불심(佛心)을 드러내고
동정(東亭)의 풍채는 유림(儒林)에 빛나네.
청성(淸城)26)의 옥순문생(玉笋門生)27)이 빽빽이 비치니
일곱 글자의 새 시련(詩聯)은 취하여도 읊을 수 있네.

大葉蓮花表佛心　　東亭風彩照儒林
淸城玉笋森相暎　　七字新聯可醉吟

---

26) 淸城은 淸城君 韓脩를 가리킨다.
27) 玉笋은 玉笋門生으로 재능이 뛰어난 선비들이 죽순처럼 나란히 솟았다는 뜻이다.

기축년 이월 초이튿날에 판관 한세기 등의 상소. 소에 참가한 종인이 일백 이십 이 명이었는데 이월 초이튿날에 임금께 글을 올렸다(己丑二月初二日判官韓世箕等上疏 忝疏宗人一百十二人 二月初二日呈疏入啓)[28]

　엎드려 말씀드리오니, 보본추원(報本追遠)[29]은 성인의 지극한 교훈이고, 숭덕상현(崇德象賢)은 왕정(王政)이 우선으로 하는 바입니다. 진실로 혹이 이 두 가지에 조금이라도 소홀하게 되면 습속이 무너지고 떳떳한 윤리가 썩게 되어, 나라는 나라 역할을 못하고 사람은 사람 노릇을 못하게 되니 두렵지 아니 하옵니까? 삼가 생각하건대, 우리 주상 전하께서는 선조를 받들고 효를 생각하는 덕(德)으로 선(善)을 드러내고 악을 마비시키는 도리를 다하시니, 무릇 위로는 표준이 되고 아래로는 긍식(矜式)이 되어 지극하지 아니 함이 없었습니다. 그런데 세도(世道)는 나날이 비루해지고 인심은 맑지 못하여 기강(紀綱)을 범(犯)하고 상도(常道)를 어지럽히는 것이 갈수록 더욱 심해지니 식자들의 마음이 차가워진 지가 오래 되었습니다. 불행하게도 오늘날 신(臣) 등 종족(宗族)은 선조가 묘산(墓山)을 침범한 적이 없는데도, 삼백여 년이 된 선조의 유택을 하루아침에 파헤치려고 하여 선조의 영령을 놀라게 하고 있습니다. 그러니 신 등의 망극한 고통이 마땅히 다시 어떠하겠습니까? 이에 감히 죽음을 무릅쓰고 천지 부모님 전(前)에 우러러 부르나니 생각하건대 임금님께서는 굽어살피시옵소서. 신 등의 선조는 곧 고려 말의 명현인 수충공 찬화공신 광정대부 판후덕부사 우문관대제학 청성군 문

---

28) 이 글은 萬曆本과 同治本에는 없고, 강경훈 所藏本에만 있다. 강경훈 所藏本에서 韓浚謙의 跋文이 끝난 것은 37장 後葉 일곱 번째 行인데, 이 글은 장을 바꾸어 38장 前葉 첫 번째 行부터 41장 後葉 열두번째 行(마지막 行이다)에 걸쳐 실려 있다. 이 글로 강경훈 所藏本은 끝났다.

29) 報本追遠은 조상의 음덕을 추모하는 것이다.

경공 한수이니, 유항은 곧 그의 사사로운 호(號)입니다. 학문(學文), 지절(志節), 문장, 필법은 세상의 사범(師範)이 되었는데, 타고난 자질이 조숙하여 열 다섯 살에 급제하고, 상서롭지 못한 때를 만났어도 도를 지켜 흔들리지 않았습니다. 총릉(聰陵)30)이 손위(遜位)하였을 때 따르기를 원하는 자가 적었으나, 몸을 던져 따라가서 충절이 크게 드러났습니다. 역적 신돈(辛旽)31)이 처음 나서자 아첨하며 붙은 자가 많았으나, 한마디로 사악함을 물리쳤으니 선견지명(先見之明)이 과연 영험하였습니다. 그 때의 임금께서 염락(濂洛)32)의 학문을 전한 것으로 포장(褒獎)하고 선유(先儒)라고 일컬어져서 명성이 백세(百世)토록 무거웠음을 나라의 역사와 가첩(家牒)에서 분명하게 살필 수 있으니, 후세 사람들의 존경과 연모가 어찌 다만 자손들뿐이겠습니까? 하물며 다시 덕을 심어 제사로 받아 가문이 번창하고 큼에 있어서이겠습니까? 우리 왕조에 들어와 이름 있고 큰 공경(公卿)으로 우리의 조종(朝宗)을 보필한 사람은

---

30) 聰陵은 忠定王(1337~1352)의 陵號이다.

31) 辛旽(?~1371)은 고려 恭愍王 때의 승려로 桂城縣 玉泉寺 奴婢의 아들이다. 속성이 辛, 본관이 靈山, 法名이 遍照, 字가 耀空, 號가 淸閑居士이며, 旽은 改名이다. 金元命의 추천으로 공민왕의 신임을 얻고 師傅가 되었으며, 領都僉議라는 관직과 眞平侯라는 봉작을 받아 국정을 맡아 개혁정치를 실시하였다. 그의 개혁정치는 혼탁한 사회적 적폐를 타개하여 질서를 잡으려던 것이었으므로 민심을 얻었으나, 지나친 급진성으로 말미암아 상층계급의 반감을 샀고 왕의 신임을 기화로 점차 오만해지고 방탕음란한 행동을 하므로 상층계급의 배척을 받았다. 恭愍王 18년(1369) 風水說로 왕을 유혹하여 忠州로 遷都하려고 五道事審官이 되려다 왕과 대신들의 반대로 실패하여 왕의 신임을 잃게 되자 반역을 획책하다가 水原에 유배되었다가 斬刑되었다.

32) 濂洛은 宋代 性理學을 興起시킨 周敦頤(1017~1073)와 程顥(1032~1085)·程頤(1033~1107), 또는 이들에 의해 이루어진 성리학적 학풍을 가리키는 말이다. '濂'은 주돈이를 가리키는 것으로 그가 道州 營道縣 濂溪[현재의 湖南省]에 살았기 때문에 號를 濂溪라고 했고, '洛'은 정호·정이 형제를 가리키는 것으로 그들이 河南省 洛陽縣 사람들이기 때문이다.

손가락으로 꼽기 어렵고, 심지어 국가에 있어서는 경사와 위협이 있을 때 사록산(沙麓山)33)에서 여러 번 성모(聖母)를 맞았으니, 생각건대 우리의 장순왕후(章順王后)34), 공혜왕후(恭惠王后)35), 인렬왕후(仁烈王后)36) 세 전하(殿下)가 진실로 성씨의 후손입니다. 그리고 우리의 정현왕후(貞顯王后)37), 의인왕후(懿仁王后)38), 목인왕후(仁穆王后)39), 명성왕

---

33) 沙麓山은 중국 河北省에 있는, 太陰의 精氣를 지닌 산이다. 춘추시대에 이 산이 무너지자 그 기운으로 뒷날 귀한 여자가 나와 천하를 흥하게 하리라고 점을 쳤다고 한다.

34) 章順王后(1445~1463)는 睿宗의 妃이다. 上黨府院君 韓明澮의 딸로 世祖 6년(1462) 당시 世子였던 예종의 世子嬪에 책봉되어 仁成大君과 顯肅公主를 낳고 일찍 죽었다. 成宗 3년(1472) 왕후로 추존되면서 章順이라는 시호를 받았다. 陵은 경기도 파주군 조리면 봉일천리에 있는 恭陵이다(『淸州韓氏大同族譜(上世篇)』(六校本) 761~766면 참조).

35) 恭惠王后(1456~1474)는 成宗의 元妃이다. 上黨府院君 韓明澮의 둘째 딸로 世祖 13년(1467) 왕자였던 성종과 혼인하여 睿宗 1년(1469) 성종 즉위와 함께 왕비가 되었다. 소생 없이 19세의 나이로 죽었다. 陵은 경기도 파주군 조리면 봉일천리에 있는 順陵이다(『淸州韓氏大同族譜(上世篇)』(六校本) 769~779면 참조).

36) 仁烈王后(1594~1635)는 仁祖의 妃이다. 宣祖의 遺敎七臣 가운데 한 사람인 韓浚謙의 딸로 光海君 2년(1610) 당시 綾陽君이었던 仁祖와 혼인하여 淸城縣夫人에 봉해졌다. 1623년 反正으로 능양군이 즉위하자 왕비로 책봉되었다. 소현세자, 봉림대군(후에 孝宗으로 즉위), 인평대군, 용성대군, 요절한 한 왕자까지 다섯 왕자를 낳았다. 陵은 경기도 파주군 탄현면 갈현리에 있는 長陵으로 仁祖와 합장되어 있다(『淸州韓氏大同族譜(上世篇)』(六校本) 779~796면 참조).

37) 貞顯王后(1462~1530)는 成宗의 繼妃로 尹氏이다. 본관이 坡平으로 壕의 딸이다. 尊號는 慈順和惠, 徽號는 昭懿欽淑이다. 성종 4년(1473) 淑儀에 봉해지고, 1479년 燕山君의 生母인 왕비 윤씨가 廢出되자 다음해 11월에 왕비로 책봉되었다. 후일 中宗이 된 晉城大君과 愼淑公主를 낳았다. 능은 廣州의 宣陵이다.

38) 懿仁王后(1555~1600)는 宣祖의 妃로 朴氏이다. 본관이 羅州인데, 선조 2년(15692) 왕비에 책봉되어 嘉禮를 올렸다. 1590년 章聖의 尊號가 올려지고, 죽은 뒤인 1604년 徽烈, 光海君 2년(1610)에 貞憲의 존호가 더하여졌다.

39) 穆仁王后(1584~1632)는 흔히 仁穆大妃로 불리는데, 宣祖의 繼妃로 金氏이다. 본관은 延安으로 悌男의 딸, 永昌大君의 어머니이다. 尊號는 昭聖貞懿明烈, 徽號는 光淑莊定이다. 선조 35년(1602) 왕비에 책봉되었다. 1608년 광해군이 즉위하자 광해군 대신 영창대군을 왕으로 추대하려던 小北의 柳永慶 일파가 몰락하고 大北의 鄭仁

후(明聖王后)[40], 인현왕후(仁顯王后)[41] 다섯 전하는 모두 외손입니다. 도덕과 행의(行義)로 본다면 높이고 숭상할 만하고, 저와 같이 왕후의 선대(先代)로 논한다면 높이고 받들 만합니다. 이와 같으니 조정에서부터 마땅히 봉분을 만들어 무덤을 지키는 법을 시행하여 어진 이를 높이고 덕을 숭상하는 정사를 베풀어야 마땅하지만 매우 서두르지는 않고 있습니다. 그 의관을 모신 집이 장단(長湍) 땅 서곡(瑞谷)의 남쪽에 있는데, 후손으로서 벼슬한 사람들은 무덤에 들르고 지나가는 사람들은 살피고 치웁니다. 대개 우리나라의 사람들이 감히 그 산록을 침범하지 못하는데, 하물며 그 자손인 자는 어떠하겠습니까? 종인(宗人) 종엽(宗燁) 등이 풍수를 지나치게 믿은 나무지 사사로운 욕심이 발동함에 이끌려 종중에 고하지 않고, 또 일가에게도 말하지 않고 그 아비 명상(名相)을 문경공의 묘 뒤쪽 십여 보 안쪽에 몰래 장사지내면서 내맥(來脉)을 자르고 뇌후(腦後)를 깨트려서 체백(體魄)을 놀라게 하고 언덕을 편안치 못하게 하였습니다. 종엽 등의 이치를 일그러뜨린, 비길 데 없

弘·李爾瞻 등이 득세하였다. 光海君 5년(1613) 대북파의 모략으로 어린 영창대군이 강화도로 유배되고, 친정 아버지 김제남 등은 賜死되는 불행을 겪었다. 1618년에는 西宮에 유폐되었다가. 1623년 西人들이 仁祖反正을 일으켜 광해군과 대북 일파를 몰아내자 復號되어 大王大妃로서 仁慶宮 欽明殿을 거처로 삼았다. 능은 경기도 구리의 穆陵이다.

40) 明聖王后(1642~1683)는 顯宗의 妃로 金氏이다. 본관은 淸風으로 敦寧府領事 佑明의 딸, 肅宗의 어머니이다. 孝宗 2년(1651) 世子嬪에 책봉되고, 현종 즉위년(1659)에 왕비에 進封되었다. 숙종과 明善·明惠·明安의 3공주를 낳았다. 능은 양주의 崇陵이다.

41) 仁顯王后(1667~1701)는 肅宗의 繼妃로 閔氏이다. 본관이 驪興으로 維重의 딸이다. 尊號는 孝敬淑聖莊純, 徽號는 懿烈貞穆이다. 숙종 7년(1681) 계비가 되었는데, 숙종은 후궁 張氏에게 혹하여 왕후를 멀리하였으며, 장씨가 왕자 昀[景宗]을 낳자 윤을 세자로 책봉하려 하였다. 이 문제로 1689년 己巳換局이 일어나 西人이 밀려나고, 이후 閔妃는 폐위되어, 궁중에서 쫓겨나 庶人이 되었다가 1694년의 甲戌獄事로 다시 왕후로 복위하였다. 소생이 없었으며 능은 고양의 明陵이다. 그를 주인공으로 하여 궁녀가 쓴 『仁顯王后傳』이 전해진다.

는 정상을 논할 겨를이 없으니 신 등의 절통하고 다급한 마음이 어떠
하겠습니까? 이뿐이 아니라 문경공의 부친은 전왕조(前王朝)의 재상 평
간공 공의(公義)이고, 조부는 사숙공 악(渥)인데, 그 분묘가 모두 서곡에
서 수십 리쯤에 있습니다. 그리고 사숙공 이상은 세대가 멀어 그 묘소
를 알지 못하니 이것은 실로 자손들의 수치입니다. 그런데 다만 문경공
묘 뒤쪽에 두 무덤이 있는데, 세월이 오래 지나고 표석(表石)이 없어 후
손들이 의혹을 가지고 있으나 자세히 알 수는 없습니다. 그런데 전왕조
의 명현 목은 문정공 이색(李穡)의 문집에 실린 <문경공묘지(文敬公墓
誌)>에서 "서곡의 남쪽 기슭의 선영에 장사지냈다."라고 하였으니, 문
경공을 선영에 계속하여 장사지냈음을 여기에 근거하여 알 수 있습니
다. 그리고 묘 뒤쪽에 두 무덤 외에는 다시 다른 무덤이 없으니 그 두
무덤이 비록 몇 대 조상인지는 모르지만 다른 사람의 무덤 같지는 않
습니다. 그 후 자손들이 문경공의 묘에 봉식(封植)할 때에는 두 무덤에
일체의 제사를 베풀었으니 신 등 모든 종족들은 여기에 두 무덤이 있
는 것에 대해 의심하거나 믿고 있지만, 주인 없는 무덤으로 보지는 아
니 함이 이와 같사옵니다. 하물며 우찬성 문열공 신 상질(尙質)과 개국
공신 영의정 좌대언 신 상덕(尙德)은 모두 문경공의 아들이고, 영의정
충성공 신 명회(明澮), 영중추 문양공 신 계미(繼美), 좌찬성 문정공 신
계희(繼禧), 부원군 문익공 신 준겸(浚謙)과 같은 사람도 모두 문경공의
후손입니다. 그 밖에 명신, 석보(碩輔)로 눈에 띄게 일컬을 만한 사람들
이 매우 많은데, 그 자손들이 번창하고 현달할 때에는 다른 사람이 반
드시 이 언덕에 들어와 장사지낼 이치가 없었을 것이니, 자손들이 이
두 무덤을 선영으로 의심하는 것은 형세가 그런 것입니다. 진실로 일품
이라고 의심할 만한 단서가 있다면, 그 자손된 자가 어찌 감히 침범할

만한 계책을 내겠습니까? 접때 종엽이 두 무덤 사이에 투장(偸葬)하면
서 위로는 앞 무덤을 침범하고 아래로는 뒷 무덤을 침범하여 망가뜨려
훼손되고 파괴되어 다만 석축의 터만 남게 되었습니다. 신 등이 변고를
들은 이래 가서 살펴 본 사람이 많은데 참혹하여 눈을 뜨고 보지 못하
고 상심하여 차마 말로 표현하지 못할 것이 있었습니다. 종엽 등이 비
록 애초에 두 무덤이 의심스러운 무덤이라는 사실을 몰라서 훼손하여
파괴하는 데 이르렀다 하더라도, 이제 일이 터진 후에는 두려워하며 놀
라워하면서 즉시 이장하는 것이 진실로 사람의 도리로 보아 그만두지
못할 일일 것입니다. 그런데도 뭇 여론에 완고히 저항하면서 차마 움직
이지 않으니 이를 참을 수 있겠습니까? 누구라도 못할 것입니다. 설령
그 두 무덤이 다른 사람의 무덤이라 하더라도 옛 무덤을 망가뜨리면
본래 국법이 있기 마련인데, 하물며 의심스러운 무덤을 훼손하여 파괴
한 경우이니 어떻겠습니까? 신 등이 엎드려 말씀드리오니, 근래에 사대
부 가문의 분산(墳山)에 투장(偸葬)하는 변고가 있으면 즉시 관(官)에 알
려서 기한을 정하여 파서 옮기는 일이 한두 번에 그치지 않고 있습니
다. 신 등의 선조를 되돌아 생각건대, 장순왕후와 공혜왕후 두 전하는
고조(高祖) 항렬로 볼 수 있고 인렬왕후 전하는 팔대조(八代祖)가 되니,
조정에서도 더욱 괄시(恝視)할 수 없습니다. 그래서 돈녕부(敦寧府)에
알리고 입계(入啓)하여 조치해 주기를 청하였더니 돈녕부에서는 다른
관리의 직분을 침범한 것이라 하여 경기(京畿) 감영으로 이첩(移牒)하여
거기에서 판결하게 하였습니다. 그리고 경기 감영에서는 전례에 따라
조사하는 관원을 정하였는데 조사하는 관원이 서로 결탁하여 어떤 사
람은 종엽과 면분(面分)이 있다고 하고, 어떤 사람은 서명하고 글을 올
린 자와 일가이니 억지로 끌고 옴이 부당하다고 하면서 그를 끌고 오

는 것을 꺼리며 시일을 늦추어서 한 번도 간악함을 지적하지 않은 지 한 해가 넘었으나 끝내 이장하겠다는 날이 없으니 어찌하여 여덟 왕비 선조의 분산(墳山)이 도리어 보통 사대부 가문의 무덤만도 못하게 된 것이옵니까? 다만 성손(姓孫)이 쇠약하여 이제 조정에 입신한 달관(達官)과 대작(大爵)이 없으므로 그것을 들은 사람이 생각함이 없이 그가 옮겨가는 대로 맡겨두고 있습니다. 신 등의 아프고 한스러운 마음이 이에 이르러 더욱 깊어지고, 거듭 세도(世道)를 위하여 개탄하고 있습니다. 또 엎드려 말씀드리오되, 신풍부원군(新豊府院君)의 묘산(墓山)에는 구역 안에 투장(偸葬)한 사람이 있어서 스스로 돈녕부에 입계(入啓)하여 죄를 다스리고 파서 옮기게 하였는데, 지금 이분 문경공은 왕비 전하에게 고조의 족친인 만큼 비록 왕후의 부모와 비할 수는 없지만 봉선(奉先)의 효를 함께 하고 있으니 진실로 대수(代數)의 멀고 가까움과는 관계가 없을 것입니다. 묘소의 변화는 도리어 구역 내에 투장하는 것보다 심함이 있으니 죄를 다스리고 파서 옮기지 않을 수 없음이 명백합니다. 또 신 등은 접때 시조(始祖)인 고려(高麗) 태위(太尉) 난(蘭)의 묘 곁에 투장의 변고가 있기에 글을 올려 청하였더니 다행히 임금님의 통촉을 입어 판결을 해당 관부(官府)로 내려보내시어 곧 죄를 다스리고 파서 옮기게 되었으니, 이제 이 일은 왕비 전하의 고조(高祖)인 족친과 관련되니 태위와는 세대와 현원(玄遠)을 비길 바가 아닙니다. 또 하물며 무인년의 수교(授敎) 내에서 "사대부 가문의 분산과 큰 마을 중에서 모점(冒占)한 자는 지관과 주상인(主喪人)이 먼저 형을 받아 유배된다."고 하였으니 곧 파서 옮겨야 함이 명백히 전장(典章)에 규정되어 있습니다. 그러므로 종엽 등이 선영에 투장하고 의심스러운 무덤을 훼손하여 파괴한 죄는 더욱이 만만(萬萬)의 절대적인 패륜이옵니다. 엎드려 바라

옵건대 전하께서는 특별히 밝은 명령을 내리시어 법에 따라 단죄(斷罪)
하시고 기한을 정하여 파서 옮기도록 하시어, 한편으로 신 등의 통박
(痛迫)한 뜻을 펴게 하시고 한편으로 풍속 교화의 바탕을 부식(扶植)하
시면 천만 다행이겠습니다.

　비답(批答)
　소(疏)를 자세히 살펴보니 종엽 등의 죄상이 절통(絶痛)하다. 마땅히
유사(有司)에게 명하여 법에 따라 죄를 처결하고 기한을 정하여 파서
옮기도록 하라.

소두 전판관 한세기

제소 생원 한붕익

직장 한성기

전현감 한재

상례 한옥

진사 한종석

사소 좌랑 한연

유학 한현기

독소 주부 한세위

소색장 진사 한덕봉

유학 한준

그때 봉입한 승지 도승지 김연

　　　　　　　　승지 유명웅

승지 사상
승지 이선부
승지 원성유

　소를 올린 이튿날 한종엽은 억울하다고 하였으나 갇히고 기축년 삼
월 초열흘날 여러 종인들이 한성참군 유격을 따라 간흉을 제거하고 함
께 장단의 서곡에 있는 선영에 갔다.

　伏以 報本追遠 聖人至訓 崇德象賢 王政所先 苟或少忽 於斯二者 則習
俗壞 而彝倫斁 國不國而人不人矣 可不懼哉 恭惟我[42]主上殿下 以奉先
思孝之德 盡彰善痺惡之道 凡可以標準於上 矜式於下者 靡不用極 而世
道日卑 人心不淑 干紀亂常者 愈往愈甚 識者之寒心 久矣 不幸今者臣[43]
等之宗人 不有先祖侵逼墓山 使先祖三百餘年幽宅 一朝欲破 驚動先靈
則臣[44]等罔極之痛 當復如何 玆敢冒死仰籲 於天地父母之前 惟[45]聖明垂
察焉 臣[46]等之先祖 卽麗季名賢輸忠功贊化功臣匡靖大夫判厚德府事右文
館大提學淸城君文敬公韓脩 而柳巷乃其私號也 學文志節 文章筆法 爲世
師範 而天姿夙成 十五登第 逢時不祥 守道不撓 聰陵遜位 願從者少 而挺
身隨往 忠節大著 賊肫初進 詔付者多 而一言斥邪 先見果驗 時君褒之以
學傳濂洛 先儒稱之 以名重百世 國乘家牒 班班可考 則後世之尊慕 豈但
子孫而已哉 況復種德食報 門闌昌大 入我朝 名公巨卿 輔弼我朝宗者 指

---

42) 강경훈 所藏本에는 이 '我'의 뒤에 글자 한 자 들어간 만한 공간을 비워두었다.
43) 강경훈 所藏本에서 이 '臣'은 본문보다 작은 글자로 되어 있다.
44) 강경훈 所藏本에서 이 '臣'은 본문보다 작은 글자로 되어 있다.
45) 강경훈 所藏本에는 이 '惟'의 뒤에 글자 한 자 들어간 만한 공간을 비워두었다.
46) 강경훈 所藏本에서 이 '臣'은 본문보다 작은 글자로 되어 있다.

不勝屈 而至於國家 慶恊沙麓 累涎47)聖母 惟我章順王后恭惠王后仁烈王
后三殿下 寔爲姓孫 而奧我貞顯王后懿仁王后仁王后穆48)明聖王后仁顯王
后五殿下 皆爲外派也 以其道德行義觀之 則可以尊尙也 如彼以其王后先
世論之 則可以崇奉也 若此自朝家宜施封墓守塚之典 以彰尊賢尙德之政
而特以未遑者也 其衣冠之莊 在於長湍地瑞谷之南 後孫之爲官者表墳焉
過去者省掃焉 凡我國人莫敢侵犯其山麓者 況其爲子孫者乎 宗人宗爀等
酷信堪輿 牽動私慾 不告宗中 亦不言於一家 潛葬其父命相 於文敬公墓
後十餘步之內 斲斷來脉 打破腦後 使體魄震驚 丘隴不靖 宗爀等悖理無
倫之狀 有不暇論 而臣49)等切痛崩迫之情 爲如何哉 不但此也 文敬公父
卽前朝宰相平簡公公義 祖卽思肅公渥 其墳墓皆在於瑞谷數十里許 而思
肅公50)以上 則世代寢遠 不知其所 此實子孫之羞 而但文敬公墓後 有二
塚焉 歲久年深 表石不在 後孫疑惑 莫能詳知 而前朝名賢牧隱文靖公李
穡文集中載 文敬公墓誌有曰 葬其瑞谷南麓先塋云爾 則文敬公之繼葬先
塋 據此可知 而其墓後 二塚之外 更無他塚 則其二塚 雖不知幾代祖 而似
匪它人之塚也 其後子孫 於文敬公墓封植之時 一體設奠於二塚 則臣51)等
諸宗 置此兩墓 於疑信間 而不以無主古冢 視之者若是夫 況此右贊成文
烈公臣尙質開國功臣 領議臣政52)左代言臣尙德 皆文敬公之子 而有若領

---

47) 강경훈 所藏本에는 이 '涎'의 뒤에 글자 한 자 들어간 만한 공간을 비워두었다.
48) 강경훈 所藏本에서는 이 구절을 '仁王后穆'으로 판각하고 '仁'의 아래에 작은 동그
　　라미를 하고 '穆'의 오른쪽에 ∨ 표시를 해서, 이 '穆'이 '仁'의 아래에 놓일 글자임
　　을 표시해 두었다.
49) 강경훈 所藏本에서 이 '臣'은 본문보다 작은 글자로 되어 있다.
50) 강경훈 所藏本에는 이 '公'의 뒤에 글자 한 자 들어갈 만한 공간이 비어 있다. 아마
　　도 글자 한 자를 새겼다가 깎아낸 듯한데, 문맥상으로나 인쇄된 글자의 흔적으로
　　미루어 보아 깎아낸 글자는 '渥'이 아니었을까 한다.
51) 강경훈 所藏本에서 이 '臣'은 본문보다 작은 글자로 되어 있다.
52) 강경훈 所藏本에는 이 '政'의 뒤에 글자 두 자 들어갈 만한 공간이 비어 있다. 문맥

議政忠誠公臣明澮　領中樞文襄公臣繼美　左贊成文靖公臣繼禧　府院君文
翼公臣浚謙53)　亦皆文敬公之後孫　其它名臣碩輔　表表可稱者　甚多富　其
子孫昌顯之時　它人必無入葬於此崗之理　則子孫之以此兩墓　疑之以先塋
者　勢所固然也　苟有一分可疑之端　則爲其子孫者　何敢生侵犯之計乎　乃
者　宗爗之偸葬間於兩墓　上犯前墓　下犯後墓　陵夷毀破　只存石築之基址
臣54)等聞變以來　多有往省者　慘目傷心　有不忍言者也　宗爗等當初　雖或
不知二塚之爲疑塚　而毀破之　到　今事發之後　則惕然驚動　劃卽移葬　固是
人理之所不可已者　而牢拒衆論55)　忍不動　是可忍也　孰不可忍也　設令其
二塚爲它人之塚　陵夷古塚　自有國憲　況毀破疑塚者乎　臣56)等伏聞近來士
夫家墳山　有偸葬之變　卽告于官　刻期掘移者　非止一再　顧念臣57)等之先
祖　於章順恭惠兩王妃殿下爲高祖視　而於仁烈王后殿下爲八代祖　則其在
朝家　尤不可恝視　故告于敦寧府　請以入58)啓處置　則敦寧府諉以侵官　移
牒畿營　使之決折　而畿營循例定査官　査官互相推托　或稱與宗爗有面分
或稱與乔署呈文者爲一家　强引不當　引之嫌　延時引日　不得一番摘奸　以
至於經年　終無移葬之日　豈以八王妃先祖墳山　反不如尋常士夫家塚墓乎
只以姓孫衰弱　　今無達官大爵立於朝廷者　　故聽之者莫或致念任其遷就
臣59)等痛恨之心　到此益深　而重爲世道慨惋也　又伏聞　新豊府院君墓山

상으로 보아 闕字할 자리는 아닌데, 아마도 무슨 착오가 있었던 듯하다.
53) 강경훈 所藏本에서 이 '浚謙'은 본문보다 작은 글자로 되어 있다.
54) 강경훈 所藏本에서 이 '臣'은 본문보다 작은 글자로 되어 있다.
55) 강경훈 所藏本에는 이 '論'의 뒤에 글자 한 자 들어갈 만한 공간이 비어 있다. 문맥
　　상으로 보아 闕字할 자리는 아닌데, 아마도 무슨 착오가 있었던 듯하다.
56) 강경훈 所藏本에서 이 '臣'은 본문보다 작은 글자로 되어 있다.
57) 강경훈 所藏本에서 이 '臣'은 본문보다 작은 글자로 되어 있다.
58) 강경훈 所藏本에는 이 '入'의 뒤에 글자 한 자 들어갈 만한 공간이 비어 있다.
59) 강경훈 所藏本에서 이 '臣'은 본문보다 작은 글자로 되어 있다.

局內有偸葬者　故自敦寧府入60)啓　治罪掘移　而今此文敬公　於王妃殿下
爲高祖親　則雖不可與61)王后考妣比　而同之奉先之孝　固無間於代數之遠
近矣　墓之變　反有甚於局內之偸葬　則不可不治罪掘移也　明矣　且臣62)等
曩以始祖高麗太尉蘭墓傍　有偸葬之變　故陳章仰籲　幸蒙63)聖明之洞燭　判
下該府　卽爲治罪掘移　則今此64)王妃殿下高祖親　非太尉世代玄遠之比也
又況戊寅年投敎內　士夫家墳山及大村中冒占者　地官及主喪人爲先刑推定
配　卽爲掘移事　明立典章　則顧此　宗燁等偸葬先塋　陵夷疑塚之罪　尤萬萬
絶悖　伏願65)殿下特下明命　依法科罪　刻期掘移　一以伸臣66)等痛迫之情
一以爲扶植風敎之地　千萬幸甚

　　批荅　省疏具悉　宗燁等罪狀絶痛　宜令有司　依法科罪　刻期掘移
　　　　　　疏頭　前判官　韓世箕
　　　　　　製疏　生貟　韓鵬翼
　　　　　　　　　直長　韓聖箕
　　　　　　　　　前縣監　韓載
　　　　　　　　　相禮　韓鎔
　　　　　　　　　進士　韓宗奭
　　　　　　寫疏　佐郞　韓埏
　　　　　　　　　幼學　韓顯箕
　　　　　　讀疏　主簿　韓世緯

---

60) 강경훈 所藏本에는 이 '入'의 뒤에 글자 한 자 들어갈 만한 공간이 비어 있다.
61) 강경훈 所藏本에는 이 '與'의 뒤에 글자 한 자 들어간 만한 공간을 비워두었다.
62) 강경훈 所藏本에서 이 '臣'은 본문보다 작은 글자로 되어 있다.
63) 강경훈 所藏本에는 이 '蒙'의 뒤에 글자 한 자 들어간 만한 공간을 비워두었다.
64) 강경훈 所藏本에는 이 '此'의 뒤에 글자 한 자 들어간 만한 공간을 비워두었다.
65) 강경훈 所藏本에는 이 '願'의 뒤에 글자 한 자 들어간 만한 공간을 비워두었다.
66) 강경훈 所藏本에서 이 '臣'은 본문보다 작은 글자로 되어 있다.

疏色掌 進士 韓德鳳

　　　　幼學 韓濬

其時 捧入承旨 都承旨 金演

　　　　承旨 兪命雄

　　　　承旨 師尙

　　　　承旨 李善溥

　　　　承旨 元聖兪

疏入昱[67]日 韓宗燁擊錚被囚 己丑三月初十日 諸宗人隨漢城參軍柳格
摘奸 偕往長湍瑞谷先塋

---

67) 강경훈 所藏本에는 '昱'으로 되어 있다. 그러나 이는 문맥상으로 보아 '翌'의 착오인
　　듯하다.

『고려사』「열전」(麗史列傳)[1]에서

한수의 자는 맹운(孟雲)으로 15세에 과거에 급제하고 초서(草書)와 예서(隷書)를 잘 썼다. 충정왕(忠定王)이 명하여 정방(政房)[2]의 필도치(必闍赤)[3]를 삼았고 왕이 강화(江華)로 피신하자 수(脩)가 그를 따라가니 이로 말미암아 이름이 일시에 무거웠다. 공민왕(恭愍王)이 불러 다시 필도치를 삼았고 여러 번 옮겨 대언(代言)이 되고 전선(銓選)[4]을 맡았다. 신돈(辛旽)[5]이 바야흐로 왕에게 총애를 받음에 그 자취가 심히

---

1) 이 글은 萬曆本과 강경훈 所藏本에는 없고, 同治本에만 있다. 同治本에서는 柳巷先生文集序라고 해서 韓在益과 李穡의 序文이 있고, 그 뒤에 李穡의 韓文敬公墓誌銘이 있고, 그 뒤에 敎書가 있고, 그 敎書의 뒤에 이 글이 실려 있다. 또한 이 글은 『高麗史』(권107,「列傳」권20, <韓康>條)에도 실려 있다.

2) 政房은 원래 고려시대 崔氏執權 당시에 政務를 행하던 곳이다. 崔忠獻의 아들 崔怡가 자기 집에 설치하여 文武百官의 人事行政을 취급하던 기관으로 高宗 12년(1225)에 설치하였다. 百官의 昇降·任免·移動에 관한 이른바 銓政의 大權을 장악하였다. 이 때부터 국왕은 政房의 注擬를 승인하는 형식을 취할 뿐 모든 인사 행정은 정방에서 행하여졌다. 정방에는 왕에게 入奏하는 직책을 맡은 政色承宣을 두었는데, 崔怡의 막료로 3품관이면 政色尙書, 4품 이하이면 政色少卿, 書記는 政色書題라 하였다. 정방에서 일을 보는 文士를 처음에는 政色이라 하다가 나중에는 蒙古의 영향으로 必闍赤라고 한 적도 있었다. 정방은 최씨 집권 때에는 물론, 그 후에도 오랫동안 존속되어 고려 말에는 知印房·箚子房의 명칭까지 붙었으며, 昌王 때에는 尙書司로 개칭되었다.

3) 必闍赤는 고려시대 최씨 무신정권의 政房에 속하였던 文士를 두루 일컫는 말로, 文士라는 뜻의 몽고어 biteshi의 한자 音借語이다. 必者赤·祕闍赤·閟者赤 등으로 불린다.

4) 銓選은 인재를 전형하여 선발하는 것, 곧 科擧를 말한다.

5) 辛旽(?~1371)은 고려 恭愍王 때의 승려로 桂城縣 玉泉寺 奴婢의 아들이다. 속성이

은밀하므로 수(脩)가 이것을 알고 밀계(密啓)하기를, "돈(旽)은 바른 사람이 아니어서 어지러움에 이를까 두려우니 바라건대 왕께서는 이를 생각하소서. 신이 아니면 누가 감히 말하리요?"라고 하였으나 왕이 바야흐로 돈(旽)에게 미혹되어 있었기 때문에 수(脩)를 예의판서(禮儀判書)에 제배(除拜)하니 대개 그를 멀리하고자 함이었다. 돈(旽)이 패퇴(敗退)하자 왕이 말하기를, "수(脩)는 선견지명(先見之明)이 있었다."라고 하고 이부상서수문전학사(理部尚書修文殿學士)를 제수하고 이어 다시 우승선지전선(右承宣知銓選)을 제배하였다. 우왕(禑王)이 서서 밀직제학(密直提學)을 배(拜)하고 동지밀직(同知密直)에 승진하였으나 이어 한안(韓安)6)의 족(族)이라 하여 외지에 유배되었다가 소환되어 상당군(上黨君)에 봉해지고 수충찬화공신(輸忠贊化功臣)의 호를 하사받아 청성군(淸城君)에 봉해졌다. 판후덕부사(判厚德府事)로 죽으니 52세였다. 사람들이 모두 애석하게 여겼다. 문경(文敬)이라 시(諡)하고 관(官)에서 장사(葬事)를 치루었다. 학식과 행의(行儀)로 세상에서 중하게 여겨졌고, 『유항집(『柳巷集』)』이 있어 세상에 행(行)하였다. 아들은 상환(尚桓)·상질

辛, 본관이 靈山, 法名이 遍照, 字가 耀空, 號가 淸閑居士이며, 旽은 改名이다. 金元命의 추천으로 공민왕의 신임을 얻고 師傅가 되었으며, 領都僉議라는 관직과 眞平侯라는 봉작을 받아 국정을 맡아 개혁정치를 실시하였다. 그의 개혁정치는 혼탁한 사회적 적폐를 타개하여 질서를 잡으려던 것이었으므로 민심을 얻었으나, 지나친 급진성으로 말미암아 상층계급의 반감을 샀고 왕의 신임을 기화로 점차 오만해지고 방탕음란한 행동을 하므로 상층계급의 배척을 받았다. 恭愍王 18년(1369) 風水說로 왕을 유혹하여 忠州로 遷都하려고 五道事審官이 되려다 왕과 대신들의 반대로 실패하여 왕의 신임을 잃게 되자 반역을 획책하다가 水原에 유배되었다가 斬刑되었다.

6) 韓安(?~1374)은 고려 말의 인물로 본관은 淸州, 贊成事 方信의 아들이다. 恭愍王 21년(1372) 美少年으로 子弟衛에 속했으며, 洪倫·洪寬 등과 함께 공민왕의 총애를 받아 여러 妃를 强辱하여 궁중에 추문을 일으켰다. 1374년 洪倫이 益妃와 통하여 잉태하게 한 사실을 崔萬生이 발설하여 생명이 위태롭게 되자 子弟衛의 청년들과 함께 공민왕을 弑害하여 斬刑당하였다.

尙質)·상경(尙敬)·상덕(尙德)이다.

　　韓脩 字孟雲 年十五中第 善草隷 忠定王命爲政房必闍赤 及王遜于江
華 脩從之 由是名重一時 恭愍王召復爲必闍赤 屢遷代言 典銓選 辛旽方
得幸於王 其跡甚秘 脩知之密啓 旽非正人 恐致亂 願上思之 非臣誰敢言
王方惑旽 拜脩禮儀判書 盖疎之也 旽敗 王曰 脩有先見之明 授理部尙書
修文殿學士 尋復拜右承宣知銓選 辛禑立 拜密直提學 陞同知密直 尋以
韓安之族 流于外 召還 封上黨君 賜輸忠贊化功臣號 封淸城君 以判厚德
府事卒 人皆惜之 諡文敬 官庀葬事 學識行義 爲世所重 有柳巷集 行于世
子尙桓尙質尙敬尙德

주경설발(主敬說跋)[1]

옛날 우리의 선조 유항선생은 고려 말에 있어서 문장과 덕행으로 세상의 모범이 되었으며, 그 학문은 경(敬)을 주(主)로 하였다. 일찍이 양촌(陽村) 권공(權公)[2]과 함께 대궐에서 숙직하는데, 권공이 바야흐로 밥을 먹으면서 책을 보니 선생이 말하기를, "그대가 공경을 주로 하지 않음을 알겠네. 입에는 밥이 들어 있고 눈으로는 보는 것이 있으니 마음이 전일할 수 있겠는가?" 하자, 권공이 송구하여 탄복하고 죽을 때까지 스승으로 삼았다고 한다. 대개 이 때에는 정주(程朱)[3]의 학설이 아직 동방에 크게 행해지지 않았다. 그런데 선생이 '경(敬)'을 말한 것이 곧

---

1) 이 글은 萬曆本과 강경훈 所藏本에는 없고, 同治本에만 있다. 同治本에서는 그 첫머리에 '柳巷先生文集序'라고 해서 韓在益과 李穡의 序文이 있고, 그 뒤에 李穡의 '韓文敬公墓誌銘'이 있고, 그 뒤에 '敎書'가 있고, 그 '敎書'의 뒤에 '麗史列傳'에 실린 韓脩관계 기록이 있고, 그 뒤에 이 글이 실려 있다.

2) 陽村은 權近(1352~1409)의 號이다. 權近은 고려 말, 조선 초기의 學者, 文臣으로 字가 可遠·思淑, 號가 陽村, 본관이 安東, 檢校政丞 僖의 아들이다. 恭愍王 17년(1368) 문과에 급제하여 成均大司成·禮儀判書를 지내고 親明政策을 주장하였다. 조선이 건국되자 開國原從功臣으로 花山君에 봉해지고, 定宗 때에 政堂文學·大司憲 등을 지냈다. 私兵의 폐지를 주장하였고, 왕권의 확립에 공을 세워 太宗 元年(1401)에 佐命功臣 4등에 吉昌府院君에 봉해지고, 藝文館大提學을 역임하였다. 학문을 중시하여 詞章과 經學에 두루 뛰어났다. 저서에『陽村集』,『入學圖說』,『五經淺見錄』,『四書五經口訣』,『東賢史略』 등이 있고, 樂章으로「霜臺別曲」이 전한다. 諡號는 文忠이다.

3) 程朱는 程子와 朱子를 말한다. 程子는 北宋의 性理學者 程顥(1032~1085)·程頤(1033~1107)이고 朱子는 南宋의 성리학자 朱熹(1130~1200)이다. 朱子는 朱熹를 가리킨다.

그것과 암묵적으로 합치되었으니, 이것은 그 심학(心學)의 공(功)에 깊이 스스로 얻은 것이 있지 않으면 어찌 이와 같았으리요? 선생이 이미 죽고 나서 문경(文敬)이라는 시호(諡號)를 얻은 것은 역시 당시의 공의(公議)를 얻었음을 보여주는 것이다.

그러나 선생의 학문은 대개 또한 근본으로 삼는 바가 있다. 우리 한씨(韓氏)는 기자(箕子)[4]에서 나왔고, 기자는 또 설(契)[5]의 대를 이었다. 설은 우(禹)[6]의 사도(司徒)[7]가 되어 순(舜)[8]의 명을 받드니 말하기를,

---

4) 箕子는 殷나라의 賢人으로 姓이 子, 이름이 胥餘이다. 殷왕조 말기에 紂王의 叔輩로 子爵에 봉해지고 箕나라를 세웠으므로 보통 箕子라고 일컫는다. 紂王이 그를 太師에 임명하였는데, 주왕의 포악무도함을 보고 여러 차례 諫言하였으나 주왕이 듣지 않고 오히려 옥에 가두자 거짓 미친 척하고 노례가 되어 생명을 보전하였다. 周 武王이 殷을 멸망시킨 다음해 그에게 天道에 대해 물으니, 그가 洪範九疇로써 답하였는데 洪範은 기자의 口傳에 의하여 후세에 文典되었다고 한다. 또한 『詩經』 <麥秀>에서는 기자가 朝鮮으로부터 周 땅으로 돌아와 殷墟를 지나다가 지은 것이라고 전한다. 伏生의 『尙書大傳』에는 "周의 武王이 갇혀 있던 箕子를 석방하였는데 기자가 그 석방을 탐탁하게 여기지 않아 朝鮮으로 도망갔다. 이에 무왕이 朝鮮侯로 봉하였다."라고 기록하였다. 禹·湯 이래의 聖德을 갖춘 賢人이라고 하여 孔子는 그와 微子·比干을 일컬어 '殷의 三賢人'이라 칭송하였다. 陸九淵도 皐陶와 箕子를 병칭하여 '古代의 2대 賢人'이라고 추숭하였다. 平壤의 箕林里에 墓와 箕子祠가 있다.

5) 契은 商나라의 始祖이다. 舜의 司徒로 舜을 보좌하여 治水를 도왔고 商에 봉해져서 商의 시조가 된 인물이다.

6) 禹는 夏나라의 始祖라고 전해지는 전설상의 인물이다. 堯舜時代에 대규모의 治水事業에 성공하여 인심을 얻고, 舜으로부터 왕위를 이어받아 모든 제도를 세워 夏王朝의 창시자가 되었다고 한다. 堯·舜·湯·武와 함께 聖人으로 일컬어져 온다.

7) 司徒는 고대 중국의 관직으로 교육을 담당하던 벼슬이다. 上古時代 五帝 중의 한 사람인 少昊 때 이미 이 관명이 있었으며, 堯 이후에도 少昊의 관제를 따랐다고 한다. 周나라에는 六官의 한 사람으로 地官大司徒라 칭하였고 禮敎로써 백성을 교도하는 것을 담당하였다. 漢나라에서는 哀帝 때 丞相을 바꾸어 大司徒라 칭하였고 大司馬·大司空과 함께 三公의 班列에 포함되었다. 그 후 大司徒의 '大'자를 없애고 단순히 司徒라고 일컬었다. 元나라 때 폐지되었는데, 淸나라에서는 戶部尙書를 大司徒라고 부르기도 하였다.

8) 舜은 중국 고대의 성스러운 천자의 한 사람이라 하나 그 실존 여부는 확실하지 않다. 부모에게 효성스럽고 형제에게 우애가 있어 孝德이 천하에 알려졌다. 堯를 도와

“공경스럽게 오교(五敎)9)를 펴라10).”고 하였다. 기자가 또 그를 계승하여 구주(九疇)11)를 펴면서 말하기를, “공경스럽게 오사(五事)를 행하리라12).”라고 하였다. 무릇 이륜(彝倫)13)의 차례는 오교(五敎)에 바탕하고 있고, 몸을 닦는 항목은 오사(五事)에서 다하였는데 모두가 하나의 ‘경(敬)’자로써 포괄할 수 있다. 그러므로 경(敬)은 성학(聖學)의 근본이 되고 온갖 선(善)의 주인이 되니 성철(聖哲)이 서로 전하여 반드시 이것으로써 으뜸을 삼은 것을 대개 살필 수 있다. 설(契)의 학문은 기자에게 전해지고 기자는 또 그 학문으로써 동방에 와서 다스렸으니, 동방에 도학이 전해짐은 기자로부터 시작됨이 있었다. 그러나 기씨(箕氏)의 시대에는 징험(徵驗)할 만한 문헌이 없고, 신라(新羅) 후로부터 비로소 역사에서 살필 수 있다. 그러나 쓸쓸하게도 수천 년 동안 사람들은 이 학문이 있음을 알지 못하여 능히 비슷하게나마 ‘경’을 말하여 얻은 일이 없더니 우리 선생에 이르러 비로소 그것을 말하였으니 또한 어찌 선생이

천하를 잘 다스리고, 선위 받아 나라 이름을 虞라 일컫고, 뒤에 禹에게 선위했다. 堯·禹·湯·武와 함께 聖人으로 지칭되었다.

9) 五敎는 五倫의 가르침이다.

10) 敬敷五敎는 『書經』「虞書」<舜典>에 나오는 말이다. 舜임금이 契에게 “설이여, 백성들이 서로 화친하지 않으며 五倫을 따르지 않고 있소. 그대를 司徒로 삼으니 공경스럽게 五敎를 펴되 너그럽게 하시오(帝曰 契 百姓不親 五品不遜 汝作司徒 敬敷五敎 在寬).”라고 했다.

11) 九疇는 洪範九疇라고도 하는데, 夏나라 禹임금 때 洛水에서 나온 神龜의 등에 있었다는 九章의 문장으로 천하를 다스리는 大法으로 삼았다. 이것은 대대로 전해지다가 箕子가 周 武王의 물음에 대답한 후 비로소 세상에 알려졌다고 한다.

12) 敬用五事는 『書經』「周書」<洪範>에 나오는 말이다. 周 武王이 殷나라를 멸한 후 箕子를 풀어주고 周나라로 데리고 와서 天道를 물었을 때 箕子가 한 말 중에 나온다. 이 때 箕子가 말한 아홉 條目, 즉 五行·敬用五事·農用八政·協用五紀·建用皇極·乂用三德·明用稽疑·念用庶徵·嚮用五福威用六極이 이른바 洪範九疇이다. 이 가운데 五事는 貌·言·視·聽·思를 가리키는데, 이것들은 각기 恭·從·明·聰·睿를 뜻하고, 恭·從·明·聰·睿은 각기 肅·乂·哲·謀·聖을 만든다고 한다.

13) 彝倫은 사람으로 항상 지켜야 할 道理, 일정 불변의 人倫을 가리킨다.

기자의 대를 이은 까닭이 아니겠는가? 아, 선생은 기자로부터 삼천여 년의 거리가 있지만 이에 능히 기자가 우(禹)의 사도(司徒)로부터 전한 바를 전하였으니, 지금은 선생과의 거리가 수백 년이나 멀지만 생각건대 선생의 학문이 아니었다면 기자로부터 전해진 것을 구할 수 없는 것이 아니겠는가? 여기에 있어서 후인(後人)들은 충분히 생각할 따름이다.

원진(元震)[14]은 불초한데다 늦게 배워 학문에 얻은 바가 없어서 진실로 감히 선생이 전해준 것에 대해 더불어 논의할 수 없으나 선생의 설에 대해서는 감모(感慕)하고 흥기(興起)한 것이 있다. 그래서 감히 겉으로 드러내어 그것을 기록한다. 이미 힘썼듯이 또 후인이 무궁하기를 기다린다.

숭정 재임자(再壬子)[15] 맹춘(孟春)[16]일 12대손 원진은 삼가 쓰다.

昔我先祖柳巷先生 在麗季 以文章德行 爲世模範 其學以敬爲主 嘗與
陽村權公 同直[17]闕下 權公方食觀書 先生曰 知君不主敬 口有食 目有觀

---

14) 韓元震(1682~1751). 조선의 학자로 字가 德昭, 號가 南塘, 본관이 청주이다. 領議政 尙敬의 후손, 權尙夏의 門人이다. 肅宗 43년(1717) 學行으로 천거받아 寧陵參奉이 되고, 英祖 1년(1725) 經筵官에 뽑혀 학문을 進講하여 英祖의 총애를 받았으나 少論을 배척하다 蕩平策에 어긋난다 하여 削職되었다. 1741년 복직되어 掌令·執義에 임명되었으나 사퇴했다. 權尙夏의 高弟들인 江門八學士 가운데서도 李柬과 함께 가장 유명한 학자였으며, 心性論 논쟁에서 洛論인 李柬의 주장을 반대하여 人·物의 性이 不同함을 주장했다. 뒤에 權尙夏가 그의 학설을 지지함으로써 논쟁은 더욱 확대되어 畿湖學派가 양분되었으며, 그가 살던 湖西地方을 따라 그의 주장을 지지하는 파를 湖論이라 하여 湖論의 영수가 되었으며, 李珥의 학통을 계승하여 氣發理乘一途說을 고수하였다. 그의 많은 저서 중 英祖 17년(1741)에 저술한 『朱書同異考』는 宋時烈이 착수한 것을 50년 만에 완성한 것이다. 천문·지리·兵學·算數에도 능하였다. 吏曹判書에 追贈되고, 諡號는 文純이다.
15) 崇禎 再壬子는 英祖 8년(1732)이다.
16) 孟春은 첫봄, 봄의 첫째 달로 음력 正月의 異稱이다.

心主一乎 權公悚然而服 以爲終身之師 盖當是時程朱之說 猶未大行於東
方 而先生之言敬 迺與之默合 此其於心學之功 非有自得之深者 詎如是
乎 先生旣歿 得諡文敬 亦見當時公議之所許矣 然先生之學 盖亦所本矣
吾韓氏出於[18]箕子 而箕子又契之世也 契爲虞司徒 欽舜之命 則曰 敬敷
五敎 箕子又承之 而叙九疇 則曰 敬用五事 夫彝倫之叙 本乎五敎 修己之
目 盡於五事 而皆以一敬字包之 則敬之爲聖學之本 萬善之主 而聖哲相
傳 必以是爲宗者 槩可見矣 契之學 傳之箕子 箕子又以其學 來治東方 東
方有道學之傳 自箕子始 然箕氏之世 文獻無徵 自羅以後 始可孜信於史
而寥寥數千載之間 人不知有此學 無有能依俙說得敬字事 至我先生 始獨
言之 亦豈非先生之爲箕子之世故耶 噫 先生去箕子 三千餘歲之遠 而乃
能傳箕子所傳於虞司徒者 則今去先生 數百歲之遠 而顧不可以因先王之
學 以求其所傳於箕子者耶 此在後人之克念耳 元震不肖晚學 學無所得
固不敢與議於先學之傳 而於先生說 感慕而興起者則有之 故敢表出而識
之 旣以自勖 且以俟後人於無窮云

　崇禎再壬子 孟春日 十二代孫元震敬書

<hr>

17) 同治本에서는 이 '直'의 뒤에 글자 한 자 들어간 만한 공간을 비워두었다.
18) 同治本에서는 이 '於'의 뒤에 글자 한 자 들어간 만한 공간을 비워두었다.

<일러두기>

① 이 색인은 원시 제목 색인, 번역시 제목 색인, 원시 구절 색인, 일반
  항목 색인의 네 부분으로 구성되어 있음.
② 원시 제목 색인, 번역시 제목 색인, 원시 구절 색인은 각 작품에 주
  어진 작품번호에 따라 찾게 되어 있고, 작품 번호는 [   ] 속에 주어
  진 숫자임. 예컨대 [114]는 작품 번호 114번을 뜻하는 것이고, 114면
  을 뜻하는 것이 아님.
③ 일반항목 색인은 해당 면수를 표시함. 예컨대 114는 114면을 뜻함.

<원시 제목 색인>([   ] 속의 숫자는 · 작품 · 번호임)

<번역시 제목 색인>([   ] 속의 숫자는 · 작품 · 번호임)

<원시 구절 색인>([   ] 속의 숫자는 · 작품 · 번호임)

묘련사(妙蓮寺)…14, 140, 268, 304,
　　340
妙蓮寺…19, 61, 140, 268, 304,
　　317, 340
묘련사…425
妙蓮寺石池竈記…425
墓石…257
廟庭…347
墓誌…11, 61
墓誌銘…72, 140
묘지명…11, 21, 148
妙淸…107, 159
妙香山…16
武…444
武庚…213, 301
武官…141
武林山…47, 254
無悶…165
無生…319
茂松…355, 412
茂叔…271, 376
武臣…370
무신정권…142, 440
무오년(戊午年)…145
武王…213, 280, 301, 395, 444, 445

無畏…317
舞雩…184
무인(戊寅)…133
武人政治…370
武帝…49, 50, 186, 213, 228, 241,
　　276, 318, 342, 355
無題…184, 406
無學…224, 249, 257
無灰酒…297
墨竹畵…112
墨池…219
文…165
文簡…147, 187, 227, 325, 330, 378
문경(文敬)…18, 63, 145, 441, 444
文敬…130
문경공(文敬公)…140, 148
문경공…11, 61, 66, 141, 148, 304,
　　427, 430, 431, 433
문경공묘지(文敬公墓誌)…431
文公…418
文科…133, 147, 227
文廟…146
문생(門生)…69
門生…13, 106, 140, 361
文璇奎…65